W0071960

Gabriele Seitz
Die Bildsprache des Buddhismus

Gabriele Seitz
Die Bildsprache des Buddhismus

Patmos

Frontispiz: Meditierender Mönch, Candi Plaosan, Zentral-Java, Mitte 9. Jh.
Andesit, Höhe 106 cm, Prambanan, Museum

Die Statue von höchster künstlerischer Qualität stellt einen Adligen dar, der in die Hauslosigkeit
gezogen und zum Mönch geworden ist. Das Kennzeichen dafür sind die langgezogenen Ohrläppchen,
die einst schweren Schmuck trugen.

Bibliografische Information der Deutschen Nationalbibliothek

Die Deutsche Nationalbibliothek verzeichnet diese Publikation in der
Deutschen Nationalbibliografie; detaillierte bibliografische Daten
sind im Internet über http://dnb.d-nb.de abrufbar.

© 2006 Patmos Verlag GmbH & Co. KG, Düssseldorf
Alle Rechte vorbehalten
Printed in Germany
ISBN 3-491-72486-4
www.patmos.de

Inhalt

Vorwort

Kleine Mutmaßung über Gedanken eines am Buddhismus interessierten Laien: »Klar, Buddhafiguren hab ich schon ziemlich viele gesehen, sitzende, stehende und auch liegende. Sie halten immer die Hände in einer bestimmten Position, würde gerne wissen, was das bedeutet. Gibt es eigentlich einen Buddha oder mehrere? Mehrere? Wen denn noch außer dem sogenannten bekannten Buddha, der in Indien gelebt hat? Den sieht man doch als so eine Art Gott an, oder? Nein? Warum nicht? Aber es gibt doch sogar viele Götter im Buddhismus, zum Beispiel auf tibetischen Bildern, allerdings ziemlich erschreckende Gestalten, die auf Menschen rumtrampeln und einen Haufen Waffen in der Hand halten. Das ist mir schon sehr fremd. Wo der Buddhismus doch eine so friedliebende und meditative Religion ist und so tolerant – das ist ja auch gerade das Anziehende daran für uns in der westlichen Welt.«

Attraktion und Fremdheit – wie ist die Fremdheit in Verständnis zu verwandeln? Dieses Buch wendet sich an all jene, die nicht gewillt sind, sich in die unüberschaubare, oft spezielle und esoterische Flut der Literatur über den Buddhismus zu stürzen. Es will denjenigen Hilfe leisten, die sich an seinen bildlichen Ausdrucksformen orientieren, durch seine Skulpturen, Bilder und charakteristischen Architekturmonumente Zugang zu ihm finden wollen. Denn diese Bildwelt führt die Inhalte der buddhistischen Lehre ganz direkt vor Augen. Wer ihre eingeschriebene Bedeutung, ihre Symbolik zu lesen, zu entziffern lernt, wird spannende, »erleuchtende« Aufschlüsse gewinnen. Dieses Buch versteht sich nicht als kunstgeschichtlich ausgerichtet, sondern als Einstieg in die buddhistische Vorstellungswelt, der in Anbetracht des umfassenden Themas natürlich keinerlei Anspruch auf Vollständigkeit erheben kann.

Gabriele Seitz

Einleitung

Der Buddhismus ist eine der drei großen Weltreligionen, die vor dem Christentum und dem Islam im 6.–5. Jh. v. Chr. von dem historischen Buddha Shakyamuni in Nordindien begründet wurde. Die genauen Lebensdaten des Buddha sind umstritten; die meisten westlichen Forscher halten 563–483 v. Chr. für die korrekte Datierung. Sein Geburtsname ist Gautama (Familienname) Siddharta (Vorname).

Nordindien war zu dieser Zeit aufgesplittert in größere und kleinere Königtümer, sowie halb abhängige Republiken mit verschiedenen Regierungssystemen. Das kleine Reich der Shakyas, Siddhartas Heimat, stand im Vasallenverhältnis zum Königreich Koshala, das weite Gebiete nördlich des Ganges umfasste. Das ebenfalls große Königreich Magadha erstreckte sich südöstlich davon. Zu diesem weiten Gebiet nördlich des Ganges (das heute zum Königreich Nepal und zu den indischen Unionsstaaten Uttar Pradesh und Bihar gehört) wirkte der Buddha (Skrt./Pali: »Der Erwachte«) nach seiner Erleuchtung über 45 Jahre als Wanderlehrer. Siddhartas Vater Shuddhodana Gautama, der den Titel Raja (Skrt. »König«) führte, war der gewählte Vorsitzende des Adelsrats der Shakya-Republik von Kapilavastu. Er gehörte der Kaste des Krieger- und Beamtenadels (Skrt. Khsatriyas) an. Das war der zweithöchste Stand innerhalb des von den Indo-Ariern in Indien eingeführten Kastenwesens. Den höchsten Stand nahmen die Brahmanen, die Priester ein, die Herren über den (Opfer-) Kult. Dem dritten Stand gehörten die Ernährer, die Bauern an, dem vierten Diener und Tagelöhner am äußeren Rand der Gesellschaft. Standespflichten zu erfüllen, galt (und gilt Hinduisten noch immer) als religiöser Beitrag zur Erhaltung der Weltordnung. Die Lehre des Buddha steht in deutlichem Widerspruch zu Opferkult und Kastenwesen.

Der Buddha lehrte ganz bewusst nicht in Sanskrit, der Sprache der heiligen Schriften – der Veda (Skrt. »Wissen«) – und der Brahmanen, sondern in der Sprache des Volkes, Magadhi, dem mittelindischen Dialekt von Magadha, eventuell auch in Kaushali, der in Koshala gebräuchlichen Sprache. Seine etwa 300 Jahre lang nur mündlich tradierten Lehren wurden zunächst in verschiedenen mittelindischen Dialekten aufgezeichnet und dann auch in Sanskrit, vermutlich um ihnen gegenüber den Brahmanen verbindlichen Wert zu verleihen.

Vom Sanskrit abgeleitet ist der mittelindische Dialekt Pali, der seinen Ursprung entweder in Koshala oder Magadha hat – darüber sind sich die Forscher nicht einig. Pali ist die Sprache des Theravada (Skrt. »Lehre der Ordensältesten«), einer Schule des Hinayana (siehe dort), die der indische Mönch Mahinda im 3. Jh. v. Chr. in Sri Lanka einführte. Hier wurde im 1. Jh. v. Chr. der sogenannte Pali-Kanon niedergeschrieben, der Kanon der buddhistischen Schriften, der den Titel Tipitaka (Pali), geläufiger Tripitaka (Skrt.) trägt. Pali ist auch heute die religiöse Sprache in den vom frühbuddhistischen Theravada geprägten asiatischen Ländern Sri Lanka, Burma (Myanmar), Thailand, Kambodscha, und Laos; hier werden allmorgens zu Schulbeginn Pali-Texte rezitiert.

Sanskrit (Skrt. wörtlich »vollkommen, vollendet und endgültig gemacht«), eine inzwischen tote Sprache, ist, dem Latein der christlichen Kirche vergleichbar, die allgemein verbindliche Sprache des Buddhismus geworden. Seine Termini werden üblicherweise in Sanskrit ausgedrückt. Als sehr verfeinerte Sprache, die etwa nicht alltägliche, differenzierte Bewusstseinszustände in der Meditation erfasst, findet sie in europäischen Sprachen oft keine Äquivalente.

Das Leben des Buddha Shakyamuni, des »Weisen der Shakya«, dessen Stationen im Folgenden ausführlich behandelt werden, ist von Legenden überlagert. Sie haben insofern einen subjektiven Wahrheitsgehalt, als sie den Buddha eben nicht nur zum Übermenschen stilisieren, sondern auch seinen geistigen Entwicklungsgang und seine inneren Erlebnisse illustrieren.

Eine klare Biographie des Buddha kann nicht rekonstruiert werden. Die buddhistische Quellenliteratur spiegelt spätere Ansichten über ihn wider und sagt wenig über ihn als historische Gestalt aus. Kurz umrissen, erscheint Folgendes als faktisch anzunehmen: Geburt Siddhartas in Lumbini (heute Nepal, nahe der indischen Grenze). Seine Mutter Mayadevi, eine Cousine seines Vaters Shuddhodana und mit ihm verheiratet, stirbt kurz darauf. Siddharta wird von der Schwester seiner Mutter, Mahaprajapati (die später den ersten buddhistischen Nonnenorden gründet), aufgezogen. Die Ausbildung des Rajasohnes konzentriert sich sehr wahrscheinlich standesgemäß auf soldatische Fertigkeiten, Ringen, Bogenschießen, Reiten, Umgang mit Elefanten usw. (auch wenn ihm das nicht gelegen haben dürfte).

Der Bruder seiner Mutter Maya gibt dem sechzehnjährigen Siddharta seine gleichaltrige Tochter Yashodhara zur Frau. Das Leben unter einem Dach mit dem gewählten Regenten der Shakya-Republik ist frei von materiellen Sorgen. Neunundzwanzigjährig, bringt Yashodhara den Sohn Rahula zur Welt. Kurz darauf verlässt Siddharta Familie und Heimatstadt, zieht in die »Hauslosigkeit«, gibt seinem Leben eine grundlegende Wende. Er sucht verschiedene spirituelle Lehrer auf, deren Meditationsmethoden er bald beherrscht, deren Lehren ihn aber enttäuschen. Als Waldeinsiedler unweit des Dorfes Uruvela unterzieht sich Siddharta sechs Jahre lang derart rigorosen Konzentrations- und Atemübungen und extremer Hungeraskese, dass ihn schließlich nicht mehr viel vom Tod trennt. In der Erkenntnis, dass Selbstmarter nur den Körper ramponiert und den Geist nicht befreit, wendet Siddharta sich wieder der Meditation zu. Wahrscheinlich praktiziert er die (später systematisierten) Vier Versenkungsstufen, die seinen Geist begierdefrei, gleichmütig ruhig, gesammelt und wachsam machen.

Unter einem Pappelfeigenbaum (dessen Ableger im heutigen Bodh-Gaya Ziel von Pilgern aus aller Welt ist) wird dem Mitte dreißigjährigen Siddharta die gesuchte und ersehnte Einsicht zuteil. Erleuchtet, erinnert er sich an seine früheren Existenzen, erkennt er die Vier Edlen Wahrheiten vom Leiden, durchschaut er die Gier, den Lebensdurst als Ursache des Leidens, weiß er, dass die Aufhebung des Begehrens dem Leiden ein Ende setzen kann, und er sieht den Weg, der zur Erlösung führt.

Somit zum Buddha »erwacht«, verkündet er nach einigen Wochen im Gazellenhain von Sarnath nahe Benares erstmals seine Erkenntnisse und setzt damit »das Rad der Lehre in Gang«. Fünf seiner Zuhörer werden seine ersten Schüler. Die Gefolgschaft des Buddha wächst. Der Sangha, die Gemeinschaft der Mönche – später auch der Nonnen – entsteht. Der Orden der Bettelmönche hat keine zentrale Organisation, in Ratsversammlungen wird nach dem Konsensprinzip abgestimmt – vielleicht nach dem Vorbild der Regierungsverfassung von Kapilavastu. Gleich den Mönchen geht auch der Buddha auf Wanderschaft, um Menschen aller sozialen Schichten die von ihm erkannte Wahrheit zu vermitteln. Die Zahl der Laienbekenner nimmt zu. Sie versorgen die Mönche mit Lebensmitteln, verschaffen sich damit religiöse Verdienste. Bahnbrechend für die frühe Buddhagemeinschaft ist, dass sich der junge König von Magadha, Bimbisara, sehr bald zu der neuen Bewegung bekennt und sie unter seinen Schutz stellt. Jivika, der Leibarzt des Königs, übernimmt die ärztliche Versorgung der Mönche. Ein reicher Laie stellt dem Buddha in Koshalas Hauptstadt Shravasti ein Grundstück zur Verfügung, den Jetavana-Hain. Hier entsteht das erste sehr einfache Kloster, in dem der Buddha viele Jahre die Monsun-Regenzeit verbringt.

Zu den Förderern der buddhistischen Bewegung gehören auch praktisch denkende Kaufleute, die lieber Almosen spenden, statt die kostspieligen brahmanischen Opferrituale zu unterstützen, um ihr Geschäft positiv zu beeinflussen. Mit den oft weit umher reisenden Händlern gelangt die Lehre des Buddha auch in Teile Indiens, die außerhalb des Radius der Mönche liegen.

Die Wanderwege des Buddha, auf denen er von Mönchen begleitet wird, erstrecken sich auf ein Missionsgebiet von etwa 1800 Quadratkilometern. Als er 80 Jahre alt ist, erkrankt er unterwegs nach dem Verzehr einer Almosenspende an der Ruhr. Er erreicht trotz seiner Schwäche noch Kushinagara (heute Kasia), wo er sich ein Lager bereiten lässt und im Schatten von Sala-Bäumen stirbt. Eine Woche später wird sein Leichnam verbrannt. Nach einem Streit um seine sterblichen Überreste teilen sich acht Empfänger seine Reliquien.

Heutige Verbreitung des Hinayana bzw. Theravada-Buddhismus

Die geschichtliche Entwicklung des indischen Buddhismus umfasst vier große Phasen:
– Mitte 6. – Mitte 5. Jh. v. Chr.: Phase des Ur-Buddhismus, in der die Lehre vom Buddha verkündet und von seinen Schülern verbreitet wird.
– Mitte 4. Jh. v. Chr. – Mitte 1. Jh. v. Chr.: Phase der Spaltung in 18 verschiedene Schulen, aufgrund unterschiedlicher Auslegungen der Lehre bzw. der Mönchsregeln. Der Überbegriff für diese Schulen ist Hinayana (Skrt. »Kleines Fahrzeug«).
Die Theravada-Schule (Pali: »Lehre der Ordensältesten«) ist die einzige noch heute existierende dieser Schulen.
– Seit 2./1. Jh. v. Chr.: Entwicklung des Mahayana (Skrt. »Großes Fahrzeug«)
– Seit 6. Jh. n. Chr.: Entwicklung des Vajrayana (Skrt. »Diamant-Fahrzeug«) mit tantrischer Praxis.

In seinem Mutterland Indien ist der Buddhismus seit dem 13. Jh. – in allererster Linie als Folge der islamischen Invasion – praktisch erloschen.
Heute gibt es in Asien ca. 600 Millionen Buddhisten. Aus verschiedenen Gründen lassen sich keine genauen Angaben machen, zum Beispiel, weil die Zugehörigkeit zum Buddhismus nicht diejenige zu anderen Religionen ausschließt. Das Hinayana bzw. der Theravada prägt stark die fünf asiatischen Länder Sri Lanka, Birma, Thailand, Laos und Kambodscha,
Das Mahayana und Vajrayana ist in unterschiedlichem Ausmaß in China, Taiwan, Korea,Vietnam und Japan, sowie in Tibet, Ladakh, Sikkim, Bhutan, Nepal und der Mongolei verbreitet.

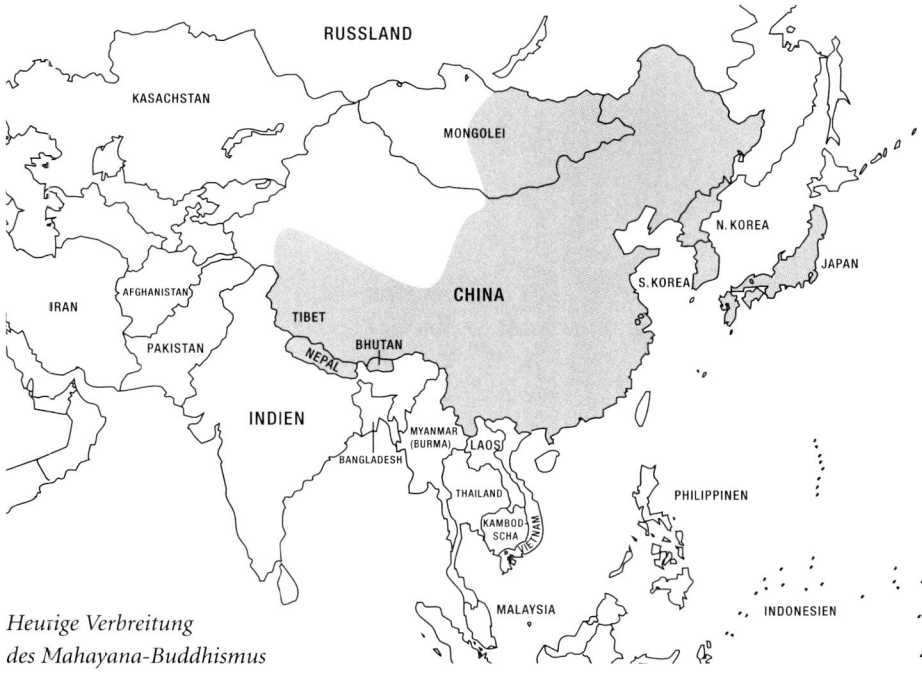

Heutige Verbreitung
des Mahayana-Buddhismus

Im Verhältnis sind die asiatischen Buddhisten zu über 30 Prozent Anhänger des Theravada und zu über 60 Prozent des Mahayana und Vajrayana. Eine besondere Stellung nimmt dabei der Tibetische Buddhismus (Tibet, Ladakh, Sikkim, Bhutan, Mongolei) dem etwa 6-8 Prozent der asiatischen Buddhisten angehören, insofern ein, als er die drei Hauptströmungen integriert: das Hinayana bezüglich der Ordensorganisation, das Mahayana im Hinblick auf die Philosophie und das Bodhisattva-Ideal, das Vajrayana inbezug auf Meditationspraxis und Ritual. Der Tibetische Buddhismus ist daher gewissermaßen der »allumfassende«, komplexeste Buddhismus, der sich in einer sehr bedeutungsdichten und besonders für Laien komplizierten und schwer durchschaubaren Bildwelt ausdrückt.

Historisch gesehen, ist die »Initialzündung« zur Verbreitung des Buddhismus außerhalb Indiens Kaiser Ashoka der Maurya-Dynastie zuzuschreiben, dem ersten Herrscher über ein indisches Großreich. Er sandte im 3. Jh. v. Chr. buddhistische Missionare aus – nach dem heutigen Sri Lanka und Birma (Myanmar) und wahrscheinlich ins westliche Zentralasien. In Sri Lanka fasste der Buddhismus sofort Fuß; hier entstand das erste Kloster außerhalb Indiens, die Mahavihara, das »große Kloster« in der alten Königshauptstadt Anuradhapura. Für die anderen Länder ist die Beweislage für eine erfolgreiche Mission in dieser Frühzeit dünn, es handelte sich hierbei vielleicht um erste Kontakte.

Beweise für den Buddhismus in Birma gibt es für das 5. Jh. n. Chr., für Kambodscha für das 3. Jh. und aus archäologischen Quellen kann geschlossen werden, dass er im 6. Jh. über Birma nach Thailand kam.

Nach China gelangte der Buddhismus im 1. Jh. n. Chr. von Zentralasien aus über die Seidenstraße (während der Handel auf ihr in einer ersten Hochblüte stand), von dort im 4. Jh. nach Korea und von dort im 1.Viertel des 6. Jh.s nach Japan, wo er in Prinz Shotoku (Regierungszeit 593–621) auf einen großen Förderer traf.

Die sogenannte Erste Verbreitung der buddhistischen Lehre in Tibet begann unter dem Schutzpatronat des Königs Trisong Detsen (742 oder 755–797) und der religiösen Regie des indischen Tantra-Meisters und Gelehrten Padmasambhava (vgl. S. 189 f.). In Indonesien, wo der Buddhismus infolge der Islamisierung fast ganz erloschen ist, stand er besonders im 8./9. Jh. in Hochblüte (s. Borobudur, S. 162 ff.).

Mit sanfter Überzeugungskraft – vor allem nie durch einen Krieg, der je in seinem eigenen Namen geführt worden wäre, und ohne eine aufdringliche Mission zu betreiben – durchdrang der Buddhismus mit seiner universalen Erlösungslehre, mit seiner Ethik und Philosophie, die weiten Räume Asiens. Er erfasste viele Völker, solche der Tropen bis hin zu jenen des rauhen, eisigen Hochgebirges. Er traf auf Hochkulturen wie die bereits traditionsreiche und selbstbewusste des alten China, auf »unterentwickelte« zentralasiatische Nomadenstämme (die als Vermittler buddhistischen Kulturguts eine wichtige Rolle spielten) oder auf die animistisch und magisch geprägte Bön-Religion des alten Tibet.

Charakteristisch für den Buddhismus ist seine von grundlegender Toleranz getragene und auf die geistige Fassungskraft der Adepten ausgerichtete Anpassungsfähigkeit. Er fordert nicht bedingungslosen Glauben und erhebt keinen Anspruch auf Ausschließlichkeit. Er betrachtet seine Lehre nicht als bindendes, orthodoxes Dogma, wie das beim

Christentum und Islam der Fall ist. Auch verfügt der Buddhismus über keine zentralisierte Organisation, sondern er unterteilt sich in verschiedene Schulrichtungen (nicht in Sekten, denn dieser Begriff würde die Existenz einer überregionalen, autoritären Instanz voraussetzen).

Aus all dem geht hervor, dass die in über 2000 Jahren entstandene Bildwelt des Buddhismus, die seine Lehren vermittelt, überaus vielfältig und reichhaltig sein muss. Alle die vielfältigen Richtungen buddhistischen Glaubens und Denkens prägen sich in bestimmten bildhaften Vorstellungen aus. So entwickelte sich in der Gesamtheit aller buddhistischen Schulrichtungen und durch alle buddhistischen Länder Asiens hin ein ikonographisches Repertoire von unübersehbaren Reichtum. Tatsache ist aber auch, dass die verschiedenen Schulen zwar ihre eigenen Überzeugungen und Traditionen für den besten, zum Heilsziel führenden Weg hielten (und halten), sich aber gegenseitig achteten und einander anregten. Daraus ergibt sich eine große geistig-kulturelle Gemeinschaft, die man als buddhistische Ökumene bezeichnen kann.

Trotz der vielfältigen Auffächerung in Schulrichtungen und damit in eine differenzierte Bildwelt, dokumentiert sich die Universalität der buddhistischen Lehre in einer Reihe von gleichbleibenden Formtypen, die wie eine verbindende, einheitgebende Klammer wirken.

Dazu gehören allgemein gültige Symbole wie etwa der Lotus oder das Rad der Lehre. Dazu gehören geprägte Gestalttypen, allen voran die des Buddha Shakyamuni, dann auch der Transzendenten Buddhas, der Bodhisattvas und anderer Heilsgestalten. Dazu gehört der Stupa, die charakteristische Ausdrucksform buddhistischer Architektur. Obwohl sich der Stupa in den verschiedenen Ländern in so vielen Varianten zeigt, bleibt er als Bautyp und in seiner Grundbedeutung gleich. Die einheitgebenden Formtypen stellen gewissermaßen die bildliche Muttersprache des Buddhismus dar.

Diese Religion wendet sich an die Einsicht des Menschen; Befreiung und Erleuchtung soll »erfahren« werden. Deshalb nimmt die Meditationspraxis einen so hohen und wichtigen Stellenwert ein. Die bildlichen Ausdrucksformen des Buddhismus vermitteln die Lehre, und sie dienen ganz besonders als Hilfsmittel in der Meditation. Im Tibetischen Buddhismus werden Skulpturen und Malerei daher als »Stützen des Körpers« und Symbole als »Stützen des Geistes« bezeichnet.

Wie sich zeigen wird, ist es für das Verständnis der Bildwelt des Buddhismus notwendig, der religionshistorischen Einteilung in Hinayana (Skrt. »Kleines Fahrzeug«), Mahayana (Skrt. »Großes Fahrzeug«) und Vajrayana (Skrt. »Diamant-Fahrzeug«) zu folgen. Denn in der Entwicklungsgeschichte des Buddhismus wandelt sich die Auffassung darüber, wie Erlösung zu erreichen sei, und dies wirkt sich erheblich auf die Kunst aus.

Hinayana, »Kleines Fahrzeug«, die erste große Schulrichtung des Buddhismus

Yana, »Fahrzeug«, ist die Bezeichnung für die Lehre des Buddha, die er selbst einem Fahrzeug oder Floß vergleicht, mit dem das »sichere Ufer« des Heilsziels, der Erlösung erreicht werden kann. Der Begriff Hinayana, »Kleines Fahrzeug«, ist im 3. Jh. n. Chr. aus der Sicht des Mahayana, des »Großen Fahrzeugs« geprägt worden. Er war ursprünglich abwertend gemeint, weil es nicht allen, sondern nur wenigen Heilsuchern Platz bietet. Damit wird auf das mönchisch strenge Ideal der Selbsterlösung angespielt, von dem das Hinayana geprägt ist, während das Mahayana Erlösungshelfer vorsieht und auch den Laienanhängern eine viel stärkere Position einräumt.

Historisch gesehen, bestand das Hinayana aus 18 verschiedenen Schulen. Davon hat sich bis heute nur die Schule des Theravada (Skrt. »Lehre der Ordensältesten«) durchgesetzt, sodass die Begriffe Hinayana und Theravada füreinander einstehen können.

Der Theravada-Buddhismus stützt sich auf den umfangreichen Pali-Kanon, der erstmals gegen Ende des 1. Jh.s v. Chr. von Mönchen in Sri Lanka auf Palmblättern schriftlich niedergelegt wurde. Er besteht aus drei Teilen und wird daher »Dreikorb« (Pali: Tipitaka, Skrt. Tripitaka) genannt – die Palmblattmanuskripte wurden in Körben aufbewahrt.

Der erste Korb, das Vinaya-Pitaka, enthält Berichte über die Entstehung des Sangha, der Mönchsgemeinschaft, und enthält Disziplinregeln für Mönche und Nonnen. Der zweite Korb, das Sutra-Pitaka, enthält die Lehrreden, die aus dem Mund des Buddha stammen sollen und ist in fünf Sammlungen (Skrt. Nikaya) angeordnet. Der dritte Korb, das Abhidharma-Pitaka, behandelt Aspekte buddhistischer Philosophie und Psychologie.

Im absoluten Zentrum des Theravada steht der Buddha Shakyamuni und seine Lehre. Dabei sind historische Gegebenheiten stark von Legenden, auch Wundererzählungen überlagert und von diesen nicht zu trennen. Der Typus des Buddha wird legendär ausgestaltet und überhöht.

Als Siddharta Gautama 563 v. Chr. auf die Welt kam, hatte er nach eigenem Bekunden unzählige Wiedergeburten hinter sich. Nach buddhistischer Vorstellung kann geistige Vollendung, wie sie Shakyamuni repräsentiert, unmöglich das Ergebnis eines einzigen Lebens sein, sondern nur das einer kaum vorstellbar langen Reise durch das Samsara, den Kreislauf der Existenzen. Während dieser übte sich der letztendlich zum Buddha »Erwachte« vorbildlich in jeder erdenklichen Weise in allen Tugenden. Davon sprechen die Jatakas, seine im Theravada häufig dargestellten »Geburtsgeschichten«.

Shakyamunis Weg zur Erleuchtung und Vollendung bezeichnet ein Katalog von acht Schlüsselstationen:

1. Herabkunft aus dem Tushita-Himmel
2. Eingehen in den Leib der Mutter
3. Übernatürliche Geburt
4. Auszug in die Hauslosigkeit

5. Sieg über die Versuchungen Maras
6. Erleuchtung
7. In-Gang-Setzen des Rades der Lehre
8. Tod, gleichbedeutend mit dem Verlöschen im Endgültigen Nirvana

Diese Stationen bilden das Gerüst seiner spirituellen Vita, dazu treten noch andere Ereignisse, wie Wundertaten.

Shakyamuni ist der Buddha des gegenwärtigen Zeitalters. Wie er selbst erklärte, hat es schon vor ihm vollkommene Buddhas gegeben. Der Pali-Kanon nennt sechs Vorzeit-Buddhas als seine Vorgänger, deren Sanskrit-Namen lauten: Vipashyin, Shikin, Vishvabhu, Krakuchchanda, Konagamana und Kashyapa; für Darstellungen kommen davon nur die letzten drei in Betracht, zusammen mit Shakyamuni. Die »Genealogie der Buddhas« (Skrt. Buddhavamsa), ein spätkanonischer Text des 3. Jh.s n. Chr., führt 24 vor Shakyamuni in verschiedenen Weltzeitaltern aufgetretene Buddhas an, beginnend mit Dipamkara. Als Buddha der Zukunft gilt Maitreya, der häufig dargestellt wird.

Den Buddhas der Weltzeitalter gemeinsam ist, dass sie als Samyak-Sambuddhas (Skrt. »Vollkommene Erwachte«) betrachtet werden. Sie verkünden immer dieselbe, zur Erlösung führende Lehre, die der Welt immer wieder verloren geht. Samyak-Sambuddhas entdecken sie aus sich heraus, verwirklichen diese Lehre selbst und predigen sie.

Somit ist Buddha Shakyamuni keine isolierte Erscheinung. Die Vorstellung der Weltzeitalter-Buddhas unterstreicht die kosmisch universelle und zeitlos gültige Wahrheit der Lehre.

Herausragend charakteristisch für die Architektur des Buddhismus ist der Stupa als Symbol für die endgültige Erlösung, das Parinirvana. In Kleinformat dient der Stupa als Votivgabe.

Entwicklung der Symbolik – die frühesten Ausdrucksformen der buddhistischen Bildsprache

Die Anfänge der buddhistischen Kunst unter Kaiser Ashoka

Für die ersten zweihundertfünfzig Jahre nach dem Tod des Buddha (483 v. Chr.) gibt es keinen Beleg für die Existenz buddhistischer Kunst. Es war ein höchstrangiger Laienbekenner, der erste Herrscher über ein indisches Großreich, der dem Buddhismus den Weg zur Weltreligion und zur Kunst eröffnete.

Kaiser Ashoka (268–232 v. Chr.) aus der Dynastie der Maurya beschloss nach seinem blutigen Feldzug gegen das Nachbarland Kalinga, der Gewalt ein Ende zu setzen. Er verzichtete auf weitere kriegerische Eroberungen, wurde Anhänger des Buddhismus und stellte ihn unter staatlichen Schutz.

Im gesamten Reichsgebiet, das sich vom heutigen Afghanistan im Nordwesten bis weit nach Südindien erstreckte, ließ er in Felswände und Steinsäulen kaiserliche Erlasse einmeißeln. Diese Edikte erläutern seine ethischen Maßstäbe und rufen Ashokas Untertanen dazu auf, der Buddhalehre zu folgen und sich in ihrem Sinn in Gewaltlosigkeit, Toleranz, Freigebigkeit und Mitleid zu üben (Letzteres auch gegenüber Tieren; in seiner Hauptstadt Pataliputra – heute Patna – verbot Ashoka das zeremonielle Tieropfer und schränkte am Hof den Fleischgenuss ein). Ashokas monolithische Ediktsäulen sind die ältesten Zeugen buddhistischer Kunst. Sie trugen nicht nur wesentlich zur Verbreitung des Buddhismus bei – sie leiteten auch die anikonische Phase seiner Kunst ein, die den Buddha nicht in personaler Gestalt zeigt, sondern seine Gegenwart durch Symbole andeutet.

Außerdem ließ Ashoka viele Stupas errichten; die tradierte Anzahl von 84000 ist allerdings sicher metaphorisch zu verstehen als eine dem Reich Segen bringende Viel-Zahl, die auch das religiöse Verdienst des Kaisers ausdrücken soll. Sicher ist, dass der sogenannte Große Stupa von Sanchi in Zentralindien auf Ashoka zurückgeht. Er wurde nach seiner Zeit vergrößert und gilt als Prototyp des indischen Stupa (vgl. S. 46 ff.), somit als das wohl bedeutendste erhaltene Architekturmonument des Buddhismus.

Im 1. Jh. v. Chr. wurde der Stupa von Sanchi mit reich skulptierten Toren (Skrt. Torana) umgeben. Die Reliefs auf den Torpfeilern und -balken erzählen hauptsächlich Szenen aus dem Leben des Buddha und einige seiner vielen Geburtsgeschichten (Skrt. Jataka), zeigen aber auch Götterwesen und aus der volkstümlichen Mythologie stammende Schutz- und Fruchtbarkeitsgenien als Diener und Schützer seiner Lehre. Auf den Bildfeldern der Reliefs ist der Buddha ausschließlich durch Symbole repräsentiert, zum Beispiel durch den Baum, unter dem er Erleuchtung gewann. Alle diese Reliefs sind vor Ort erhalten; sie gehören zu den frühesten, dazu qualitativ hochstehenden Zeugenwissen buddhistischer Kunst.

Die am besten erhaltene Ashoka-Säule aus poliertem Sandstein mit Lotus-/Löwenkapitell und sieben eingravierten kaiserlichen Edikten in Lanriya-Nandangarth, um 250 v. Chr.

Der Löwe symbolisiert die buddhistische Lehre, deren Verkündigung durch den Buddha dem »Löwenruf« gleicht. So heißt es im Pali-Kanon: »Von solcher Majestät« wie der »Löwe, der König des Wildes« ist »ein Vollendeter, der in der Welt erscheint, ein Heiliger, völlig Erwachter, der, mit Weisheitsmacht begabt und rechtem Tun, auf gutem Wege geht, ein Weltenkenner, der unvergleichliche Lenker von dem, was im Menschen bezähmt werden muss, der Lehrer von Göttern und Menschen, der Buddha, der Erhabene« (Samyutta-Nikaya, zit. n. Reden des Buddha, S. 12).

Das Löwenkapitell der Ashoka-Säule von Sarnath, um 250 v. Chr.
Polierter Chunar-Sandstein, Höhe 2, 15 m
Sarnath-Museum, Sarnath, Indien

Die vier ineinander komprimierten Löwen mit geöffneten Mäulern verbildlichen den »Löwenruf« des Buddha, durch den er seine Lehre mächtig und furchtlos in die Himmelsrichtungen verkündet.

Der Sockel des Kapitells zeigt auf vier Seiten das Rad der Lehre (Skrt. Dharmachakra), Symbol für die Buddhalehre und deren Kern, die Vier Edlen Wahrheiten. Buddha Shakyamuni verkündete sie erstmals im Gazellenhain von Sarnath und setzte damit das Rad der Lehre in Gang (vgl. S. 34 ff., 80 f.).

Die vier Tiere zwischen den Dharmachakras stehen ebenfalls für die Himmelsrichtungen: der Elefant für den Osten, das Pferd für den Süden, der Stier für den Westen, der Löwe für den Norden.

Das Ornament der stilisierten Lotusblätter auf dem Säulenschaft symbolisiert die Reinheit und Wahrheit der Lehre; nach unten ausgerichtet, verbildlicht es die Verbreitung der Lehre.

Als Ganzes betrachtet, kann das Kapitell als Bild für die »Drei Juwelen« (Skrt. Triratna) des Buddhismus verstanden werden, für Buddha, Dharma (die von ihm verkündete Lehre) und Sangha (die dieser Lehre folgende Gemeinschaft).

Das Staatswappen der Republik Indien zitiert seit 1949 das Löwenkapitell von Sarnath.

Der Wahlspruch in Devanagiri-Schrift lautet: »Satyam eva jayate« – »Allein die Wahrheit siegt«.

Der Fußabdruck des Buddha

In der Phase der nicht persönlichen Darstellung des Buddha gehört sein Fußabdruck (Skrt. Buddhapada) zu den frühesten und sehr verehrten Symbolen, durch die er repräsentiert wird. Legendär spricht der Fußabdruck für seine persönliche Anwesenheit an einem bestimmten Ort, für seine Wanderungen und die Lehrreden, die er dabei hielt. Insofern ist der Fußabdruck des Buddha ein Zeichen dafür, dass seine Lehre den Ort oder die Region erreicht hat und von den Menschen angenommen wurde.

Regenten buddhistischen Glaubens waren immer bemüht, solche heiligen Male in ihrem Herrschaftsbereich zu besitzen, da sie als segensreich gelten. Sie beschafften sich Kopien berühmter Buddhapadas, die in eigens dafür erbauten Klöstern aufbewahrt wurden.

Alte Texte schreiben den Linien und Unebenheiten der Sohlen – etwa vergleichbar der Handlesekunst – bis zu 108 verschiedene Merkmale zu und benennen sie mit Rad, Baum, Lotus, Almosenschale usw. Im Lauf der Zeit wurden diese Benennungen für die Gestaltung der Fußspuren wörtlich genommen und bis heute vor allem auch auf den Fußsohlen liegender Buddhafiguren abgebildet. Solche Skulpturen können riesige Ausmaße haben und sind dann oft in eigens für sie errichteten Kulthallen untergebracht, besonders in Südostasien.

Prinzipiell ist das Rad (Skrt. Chakra) das Hauptsignum, um das alle anderen Symbole in unterschiedlichen Gruppierungen angeordnet sind.

Das Rad steht für das Rad der Lehre (Skrt. Dharmachakra), das oft als Lotusrosette stilisiert erscheint (s. Symbolik des Lotus, S. 21 ff.).

Darüber hinaus ist das Rad Sinnbild für den Chakravartin (Skrt. »Der das Rad in Bewegung setzt«). Im alten Indien stellt der Chakravartin das Ideal eines guten und gerechten Weltherrschers vor; es wurde im ethischen und spirituellen Sinn auf den Buddha übertragen (vgl. dazu: Der gekrönte Buddha, S. 131 ff.).

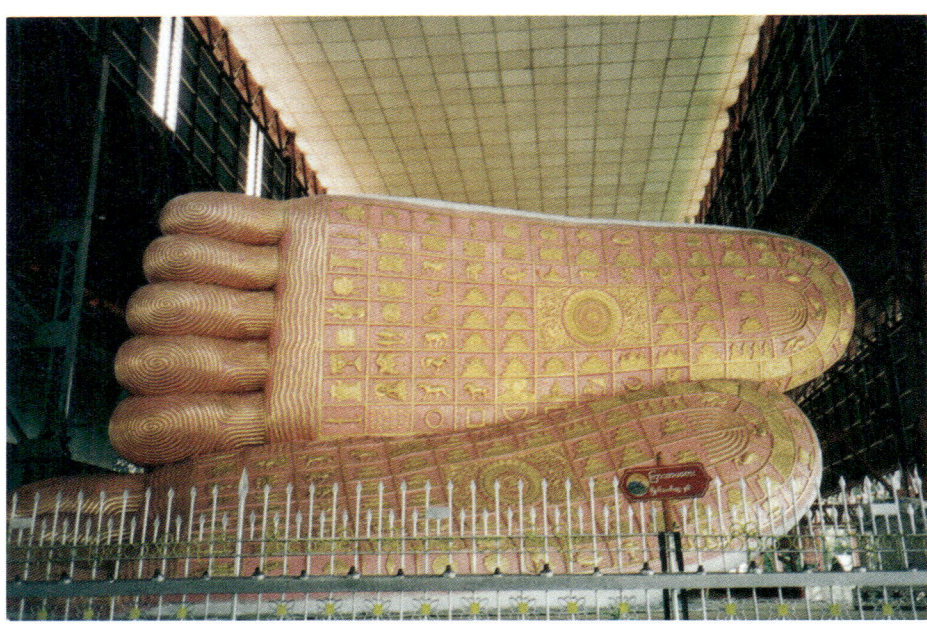

Die Fußsohlen des liegenden Buddha von Chaukhtagyi in der Chaukhtaugyi Paya in Yangon, Birma (Myanmar)

Fußabdruck des Buddha
Relief vom Stupa von Amaravati,
Andhra Pradesh, Indien, 2. Jh. n. Chr.
Government State Museum, Madras

Symbolik der Svastika (Skrt. von Svasti, »Glück«, »Heil«), des Hakenkreuzes

Schon prähistorisch und universell verwendet, ist das Hakenkreuz eines der ältesten und komplexesten Symbole überhaupt. Im Buddhismus bedeutet das um das unbewegte Zentrum rotierende Rad das in Gang gesetzte Rad der Lehre bzw. die buddhistische Lehre im allgemeinen. In der anikonischen Phase der buddhistischen Kunst erscheint das Hakenkreuz auf dem Fußabdruck des Buddha. Bei späteren, persönlichen Darstellungen kann die Svastika in seine Handfläche eingraviert sein; in liegender Position ist sie auf seinen Fußsohlen zu sehen. Die im Uhrzeigersinn drehende Svastika gilt als erstes

von 32, 108 oder 132 Glückszeichen, die im Gegenuhrzeigersinn drehende als deren viertes.

In China repräsentiert die Svastika nicht nur die vier Weltrichtungen, sondern auch seit dem 8. Jh. das Schriftzeichen »Wan« (Svastika ist chin. Wanzi), d. h. die Zahl 10000, die für Unendlichkeit und Zeitlosigkeit steht; die Svastika bedeutet damit die Summe glückbringender Zeichen »der Zehntausend Wirksamkeiten«. Ostasiatische Buddha-Darstellungen zeigen die Svastika auf seiner Brust eingeritzt – als »Siegel seines Herzens«, offenbarend seinen allumfassenden Geist.

Die Svastika kann auch Bauwerke als dem Buddhismus zugehörig kennzeichnen.

Im Zentrum steht das Rad als Hauptsymbol. Auf den Fersen erscheinen als weitere Bedeutungsträger je zwei Hakenkreuze (Skrt. Svastika) und je ein Dreizack (Skrt. Trishula)

Symbolik des Dreizacks (Skrt. Trishula)

Der Dreizack ist ein sehr altes Zeichen, das bereits von einem mesopotamischen Siegel her bekannt ist und auf diesem als Attribut eines Gottes drei Blitzstrahlen oder drei Flammen versinnbildlicht. Im Hinduismus ist er die Waffe Shivas in seinem Aspekt als Zerstörer des Nicht-Wissens, der Nicht-Erkenntnis (Skrt. Avidya). Schon in der frühesten buddhistischen Kunst ist der Trishula – stilisiert, mit dreiendigen Spitzen – oft auf den Reliefs von Sanchi, Bharhut und Amaravati abgebildet. Statt auf einen Schaft ist er hier meistens auf eine Lotus-Rosette, manchmal auf ein Rad der Lehre aufgepflanzt. In dieser Gestalt ist der Trishula ein Symbol von weitreichender Bedeutung, nämlich für die »Drei Juwelen« oder die »Drei Kostbarkeiten« (Skrt. Triratna), für die drei Säulen des Buddhismus: Buddha – Dharma – Sangha, d. h. Buddha, die von ihm dargelegte Lehre und die gemäß dieser Lehre lebende (Mönchs-)Gemeinschaft. Die Lotus-Rosette, die den Waffenstiel ersetzt, versinnbildlicht dabei die Reinheit und Entfaltung des Geistes.

Auf die »Drei Juwelen« bezieht sich die »Dreifache Zuflucht« (Skrt. Trisharana), das Glaubensbekenntnis der Buddhisten. Indem der Gläubige die Formel spricht: »Ich nehme Zuflucht zum Buddha, ich nehme Zuflucht zur Lehre, ich nehme Zuflucht zur Gemeinschaft« – Bestandteil der täglichen Praxis – bekennt er sich zum Buddha als Lehrer, zur Lehre als »Medizin« und zur Gemeinschaft der Gefährten auf dem Weg zur Erlösung.

In einer zweiten Darstellungsvariante, in der der Trishula zum Beispiel das Nordtor des großen Stupa von Sanchi krönt, ruht er auf einem ganzen Lotus – auf der Rosette, die in stilisierter Form vom Stängel und zwei Knospen auf Stängeln getragen wird. Da der Stängel die Axis Mundi bedeutet und die Rosette in alle Richtungen weist, die Knospen die Entfaltung aller Möglichkeiten versinnbildlichen, werden die »Drei Juwelen« zu einem weltumfassenden Symbol.

Symbolik des Lotus

Der Echte Lotus (*Nelumbium speciosum*) oder Indische Lotus (*Nelumbo nucifera*) gehört zur Gattung der Seerosengewächse und blüht rosa bis weiß. In der indischen Kultur ist der Lotus bis ins 3. Jahrtausend v. Chr. zurückzuverfolgen. Im Hinduismus hat er ein großes Bedeutungsspektrum, wird vor allem mit Schöpfungsmythen in Zusammenhang gebracht.

Dem Buddhismus gilt der Lotus als eines der wichtigsten Sinnbilder und begegnet in allen Genres seiner Kunst häufig.

Die botanische Gegebenheit, dass der Lotus aus den Tiefen schlammiger Teiche und Seen emporwächst, über der Wasseroberfläche seine Knospen treibt und Blüten im Licht der Sonne entfaltet, ist die Basis für seine Symbolik.

Der Lotus dient als Sinnbild für:
– Die überweltliche Geburt des Buddha. Sie wird verglichen mit der Blüte, die vom schlammigen Wasser unbefleckt, in makelloser Reinheit und Schönheit zutage tritt.

Trishula auf dem Nordtor des Großen Stupa von Sanchi, Indien, Sandstein, 1. Jh. v. Chr.

– Die manifeste Welt; die Blüte entfaltet sich in die acht Richtungen, der Stängel wird als Axis Mundi, die Weltachse, betrachtet. Der universelle Zentrumsaspekt, bzw. der des Weltherrschers, wird in der Kunst ursprünglich durch den Lotusthron (Skrt. Padmasana) des Buddha, – in der anikonischen Phase durch den leeren Lotusthron – sowie durch den Lotussitz, der im übertragenen Sinn den Weltkreis bildet, dargestellt. Die gleiche Bedeutung hat der Lotus, wenn er später im Mahayana im Zentrum eines Mandalas erscheint oder Lotusmotive ein Mandala umrahmen, oder wenn Transzendente Buddhas auf dem Lotusthron sitzen. Unterschiedlich dazu ist zu interpretieren, wenn im Mahayana Buddhas und Bodhisattvas sehr häufig auf dem Lotus sitzen oder stehen oder ihn als Attribut halten; dies deutet in erster Linie auf ihre spirituelle Reinheit.

– Die drei Aspekte der Zeit, Vergangenheit, Gegenwart und Zukunft, aufgrund der Eigenart des Lotus, der gleichzeitig Knospen, Blüten und Samen entwickelt. Damit in Zusammenhang steht:
– Das Potenzial des Menschen in der manifesten Welt, die Möglichkeit seiner spirituellen Entwicklung. Wie der Lotus aus schlammiger Tiefe emporwächst und über der Wasseroberfläche seine Knospe entwickelt und seine reine Blüte entfaltet, so kann der Heilsucher die Anhaftungen an die Welt, Verblendung und Unwissenheit überwinden und spirituelle Reinheit, Weisheit, Erleuchtung und Nirvana erreichen.
– Den Edlen Achtfachen Pfad zur Erlösung, auf den die acht Blütenblätter des Lotus verweisen. Unter diesem Gesichtspunkt korrespondiert der Lotus mit dem achtspeichigen Rad der Lehre.

Stilisierte Lotus-Rosette, Pfeiler, Stupa 2, Sanchi, 1. Jh. v. Chr.

Der Buddha, der sich als lodernde Flamme aus dem Lotus manifestiert, ist das »Herz des Kleinods in der Lotusblüte«.
Der Lotus ist eines der acht buddhistischen Glückszeichen (Skrt. Ashtamangala; s. S. 133 ff.)
Die Silbenfolge OM MANI PADME HUM (Skrt. »OM, Juwel im Lotus, HUM«) ist das älteste und bedeutendste Mantra des Tibetischen Buddhismus und wird Avalokiteshvara zugeordnet (s. S. 181).

Satrapatra, »Tausendblättriger Lotus«

Farbsymbolik
Der rosa Lotus (Skrt. Padma) gilt als der höchste und repräsentiert daher den Buddha Shakyamuni
Der weiße Lotus (Skrt. Pundarika) symbolisiert das Zur-Ruhe-Kommen des Geistes, spirituelle Reinheit und Vollkommenheit bzw. Erleuchtung. Als Blüte achtblättrig dargestellt, entspricht er dem Edlen Achtfachen Pfad.
Der blaue Lotus (Skrt. Utpala), mit kaum geöffneter Knospe dargestellt, symbolisiert Erkenntnis und Weisheit, die Herrschaft des Geistes über die Sinne.
Der rote Lotus (Skrt. Kamala) ist Sinnbild für alle guten, aktiven Herzenseigenschaften, Liebe und Mitgefühl.

Leben und Lehre des Buddha: Darstellung nur durch Symbole

Vergleichbar der frühen christlichen Kunst, in der der Erlöser nicht als Person erscheint, wird der Buddha in der Frühphase der buddhistischen Kunst nicht in personaler Gestalt gezeigt.

Den ins Parinirvana, ins »Endgültige Verlöschen« Entrückten, mit Mitteln darzustellen, die der samsarischen Welt der Erscheinungen angehören, erschien wohl nicht vorstellbar. (Im Übrigen war es zu dieser Zeit vergleichsweise auch nicht üblich, Gottheiten der vedisch-brahmanischen Religion abzubilden.) Auch mag verbindlich gewirkt haben, dass der Buddha gegen jeden Kult eingestellt war. So heißt es etwa im Samyutta-Nikaya: »Wer die Lehre sieht, sieht mich. Wer mich sieht, sieht die Lehre« (zit. n. Buddhismus, S. 187).

In der Ausdrucksweise des Buddha bedeutet das nicht etwa, dass seine Person und seine Lehre austauschbar wären, sondern im Gegenteil, dass es nur auf die Lehre ankommt.

In der sogenannten anikonischen Phase wird der Buddha ausschließlich von Symbolen vertreten. Entwickelt wird ein Repertoire von Symbolen, die in der Folgezeit für alle buddhistischen Schulen gültig bleiben.

Die mythische Geburt des Buddha

Nichts an den Buddhas könne mit Maßstäben der Welt gemessen werden, sondern alles, was den großen Sehern zukommt, sei überweltlich, heißt es programmatisch in der ersten eigenständigen Biographie des Buddha, dem ›Mahavastu‹, dem »Buch der Großen Begebenheit«, das um die Zeitenwende in Indien als gewachsene Komposition mehrerer anonymer Autoren entstanden ist. Auf die gleiche Weise kam wenig später der ›Lalitavistara‹ (»Die ausführliche Erzählung vom Spiel des Buddha«) zustande, der das irdische Dasein des Buddha als »Spiel« bezeichnet, da dieser sich – so die Prämisse – nur zum Schein der Welt angepasst habe.

Die erste von einem namentlich bekannten Autor verfasste Lebensbeschreibung, ›Buddhacarita‹, (»Der Wandel/das Leben des Buddha«) ist stark legendär ausgestaltet. Ashvaghosha, ein zum Buddhismus übergetretener Brahmane und Hofpoet des mächtigen Kushana-Königs Kanishka im 1./2. Jh. n. Chr., zielte mit seinem epischen Gedicht darauf ab, seine ehemaligen Glaubensgenossen zu bekehren.

Nach diesen Quellen, die als Vorgaben für künstlerische Darstellungen dienen, beginnt das irdische Leben des Siddharta Gautama mit seiner Herabkunft aus dem Tushita-Himmel. In der überirdischen Sphäre Tushita (»Zufriedenheit«, »Seligkeit«) residieren zeitlich begrenzt Devas (Götter) und zukünftige Buddhas, die nach unzähligen Geburten nur noch einmal wiedergeboren werden. Hier verbringt Siddharta seine vorletzte Existenz. Die Götter verweisen ihn auf den rechten Zeitpunkt seines Herabstiegs. Als Ort der Geburt wird Jambudvipa, der »Kontinent des Rosenapfelbaums« (Indien) bestimmt, und der zukünftige Buddha wählt die Familie, die Mutter aus.

Symbolik des Elefanten

Schon in der frühesten Kunst Indiens, der des Indus-Tals, die bis ins 3. Jahrtausend v. Chr. zurückreicht, ist der Elefant abgebildet; die Siegel von Mohenjo-Daro bestätigen, dass der Besitz von Elefanten ein Vorrecht des Herrschers sei. Der Elefant als königliches Emblem der Macht, Stärke und Weisheit ist ein sehr alter Symbol-Stereotyp, der auch im Buddhismus Geltung hat, wobei der Aspekt der Weisheit dominiert.

Das geläufigste augenfällige Beispiel für den Elefanten als Verkörperung der Weisheit bietet vergleichsweise der Hinduismus. Ganesha, der glückbringende Gott der Weisheit, trägt einen Elefantenkopf auf seinem menschlichen Körper.

Aus der Sicht des Buddhismus von besonderem Interesse ist die Symbolik des Elefanten, die sich aus archaisch-mythologischem Hintergrund erschließt und auf die übernatürliche Geburt des Buddha zu beziehen ist.

Mythologisch wurde der Elefant am Anfang der Zeit geboren. Als Garuda, der goldgefiederte König der Vögel, aus seinem Ei hervorbrach, nahm der vedische Schöpfergott des Universums, Brahma, die zwei halben Eierschalen und sang sieben Melodien über sie. Durch die Kraft des heiligen Gesangs entstand der Elefant Airavata, der zum Reittier Indras werden sollte, des Königs der Götter, des Herrschers über das Firmament und das Wetter, über Blitz, Donner und Regen. Das Sanskrit-Wort Airavata bezeichnet auch Indras Waffen, den Blitz und den Regenbogen, d. h. die zu Donner und Regen gehörenden Lichterscheinungen. In dem Namen des Elefanten steckt die Silbe »ira«; sie bedeutet Wasser, Flüssigkeit im Allgemeinen, auch Milch, bzw. die Flüssigkeit, die im kosmischen Milchmeer enthalten ist. So wird ebenso im Mythos von der Quirlung des Milchozeans, der u. a. im ›Mahabharata‹, dem großen indischen Epos aufgezeichnet ist, vom Ursprung Airavatas berichtet. »Nachdem die Götter und Titanen ein Jahrtausend lang an ihrem Werk geschafft hatten, begann ein sonderbares Sortiment von Personifikationen und Symbolen sich aus der Milch des Alls zu erheben. Unter den ersten Gestalten waren die Göttin Lotus und Airavata, der milchweiße Elefant. Endlich erschien der Arzt der Götter, Amrita, das Unsterblichkeitselexier in einer milchweißen Schale tragend« (Indische Mythen und Symbole, S. 119).

Später sollte Airavata der Bewacher des Unsterblichkeitstranks Amrita werden, in buddhistischer Terminologie: des Tranks der Todlosigkeit.

Die allgemeine Wertschätzung weißer Elefanten geht aus diesem Mythos hervor; sie erinnern an den Ursprung ihres Ahnherrn aus der kosmischen Lebensflüssigkeit. Damit in Verbindung steht die Funktion des Ur-Elefanten als Reittier Indras und die Etymologie seines Namens Airavata: Elefanten wird die magische Kraft zugeeignet, Regenwolken hervorzurufen. Die Nachkommen Airavatas dachte man sich dementsprechend urprünglich beflügelt; wie Wolken schwebten sie frei durch den Himmel. So werden die befruchtenden Wasser des Himmels mit dem weißen Elefanten assoziiert. Er genießt im indischen Raum große Wertschätzung und hat von jeher in Ritualen und Prozessionen, die dem Regenfall, der Fruchtbarkeit von Mensch und Vieh und dem Reichtum der

Ernten gewidmet sind, eine bezeichnende, hervorragende Rolle gespielt. Indische Herrscher hielten immer Elefanten zum Wohl des Volkes. Keiner von ihnen wäre auf die Idee gekommen, einen weißen Elefanten zu verschenken.

Genau dies tat aber der nachmalige Buddha in seinem vorletzten Dasein als Prinz Vishvantara, wie eine der populärsten Geburtsgeschichten, das Vishvantara-Jataka, erzählt; es ist erstmals auf dem Nordtor des großen Stupa von Sanchi dargestellt.

Der Prinz übte die höchsten Tugenden der Selbstlosigkeit und des Erbarmens, als er den weißen Elefanten, den Stolz des väterlichen Reichs, an ein benachbartes Land gab, das unter Dürre und Hungersnot litt. Die Untertanen fühlten sich dadurch verraten und missachtet und vertrieben Vishvantara, verbannten ihn auf den Berg Vanka.

Die letzte Geburt des Buddha als Siddharta Gautama wird durch den Traum der Mutter, Maya Gautami, eingeleitet. Ihm zugrunde liegt eine archetypische Vorstellung, die die Griechen ›Hieros gamos‹, »heilige Hochzeit« nennen: die Vereinigung von Himmel und Erde, der fruchtbringenden Wasser des Himmels mit der Erde.

Königin Mayas Traum, Sandsteinrelief aus der Umfassung des Stupa von Bharhut, Indien, 2. Jh. v. Chr., Indian Museum, Calcutta

Der Traum der Maya Gautami

Den Auftakt zur letzten Geburt als Siddharta gibt seine Mutter Maya. Sie träumt, sie sei auf ihrem Bett in den Himalaya gebracht worden, wo der zukünftige Buddha in Gestalt eines weißen Elefanten umherwanderte. Er umschreitet ihr Bett dreimal, berührt ihre rechte Seite und geht in ihren Leib ein. Das Ereignis wird von kosmischen Lichterscheinungen begleitet.

Am nächsten Morgen erzählt Maya diesen Traum ihrem Gemahl, dem Raja Shuddhodana. Er beruft 64 berühmte Brahmanen zu sich, berichtet von dem Traum. Sie sagen die Geburt eines Sohnes voraus, der entweder zum Chakravartin, Weltherrscher, werde, oder ein Buddha, wenn er der Welt entsage.

Nach der ungeschlechtlichen, begierdelosen Empfängnis – bei der der weiße Elefant die übernatürliche Kraft, Reinheit und Weisheit symbolisiert – residiert der zukünftige Buddha im Mutterleib in einem Juwelenschrein, denn nichts Irdisches darf ihn beflecken.

Aufgrund seiner Präsenz entwickelt die werdende Mutter Maya moralische Vollkommenheit, dabei vor allem die Tugend des Mitleids.

Das Relief ist die wohl älteste erhaltene Darstellung der Empfängnis des Gautama Buddha. Links unten ist die Wasserkanne (Skrt. Kamandalu) zu sehen, die Amrita, den Nektar der Unsterblichkeit, enthält. Im alten Indien wurden solche Wasserkannen bei der Salbung von Königen bei ihrer Thronbesteigung verwendet. Zu Füßen Mayas lässt sich eine stilisierte Lotusknospe erkennen, die sich bei der Geburt zur Blüte entfalten wird.

Geburt (?), Sandstein-Relief auf dem Osttor des Stupa 1 von Sanchi, 1. Jh. v. Chr.

In den Verzeichnissen der Bildwerke von Sanchi wird dieses Relief nur »Geburt?« genannt; sein Thema scheint demnach noch nicht eindeutig identifiziert.

Dargestellt ist eine weibliche Figur, offenbar dem Schönheitsideal des alten Indien entsprechend. Mit schwellenden, wohlgeformten Brüsten ausgestattet, sitzt sie nackt, doch reichlich Schmuck tragend, lässig lasziv im »Spielsitz« (Skrt. Lalitasana) auf einem Lotusthron, der zwischen weiteren, üppigen Lotusblüten und -knospen aus einer Vase hervorwächst. Ihre Nacktheit bedeutet Unversehrtheit und

Fülle; sie weist auf ein zeitloses Modell hin, wobei auf diesem Relief die »paradiesische« Schönheit betont wird. (Im Unterschied dazu würde Bekleidung gewissermaßen Abnützung bedeuten, da Kleider ein archetypisches Bild der Zeit sind.)

Zwei Elefanten gießen, auf erhöhten Lotuspodesten stehend, aus Gefäßen, die sie in ihren aufgerichteten Rüsseln halten, Wasser über die Göttin Lotus Shri Lakshmi (Skrt. »Schönheit«, »Pracht«, »Reichtum«, »Glück«). Ihre Ahnin ist Ksama (Skrt. »Erde«), die archaische Große Mutter (»Das Honigopfer eines Affen«, vgl. S. 42). Die Vase, aus der ihr Lotussitz emporwächst, ist das Gefäß des Überflusses und verweist auf die Herrschaft der Göttin über die Schätze der Erde – auch die verborgenen –, zu denen die weiblich konnotierten irdischen Wasser wie Quellen und Teiche gehören. Der geöffnete Lotus versinnbildlicht den Schoß der Erde.

Die beiden Elefanten, Söhne des Airavata, symbolisieren die männlich konnotierten Wasser des Himmels, die Monsunwolken, aus denen sich der die Erde befruchtende Regen ergießt.

Daraus erschließt sich das Grundthema des Reliefs, die Vereinigung, die Heilige Hochzeit zwischen Himmel und Erde. Die Hierogamie als Mythos par excellence ist Modell für die menschliche Ehe, diese ahmt die kosmische Vereinigung nach. »Schon im Atharva-Veda (XIV, 2, 71) werden Gatte und Gattin dem Himmel und der Erde gleichgesetzt«(Das Heilige und das Profane, S. 128).

Der Hieros Gamos, verkörpert durch die Göttin Shri Lakshmi und die Wasser gießenden Elefanten, die Shri-megha-gaja (Skrt. »der Wolken-Elefant Shris«) vertreten, ist das zeitlose Modell für den Traum der Maya Gautami, in dem der weiße Elefant in ihre rechte Seite eingeht. Die Empfängnis Siddhartas, der zum Buddha wird, ist in die übermenschliche, ursakrale Ebene entrückt und erscheint daher begierdelos und unbefleckt.

Eigenartigerweise trägt die Göttin am linken Ohr einen kleinen Balken als Ohrschmuck. Dies ist als vorausdeutende optische Metapher der Geburt des Buddha aufzufassen: auf einem anderen Relief des Osttors von Sanchi, benannt »Buddha schreitet über den Fluss bei Uruvela«, wird die Gegenwart des Erleuchteten durch einen Balken neben den Wellen des Flusses Nairanjana insinuiert.

Nach zehn Monaten erfolgt die übernatürliche Geburt, begleitet von Erdbeben, strahlendem Licht und göttlichen Wesen im Lumbini Hain bei Kapilavastu. Maya hält sich mit ihrer rechten Hand am Zweig eines sich ihr zuneigenden Salabaums fest und gebiert den Sohn aus ihrer rechten Seite – schmerzfrei, denn er besitzt einen »Geistleib«. Der Neugeborene berührt dabei nicht den Boden, da er von Devas in Empfang genommen wird, nach dem Lalitavistara von den hinduistischen Göttern Brahma, dem Schöpfer des Universums, und Indra, dem Regenten über das Firmament.

Sogleich macht der Neugeborene sieben Schritte in jede Himmelsrichtung, wobei unter jedem Schritt eine Lotusblüte hervorsprießt. Er erklärt, dass dies seine letzte Geburt ist, und prophezeit, zum Buddha zu werden. Der Seher Ashita, der auf wunderbare Weise von der Geburt erfahren hat, erscheint durch die Lüfte fliegend in Kapilavastu und erkennt die 32 besonderen Merkmale eines Mahapurusha (Skrt. »großen Mannes«). Ashita weint, weil er seine heilsstiftende Wirkung nicht mehr erleben wird.

Fünf Tage nach der Geburt findet das Fest der Namensgebung statt. Das Kind wird Siddharta genannt, »der Vollkommene, der sein Ziel erreicht hat«. (Die Quellenliteratur projiziert hier einen späteren Titel des Buddha in seine Kindheit zurück.) Nach dem Lalitavistara wiederholen einige der 108 zum Fest geladenen Brahmanen die Weissagung, die anlässlich des Traums der Maya gemacht wurde. Der jüngste von ihnen prophezeit, dass Siddharta nach dem Anblick eines Greises, eines Kranken, einer Leiche und eines Asketen der Welt entsagen werde. Daraufhin verdoppelt Raja Shuddhodana die Wachtposten seines Palastes, um seinen Sohn vor solchen Anblicken zu bewahren. Sieben Tage nach der Geburt stirbt Siddhartas Mutter, nach allen Quellentexten einer universalen Gesetzmäßigkeit zufolge. Sie geht in den Tushita-Himmel ein. An ihre Stelle tritt Mayas Schwester Mahaprajapati Gautami als Ziehmutter. Sie wird später als Nonne ihrem Neffen in den geistlichen Stand folgen.

Die Geburtsszene selbst gehört zur personalen Darstellung des Buddha. Doch hat sie in der frühbuddhistischen Kunst ihr typologisches Vorbild.

Yakshinis – Fruchtbarkeitsgenien als ikonographisches Vorbild für die Geburt des Buddha

Die Yakshinis werden in Sanchi und Bharhut als halbnackte, verführerische junge Frauen von selbstbewusster, erotischer Ausstrahlung gezeigt. Sie vertreten den Aspekt der Fruchtbarkeit.

Charakteristischerweise ist die Yakshini unter einem blühenden oder früchtetragenden Baum platziert. In tänzerisch anmutender Pose zieht sie mit einem Arm einen Ast herab, mit dem anderen umfasst sie den Stamm und mit einem Fuß tritt sie gegen den Stamm. Diese Haltung verweist

Yakshini unter Früchte tragendem Mango-
baum, Sanchi, Pfeilerkapitell, Osttor des
Stupa 1, 1. Jh. v. Chr.

auf einen uralten indischen Glauben, auf
ein Fruchtbarkeitsritual, nach dem Bäume
– speziell der Ashokabaum (*Saraca indica*)
– nicht blühen sollen, wenn sie nicht von
einer jungen Frau berührt und getreten
werden. Insofern sind die Yakshinis Verkörperungen der weiblichen bzw. mütter-
lichen Energie in der Natur. Sie sind kleinere Doppelgängerinnen der Großen
Mutter allen Lebens.

In Anspielung auf diesen Bedeutungshin-
tergrund wird Maya Gautami bei der
Geburt ihres Sohnes Siddharta im Hain
von Lumbini stereotyp in der für die Yak-
shini charakteristischen Pose dargestellt:
stehend, umfasst sie mit einer Hand den
Ast eines Salabaums. So antizipieren die
Fruchtbarkeitsgenien – besonders in der
Nachbarschaft von Elefanten – stets die
Geburt des Buddha.

Die dämonische Variante der Yakshinis
vertreten die Töchter des Mara, Rati (Skrt.
»Lust«, »Entzücken«), Arati (Skrt. »Unzufriedenheit«) und Trishna (Skrt. »Durst«,
»Begierde«). Sie sind die Verführerinnen
von schöner Gestalt, die im Auftrag Maras
unter Aufbietung all ihrer Verlockungen
und Listen den unter dem Bodhibaum sitzenden Siddharta von seiner intensiven
Meditation abbringen sollen – allerdings
ohne Erfolg (s. S. 73 ff.).

In geläuterter bzw. elevierter Erscheinungsform begegnen die Yakshinis als solche oder als Apsaras im Mahayana, z.B. im
Gefolge des Buddha Amitabha, des Herrschers über das westliche Paradies (vgl. S.
124 ff.).

Yakshini unter blühendem
Salabaum (Ashokabaum ?)
Fragment eines Zaunpfeilers
des Stupa von Bharhut,
1. Jh. v. Chr.
Indian Museum, Calcutta

Siddharta Gautamas Meditation unter dem Bodhibaum.
Seine Erleuchtung zum Buddha in drei Nachtwachen

1. Nachtwache: Rückerinnerung an die eigenen Vorgeburten in mehreren Weltzeitaltern

»Als mein Gemüt so unerschütterlich, so gereinigt und geläutert, lauter und von Unreinem gesäubert, sanft und fügsam, fest und unerschütterlich war, da wandte ich meinen Geist zur Erkenntnis meiner früheren Existenzen. Ich rief mir meine früheren Daseinsformen in der Vergangenheit ins Gedächtnis eine Wiedergeburt, dann zwei, (schließlich) Hunderttausende von Wiedergeburten bis in frühere Weltperioden zurück. In dieser oder jener Existenz, so erinnerte ich mich, war dies oder jenes mein Name, (…) meine Freuden und Sorgen, meine Lebensdauer (…). So rief ich mir meine verschiedenen Existenzen in der Vergangenheit in allen Einzelheiten und Besonderheiten ins Gedächtnis. Dieses, Brahmane, war das erste Wissen, das ich in der ersten Nachtwache erlangte – es verschwand die Unwissenheit, Erkenntnis kam auf, es verschwand die Dunkelheit, Licht kam auf dank meines unerschütterlichen, fest entschlossenen Lebens.«

2. Nachtwache: Ausweitung der Rückerinnerung auf alle Wesen

»Mit gleichem unerschütterlichen Geist wandte ich mich der Erkenntnis des Vergehens und Wiederentstehens anderer Wesen zu. Mit himmlischem, reinem und unerschütterlichem Blick sah ich, wie die Wesen vergehen und anderswo wiederentstehen – die hohen und niedrigen, die schönen und hässlichen, die glücklichen und geplagten; ich sah sie alle, wie es ihnen gemäß ihrer früheren Taten erging. Da waren Wesen, die in Taten, Worten und Gedanken gut gelebt, das Edle nicht herabgesetzt und nach richtigen Ansichten gehandelt hatten – diese erschienen nach der Auflösung ihres Körpers nach dem Tode in Daseinsformen himmlischen Glücks. (…) Und dieses, Brahmane, war das zweite Wissen, das ich in der zweiten Nachtwache erlangte – es verschwand die Unwissenheit, Erkenntnis kam auf, es verschwand die Dunkelheit, Licht kam auf dank meines unermüdlichen und fest entschlossenen Lebens.«

3. Nachtwache: Erkenntnis des Leidens und seiner Überwindung

»Mit gleichem unerschütterlichem Geist wandte ich mich der Vernichtung der Übel zu. Und ich erkannte voll und ganz das Leiden, den Ursprung des Leidens, das Aufheben des Leidens und den Weg, der zur Aufhebung des Leidens führt. Als ich dies sah, wurde mein Geist befreit von dem Übel des sinnlichen Begehrens, vom Übel fortdauernder Daseinsformen, vom Übel der Unwissenheit; und also befreit, kam in dem Befreiten die Erkenntnis auf – für mich ist der Lauf der Wiedergeburten beendet, ich habe das höchste Ziel erreicht, meine Aufgabe ist getan, nicht werde ich wieder zur Welt zurückkehren. Dieses, Brahmane, war das dritte Wissen, das ich in der dritten Nachtwache erlangte – es verschwand die Unwissenheit, Erkenntnis kam auf, es verschwand die Dunkelheit, Licht kam auf dank meines unerschütterlichen und fest entschlossenen Lebens.«
(Majjhima-Nikaya IV, zit. n. Geschichte der religiösen Ideen, Quellentexte, S. 396 f.)

Die Erleuchtung, Sandsteinrelief auf einem Pfeiler des Osttors des Großen Stupa von Sanchi, 1. Jh. v. Chr.

Die Anwesenheit des Buddha, seine Erleuchtung ist durch den Bodhibaum (*Ficus religiosa*) symbolisiert. Das Sinnbild des Bodhibaums leitet sich aus der anikonischen vedischen Tradition her; bereits hier gilt dieser heilige Baum als Manifestation des Schöpfergotts Brahma. Die Säule, die das Relief rechts einfasst, betont die Bedeutung des Baums als Bild für den Kosmos, als Imago mundi mit der Axis mundi, der Weltachse. Links assoziiert eine Ornamentleiste mit Lotusknospen und -blüten die Geburt Siddhartas und seine spirituelle Entwicklung zum Buddha.

Der Sockel in der unteren Mitte ist als Altar zu betrachten, der im Zusammenhang mit dem Baum (einer weit verbreiteten Urvorstellung entsprechend) den Ort als sakral kennzeichnet. Das auf dem Altar

platzierte Trishula-Zeichen auf Lotus-Rosette symbolisiert die Drei Juwelen des Buddhismus. Darauf haben die vier flankierenden Lokapalas, die Welthüter bzw. Himmelskönige, ihren aufmerksamen Blick gerichtet, die Hände dabei zur verehrenden Anjali-Mudra gefaltet. Die Brot- und Mangofrüchte, die hinter ihren Köpfen emporwachsen, versinnbildlichen die spirituelle Nahrung, die der Erleuchtete den Menschen vermittelt.

Der viergeteilte Stamm des Bodhibaums erinnert an die Vier Edlen Wahrheiten, deren Erkenntnis Siddharta zum Erleuchteten werden ließ. Eigenartigerweise erwächst der Stamm aus den Toren eines angedeuteten Palastes. Diese optische Metapher lässt sich auf ein entscheidendes Ereignis zurückführen, das im Pali-Kanon erzählt wird; es bezeichnet den Beginn von Siddhartas spiritueller Entwicklung nach seinem Auszug aus dem väterlichen Palast, seinen Entschluss, Mönch zu werden: »Er (der Prinz) dachte: ›Diese meine Locken passen nicht für einen Mönch; aber es gibt niemanden, der würdig wäre, das Haar eines werdenden Buddhas abzuschneiden. Darum will ich es selbst mit meinem Schwert abtrennen.‹

Und er ergriff einen langen Dolch mit seiner rechten Hand, packte den Scheitelknoten mit der Linken und schnitt ihn ab, zusammen mit dem Diadem. Sein Haar bekam so eine Länge von zwei Finger Breite und lagerte sich nach rechts lockend ihm eng ums Haupt. (…) Dann ergriff der künftige Buddha seinen Scheitelknoten und das Diadem, warf sie in die Luft und sagte: ›Wenn ich ein Buddha werden soll, sollen sie in der Luft bleiben, wenn nicht, mögen sie zu Boden fallen‹. Scheitelknoten und juwelenbesetzter Turban stiegen eine Meile hoch in die Luft und hielten dann inne. Sakka (d. i. Indra) aber, der König der Götter, entdeckte sie mit seinen Götteraugen, schloss sie in eine passende juwelenbesetzte Kassette und legte diese im Himmel der dreiunddreißig Götter als ›Schrein des Diadems‹ nieder« (zit. n. Indische Mythen und Symbole, S. 178f.).

Der im Relief angedeutete Palast ist der Indras, wo die ersten Reliquien des Buddha – sein abgetrennter Scheitelknoten und juwelenbesetzter Turban – aufbewahrt werden.

Über dem Bodhibaum schweben zwei gefügelte Wesen, Gandharvas, Sänger und Musikanten in Indras himmlischem Reich, deren Name (Skrt. »Wohlgeruch«) verrät, dass sie sich nur von Düften ernähren. In Verehrung halten die Gandharvas Girlanden und Schirme über den Bodhibaum, als Zeichen der weltlichen und überweltlichen Macht des Erleuchteten und seiner Herrschaft auch über die Götter.

Die Erzählungen von den früheren Leben des Buddha – Jatakas (Skrt. von jata, »geboren«)

Jataka bezeichnet ein Genre der frühen buddhistischen Literatur und ist der Titel des 10. Buchs des Khuddaka-Nikaya, enthalten im Sutra-Pitaka, dem zweiten Teil des Pali-Kanons Tripitaka. Die 547 Jatakas, gefasst in 22 Bücher, erzählen von den früheren Leben des Buddha, dabei auch von seinen tierischen Existenzformen. Vor ihrer schriftlichen Fixierung wurden die »Geburtsgeschichten« mündlich tradiert. Die erbaulich moralischen, volkstümlichen Schilderungen über die Samsara-Karriere des historischen Buddha wenden sich vor allem an die buddhistischen Laien. Sie zeigen auf, wie das Verhalten in früheren Leben nach dem Gesetz des Karma (Skrt. wörtl. »Tat«) auf die gegenwärtige Existenz einwirkt.

Indem die Jatakas zeigen, dass keine der Vorexistenzen des Buddha der anderen gleicht, verdeutlichen sie, dass alles der Veränderung unterworfen ist, die ihrerseits von dem sich immer wandelnden Karma gesteuert wird. Die Jatakas betonen auf der Ebene der Ethik Selbstlosigkeit und Altruismus. Auf der Ebene der Erkenntnis vermitteln sie, dass es nach buddhistischer Auffassung kein statisches Selbst, keine ewige Seele (Skrt. Anatman) gibt. Gäbe es eine ewige Seele, wäre sie zum endlosen Verbleib im Kreislauf der Wiedergeburten konditioniert und fände daher keine Erlösungsmöglichkeit zur Freiheit von Leid im Nirvana, im »Verlöschen«.

Jatakas finden sich bereits in der Frühphase der buddhistischen Kunst, seit dem 2. Jh. v. Chr. im Bereich der Stupas von Bharhut und Sanchi. Die Tradition, Jatakas zu verbildlichen, schwächte sich in Indien seit der Gupta-Zeit (350–650 n. Chr.) ab, nahm aber vor allem in den buddhistischen Ländern Südostasiens neuen Aufschwung. So sind besonders in Birma seit dem 10. Jh. Darstellungen der Geburtsgeschichten an den Wänden von Stupas und Tempeln sehr zahlreich und weithin verbreitet.

*Mahakapi-Jataka, Pfeiler-Medaillon aus
Bharhut, Sandstein, 2. Jh. v. Chr.
Indian Museum, Calcutta*

Das Mahakapi-Jataka berichtet von einem
der Leben des zukünftigen Buddha, in das
er als Affe geboren wurde. Das Relief illustriert zwei Episoden des Jatakas. In der
Mitte unten ist der Affe im Gespräch mit
König Brahmadatta von Varanasi zu
sehen, oben in der Mitte als lebende Brücke über den Ganges, womit die Quintes-
senz dieser Geburtsgeschichte dargestellt
ist. In ihr wird erzählt, wie der Anführer
von 80000 Affen mit ihnen in der Hima-
laya-Region am Ufer des Ganges von den
Früchten eines Mangobaums lebte. König
Brahmadatta, der von den köstlichen
Früchten erfahren hatte, ließ den Mangobaum von seinen Bogenschützen umstel-
len, um ihn für sich zu erobern. Angesichts der drohenden Todesgefahr sprang
der Anführer der Affen über den Fluss
und versuchte, mittels eines Bambus-
schösslings eine Brücke für die Kamera-

den zu bauen. Da sich aber der Schössling
als zu kurz erwies, setzte der Affenanfüh-
rer seinen eigenen Körper als lebende
Brücke ein. Doch sein Rivale, der Affe
Devadatta, nutzte die Gelegenheit, ihn zu
töten: Devadatta sprang mit heftiger
Gewalt auf die lebende Brücke und zer-
brach ihr das Herz. Das Selbstopfer des
Affenanführers für die Kameraden beein-
druckte König Brahmadatta sehr und lös-
te tiefes Mitgefühl in ihm aus.

*Mriga-Jataka, Schiefer (?), Relief-Medaillon
von einem Zaunpfeiler des Stupa von Bharhut,*

*2. oder 1. Jh. v. Chr.
Indian Museum, Calcutta*

Das Rundbild umfasst drei Szenen dieser
Geburtsgeschichte. Unten schwimmt der
goldene Hirsch – die Existenzform des
zukünftigen Buddha Shakyamuni – im
Wasser, um einen Mann vor seinem beab-
sichtigten Selbstmord zu retten. Oben
rechts steht der Raja von Benares mit

gespanntem Bogen, um den goldenen Hirschen zu erschießen, denn der undankbare vor dem Selbstmord Gerettete hat dem König den Aufenthaltsort des wertvollen Tieres gegen hohe Belohnung verraten. In der Mitte wird der goldene Hirsch, der den Raja wundersam mit sanfter Stimme angeredet hat, von ihm verehrt. Der Raja hat erkannt, dass er dem Tier begegnet ist, das der Königin im Traum erschienen war.

Der Hirsch symbolisiert Meditation, Sanftmut und Güte und die Beruhigung menschlicher Leidenschaften. Der Raja hat die Jagd auf ihn – d. h. die Verfolgung seiner weltlichen Ziele – aufgegeben.

Das Medaillon wird von vier Lotusknospen eingerahmt, die auf die letzte, übernatürliche Geburt des Buddha und seine Erleuchtung vorausdeuten.

Kanha-Jataka
Glasiertes Terrakotta-Relief von der
Mingalazedi Pagode, Pagan, Birma, 13. Jh.
Museum für Indische Kunst, Berlin

Das Relief stammt vom Mingalazedi (birm. »Glück verheißender Stupa«), dem letzten großen Monument, das König Narathipati vor der Eroberung der birmanischen Metropole Pagan durch die Mongolen unter Kublai Khan (1287) erbauen ließ.

Das Kanha-Jataka schildert eine Vorlebensgeschichte des Buddha, in die er als Kalb geboren wurde. Es steht im Mittelpunkt der Darstellung und trägt um den Hals einen großen Beutel. Ein Schirmsymbol über dem Tier deutet darauf hin, dass es sich um den zukünftigen Buddha handelt. Links sitzt eine Frau, die das Kalb füttert, rechts steht beobachtend ein Mann. In einen abbrevierten Moment zusammengefasst, wird hier die Geschichte einer alten Frau erzählt, die ein schwarzes Kalb geschenkt bekam und es wie ihr eigenes Kind behandelte. Dafür wollte ihr das Kalb seine Dankbarkeit erweisen: Die Gelegenheit bot sich, als sich die Karawane eines reichen Kaufmanns mit 500 Ochsen in unwegsamem Gelände verlief. Die Ochsen konnten den Wagen des Kaufmanns nicht aus dem Sumpf ziehen. Das schwarze Kalb erbot sich zu helfen. Der Kaufmann versprach ihm 1000 Goldstücke, wenn es den Wagen herauszöge. Dies gelang dem Kalb, doch der Kaufmann verweigerte ihm den Lohn. Das Kalb ließ ihn nicht ziehen, versperrte ihm den Weg. Schließlich füllte der Kaufmann die 1000 Goldstücke in einen Beutel und band ihn dem Kalb um den Hals, das den Schatz der alten Frau brachte. Angesichts der Verletzungen des Tieres wurde die Frau ganz traurig, verstand auch nicht, woher es das Gold hatte. Da kam ein Bauer herbei und erklärte ihr, was sich ereignet hatte.

Die erste Lehrrede des Buddha im Gazellenhain von Sarnath

Nach seiner Erweckung unter dem Bodhi-Baum zögerte der Buddha zunächst, seine Erkenntnisse öffentlich darzulegen, denn das Mittel der Sprache erschien ihm unzulänglich, sie adäquat erfassbar zu machen. Auch später, während seiner fünfundvierzigjährigen Missionstätigkeit in Nordindien – der Buddha predigte in der Maghadi-Sprache – war er sehr darauf bedacht, Missverständnisse zu vermeiden, wie er auch spekulative Fragen (z. B. nach dem Ursprung der Welt) stets abwehrte und ad absurdum führte. So bedurfte es der Legende nach der Initiative des Gottes Brahma, den Buddha zum »In-Gang-Setzen des Rades der Lehre« zu bewegen

Seine erste Lehransprache hielt der Buddha fünf Asketen, jenen Gefährten aus der Zeit, als er durch Hungern zur Wahrheit vorzudringen suchte. Nachdem Siddharta Selbsttorturen als nutzlos erkannt und wieder Nahrung zu sich genommen hatte, hatten sich Kondanna, Bhaddiya, Vappa, Mahanama und Assaji enttäuscht von ihm abgewandt und ihn verlassen. Im Gazellenhain von Sarnath traf er sie wieder. Die fünf Wanderasketen wurden seine ersten Anhänger, die ersten buddhistischen Mönche.

Der Erleuchtete begann seine erste Predigt mit der Darlegung des »Mittleren Pfades« (Skrt. Madhyama-Pratipada), in der er die Extreme der Sinnenfreude und der Selbstqual als unwürdig und zwecklos verwarf. Der Mittlere Weg sei es, der sehend mache, zur Beruhigung der Leidenschaften, zur Erkenntnis der Daseinsbedingungen, zur Erleuchtung und zum Nirvana führe.

Darauf formulierte der Buddha den Urkern seiner Lehre, die *Vier Edlen Wahrheiten:*

(1) »Dies, Mönche, ist die Edle Wahrheit vom Leiden: Geburt ist leidhaft, Alter ist leidhaft, Krankheit ist leidhaft, Tod ist leidhaft; Trauer, Jammer, Schmerz, Gram und Verzweiflung sind leidhaft; mit Unliebem vereint, von Liebem getrennt sein ist leidhaft; Begehrtes nicht erlangen ist leidhaft, kurz: Die Fünf Aneignungsgruppen (welche die empirische Person ausmachen, s. S. 80) sind leidhaft.

(2) Dies, Mönche, ist die Edle Wahrheit vom Ursprung des Leidens: Es ist die Wiedergeburt bewirkende, mit Freude und Vergnügen verbundene Gier, die hier und dort Gefallen findet, nämlich: die Gier nach Lust, die Gier nach Werden, die Gier nach Vernichtung.

(3) Dies, Mönche, ist die Edle Wahrheit von der Aufhebung des Leidens: Die restlose Aufhebung, Vernichtung, Aufgabe, das Verwerfen, Freigeben, Ablegen dieser Gier.

(4) Dies, Mönche, ist die Edle Wahrheit von dem zur Aufhebung des Leidens führenden Weg, es ist dies der Achtspurige Weg, d. h. Rechte Ansicht, Rechter Entschluss, Rechte Rede, Rechtes Verhalten, Rechter Lebensunterhalt, Rechte Anstrengung, Rechte Achtsamkeit, Rechte Meditation.«

(Samyutta-Nikaya, zit. n. Handbuch des Buddhismus, S. 25 f.)

Der Überlieferung nach war es Kondanna, der die Aussagen des Buddha als erster verinnerlichte und sein Erkennen formulierte: »Was immer dem Gesetz des Entstehens unterworfen ist, das ist auch dem Gesetz des Vergehens unterworfen.« (zit. n. a. a. O.)

Der Buddha hat sich selbst wiederholt als Arzt bezeichnet, als Arzt für die Leiden der Welt und seine Lehre als Medizin. In diesem Sinn lässt sich zusammenfassen:

1. *Diagnose:* Alles Anhaften an vergänglichen Dingen bedeutet Leid (Skrt. Dukkha)
2. *Ursache:* Das Leid entsteht aus Gier (Skrt. Trishna; auch übers. mit »Durst«, »Verlangen«, »Begehren«, »Begierde«)
3. *Therapiemöglichkeit:* Dieser Zusammenhang wird erkannt und kann daher aufgelöst werden.
4. *Mittel der Therapie:* Der »Edle Achtfache Pfad« (Skrt. Aryashtangika-Marga), der die Gier, die Verblendung, Unwissenheit (Skrt. Avidya, wörtl. »Nicht-Erkenntnis«, »Nicht-Wissen«) des Menschen aufhebt und ihn zur Erlösung führt.

Erste Predigt des Buddha, Schiefer-Relief aus Amaravati, 2. Jh. n. Chr. Museum für Indische Kunst, Berlin

Das Relief gehörte wahrscheinlich zum Wandschmuck des Stupa von Amaravati. Die beiden Gazellen, die den Fußschemel mit dem Fußabdruck des Buddha einrahmen, verweisen eindeutig auf seine erste Lehrrede im Gazellenhain von Sarnath. Aus dem runden Rückenkissen des Thronsessels erwächst, gleich dem Oberkörper des Erleuchteten, eine von züngelnden Flammen umsäumte Säule, die symbolisch den Baum der Erleuchtung ersetzt. Wie der Vergleich mit ähnlichen Darstellungen nahe legt, war die Feuersäule einst bekrönt von einem Trishula als Sinnbild für die »Drei Juwelen« des Buddhismus: Buddha – Dharma – Sangha. Bei den Adoranten – einer von ihnen fächelt dem Buddha, der durch Fußabdruck, leeren Thron und Feuersäule als anwesend imaginiert wird, mit einem Fliegenwedel Kühlung zu – handelt es sich nicht um Mönche. Diese wären an ihren kahlgeschorenen Köpfen als seine ersten Schüler erkennbar. Insofern ist das Relief nicht als Momentaufnahme der ersten Predigt aufzufassen, sondern allgemeiner als Sinnbild der buddhistischen Mission und der Verehrung des Erleuchteten.

Das achtspeichige Rad der Lehre (Skrt. Dhar-machakra) mit zwei Gazellen ist Symbol für die erste Lehrverkündigung des Buddha im Gazel-lenhain von Sarnath. Es findet sich beispiels-weise auf den Dachfronten der Tempel des Tibetischen Buddhismus. Hier bekrönt es den Jokhang, den Stadttempel von Lhasa.

Die Verehrung der »Drei Juwelen«, Schiefer-Relief aus Gandhara, 2. Jh. n. Chr. Museum für Indische Kunst, Berlin

Das Relief fokussiert den Blick des Betrachters auf eine massive Säule, deren Kapitell von drei Rädern gebildet wird. Die Säule, Inbegriff der Stabilität und des Feststehenden, vertritt den Baum der Erkenntnis, der Erleuchtung. Die drei Dharmachakras, Räder der Lehre, fungie-ren hier als Triratna-Symbol, d. h. sie ver-weisen auf den Buddha, seine Lehre und die nach seiner Lehre lebende buddhisti-sche Gemeinschaft. Die Adoranten des Vordergrunds (drei links, zwei rechts) sind durch ihre Kleidung und abgeschore-nen Haare als Möche erkennbar. Da es fünf sind, handelt es sich um die fünf Asketen Kondanna, Bhaddiya, Vappa, Mahanama und Assaji, die Gefährten Siddhartas während seiner Askese. Sie hatten sich enttäuscht von ihm abge-wandt, als er die Selbsttorturen als nutzlos erkannt und aufgegeben hatte. Nach sei-ner Erweckung unter dem Bodhi-Baum traf der Erleuchtete auf eben jene fünf Asketen im Gazellenhain von Sarnath; ihnen hielt er seine erste Lehrrede und sie wurden seine ersten Schüler. Die drei Adoranten im Hintergrund sind höchst-wahrscheinlich Figuren des brahmani-schen Pantheons. In der älteren Literatur werden sie gerne als anwesend bei wichti-gen Ereignissen im Leben des Buddha erwähnt, bevorzugt Brahma, der Welten-schöpfer und Herr des Himmels, und Indra, das Oberhaupt des himmlischen »Reiches der Dreiunddreißig« (Skrt. Trayastrimsha), des Wohnsitzes der Göt-ter auf dem Gipfel des Weltenbergs Meru. Rechts oben könnte demnach ein blu-menstreuendes Wesen aus dem Himmel der Dreiunddreißig dargestellt sein. Diese Figuren erscheinen im Hintergrund und kleiner, d. h. sie spielen eine untergeord-nete Rolle, als Diener des Buddhismus.

Der Edle Achtfache Pfad – der Weg zur Erlösung

Die Dritte Edle Wahrheit ist die Erlösungsbotschaft des Buddha, die Vierte benennt mit dem Achtfachen Pfad die buddhistische Praxis zur Erlösung. Er hat zum Ziel, Gier, Hass und Unwissenheit zu überwinden, eben jene Triebkräfte, die den Verbleib im Kreislauf der Existenzen (Skrt. Samsara) bewirken.

Für das Verständnis buddhistischer Kunst und Architektur ist die Kenntnis der Vier Edlen Wahrheiten, respektive des Achtfachen Pfads Voraussetzung.

In der Praxis ist der Achtfache Pfad kein Weg, auf dem man im zeitlichen Nacheinander sukzessiv Teilstrecken zurücklegt, sondern es sind die acht Teile in Abhängigkeit voneinander gewissermaßen gleichzeitig zu erarbeiten. Der Heilssucher kommt dem Ziel immer dann ein Stück näher, wenn er in allen acht empfohlenen Verhaltensweisen Fortschritte gemacht hat.

Jede der acht Wegweisungen enthält in den Quellenschriften den Begriff »Samyak« (Skrt., Pali: Samma), der meistens mit »recht« übersetzt wird. Indessen ist damit nicht der Gegensatz zu »falsch« gemeint, sondern eine ganzheitliche Handlungs- und Verhaltensweise, die Vollkommenheit anstrebt.

Den acht Teilen des Erlösungswegs liegen drei Überbegriffe zugrunde:

1.-2.: Prajna (Skrt. »Weisheit«, »Einsicht«);
2.-5.: Shila (Skrt. »Verpflichtungen«, »Gebote«) betrifft ethische Richtlinien, Sittlichkeit;
6.-8.: Dhyana (Skrt. »Meditation«, »Versenkung«).

1. Rechte Ansicht (Skrt. Samyak-Dristhi) ist die Erkenntnis der Vier Edlen Wahrheiten und die Einsicht, dass es ein unveränderliches ›Ich‹ oder ›Selbst‹, eine ewige Seele (Skrt. Atman) nicht gibt (vgl. S. 80).

2. Rechter Entschluss (Skrt. Samyak-Samkalpa) basiert auf 1. und heißt, die Befreiung von Begierde und Hass zu erreichen, sowie kein Lebewesen zu schädigen, sondern ihnen gegenüber Güte (Skrt. Maitri) zu entwickeln. Mönchen und Nonnen obliegt insbesondere der Schutz von Tieren und Pflanzen.

3. Rechte Rede (Skrt. Samyak-Vach) vermeidet Lüge, Schmähung, üble Nachrede, unnützes, eitles Geschwätz und rohe Sprache. Rechte Rede stiftet Frieden, strahlt Freundlichkeit aus, gibt Wissen an andere weiter und regt sie zu heilsamem Tun an. Die Ethik der Rechten Rede gilt auch für Geschriebenes.

4. Rechtes Verhalten (Skrt. Samyak-Karmanta) unterlässt sexuelle Ausschweifungen, Stehlen und Töten und vermeidet allen Wesen gegenüber jedwede Gewalt. Über die Gewaltlosigkeit hinaus gilt es, tätiges Mitgefühl (Skrt. Karuna) und Großherzigkeit zu entwickeln.

5. Rechter Lebensunterhalt (Skrt. Samyak-Aijiva) heißt, einem Beruf nachzugehen, der niemand Leid oder Nachteile zufügt. Nicht vereinbar mit Rechtem Lebensunterhalt sind etwa Berufe wie Schlächter, Jäger, Fallensteller, Vogelfänger oder Henker. Untersagt ist der Handel mit Waffen, Lebewesen, berauschenden Getränken, Gift und betäubenden Drogen. Ebenso verboten ist Betrug, Wahrsagerei und Wucher.

6. Rechte Anstrengung (Skrt. Samyak-Vyayama) zielt auf die Beherrschung der Sinne und Affekte. Dies zu erreichen hat der Buddha die Meditationsübungen der Vier Vollkommenen Anstrengungen (Skrt. Samyak-Prahanani) empfohlen. Die ersten beiden

Anstrengungen richten sich auf die Zügelung und Überwindung unheilsamer Dinge. Die dritte Anstrengung richtet sich auf die Entfaltung heilsamer Dinge, ganz besonders von Gleichmut (Skrt. Upeksha, wörtl. »Nicht-Beachtung« – von allen Unterscheidungen). Die vierte Anstrengung hat zur Aufgabe, heilsame Dinge zu bewahren.

7. Rechte Achtsamkeit (Skrt. Samyak-Smriti) heißt, ganzheitliche Bewusstheit über alle physischen, psychischen und geistigen Vorgänge zu erreichen und sie dadurch kontrollierbar zu machen. Die Meditationsübungen, die der Buddha hierfür empfohlen hat, sind die »Vier Erweckungen der Achtsamkeit« (Pali: Satipatthana) und im Satipatthana-Sutra ausführlich beschrieben. Die Achtsamkeit richtet sich nacheinander 1. auf den Körper und reicht von der Achtsamkeit auf den Atem bis zur »Leichenfeldbetrachtung« (Pali: Sivathika; vgl. S. 174, 225 f.); 2. auf Empfindungen, bis schließlich deren Vergänglichkeit deutlich wird; 3. auf das Denken, wobei jeder aufsteigende Bewusstseinzustand als heilsam oder unheilsam erkannt wird; 4. auf die Denkobjekte, die sich bei vollkommenem Verständnis der Vier Edlen Wahrheiten als bedingt und daher vergänglich, nicht substanziell erweisen.

8. Rechte Meditation (Skrt. Samyak-Samadhi) – etymologisch entspricht das Sanskrit-Wort Samadhi dem griechischen Wort Synthesis, das »Zusammenfügung«, im philosophischen Sinn Einigung von Erkenntnisinhalten zu einem Ganzen bedeutet. Samadhi heißt wörtlich »Festmachen«, »Fixieren« und meint im buddhistischen Sinn Konzentration, Versenkung, Vereinheitlichung. Samadhi bedeutet die Sammlung des Geistes auf ein einziges Meditationsobjekt durch die allmähliche Beruhigung des Geistestätigkeit. Dadurch wird schließlich ein transzendenter, nicht-dualistischer Bewusstseinszustand, die Einswerdung aller Bewusstseinsvorgänge erreicht.

Das Mahasatipatthana-Sutra enthält die Empfehlung des Buddha, Samadhi zu verwirklichen, die »**Vier Versenkungsstufen**«.

1. Durch achtsames Nachdenken und Erwägen löst sich der Meditand von Begierde und unheilsamen Geisteszuständen, wodurch Freude und Glücksgefühl in ihm entsteht.

Lotusbad für Mönche in der alten Königsstadt Polonnaruwa auf Sri Lanka, 12. Jh., Durchmesser 7,5 m

Das Bad ist in einer Lotusrosette, dem Symbol der Reinheit, nachgebildet. Mit seinen vier Stufen und den in sie integrierten achtfachen Rundungen verweist es auf die Vier Edlen Wahrheiten und den Edlen Achtfachen Pfad.

2. Der Meditand gewinnt »den inneren Frieden, die Konzentration des Geistes« auf ein Meditationsobjekt. Er weilt weiter in Freude und Glücksgefühl.

3. Nach der Aufhebung der Freude verweilt er leidenschaftslos, achtsam und klar bewusst und fühlt in sich das Glück des Gleichmuts.

4. Nach dem Schwinden des Glücksgefühls und dem Versiegen der Erinnerung an frühere Leidgefühle gewinnt der Meditand einen leid- und freudefreien Zustand und verweilt in Gleichmut und Wachsamkeit. – Die Befreiung von allen Anhaftungen an die Welt, der urteilsfreie, nicht von egozentrischen Motivationen gelenkte Gleichmut, die reine, innere Stille und geistige Wachsamkeit sind die Voraussetzungen für die Erleuchtung.

Symbolik der Vier

Auffallend ist die Gliederung der buddhistischen Basislehre, die der Zahl Vier und ihrer Verdoppelung folgt: Die Vierte Edle Wahrheit ist identisch mit dem Edlen Achtfachen Pfad, dem in den die Meditation betreffenden Abschnitten wiederum die Viergliedrigkeit zugrunde liegt – Vier Vollkommene Anstrengungen, Vier Erweckungen der Achtsamkeit, Vier Versenkungen. Ebenso sind weitere, schon in der Frühzeit des Buddhismus praktizierte Meditationen vier- oder achtstufig, etwa die »Vier Sphärenstufen« (Skrt. Arupasamadhi), »Acht Befreiungen« (Skrt. Ashta-Vimoksha), »Acht Überwindungen« (Skrt. Abhibhavayatana) oder »Vier Unermesslichkeiten« (Skrt. Apramana). Letztere werden auch – nach dem viergesichtigen vedischen Schöpfergott Brahma – Brahma-Vihara genannt. In diesen vier »göttlichen Verweilungszuständen« erweckt der Meditand die vier »grenzenlosen Geisteszustände«, nämlich Güte (Skrt. Maitri), Erbarmen (Skrt. Karuna), Freude (Skrt. Mudita) und Gleichmut (Skrt. Upeksha) und strahlt sie in die vier Himmelsrichtungen aus.

Die mythische Überlieferung erzählt von Brahma, dass er, bevor er das Werk der Schöpfung begann, inmitten einer tausendblättrigen (d. h. unendlich vielblättrigen) goldenen Lotusblüte stand und seinen Blick in die vier Richtungen des Raums schickte. Desgleichen berichtet die Legende von Siddharta: Im Moment seiner Geburt öffnete sich eine Lotusblüte und er trat in ihre Mitte, um in die acht Weltrichtungen zu blicken.

Allgemein ist die Vier (und ihre Vervielfachungen) Symbolzahl für Vollkommenheit, Ganzheit und das Universum in seiner Totalität. Aus westlicher Sicht ist dazu bemerkenswert, dass Carl Gustav Jung in der Quaternität die archetypische Basis der menschlichen Psyche sah. (Jung fasst die Psyche als Entität bewusster und unbewusster Prozesse auf. Seine gesamte Typenpsychologie beruht auf vier Grundfunktionen: dem aktiven und passiven Denken, das zur Erkenntnis von Erfahrungen und Vorstellungsinhalten führt; dem v. a. durch unbewusste Vorgänge bestimmten Fühlen, das Erfahrungen wertet; dem Empfinden, das durch die Sinnesorgane sinnlich wahrnimmt; der Intuition, die unbewusst wahrnimmt.)

Wie die Vier ist der Kreis (die Lotus-Rosette) kosmologisches Symbol für Ganzheit und Vollkommenheit. Kreis, Lotus und Rad gehören zu den hervorragend wichtigen Symbolen des Buddhismus. Im Zusammenspiel mit dem Quadrat bildet der Kreis das Mandala, das psycho-kosmische Diagramm, die in Malerei und Architektur so häufig gestaltete Meditationshilfe.

Vierstufig definiert wiederum ist der Begriff der »Heiligkeit« im »Überweltlichen Pfad« (Skrt. Arya-Marga), dem die »Edlen« (Skrt. Pugdala) folgen. Es sind dies:

1. *die »in den Strom Eingetauchten«* (Skrt. Shrota-Apanna), die höchstens noch siebenmal wiedergeboren werden,
2. *die »Einmalwiederkehrer«* (Skrt. Sakridagamin),
3. *die »Niemehrwiederkehrer«* (Skrt. Anagamin),
4. *die »Heiligen«* (Skrt. Arhat), die Nirvana unmittelbar nach diesem Leben erreichen.

Der Arhat ist das Mönchsideal des Hinayana. Kanonisiert als Arhats sind 16 (d. i. 4 × 4) Mönche, namentlich bekannte Zeitgenossen des Buddha, darunter Rahula, der Sohn Siddharta Gautamas. (In der Kunst sind Arhats ein immer wieder auftauchendes Thema.)

Durch die Vierzahl gekennzeichnet ist weiter der Buddha, nämlich durch die »Vier Gewissheiten« (Skrt. Vaisharadya). Gemeint sind die Gewissheiten der Erleuchtung, der Freiheit von allen Befleckungen und allen Hindernissen, sowie der erfüllten Verkündigung des Erlösungsweges.

Für die Entwicklung der Ikonographie von persönlichen Darstellungen des Buddha sind schließlich die »Zweiunddreißig (d. i. 4 × 8) Merkmale der Vollkommenheit« (Skrt. Dvatrimshadvara Lakshana) von ausschlaggebender Bedeutung (s. S. 60 f., 65).

Im zahlensymbolischen Zusammenhang überrascht es nicht, dass die Acht, die den Beginn der Transformation des Quadrates in den Kreis markiert und daher sozusagen alle Möglichkeiten in sich trägt, auch die buddhistischen Glückszeichen umfasst. Die »Acht Kostbarkeiten« (Skrt. Ashtamangala) sind besonders in der Kunst des Mahayana äußerst beliebte Motive (vgl. S. 133 ff.).

Rahula vor seinem Vater, dem Buddha,
Kalkstein-Relief vom Steinzaun eines Stupa
in Amaravati, 2. Jh. n. Chr.
Amaravati, Archeological Museum

Die stilisierte Lotus-Rosette umfasst eine Szene, die den Buddha bei seinem Besuch seiner einst von ihm verlassenen Familie zeigt. Seine Anwesenheit wird suggeriert durch seine Fußabdrücke auf dem Schemel, den leeren Thronsessel, die flammenumloderte Säule, die das Dharmachakra und den Trishula trägt und den Baldachin, der sich darüber breitet.

Von links wird Rahula – in seiner Klein-
heit als Sohn des Siddharta Gautama
erkennbar gemacht – von seiner Tante
und Ziehmutter Mahaprajapati Gautami
zu seinem Vater herangeführt, damit er
Rahula sein Erbe übertrage. Doch der
Buddha entscheidet, dass Rahula der
Mönchsgemeinschaft beitritt, um den viel
größeren Schatz der Erleuchtung zu
gewinnen. – Rahula wird später zu den 16
kanonisierten Arhats, »Heiligen« des
Buddhismus, gehören.
Zu Füssen des Buddha schneiden sich
zwei Adorantinnen die Haare ab – eine
Vorausdeutung auf die spätere Gründung
des buddhistischen Nonnenordens durch
Mahaprajapati.

Das Honigopfer eines Affen
Sandstein-Relief auf dem Nordtor des Stupa 1
von Sanchi, 2. Jh. v. Chr.

Der Überlieferung nach brachte ein Affe
dem Buddha spontan ein Honigopfer in
Vaishali dar, dem Ort etlicher seiner Lehrreden. Das Ereignis wird als eines der
wichtigsten im Leben des Buddha
betrachtet.
Die Anwesenheit des Erleuchteten wird
auf dem Relief links durch den girlanden-
geschmückten Bodhibaum auf leerem Sitz
imaginiert; er wird von Adorantinnen
und – ungewöhnlicherweise – von einem
Kind verehrt. Neben dem Bodhibaum
steht ein Salabaum (links), der sowohl an
die Geburt, wie auch an das Parinirvana
des Buddha erinnert. Daneben erscheint
ein Jackbaum (*Artocarpus heterophyllus*),
schwere Brotfrüchte tragend, ein wichti-
ges Nahrungsmittel im damaligen Indien;
im übertragenen Sinn bedeuten die Brotfrüchte die Nahrung des Geistes. Rechts
erstreckt sich über die Höhe des Reliefs
eine Lotusknospen – Ornamentleiste; sie
bildet das optische Gegengewicht zum
Bodhibaum. Die Lotusknospen versinn-

bildlichen das Potenzial der spirituellen
Entwicklung jedes Menschen.
Im Vordergrund offeriert ein Affe dem
Buddha eine Schale Honig, während sein
Artgenosse eine Bienenwabe geschultert
hat. Allgemein gilt in vielen Kulturen und
Religionen der Honig – wie die Milch –
nicht nur als körperliche, sondern auch
als geistige Nahrung. Im Rig-Veda, dem
frühesten literarischen Zeugnis der vedischen Überlieferung, wird der Honig als
heilige Speise gepriesen, als Quelle des
Lebens und der Unsterblichkeit. Im
Buddhismus ist der Honig als Metapher
für die Entwicklung des Bewusstseins zu
verstehen: wie der flüchtige Pollenstaub
von den von Blüte zu Blüte fliegenden
Bienen eingesammelt und schließlich zur
wohlschmeckenden süßen Nahrung um-

gewandelt wird, so kann der Mensch durch konzentrierte spirituelle Übung weltliche Zerstreuungen und Anhaftungen überwinden und die Essenz der Erkenntnis und Weisheit gewinnen. Die Meditation ist der Zähmung eines Affen vergleichbar: wie der Affe von Ast zu Ast springt, so hüpft das Bewusstsein von einem Ding zum anderen, muss aber unter Kontrolle gebracht werden. Andererseits verkörpert der Affe die Begabung zur Nachahmung und damit den Gedanken, dem Beispiel des Buddha zu folgen. So kann das Honigopfer des Affen als symbolisch für die buddhistische Lehre betrachtet werden.

Im Zentrum des Reliefs steht eine weibliche Figur. Ein Adorant ist im Begriff, ihr eine Opfergabe darzubringen, die sie jedoch offenbar für selbstverständlich hält; sie hat den Blick überwachend auf den Affen gerichtet, der dem Buddha Honig offeriert.

Der früheste Beleg für diese Göttin erscheint in einer apokryphen Hymne des Rig-Veda. Sie wird hier »Mutter der geschaffenen Wesen«, als diese Ksama (Skrt. »Erde«) genannt und mit ihrem klassischen Namen Lakshmi (Skrt. »Glück«) angesprochen, als »honiggleich«, als »lotusäugig« gepriesen und überhaupt auf alle mögliche Art mit dem Lotus in Zusammenhang gebracht. Agrikulturell gesehen, gilt Lakshmi, deren Ahnin die archaische Magna Mater, die Große Mutter ist, als Schutzgöttin der indischen Landwirtschaft. Auf dem Relief stehen ihre beiden Söhne Kardama (Skrt. »Schlamm«) und Ciklita (Skrt. »Feuchte«), die Personifikationen des kostbaren fruchtbaren Bodens, neben ihr.

Die Lotusgöttin, die, wie schon erwähnt, mythologisch dem schäumenden kosmischen Milchmeer entstiegen war, ist die Mutter aller Früchte, aller Nahrung, sie schenkt Glück, Kinder und Ernten und sie sagt: »Durch mich isst Nahrung jeder, der sieht und atmet und das gesprochene Wort hört« (zit. n. Lexikon der indischen Mythologie, S. 184). Indem Lakshmi im Zentrum des Reliefs zwischen Bodhibaum und Lotusknospen als Adorantin des Buddha erscheint, wird »Das Honigopfer eines Affen« amplifiziert zu einem Sinnbild der spirituellen Ernte.

Ebenfalls wird dem Pfau schon in der frühen Bildsprache des Buddhismus ein wichtiger Symbolwert zugedacht.

Zwei Pfauenpaare, Sandstein-Reliefs auf dem unteren Architrav des Osttors des Stupa1 von Sanchi, 1. Jh. v. Chr.
Die Reliefs zeigen jeweils zwei wappenartig angeordnete männliche Pfaue, deren Körper und zueinander gewandte Köpfe ein Liebespaar (links) und Pflanzenmotive (rechts) umschließen.

Der Pfau (Skrt. Mayura), in Südasien beheimatet, dient historisch öfters als Wappentier von Dynastien (China, Birma, Persien) und ist erstmals als das Emblem der Maurya bekannt geworden, d. h. Kaiser Ashokas, der den Buddhismus zur Staatsreligion seines indischen Großreichs erklärte und auf den der ursprüngliche Bau des großen Stupa von Sanchi zurückgeht.

Das Liebespaar ist als Kama mit einer Gefährtin zu identifizieren. Im Rig-Veda wird Kama (Skrt. »Sinnesverlangen«, »Wünsche«, »geschlechtliche Lust«) zuerst als erstes Verlangen, auch als Drang, Gutes zu tun und Wünsche zu erfüllen, beschrieben, dann personifiziert und zum Kama-Deva erhoben, zum Gott der Liebe (vgl. Kama-Sutra, Skrt. »Leitfaden der Erotik«). Im Buddhismus ist Kama das Begehren nach sinnlicher Befriedigung und damit eines der Haupthindernisse auf dem spirituellen Weg.

Auf diesem Relief wird Kama, als Liebespaar personifiziert, der Überwachung durch die beiden großen, machtvoll wirkenden Pfauen unterstellt. Allgemein – so auch als Wappentier – gilt der Pfau als Emblem der Schönheit, Würde und Unsterblichkeit (das der Eitelkeit beruht auf neuzeitlicher, westlicher Vorstellung). Nach altindischem Glauben kann der Pfau jegliches Gift in sich aufnehmen, ohne Schaden davonzutragen; er verfügt über die Kraft und Energie, das Gift einer von ihm getöteten Schlange umzuwandeln in die Schönheit seines mit »Augen« übersäten Federrads. So wird er zum Bild der spirituellen Transformation und zum Symbol der Wachsamkeit, der Todlosigkeit und des Widerstands gegen die Verlockungen der phänomenalen Welt. Kontrollieren die Pfauen auf dem Linken Relief das sinnliche Begehren, so bewachen sie auf dem rechten die Früchte der spirituellen Übung – versinnbildlicht durch die Baumfrüchte – und den Weg zur Erlösung, den Edlen Achtfache Pfad – symbolisiert durch die beiden achtblättrigen Lotusblüten.

Nirvana

Nirvana ist der zentrale Begriff aller buddhistischer Schulen für das Heilsziel, die Erlösung.

Nirvana, abgeleitet von der Sanskrit-Wurzel »nir-va«, heißt »Verlöschen«, »Verwehen«, vergleichbar einer Kerzenflamme, die erlischt.

Aufgrund der Unzulänglichkeit aller Sprache und des menschlichen Denkens kann Nirvana nicht definiert werden, vergleichsweise genauso wenig, wie ein Duft mit Händen erfassbar ist. So lässt es sich nur annäherungsweise umschreiben als nicht räumlich oder zeitlich (auch nicht unter dem Aspekt der Ewigkeit) lokalisierbare »Sphäre« der Todlosigkeit. Nirvana gilt als »nicht bedingt«, »nicht gestaltet« (Skrt. Asamskrita), als frei von Entstehen, Bestehen, Veränderung und Vergehen; es existiert keine Gegenwelt zu Nirvana.

Die Auffassung der Erlösung ist im Hinayana und im Mahayana unterschiedlich.

Im frühen Buddhismus wird sie als selbst »erarbeitete« Befreiung aus dem karmisch bedingten Kreislauf der Wiedergeburten verstanden, als Ende des Leidens, das durch die vollkommene Überwindung der drei Wurzelgrößen des Unheilsamen, Gier, Hass und Verblendung/Unwissenheit erreicht wird. Das Hinayana unterscheidet zwischen dem vortodlichen Nirvana und dem nachtodlichen Maha-Parinirvana, dem »großen vollständigem Erlöschen« im letzten, endgültigen Tod. Im Nirvana ist der Erlöste noch zufällig an die fünf Daseinsgruppen (Skrt. Skandha, vgl. S. 80) gebunden, nämlich an Körper, Wahrnehmung, Empfindung, Tatabsichten/Taten und Bewusstsein. Dies jedoch nicht essenziell, sondern nur mit einem gewissen Rest von Bedingtheit.

Im Maha-Parinirvana bestehen die Daseinsfaktoren nicht mehr. So hat der historische Buddha bei seiner Erleuchtung unter dem Bodhibaum die an den samsarischen Kreislauf bindenden Faktoren vernichtet und Nirvana erreicht. Als Person lebte er weiter, bis er bei seinem letzten Tod in Kushinagara ins Maha-Parinirvana einging und damit endgültig verlosch.

Die Mahayanisten sehen Nirvana ebenfalls als »nicht-bedingt«, »nicht-gestaltet«, als von jeher Vorhandenes und Vorgegebenes an, identifizieren es jedoch mit der Absoluten Wirklichkeit und Höchsten Wahrheit der Leerheit aller Phänomene (Skrt. Shunyata, vgl. S. 107 ff.). Die idealistische Folgerung daraus: Nirvana ist von Samsara nicht verschieden und daher ist die Erlösung jedem Wesen immanent, in ihm vorgegeben. Erlösung heißt, der Identität mit dem Absoluten – der Leerheit – gewahr werden. Unterscheidet der Hinayanist zwischen vortodlichem und nachtodlichem Nirvana, so der Mahayanist zwischen »nicht fixiertem«, aktivem, und »vollständigem«, statischem Nirvana. Ersteres bezieht sich auf das mahayanische Bodhisattva-Ideal (vgl. S. 143): der Bodhisattva (Skrt. »Erleuchtungs – Wesen«) schiebt sein Eingehen ins vollständige Nirvana auf, um in der samsarischen Welt als Erlösungshelfer tätig zu bleiben, bis alle Wesen erlöst sind. Das vollständige Nirvana ist mit dem Parinirvana gleichzusetzen und entzieht sich jeder Begrifflichkeit.

Die Worte des Buddha über das Nirvana

1. Nirvana als Ende des Leidens

»Es gibt, ihr Mönche, einen Bereich, wo weder Erde noch Wasser, noch Feuer, noch Wind ist, wo die Sphäre der Unendlichkeit des Raums und der Unendlichkeit des Bewusstseins nicht mehr besteht. Wo nicht irgendetwas mehr ist, nicht diese Welt, noch die jenseitige Welt, wo beide, Sonne und Mond, nicht mehr sind. (…) Ich verkündige euch ein Nichtkommen und Gehen, ein Nichtfeststehen und Vergehen, die Freiheit von der Wiedergeburt; ein Nichtstillstehen und Nichtweitergehen. Keinen Grund gibt es mehr für das Sehnen nach dem Leben. Dies ist das Ende des Leides.«

2. Nirvana als Erlösung

»Es gibt, ihr Mönche, ein Ungeborenes, ein Nichtgewordenes, das durch nichts bedingt ist. Wenn, ihr Mönche, dieses Ungeborene, Nichtgewordene, Unerschaffene, das keine Bedingtheit hat, nicht sein würde, so wäre auch für dieses Geborene, Gewordene, Geschaffene, aus der Bedingung Erwachsene kein Entrinnen zu finden.

Weil es aber, ihr Mönche, jenes Ungeborene, Nichtgewordene, Ungeschaffene, Unbedingte gibt, darum wird es für das Geborene, Gewordene, Geschaffene, von Ursachen Bedingte eine Erlösung geben.«

3. Nirvana als höchstes Glück

»Welches die Befreiung von jenem bedeutet, das jenseits noch liegt des erwägenden Denkens, das Ewige, das Ungeborene und nicht Entstandene, die leidfreie und fehlerlose Stätte, das Vergehen der schlechten Daseinsfaktoren, das Zuruhekommen der Triebkräfte, das ist das Glück.«

Khuddaka-Nikaya (zit. n. Reden des Buddha, S. 71 f.)

Die Verehrung des Stupa,
Schiefer-Relief aus Gandhara, 2. Jh. n. Chr.
Museum für Indische Kunst, Berlin

Das Symbol für das Parinirvana des Buddha – der Stupa

Das »Endgültige Verlöschen« des Buddha wird in der apersonalen Darstellung durch das Grabmonument, den Stupa symbolisiert. Den Kuppelabschluss bildet auf diesem Relief eine umgekehrte Lotus-Rosette, die auf die Ausbreitung seiner Lehre verweist. Darüber erheben sich drei übereinander gesetzte Schirme (Skrt. Chattra) als Sinnbilder der geistigen Macht des Buddha und seines Nirvana. Der Stupa wird eingerahmt von vier Säulen, die sowohl für die vier Richtungen des Raums, als auch für die Vier Edlen Wahrheiten stehen. Ihre Kapitelle zeigen vier Löwen, die den »Löwenruf« des Buddha symbolisieren (vgl. S. 16 f.).

Der Stupa: erste und charakteristische Ausdrucksform buddhistischer Architektur – Entwicklung und Symbolik

Als Bautyp bleibt der Stupa immer und überall in Asien der gleiche, auch wenn sich seine Gestalt mit der Zeit und in den verschiedenen Regionen erheblich wandelt, es sind dies nur Varianten des architektonischen Hauptsymbols des Buddhismus. So ist die ostasiatische Pagode, die sich auf den ersten Blick radikal vom indischen Stupa unterscheidet, von diesem abzuleiten und in der Grundbedeutung mit ihm identisch.

Ursprünglich geht der Stupa (Skrt. wörtl. »Haarknoten«, »Scheitel«, »Hügel«) auf das prähistorische Tumulusgrab, in monumentaler Form Fürstengrab mit einem großen Halbkugel-Hügel, zurück. Auch der Stupa ist zunächst ein Grab- und Gedenkmonument.

Als Buddha Shakyamuni im Sala-Hain von Kushinagara sein letztes Leben beendet hatte, wurde sein Leichnam sieben Tage lang von einer großen Menge verehrt und dann verbrannt. Nach einem Streit um die sterblichen Überreste (Asche, Kohle, Knochenstücke, auch Almosenschale) wurden diese schließlich auf acht Fürstenhäuser (die Mallas von Kushinagara, den König Ajatashathu von Maghada; die Shakyas von Kapilavastu usw.) verteilt. Sie errichteten über seinen Reliquien in kostbaren Behältern jeweils einen Stupa.

Als Gedenkmonument für den Buddha ist der Stupa den heiligen Stätten seines Lebens und Lehrens gewidmet.

Primär Grab- und Reliquienmal, ist der Stupa das zentrale Symbol des endgültigen Verlöschens im Nirvana, der Erlösung, also des buddhistischen Heilsziels. Streng genommen müsste jeder Stupa im Kern eine Buddha-Reliquie bergen, doch auch bei weitester Auslegung des Begriffs (auch unter dem Aspekt der Fama um seine Reliquien, wie etwa Haare) ist dies natürlich nicht möglich. Dem Diktum des Buddha »Wer die Lehre sieht, sieht mich« gemäß, können auch heilige Texte (Sutras) und Formeln (Dharanis) als »Wort-Leib« des Buddha oder Bildwerke als körperliche Stellvertretung dem Stupa die sakrale Substanz verleihen.

Darüberhinaus kann der Stupa selbst, auch ohne Reliquien zu enthalten, als Reliquie betrachtet werden: seine bloße Gestalt erinnert den Gläubigen assoziativ an das Nirvana des Buddha.

Schon von Anfang an wird der Stupa durch den alten indischen Ritus der Umwandlung dem Sonnenlauf folgend (Skrt. Pradakshina), wie auch durch Weihegaben und Kulthandlungen (Skrt. Puja) verehrt. Dafür ist es notwendig, dass der Stupa – auch wenn er in einen Kloster- oder Tempelkomplex eingebunden ist – frei steht. Auch dies ist für den Stupa charakteristisch.

Als zu umwandelndes Symbol der Erleuchtung und Erlösung dient der Stupa als Hilfsmittel der Meditation. Deshalb versinnbildlichen einzelne Bauteile und Dekorelemente der verschiedenen regionalen Stupatypen Lehrinhalte, die auf des Heilsziel ausgerichtet sind. Die größte Dichte an Lehrinhalten weist wohl der tibetische Stupa, der Chörten, auf. Der Tibetische Buddhismus nennt den Chörten die »Stütze« seiner Religion (vgl. dazu Symbolik des Chörten, S. 243 ff.).

Der große Stupa von Sanchi mit dem Osttor im Vordergrund. Er gilt als Prototyp des indischen Stupa, als Urtyp der charakteristischen Ausdrucksform buddhistischer Architektur.

Der älteste erhaltene Stupa ist der »Große Stupa« von Sanchi in Zentral-Indien (Distrikt Madhya Pradesh). Er gilt als Urtypus des Stupa.

Die Geschichte Sanchis beginnt mit der Regierungszeit des Kaisers Ashoka (268–232 v. Chr.) und endet etwa im 10. Jh. Die Blütezeit des Klosters Sanchi liegt wohl zwischen dem 1. Jh. v. Chr. und dem 6. Jh. n. Chr. 1818 entdeckte der britische General Taylor die von tropischer Vegetation überwucherte Stätte wieder. In der Folgezeit richtete die Wühlarbeit von Schatzgräbern und Amateurarchäologen schweren Schaden an. 1882 ließ die britische Verwaltung erstmals den Urwald abräu-

men, leistete aber keine Bestandssicherung. Die vordringlichsten Erhaltungsmaßnahmen führte zwischen 1912 und 1919 der für die indische Archäologie zuständige Sir John Marshall durch. Darauf basiert die bis heute andauernde Arbeit des Archeological Survey of India.

Der unter Kaiser Ashoka erbaute 16,5 m hohe Stupa soll Reliquien von Buddha Shakyamuni und seiner Jünger Shariputra und Mahamaudgalyana bergen. Im 1. Jh. v. Chr. wurde er mit vier Toranas, Toren, ausgestattet, deren hochwertiges Bildprogramm im 1. Jh. n. Chr. vollendet wurde.

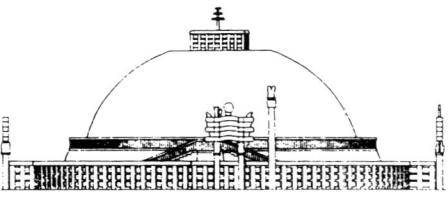

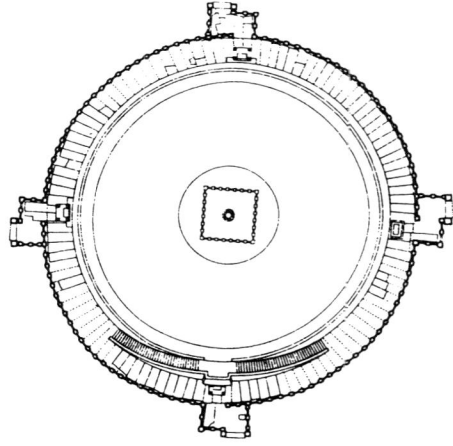

Ansicht und Grundriss des Stupa von Sanchi

Der Aufbau des Stupa von Sanchi

1 *Zylinderförmige Basis (Skrt. Medhi)*
2 *Halbkugel (Skrt. Anda, »Ei« oder Gharba,
»Schoß«) über der Basis*
3 *Quadratisches Steingitter (Skrt. Harmika)
mit Pfosten, der von der Basis durch die Halbkugel aufsteigt und an seiner Spitze drei flache
Schirme (Skrt. Chattra) trägt.*
*Wenn nicht in der Halbkugel, so sind die Reli-
quien in der Harmika deponiert. Sie befinden
sich in kostbaren Gefäßen aus Gold und Bergkristall, die ihrerseits von einem meisten stei-
nernen Behälter in Stupaform umschlossen
sind.*
4 *Steinzaun (Skrt. Vedika) um den Stupa;
a – der äußere, b – der innere*
5 *Einzelsteinpfosten der Vedika, achteckig*
6 *Reich skulptiertes Tor (Skrt. Torana), hier
das westliche*
7 *Umwandlungspfad um den Stupa, dem Sonnenlauf folgend (Skrt. Pradakshina),
a – der äußere, b – der innere*
8 *Treppe (Skrt. Sopana) auf der Südseite, hier
ihr wieder abwärts führender Teil*

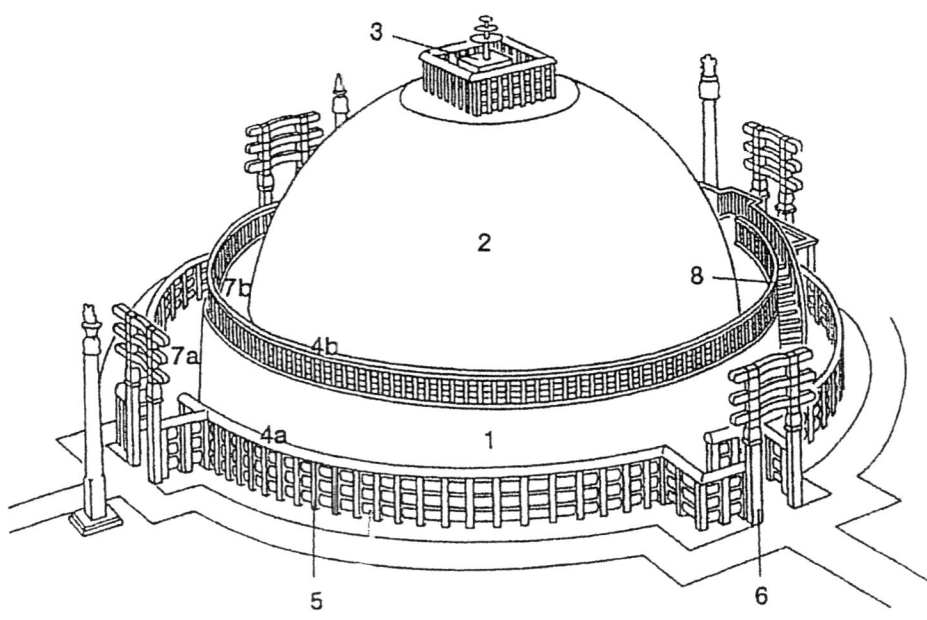

Die Halbkugel symbolisert den Kosmos, die runde Basis das Rad der Lehre, der Pfosten den Baum der Erleuchtung bzw. die Weltachse, die drei Ehrenschirme auf der Spitze des Pfostens spirituelle Macht und die Drei Juwelen, Buddha, Dharma und Sangha.

Der Steingitterzaun grenzt den sakralen Bereich vom profanen Außenbereich ab und leitet den Umwandlungspfad. Die vier den Himmelsrichtungen entsprechend platzierten Toranas symbolisieren die Universalität der Lehre. Ihr Bildprogramm illustriert Leben und Lehre des Buddha Shakyamuni, wobei er hier nicht personal, sondern nur durch Symbole dargestellt ist. Im Einzelnen steht das Westtor für seine erste Predigt, die übrigen für seine Geburt (Osten), für seine Erleuchtung (Süden) und seine endgültige Befreiung im Parinirvana (Norden).

Die Umwandlung des Stupa bedeutet das Drehen des Rades der Lehre, spirituellen Aufstieg und den Nachvollzug der zeitlosen Weltgesetzlichkeit der Lehre.

Vom Grundtypus des Großen Stupa von Sanchi lassen sich alle anderen Formen des Stupa ableiten. Die architektonischen Kernelemente bleiben erhalten, nehmen aber unterschiedliche Gestalt und Gewichtung im Verhältnis untereinander an. So kann sich zum Beispiel die Halbkugel in die Höhe strecken und längen, andererseits zur flachen Form einer Schale schrumpfen oder die durchgehende Mittelachse (der Pfosten mit bekrönenden Schirmen) zum dominanten Bauelement werden. Dazu treten eine reichere Gliederung – so in der Stufung – oder zusätzliche Bauelemente, wie etwa Nischen, die Platz für Statuen und erzählende Bilder bieten.

Die vergleichsweise wenigsten Metamorphosen gegenüber dem Urtypus weisen die Stupas auf Sri Lanka und in Thailand oder auch in Birma auf. Dem Bautyp von Sanchi deutlich am nächsten steht die singhalesische Dagoba, wie der Stupa auf Sri Lanka genannt wird.

Im Unterschied zum indischen Grundtyp hat die Dagoba einen quadratischen Grundriss, eine konische Spitze und oft Kapellen an den Kardinalpunkten. Die Halbkugel hat hier Glocken-, Blasen-, »Reishaufen«- oder Topfform.

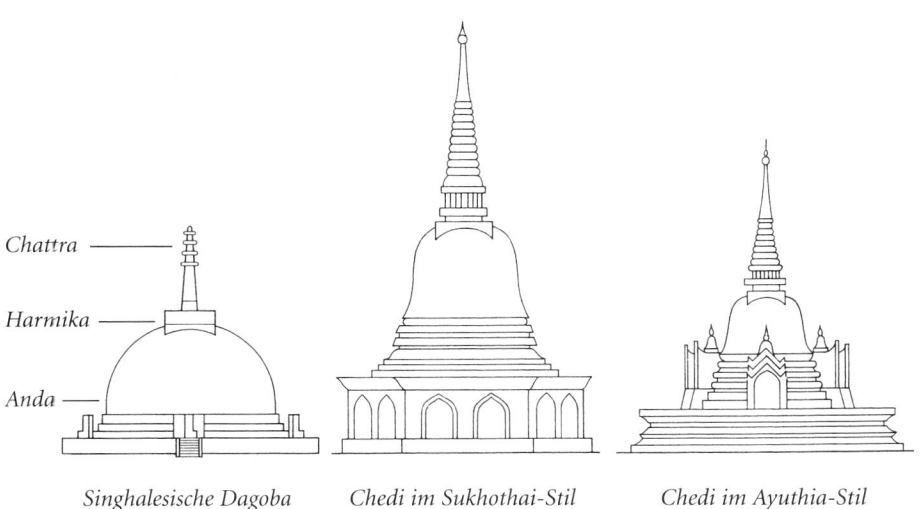

Chattra

Harmika

Anda

Singhalesische Dagoba   Chedi im Sukhothai-Stil   Chedi im Ayuthia-Stil

Der Chedi von Sukhothai (dem ersten eigenständigen Thai-Königreich, 1240–1438) übernimmt die Bestandteile seines Vorbilds, der sinhalesischen Dagoba, speziell die Glockenform des Anda, wird aber in der Silhouette schlanker. Oft sind hier in den überhöhten Unterbau Nischen für Buddhafiguren eingebaut.

In der Ayuthia-Zeit (1350–1758) zeigt der thailändische Chedi angebaute Kapellen wie die Dagoba auf Sri Lanka, allerdings in signifikanter Form mit aufgesetzten kleinen Chedis. Für alle thailändischen Chedis ist die Harmika in Form einer kleinen Säulenreihe charakteristisch.

Anda-Formen auf Sri Lanka

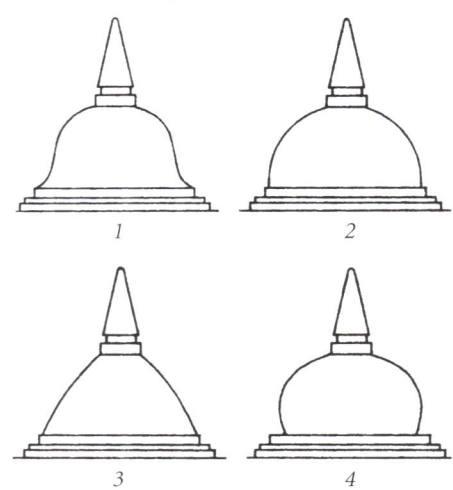

1 Glockenform
2 Blasenform
3 Reishaufenform
4 Topfform

Ruwanweli Dagoba, Anuradhapura, Sri Lanka
2. Jh. v. Chr.

Der Maha Thupa (Pali: »Große Stupa«) – so die ursprüngliche Bezeichnung der Ruwanweli Dagoba – im Klosterbezirk Maha-Vihara (Skrt. »Großes Kloster«) der alten Königsstadt Anuradhapura wurde 144 v. Chr. unter König Dutthagamani begonnen, zu Vollmond des Mai, entsprechend Shakyamunis Nacht der Erleuchtung. Die hauptsächlichen Restaurierungsmaßnahmen erfolgten im 20. Jh. Die Dagoba ist 55 m hoch, ihre quadratische Plattform misst 140 m Seitenlänge und wird von 344 (allermeist erneuerten) Elefanten, die Schulter an Schulter stehen »getragen«. Die massive konische Pfostenspitze – die schließlich von einem 60 cm langen Bergkristall bekrönt wird – betont die Vorstellung der durch die Mitte des Stupa aufragenden Weltachse bzw. die Symbolik des Bodhibaums, unter dem der Buddha Erleuchtung erlangte.

Ansicht und Grundriss der Ruwanweli Dagoba

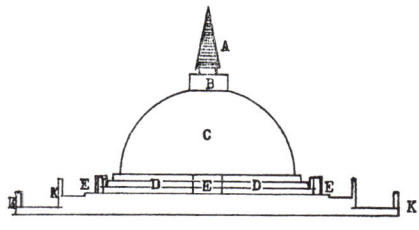

A Konische Spitze
B Harmika
C Anda
D Dreistufige Basis
E Schreine
F Runde Terrasse
G Obere (zentrale) Plattform
H Untere Plattform
I Eingang Süd (Haupteingang, weil er die
Erleuchtung des Buddha symbolisiert)
K Eingangstreppe

Ambasthala Dagoba, Mihintale, Sri Lanka

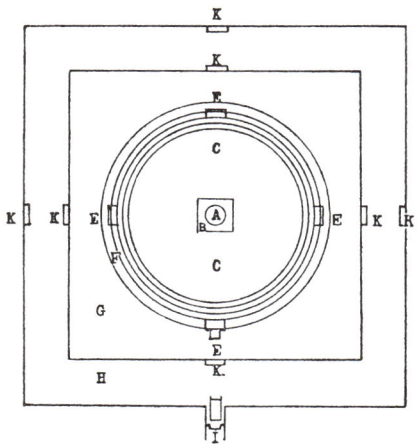

Dieser »Mangobaum«-Stupa ist nach dem Rätsel benannt, das der Mönch Mahinda an diesem Platz dem König Devanampiya Tissa aufgab, um ihn in die buddhistische Denkweise einzuführen – es handelt vom Erkennen eines Mangobaums. Die Dagoba soll als Reliquie die Asche Mahindas bergen. Bemerkenswert sind die oktogonalen Säulen, die in ihrer Achteckigkeit den Edlen Achtfachen Pfad zur Erleuchtung assoziieren; sie trugen ein aus Holz konstruiertes Dach über der Dagoba.

Kanthaka Dagoba, Mihintale, Sri Lanka

In Mihintale, 13 km östlich von Anurad-hapura gelegen, traf der Mönch Mahinda, Sohn des indischen Kaisers Ashoka, König Devanampiya Tissa (247–207 v. Chr.) der in der Gegend auf der Jagd war, und bekehrte ihn zum Buddhismus. Daher gilt Mihintale als Wiege des Buddhismus auf Sri Lanka; es ist das erste von Indien aus missionierte Land.

Die Meditationshöhlen, die der Kanthaka Dagoba, dem ältesten Stupa auf der Insel, direkt gegenüberliegen, gehen auf die Zeit Devanampiyas zurück, der Baubeginn der Dagoba, die nach dem Lieblingspferd Siddharta Gautamas benannt ist, mögli-cherweise ebenfalls. Der Überlieferung zufolge ließ König Laji Tissa (59–50 v. Chr.) die Dagoba vergrößern.

In ihrer relativ rudimentären Gestalt – früher 30 m, jetzt 12 m hoch und 130 m umfangend – vermittelt die Kanthaka Dagoba den Eindruck des Tumulus-Gra-bes und Gedenkmonuments, des Vorbilds für den Stupa.

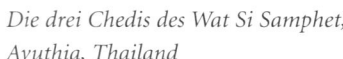

Die drei Chedis des Wat Si Samphet,
Ayuthia, Thailand

Die drei Chedis im klassischen Ayuthia-Stil, erbaut Ende des 15. und Mitte des 16. Jahrhunderts, bergen die Asche dreier Könige, die sich als Buddharaja (vgl. S. 138 ff.) betrachteten. Typisch für diesen Stil sind die von kleinen Chedis bekrönten Vorbauten mit Nischen für Buddhastatu-en, der glockenförmige Stupakörper, die säulenförmige Harmika und die langge-zogene Spitze mit Rillen, die die Ehren-schirme (Skrt. Chattra) symbolisieren.

Die Shwedagon Pagode in Yangon, Birma (Myanmar)

Birma ist das Land mit den meisten Stupas. Sie zählen nach Tausenden. Der von den Birmanen höchst verehrte Stupa ist die Shwedagon Pagode auf dem 60 m hohen Singuttara-Hügel in Yangon. Sie ist Pilgerziel, Mittelpunkt des religiösen Alltags und auch Symbol politischer freiheitlicher Bestrebungen.

In jeder Himmelsrichtung führen Treppenaufgänge (gesäumt von Läden, Werkstätten und Lebensmittelständen) zu der 60000 Quadratmeter großen, mit schwarzen und weißen Marmorfliesen ausgelegten Plattform, in deren Mitte sich die »goldene« (birm. Shwe) Pagode erhebt. Sie vertritt den seit dem 12. Jh. »klassischen« Stil des birmanischen Stupa.

Die Anfänge der Shwedagon liegen im legendären Dunkel. Relativ gesichert scheint nur, dass es sich ursprünglich um ein sehr altes Monument handelt. 1446 ließ Königin Shinsawbu das vorhandene Bauwerk vergrößern und auf 35 m erhöhen. 1564 ließ König Bayinnaung den von einem Erdbeben schwer beschädigten Stupa wieder aufbauen und vergolden. Nachfolgende Herrscher veranlassten weitere Vergrößerungen und Verschönerungen, bis die Pagode 1773 ihre jetzige Höhe von 107 m erreichte.

Der Grundriss weist eine quadratische Plattform und eine Basis aus oktogonalen und runden Terrassen auf. Die Plattform wird von 64 kleinen Stupas gesäumt. An ihren vier Kardinalpunkten befinden sich offene Andachtshallen (birm. Tauzung) mit jeweils einer Buddhafigur:

Im *Süden* (von wo auch eine Treppe zum oberen Umwandlungsgang führt) Vorzeit-Buddha Konagamana (Pali; Skrt.);

im *Westen* Vorzeit-Buddha Kassapa (Pali; Skrt. Kashyapa);

im *Norden* Vorzeit-Buddha Kakusandha (Pali; Skrt. Krakuchchanda);

im *Osten* Buddha Shakyamuni.

Alle vier sind Samyak-Sambuddhas, die in verschiedenen Weltzeitaltern immer wieder dieselbe zur Erlösung führende Lehre verkünden (vgl. S. 15). Die drei Vorzeit-Buddhas, Vorgänger des Buddha Shakyamuni, repräsentieren mit ihm zusammen die zeitlos gültige Universalität der Lehre. Deren Heilsziel ist das Nirvana, das bereits auf der Plattformebene durch die 64 (= 8 × 8 als Vollkommenheitszahl) kleinen Stupas versinnbildlicht wird.

Dieses Programm verfolgt ebenfalls die in die Höhe ragende Dagoba (oder Paya, wie die Pagode in Birma genannt wird), gewissermaßen individualisiert.

Samyak-Sambuddhas zeichnen sich nämlich durch den Besitz der sogenannten Zehn Kräfte aus, die ihnen folgendes Wissen verleihen: 1. um das Mögliche oder Unmögliche in jeder Situation, 2. um das Reifen der Taten, 3. um die Fähigkeiten der Lebewesen und 4. um deren Neigungen, 5. um die mannigfaltigen Bestandteile der Welt, 6. um die Wege, die zu den verschiedenen Schicksalsbereichen füh-

→ S. 56

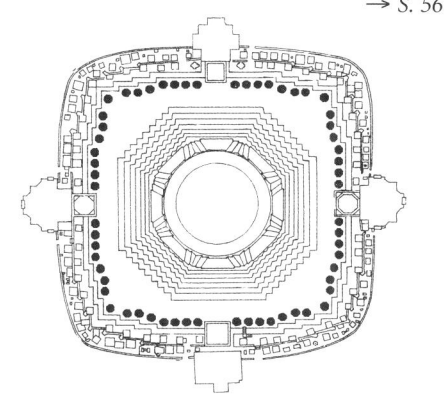

Grundriss der Shwedagon Pagode in Yangon, Birma (Myanmar)

Shwedagon Pagode in Yangon, Birma (Myanmar)

Hsinbyume Pagode, Min-gun, Birma (Myanmar), Baubeginn 1790 (s. S. 56)

Felsen-Stupa von Kyaik-tiyo, Mon State, Birma (Myanmar, s. S. 56)

ren, 7. um die Entstehung von Reinheit und Unreinheit, 8. um die Sammlung des Geistes, 9. um Tod und Wiedergeburten und 10. um die Auslöschung von Beflekkungen (vor allem Begierden und Nicht-Wissen), die zu Erleuchtung und Erlösung führt.

Die Zehn Kräfte werden symbolisiert durch die sieben oktogonalen Terrassen und die zwei runden Terrassen der Basis, sowie die runde Glockenkuppel des Anda. Die auf der abgeplatteten Kuppel beginnende Spitze weist nacheinander sieben Ringe (Skrt. Chattra), ein durch eine Perlenbanderole unterbrochenes doppeltes Lotusornament, eine sich leicht bauchende, stilisierte Lotusknospe, noch einmal vier Ringe auf und wird schließlich von einem 1,25 t schweren Ehrenschirm (birm. Hti) mit Glöckchen und aufgesetzter »Wetterfahne« bekrönt. (Hier sind Tausende von Diamanten – darunter ein 76 karätiger –, Rubinen und Saphiren eingearbeitet, wie auch die Dagoba selbst mit etwa 60 t Gold verkleidet ist.)

Die Spitze ist Symbol für den Bodhibaum der Erleuchtung. In der Gestaltung ihrer Teile zeigt sie differenzierte Sinnbilder.

Die sieben Ringe stehen für die spirituelle Entwicklung, genauer für die Verwirklichung der »Sieben Erleuchtungsglieder« (Skrt. Bodhyanga). Es ist dies eine vom Buddha im Satipatthana-Sutra dargelegte Meditationstechnik, die zu Bewusstseinsstille (Pali: Samatha; Skrt. Shamatha; vgl. dazu S. 198 ff.) und höherer Einsicht (Pali: Vipassana; Skrt. Vipashyana) führt. Die Sieben Bodhyangas sind: Achtsamkeit, tiefes Verständnis der Lehre, Willensstärke, Freude, Geistesruhe, Versenkung und Gleichmut. Wer sie verwirklicht, erreicht die Vollkommene Versenkung (Skrt. Samyak-Samadhi), die dem 8. Glied des Edlen Achtfachen Pfades entspricht.

Diese wird symbolisiert durch das doppelte Lotusornament mit Perlenring, das in seiner Dreiteiligkeit auch allgemein die drei letzten, Meditation betreffenden Glieder des Achtfachen Pfades anspricht. Die stilisierte Lotusknospe darüber ist Symbol für die Entfaltung des Geistes, sinnentsprechend einer Lotusknospe, die sich in der Sonne öffnet.

Der letze Abschnitt der Dagobaspitze trägt vier Ringe. Sie sind Sinnbild für die Essenz der Buddhalehre, die Vier Edlen Wahrheiten.

Die goldenen Glöckchen am krönenden Ehrenschirm lassen den Klang der Buddhalehre in alle Himmelsrichtungen ertönen.

Die Hsinbyume (auch Myatheindan genannte) Pagode (s. S. 55) in der alten Königsstadt bei Mandalay ist umgeben von sieben begehbaren Terrassen, deren wellenförmige Ornamentik die sieben Ringgebirge um den Weltenberg Meru symbolisieren. In der Konzeption dieses Stupa hat die buddhistische Vorstellung des Universums Ausdruck gefunden (vgl. S. 209 ff.).

Der »Goldene Felsen« (s. S. 55) ist traditionelle Wallfahrtsstätte (ausländischen Besuchern erst seit wenigen Jahren zugänglich) und gehört nach der Shwedagon Pagode in Yangon und der Mahamuni Paya in Mandalay zu den heiligsten Stätten Birmas.

Der Legende nach wahrt der Felsen die Balance über dem Abgrund dank der präzise in dem 7,30 m hohen Stupa platzierten Reliquie, eines Haares von Buddha Shakyamuni.

Als verdienstvoll gilt, dem Felsen dünne Goldplättchen aufzudrücken – was jedoch nur Männern erlaubt ist.

Vom indischen Stupa zur ostasiatischen Pagode

*Schema der Entwicklung der chinesischen Pagode
aus dem indischen Stupa*

a   b   c   d

a Indischer Grundtypus
b Späterer indischer Typus Gandhara, ca. 2. Jh.

c Chinesische Stockwerk-Pagode in Steinbauweise
*d Chinesische Stockwerk-Pagode mit Holz- und
Ziegeldächern*

Der vertikale Aufbau wird durch die Vermehrung der Schichten des Unterbaus betont. Die mehrstufige Basis erstreckt sich in die Höhe. Dadurch entstehen Wände, die eine Pilastergliederung erhalten und immer mehr den Charakter von Stockwerken annehmen.

Die Gesimse, die die Unterbauschichten trennen, wachsen sich zu Dachkränzen aus. Die Dachkränze werden zu hervorstehenden Dächern.

Die Stupa-Halbkugel wird kleiner, verkümmert schließlich (verschwindet aber nie) und rutscht als kaum noch sichtbare halbkugelige Schale an die Basis der Pfostenspitze, die die Ehrenschirme (Skrt. Chattra) in Form von Ringen oder Scheiben trägt.

Der Grundriss (in Sanchi rund) ist in Ostasien oktogonal oder quadratisch.

Geographisch verlief die Entwicklung von Gandhara aus über Zentralasien nach China.

Pilger übermittelten ihre persönliche Anschauung, genaue Beschreibungen und vor allem Modelle und Zeichnungen.

An der Entwicklung der chinesischen Pagode haben zwei schon früh bezeugte einheimische Bautypen mitgewirkt: der mehrstöckige Wachturm mit vorspringenden Dächern und auf quadratischem Grundriss und der mehrstöckige, polygonale Pavillon.

Im 5.–8. Jh. wurde die chinesische Pagode zum Vorbild für die koreanische und die japanische Pagode.

*Keramik-Modell
eines chinesischen
Wachturms der
Han-Zeit (Anfang
3. Jh. n. Chr.)*

Die chinesische Pagode

Im Unterschied zu allen anderen Stupa-
formen ist die chinesische Pagode begeh-
bar. Sie hat entweder einen Schacht, dessen Mitte eine zu umwandelnde
Buddhafigur einnimmt und die symbolisch dem Pfosten als Weltachse bzw. Bodhibaum gleichkommt. Von diesem
Schacht aus führen nach den vier (bei
quadratischem Grundriss) oder acht (bei
achteckigem Grundriss) Seiten schmale
Gänge, die mit Buddhastatuen oder -
reliefs ausgestattet sind. Oder die chinesische Pagode hat einen bis oben durchge-
henden Baukern, um den herum im Sinn
der Rechtsumwandlung Treppen führen.
Dieser Kern ist der Zentralpfeiler, der von
der Basis durch den Bau emporsteigt und
in der Spitze endet. In ihn sind die Reliquien eingemauert und vor ihm stehen
Buddhastatuen.

Prinzipiell hat die chinesische Pagode eine
gerade Zahl von Seiten (vier oder acht)
und eine ungerade Zahl von Stockwerken
(3, 5, 7, 9 oder 13) und entsprechend von
Ringen oder Scheiben an der Spitze. Die
geraden Zahlen binden das Monument an
die Weltrichtungen (vier Haupt- und vier
Nebenrichtungen). Die ungeraden Zahlen
des vertikalen Aufbaus, der die Weltachse
verkörpert, beruhen auf dem Prinzip des
Yin, der aktiven Kraft, das in Himmel,
Sonne, Licht erscheint. Nach dem chinesischen Weltbild entsprechen die geraden
Zahlen dem passiven Prinzip des Yang, das
sich in der Erde äußert. Damit ist die
Pagode in ein »einheimisches« (taoisti-
sches) kosmosophisches System eingebunden und spielt auch, darauf basierend,
eine segensvolle Rolle in der Geomantik
des Feng-shui (chin. »Wind und Wasser«).

Eine der beiden Doppelpagoden
von Taiyuan, China.
Im Inneren des 54 m hohen Ziegelbaus
führt eine Wendeltreppe nach oben.

Aufriss und Schnitt der Shijia Pagode des
Fogong si, Yingxian (Shanxi), China, 1056
Der fünfgeschossige Bau mit oktogonalem
Grundriss ist mit Ausnahme des Unterbaus und
des Erdgeschosses aus Holz errichtet. Die
ursprüngliche Stupakuppel (Skrt. Anda) findet
sich sehr klein am oberen Auslauf der Spitze.

Die japanische Pagode

In Japan sind die Pagoden ausschließlich aus Holz konstruiert. Sie haben einen quadratischen Grundriss, überwiegend fünf, manchmal drei, seltener sieben oder neun Stockwerke und weit ausladende, mit Schindeln oder Ziegeln gedeckte Dächer. Der Zentralpfeiler gleicht einem riesigen Mastbaum und steht auf einem in die Erde versenkten Grundstein. Er trägt die hohe und sehr schwere Bronzespitze, die sich über einer sehr kleinen Kuppel erhebt. Die Stockwerke basieren auf den stämmigen Holzsäulen des Erdgeschosses und weisen keine konstruktive Verbindung mit dem Zentralpfeiler auf. (Diese Bauweise nimmt Rücksicht auf Erdbeben und Taifune.)

Zwar nach oben leicht verjüngt, doch in strenger Wiederholung stufen sich die Stockwerke übereinander. Alle Obergeschosse sind niedrig und nie durch Treppen zugänglich; ihr Inneres besteht aus Pfosten, Balken und Sparren. Nur das Erdgeschoss bietet einen kleinen, engen Kapellenraum. Seine Wände und Säulen sind reich bemalt mit Heilsfiguren des mahayanischen Pantheons und um den Zentralpfeiler herum stehen vier Buddhafiguren.

Die Reliquien ruhen in einer Höhlung des Grundsteins, aus dem der Zentralpfeiler emporwächst. Manchmal sind sie in der kleinen Halbkugel am Fuß der Bronzespitze deponiert oder in dem kleinen Wunscherfüllenden Juwel (Skrt. Chintamani), das die Spitze krönt.

Den Prototyp der japanischen Pagode stellt die Pagode des Horyuji – des von Prinz Shotoku 607 gegründeten, ältesten japanischen Klosters bei Nara – dar.

Pagode des Horyuji in Nara, 7. Jh.

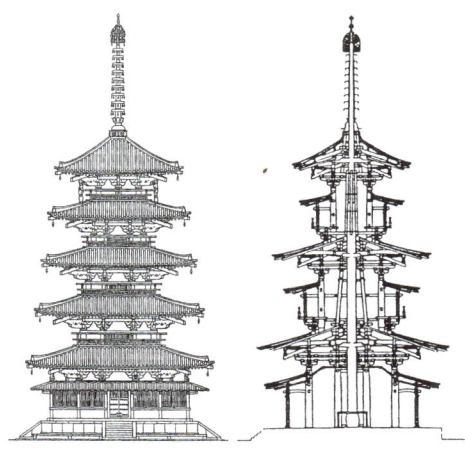

Aufriss und Schnitt der Horyuji Pagode, Nara, Japan, 7. Jh. Höhe 33,55 m

59

Der Buddha in menschlicher Gestalt

Aus buddhistischer Sicht besteht der menschliche Körper aus einer zufälligen, sich stets wandelnden, vergänglichen Anhäufung von Daseinskonstituenten (Skrt. Skandha; vgl. S. 80), die sich bei jeder Wiedergeburt neu formieren. Es mag dies ein Grund für die anfängliche Ablehnung gewesen sein, den Buddha als Person abzubilden und ihn damit an irdisch-menschliche Maßstäbe zu fesseln. So wurde, wie zu sehen war, seine Gegenwart nur durch Symbole angedeutet. Wenn die Kunst den Buddha nun in personaler Gestalt zeigt, kann es nicht ihre Intention sein, den Erleuchteten und ins Parinirvana Entrückten anatomisch wirklichkeitsgetreu zu zeichnen und ein individuelles, nicht dauerhaft gültiges und verbindliches Bild von ihm zu geben. Ihr Ziel kann nur sein, ihn überhöht, übermenschlich und der Zeit enthoben darzustellen, um, dem Glauben entsprechend, die »verborgene« Gestalt hinter der Gestalt, sein wahres Wesen zu vermitteln – das ja vor allem in der Meditation, der entscheidenden Praxis, erfahren wird.

In welcher Weise wird diese Aufgabe von der buddhistischen Kunst gelöst?
Sie setzt eine abstrahierende Systematik ins Werk, bedient sich eines Formenkanons, der die buddhistische Vorstellungswelt genau ausdrückt. Jedes Detail der Gestalt des Buddha (und später der anderen Heilsgestalten) ist von Anfang an typisierend festgelegt: die besonderen Merkmale (Skrt. Lakshana) des Buddha, seine Körperhaltung, seine Kleidung, seine Handgesten (Skrt. Mudra) und zugeordneten Symbole (Lotus, Löwe, Rad usw.). Jede Einzelheit hat einen ikonographischen, ins Bild eingeschriebenen Aussagewert, der über die pure Abbildung hinausweist. Wie schon erwähnt, postulierte der Buddha: »Wer die Lehre sieht, sieht mich«. Dieses Selbstverständnis kann auf die Darstellung seiner Gestalt übertragen werden: der Gläubige soll durch meditative Anverwandlung der Lehre, die im Bild integriert ist, ihren Sinn erfahren und in sich zum Leben bringen.
Die Ästhetik eines Bildwerks hat dabei keinen isolierten oder primären Wert, wohl aber unbedingt einen die sakrale Potenz steigernden Funktionswert, indem qualitativ hochstehende Werke die Vorstellungskraft des Bild-Benutzers erhöhen können.

Da die Einzelheiten der Buddha-Darstellung sinntragende Zeichen, Vokabeln einer definierten Bildsprache sind, müssen sich die (anonymen) Künstler – die Bürgen für die sakrale »Richtigkeit« des Bildes – auf eine feste Grundlage und verlässliche Hilfe stützen können. Zunächst lieferten kanonische Sutras und andere Schriften, die bildliche Anweisungen enthalten, diese Stütze, dann auch ikonographische Handbücher, die alle buddhistischen Gestalten, nach ihren Kategorien in hierarchischer Folge geordnet, beschreiben und in Skizzen abbilden.
Dabei behandelt die Ikonometrie die Spezialfrage der Körperproportionen. Für die einzelnen Gestalten sind verschiedene Maßverhältnisse vorgeschrieben, normativ gesetzte Symbolmaße, die nicht dem natürlchen Menschenkörper entsprechen.

Ihren Ausgang nahm die Typisierung der Buddhagestalt von den sogenannten Merkmalen eines großen Menschen (Skrt. Mahapurusha), das heißt einer Art übermenschlichem Wesen. Ihn zeichnen 32 große (und 80 kleine) besondere Merkmale aus. Nach altindischer Vorstellung erscheinen sie aufgrund verdienstvoller Handlungen in vorhergehenden Leben.

Der Buddha-Legende nach hatte sie bereits der brahmanische Seher Atisha an dem neugeborenen Siddharta festgestellt und prophezeit, er werde entweder ein Weltherrscher oder ein Buddha.

Diesen Merkmalen ist ein eigenes Sutra, das Lakshana-Sutra, gewidmet, wo sie in Detailfülle beschrieben sind. Die Kunst kann sie praktisch nur zu einem kleinen Teil verwenden, wählt Hauptmerkmale aus:

Alle Körperformen des Buddha sind von vollkommener Proportion, gleichmäßig glatt und gerundet. Seine Schultern sind breit, seine Hüften schmal, seine Arme überlang. Seine Ohrläppchen sind in die Länge gezogen. Auf den Handflächen und Fußsohlen trägt er das Rad der Lehre. Zwischen den Augenbrauen steht eine rechtsherum gedrehte Locke (Skrt. Urna), aus der das Weisheitslicht in alle Welt leuchtet; sie wird in der Kunst als Punkt gezeigt und stellt nicht – wie öfters vermutet – das dritte Auge dar. Kopf und Körper des Buddha sind von Nimbus und Aureole umgeben, die den Glanz der Wahrheit und Weisheit symbolisieren, ebenso wie die goldene Körperfarbe des Buddha. Sein Kopf zeigt eine etwa halbkugelige Scheitelerhebung (Skrt. Ushnisha), Symbol seiner Erleuchtung und Weisheit; im Lauf der stilistischen und regionalen Entwicklung des Buddhabildes nimmt der Ushnisha verschiedene Formen an, bleibt aber in seiner Bedeutung identisch.

Als Sitz des Buddha dient (von wenigen Ausnahmen abgesehen):
– Der Lotusthron; der Lotus ist eines der zentralen Symbole des Buddhismus (vgl. S. 20 f.)
– Der Löwenthron, der die Kraft und Macht der Buddhalehre versinnbildlicht (vgl. S. 16 f.)
– Ein rechteckiges oder rundes gestuftes Podest, das auf den Weltenberg Meru anspielt und damit auf die axis mundi, die Weltachse (vgl. S. 209 ff.)

Die Gewandung des immer barfüßigen Buddha ist – mit Ausnahme des gekrönten Buddha (vgl. S. 131 ff.) – betont schlicht. Er trägt eine einfache Mönchsrobe, keinerlei Schmuck und nur, wenn er als Ordensoberhaupt dargestellt wird, ein Attribut, nämlich die Almosenschale (Skrt. Patra).

Ob im Sitzen, Stehen oder Liegen – der Buddha ist immer frontal dem Betrachter zugewandt.

Jede Buddhafigur wird mit einer typischen Handgeste dargestellt (Skrt. Mudra, wörtl. »Siegel«, »Zeichen«), die symbolische Bedeutung hat. Diese Gestensprache, die sich bei Buddha Shakyamuni paradigmatisch auf wenige Mudras beschränkt, kennzeichnet seine Aktionen und seine Lehre. Sie wird im Folgenden ausführlich behandelt.

Die Typologie des Buddha ist für ganz Asien gültig.

Die Entstehung des Buddha-Bildnisses in Gandhara –
Typisierung der Buddha-Gestalt

Gandhara ist der Name einer persisch Satrapie genannten Provinz, die Alexander der Große nach seinem Sieg über den persischen König Dareios III. (333 v. Chr.) um 328 v. Chr. eroberte. Kurz darauf gehörte die zwischen den Flüssen Indus und Jhelan im heutigen Nordpakistan gelegene Region zum Herrschaftsgebiet der indischen Maurya-Dynastie, darauf zu dem der Indo-Griechen, danach der Indo-Parther. Seit dem 2./1. Jh. v. Chr. wurde Gandhara das erste indische Gebiet, das die Kushan beherrschten. Die Kushanas waren sehr wahrscheinlich ein aus dem Iran eingewandertes Nomadenvolk. Die Kushan-Dynastie regierte bald über ein Großreich, das aus Teilen Zentralasiens, des Iran, Afghanistans und Indiens bestand und als solches bis zum 3. Jh. n. Chr. erhalten blieb.

Bedeutendster König dieser Dynastie war Kanishka I. (Regierungsantritt 78, 128 oder 144 n. Chr.), der sich zum Buddhismus bekannte, ihn unter seinen Schutz stellte und ihn förderte (vgl. S. 138). Zu seiner Zeit entstanden buddhistische Zentren, Heiligtümer und Klosteranlagen (von denen heute meist nur einige Fundamente erhalten sind).

Die materielle Basis für das Mäzenatentum, wohl vor allem wohlhabender Kaufleute, bildete der wirtschaftliche Aufschwung, der unter Kanishka stattfand. Er stützte sich auf die Beteiligung des Kushana-Staates am Handel über die Seidenstraße.

In der so vielfältig beeinflussten Region Gandhara, am Schnittpunkt der Kulturen, entstanden die ersten Buddhabildnisse. Indische Vorbilder für seine personale Darstellung gab es nicht. Sie wurden nun gefunden in der graecoromanischen Kunst, in ihren idealisierten Götterbildnissen. Vor allem wirkte das Ideal des griechisch-römischen Gottes und »Sohn des Lichts«, Apollo, als Vorbild. (Fast zeitgleich wählte ihn die christliche Kunst nach ihrer anikonischen Phase als Vorbild für die junge, bartlose Christusgestalt mit lockigem Haar als guter Hirte, wie ihn die späte Katakombenmalerei zeigt.)

Die Bedeutung der sogenannten Gandhara-Kunst liegt weniger in ihrer – wechselnden, nicht immer hochstehenden – Qualität, sondern vor allem darin, dass sie in der Einschmelzung formaler antiker Anregungen die Aufgabe gelöst hat, ein eigenständiges, gestalttypisches Bild des Buddha zu schaffen. Die Gandhara-Kunst wirkte sich über die Seidenstraße bis nach China aus.

Nach dem Bericht des chinesischen Mönchs Hsüan-tsang, der 629–645 eine Pilgerreise über die Seidenstraße nach Indien unternahm, war der Buddhismus um diese Zeit in Gandhara bereits erloschen.

Büste des Gottes Apollo, Römische Werkstatt,
Kleinasien, um 150 n. Chr.
Grauer anatolischer Marmor, Höhe 63 cm
Museum für Kunst und Gewerbe, Hamburg

Apollo, einer der höchsten Götter der
Griechen und Römer, ist der Gott der
Weissagung, des Heilens, der sittlichen
Ordnung und der Künste. In der klassischen, besonders der späteren Antike wurde er auch mit Helios identifiziert und
zum »Sohn des Lichts«.
Die Skulptur ist in Kappadokien entstanden, das heißt, im Bereich des westlichen
Endes der Seidenstraße. Apollo-Bildnisse
dienten als Vorbild für die frühesten personalen Darstellungen des Buddha in
Gandhara.

Kopf des Buddha, Gandhara, 4. Jh. n. Chr.
Stuck, bemalt, Höhe 19 cm
Museum für Indische Kunst, Berlin

Das Bildnis verdeutlicht den Einfluss der
graecoromanischen Kunst auf die Kunst-
schule von Gandhara und gleichzeitig
deren eigenständige Typisierung des
Buddha. Die mandelförmigen, halb
geschlossenen Augen verleihen dem
Gesicht einen meditativen, weltentrück-
ten Ausdruck. Das weiche, wellige Haar ist
zu einem Knoten hochgebunden, der fortan als Erleuchtungserhebung (Skrt.
Ushnisha) anzusehen ist und den Zustand
der Erleuchtung symbolisiert. Der Punkt
zwischen den Augenbrauen wird im Sanskrit Urna genannt; er bezeichnet die Weisheit des Buddha.

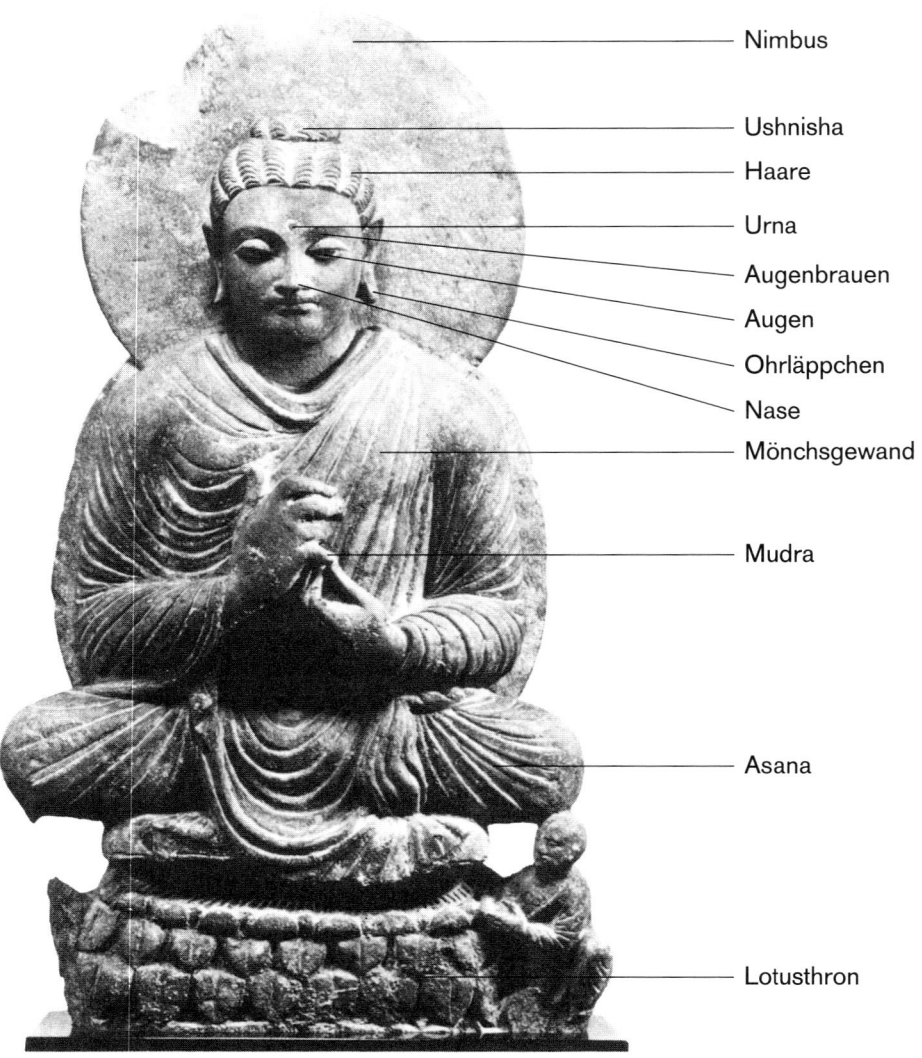

Nimbus

Ushnisha

Haare

Urna

Augenbrauen

Augen

Ohrläppchen

Nase

Mönchsgewand

Mudra

Asana

Lotusthron

Der *Nimbus* bzw. die Gloriole ist ursprünglich ein Zeichen für die Sonnenscheibe, daher allgemein ein Attribut von Sonnen- und Himmelsgöttern. Die Künstler in Gandhara übernehmen den Nimbus aus der antiken Kunst, wo er ein Attribut von Zeus/Jupiter und Apollo ist, für den Buddha, um die spirituelle Kraft und Macht des Lichts, die Energie der Weisheit, die von ihm ausgeht, das transzendente Licht der Erkenntnis auszudrücken.

Der *Nimbus* identifiziert auch Arhats (»Heilige«), später ebenso andere Heilsgestalten des Buddhismus, wobei er eine Farbe oder alle Farben des Regenbogens annehmen kann. Für Buddha Shakyamuni gilt die gelbe Farbe oder Gold.

Der *Gestaltung des Haupthaars* wird besondere Aufmerksamkeit zugewandt. Allgemein symbolisiert es die Lebensenergie und die höheren Kräfte der Inspiration. Das sorgfältig gelegte, nach Vorgabe eines seiner 32 großen Merkmale zu einer Kräuselhaarfrisur stilisierte Haupthaar des Buddha verbildlicht die Beherrschung der Lebensenergie und die zielgerichtete Kraft seiner Inspiration.

Über dem Scheitel erhebt sich – als immerwährendes, stereotypes Kennzeichen des Buddha – der *Ushnisha,* ein Haarknoten, ursprünglich der Knoten der hinduistischen Asketen.

Bei Buddha krönt die »Erleuchtungserhebung« – eines seiner 32 besonderen Merkmale – als Zeichen seiner Erwachung das Haupt. Die Erleuchtungserhebung kann verschiedene Ausformungen haben; so wird sie in China wie in Gandhara rund gestaltet, in Thailand spitz oder in Form einer Flamme, in Kambodscha konisch.

Die *Urna,* ebenfalls eines der 32 Lakshanas und als nach rechts gedrehte Stirnlocke zwischen den Augenbrauen beschrieben, erscheint als kleines rundes Mal (das fälschlicherweise oft als drittes Auge bezeichnet wird), aus dem das Licht der Weisheit und Güte strömt. Später kann es durch einen Edelstein oder Kristall, seltener eine Perle gekennzeichnet sein

Die *Augenbrauen* werden auch in späteren Buddhabildnissen fein, überhöht und in die Linie der geraden Nase übergehend gestaltet.

Die *Augen* des Buddha werden oft halb oder ganz geschlossen dargestellt, als Hinweis auf die Tiefe seiner Meditation.

Die *Ohrläppchen* sind von den ersten Buddhadarstellungen an prinzipiell überlängt gestaltet.

Die langen Ohrläppchen verweisen auf die fürstliche Abkunft des Religionsgründers (auf die Zeit, in der er schweren Ohrenschmuck getragen hat, bevor er in die Hauslosigkeit zog), auf die königliche Würde des Chakravartin, »Weltenherrschers«, und darüber hinaus auf die Fähigkeit des Buddha, der inneren Stimme zu lauschen.

Ein weiteres der 32 Lakshanas ist die immer *aufrechte Körperhaltung.*

Der Buddha wird immer in der *Mönchsrobe* dargestellt.

In Gandhara wird sie noch nach antikem Vorbild gestaltet, später vereinfacht; dabei bleibt die rechte Schulter ihres Trägers meistens unbedeckt.

Die *Mudra,* die Handgeste, ist hier die Dharmachakra-Mudra, die das »In-Gang-Setzen des Rades der Lehre«, das heißt die erste Lehrrede des Buddha im Gazellenhain von Sarnath bei Benares symbolisiert.

Asana, »Sitz«, »Haltung«. Die Standardhaltung des sitzenden Buddha ist der Lotus- oder Diamant-Meditationssitz, gemäß dem besonderen Merkmal, das seine Füße auf gleichem Niveau bezeichnet.

Der *Lotusthron* ist der weitaus am häufigsten dargestellte Thronsitz des Buddha. Der Lotus ist eines der wichtigsten Symbole des Buddhismus. Die Lotuspflanze ist ein Bild für die Entfaltung des Geistes, denn sie beginnt mit ihren Wurzeln im Schlamm, wächst durch dunkles Wasser empor und blüht in der Sonne, im Licht des Himmels. Im Buddhismus wird der Stängel als Weltachse gedacht, die die Blüte des Lotusthrones trägt. Aus ihr manifestiert sich der Buddha, der Repräsentant geistiger Vollkommenheit (vgl. S. 20 ff.).

Der Buddha im ikonometrischen System

Die Konstruktion buddhistischer Figuren folgt prinzipiell einem strengen Maßsystem. Genaue Angaben dazu enthalten bereits frühe indische Sanskrit-Manuskripte, die sogenannten Shilpashastra. Sie stellen die erste Grundlage der in allen buddhistischen Ländern verbreiteten ikonometrischen und ikonographischen Handbücher dar, in denen das Idealbild des Buddha, sowie auch das der anderen Heilsgestalten des buddhistischen Pantheons systematisiert wurde.

Als Maßeinheiten gelten die Handspanne, d. h. die Spanne zwischen der Spitze des Daumens und des Zeigefingers einer gespreizten Hand (Skrt. Tala) und die Fingerbreite (Skrt. Anguli).

Die Handspanne wird in 12 Fingerbreiten unterteilt. Höhe und Breite der Figur folgt diesen Einheiten, die in einem festgelegten Verhältnis zueinander stehen. Ein Tala entspricht meistens der Höhe des Gesichts vom Kinn bis zum Haaransatz.

oben: Buddha im Navatala- (Skrt. »Neunspannen«) System nach tibetischem Muster

unten: Ikonometrische Darstellung eines stehenden Buddha

Die Abbildung findet sich in der aus dem Tibetischen übersetzten chinesischen »Schrift vom Vermessen bei der Herstellung plastischer Bildwerke« (chin. Zaoxiang liangdu jing). Der Proportionskanon beruht nicht auf natürlichen körperlichen Gegebenheiten, sondern auf symbolischen Maßeinheiten.

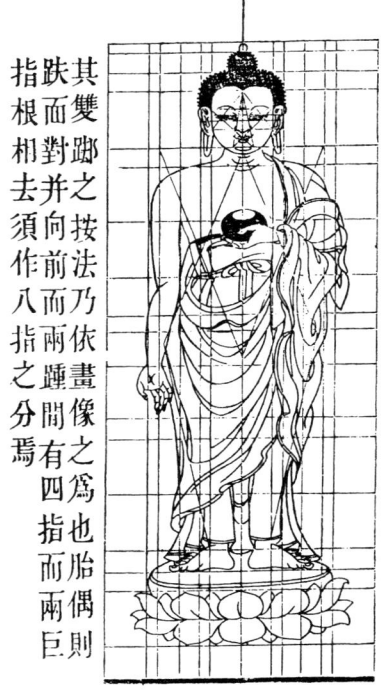

Bildtypen des Buddha:
Schlüsselstationen seines Lebens und Wirkens

Die übernatürliche Geburt Siddhartas, des zukünftigen Buddha

Hochschwanger, war Maya Gautami aus Kapilavastu, der Hauptstadt der Shakya am Fuße des Himalaya aufgebrochen, um, dem Brauch entsprechend, im Haus ihrer Eltern in Devadaha ihr Kind zur Welt zu bringen. Unterwegs jedoch wurde sie von den Wehen überrascht, und sie gebar ihren Sohn auf wundersame Weise im Sala-Hain bei dem Dorf Lumbini.

Die Geburt Siddhartas, Gandhara,
2./3. Jh. n. Chr.
Schieferrelief, 27,5 × 46 cm
Museum für Indische Kunst, Berlin

Schon in der Kunst Gandharas wird der Bildtypus der Geburt des zukünftigen Buddha festgelegt. Maya steht unter einem Salabaum und hält sich mit dem rechten Arm an einem Zweig fest, während sie ihren Sohn aus ihrer rechten Seite gebiert. Die Körperhaltung ist abgeleitet von den ebenfalls in den Baum greifenden Vegetationsgottheiten, den Yakshinis, wie sie auf den Toranas der Stupas von Sanchi und Bharhut dargestellt sind (vgl. S. 28). Je nach den Texten, in denen das Ereignis überliefert wird, erscheint eine Anzahl von Begleitpersonen. Den Buddha-Biographien Buddhacarita und Lalitavistara zufolge nehmen die Götter Brahma (hier links im Bild mit konischer Krone) und Indra das Baby in Empfang. Auf der linken Seite Mayas ist ihre Schweser bei der Geburt behilflich, daneben eine Frau mit Wedel und Wassergefäß.

Der Bildtypus der wundersamen Geburt
Siddhartas und seine Ausgestaltung

Die Geburt Siddhartas, Tibet, 18. Jh.
Thangka (tib. »Malerei«) – in Seidenstoff
eingefasstes Rollbild, Musée Guimet, Paris

Das tibetische Rollbild zeigt im Zentrum Maya Gautami. Im Lumbini-Hain auf einem Lotusblütenkranz stehend, gebiert sie ihren Sohn Siddharta aus ihrer rechten Seite, während sie sich am Zweig eines blühenden Salabaums festhält. Der zukünftige Buddha sitzt in einem Ratna- (»Juwelen«) Schrein, eingebettet in das Gewand seines »Geistleibes« und wird von den hinduistischen Göttern Brahma (er hat vier Köpfe) und Indra in Empfang genommen. Daneben verfolgen göttliche Wesen aus dem Tushita-Himmel erfreut das Ereignis, verschiedene, auf die Zukunft des Neugeborenen vorausdeutende Symbole in Händen haltend. Die Gottheit rechts im Bild fängt die sich ergießenden Himmelsströme in einer Kanne als Lebenswasser der Unsterblichkeit auf. Diese Ströme sind in Regenbogenfarben dargestellt, was sie zu einem doppeldeutigen Zeichen macht: der Regenbogen symbolisiert die kosmische Lichterscheinung und verbindet als Himmelsleiter überirdische und irdische Welt. Im oberen Teil des Bildes sind die der Geburt vorausgehenden Ereignisse dargestellt; oben links die Beratung der Gottheiten im Tushita-Himmel, rechts Mayas Traum vom weißen Elefanten, der in ihren Leib eingeht.

Im unteren Bildteil verfolgen Brahma (ein flammendes Wunschjuwel in Händen) und Indra (ein rein weißes Gewand bereithaltend) die sieben Schritte des Neugeborenen in die vier Himmelsrichtungen, wobei die Lotusblüten hervorsprießen.

Zuvor hat der Knabe einen Fluss durch eine Furt überquert, die zwei Pfauenfedern haltende himmlische Wesen auf kleinen Wolken markieren – eine Vorausdeutung auf den Buddha, der mit seiner Lehre »das andere Ufer erreicht«. Die Pfauen in der unteren Bildmitte symbolisieren Wachsamkeit und die Widerstandsfähigkeit gegen die Versuchungen der Welt.

Eine weitere Anspielung auf die Zukunft Siddhartas ist die kleine Szenerie unten rechts: Seine Ehefrau Yashodhara schläft, das Palastpersonal auch; Siddharta wird unbemerkt den Palast verlassen und in die Hauslosigkeit ziehen, um seine Mission als Buddha zu erfüllen.

Die Jugend des zukünftigen Buddha

Die Lebensbeschreibungen des Buddha berichten von verschiedenen Wundern, die der Knabe Siddharta vollbrachte und sie rühmen seine körperlichen und geistigen Kräfte. So sei er aus sich selbst heraus in allen Wissenschaften beschlagen gewesen und habe auch die Sprache der Tiere beherrscht.

Zu den beliebtesten Motiven gehört hier der Unterricht Siddhartas, der auf der Abb. S. 70 im unteren Relieffeld dargestellt ist. Rechts im Bild sitzt sein Lehrer. Er hält in der linken Hand eine Palmblattmanuskript-Schatulle und richtet den Blick verwundert auf Siddharta, der ihm Ehrerbietung zeigt; sein Nimbus deutet auf seine zukünftige Buddhaschaft hin. Den Texten entsprechend, ist das der Moment, in dem der Lehrer feststellt, dass sein Schüler bereits das Brahmi-Alphabet und andere beherrscht und zu jedem Buchstaben einen Vers aufsagen kann, der auf die spätere Lehre vorausweist.

Die linke Hälfte des erzählenden Reliefs zeigt Siddharta als Schriftkundigen, der

einem Toten und einem Bettler begegnete. Von diesen Erfahrungen tief beeindruckt, reifte in dem neunundzwanzigjährigen Siddharta der Entschluss, sein Wohlleben als verwöhnter Fürstensohn aufzugeben, seine Familie zu verlassen und als besitzloser Wanderasket den Weg zur Erlösung vom Leiden zu suchen.

Siddhartas nächtliche Flucht mit seinem treuen Diener Chandaka und seinem Lieblingspferd Kanthaka wurde schon in der frühen buddhistischen Kunst zu einem beliebten Thema.

Der Unterricht Siddhartas,
Sockel-Fragment eines Votiv-Stupa, Gandhara,
frühes 2. Jh. n. Chr.
Grauer Schiefer, Höhe 33 cm
Staatliches Museum für Völkerkunde, München

Der große Auszug – Siddharta Gautama ver-
lässt seine Familie und den väterlichen Palast,
Erzählbild aus einem birmanischen Faltbuch
(Parabaik) über das Leben des Buddha
British Library, London

mit einer kräftigen Feder in ein Palmblatt ritzt.

Im oberen Fries ist links ein Asket mit einer Wasserflasche vor einer stilisierten Hütte zu sehen – ein vorausdeutender Hinweis auf den Werdegang des Buddha. Daneben verbeugt sich ein Adorant mit der Verehrungsgeste (Skrt. Anjali-Mudra) vor dem in Meditation sitzenden Buddha, der von einer großen Aureole umgeben ist.

Stil und Ornamentik des Reliefs lassen den graecoromanischen Einfluss auf die Gandhara-Kunst erkennen.

Siddharta zieht in die Hauslosigkeit

Nach der legendenüberlagerten Buddha-Biographie Lalitavistara unternahm der Rajasohn vier Ausfahrten durch die vier Tore seiner Heimatstadt Kapilavastu, auf denen er einem Greis, einem Kranken,

Während sein Diener Chandaka im Dunkel der Nacht den Schimmel Kanthaka heranführt, wirft Siddharta einen letzten Blick auf seine schlafende Frau Yashodhara. Rechts oben reitet er in die Hauslosigkeit: durch die Luft schwebend, da vier Götter jeweils einen Huf Kanthakas tragen, um Geräusche zu vermeiden.

Nach geglückter Flucht aus dem Palast verabschiedet sich Siddharta in sicherer Entfernung von Kapilavastu von seinen beiden Begleitern und schickt sie zurück in die Stadt. Das Relief stellt die Trennung von Kanthaka in den Mittelpunkt. Während Siddharta seinen fürstlichen Schmuck und Hoheitsschirm Chandaka übergibt, kniet der Schimmel vor ihm nieder und leckt dem zukünftigen Buddha, der hier vorausdeutend mit einem Nimbus versehen ist, die Füße – bald darauf soll Kanthaka vor Abschiedsgram gestorben sein. Im Hintergrund rechts ist Vajrapani zu sehen, der sein Kennzeichen, den

Vajra, den Donnerkeil in Form einer Mörserkeule, in der linken Hand hält. In dieser Szene löst Vajrapani den weltlichen Diener Chandaka ab und erscheint fortan ikonographisch häufig als »Leibwächter« des Buddha.

Der Abschied Siddhartas von seinem Pferd
Kanthaka, Gandhara, 2./3. Jh. n. Chr.
Schieferrelief, 23,4 × 27cm
Museum für Indische Kunst, Berlin

Der Wanderasket

Auf dem vorbestimmten Weg zur Buddhaschaft nimmt Siddharta nun das Leben eines Wanderasketen auf, das der Überlieferung nach sechs Jahre währen sollte. Neben den Brahmanen (Skrt. »Priester«) sind die Shramanas (Skrt. »Asket«, »Mönch«) die Träger des religiösen Lebens im damaligen Indien. Der Legende nach erhält Siddharta von dem Gott Indra die wenigen Gegenstände, die von jetzt an seinen einzigen Besitz ausmachen: Dreiteiliges Gewand, Gürtel, Schermesser, Almosenschale, Nadel und Wassersieb.

Er schlägt die Richtung nach Südosten ein, überquert den Ganges und sucht in der Nähe von Rajagriha, der Hauptstadt des Maghada-Reiches, den ersten seiner beiden namentlich bekannten, persönlichen spirituellen Lehrer auf. Arada Kalama unterweist ihn in der Tiefenmeditation, die Siddharta die Erfahrung geistiger Ruhe, der »Nichtsheit« verschafft, nicht aber Erkenntnis. Siddharta zieht weiter.

71

Sein zweiter Yoga-Lehrer, Rudraka Ramaputra, leitet ihn zur Erfahrung der »Weder-Wahrnehmung-noch-Nichtwahrnehmung«, die Siddharta ebenfalls nicht genügt (Majjhima-Nikaya, zit. n. Buddhismus, S. 65). Sehr wahrscheinlich macht Rudraka Siddharta auch mit den älteren (seit etwa 800 v. Chr. entstandenen) Upanishaden (Skrt. wörtl. »Sich-bei-jemand-Niedersetzen«; Geheimlehren) vertraut.

Die Schlüsselbotschaft dieser den Veda (Skrt. heiliges »Wissen«) abschließenden metaphysischen Basislehren der indischen Religion und Philosophie ist die Unsterblichkeit der Seele (Skrt. Atman, wörtl. »Atem«). Unzerstörbar und zeitlos, wandert die individuelle Seele nach dem körperlichen Tod ihres Trägers weiter im immerwährenden, vom Gesetz des Karma bestimmten Kreislauf der Wiedergeburten (Skrt. Samsara, wörtl. »beständige Wanderung«). Äquivalent zur mikrokosmischen Individualseele Atman ist das makrokosmische Brahman (Skrt.), das unpersönliche, zeitlose, absolute, allem Seienden zugrunde liegende Prinzip, die Allseele oder Weltseele.

Rudraka wird Siddharta erklärt haben, die Erlösung bestehe darin, die Individualseele von dem mit Leid verbundenen Zwang zur Inkarnation zu befreien und sie damit in der Weltseele aufgehen zu lassen, mit der sie ursprünglich identisch ist.

Siddharta befriedigt diese Lehre nicht. Er verlässt Rudraka, wandert nun ruhelos in Maghada umher, überquert den Fluss Nairanjara. In den Wäldern bei Uruvela (heute Bodh-Gaya) entschließt er sich, alleine Askese zu üben, offenbar nach dem Vorbild der Jainas.

Vardhamana, ein Prinz aus Vaishali, der wie Siddharta in die Hauslosigkeit gezogen war und seit seiner Erleuchtung Mahavira (Skrt. »Großer Held«) genannt

wird, hat die Bewegung der Jainas begründet. Vielleicht ist Siddharta seinem etwas älteren Zeitgenossen, der den »Luftraum als Bekleidung« trug (Skrt. Digambara), also nackt ging, persönlich begegnet; die Überlieferung belegt jedenfalls, dass er Kenntnis von ihm hatte.

Mahaviras Anhänger ziehen als Wanderasketen umher. Sie befolgen fünf große Gelübde: Besitzlosigkeit, sexuelle Abstinenz, Enthaltung von Lügen und Stehlen und, als wichtigstes, radikale Gewaltlosigkeit, das Nichtverletzen jedweder Lebewesen (Skrt. Ahimsa).

Als unorthodoxe Bewegung opponieren die Jainas gegen das religiöse und gesellschaftliche Monopol der Brahmanen, gegen deren blutigen Opferkult und gegen den Hedonismus der Adelskaste.

Nach Auffassung der Jainas wird die Welt nicht von einem Gott oder Göttern regiert, sondern durch die ihr immanenten kosmischen und sittlichen Gesetze.

Sie teilen die Welt in einen ungeistigen bzw. unbelebten Bereich (Zeit, Raum, Bewegung, Ruhe und Materie) und einen geistigen bzw. belebten Bereich ein, zu dem die zahl- und zeitlosen, individuellen und reinen Seelen (Skrt. Atman) gehören. Mit einem materiellen Leib bekörpert, wird der Atman zu einem physischen Lebewesen, an dem sich gutes wie schlechtes Karma als unreine feinstoffliche Essenz festsetzt und es so an den leidvollen Zyklus der Wiedergeburten fesselt. Die Jainas sind überzeugt davon, dass alles Leid aus der Bindung der ursprünglich reinen Seele an die Materie entsteht. Deshalb ist ihr Heilsziel, die bekörperte Seele in den unbekörperten Atman zurückzuversetzen, damit er erlöst in ein Paradies über dem Universum eingehen kann.

Da die Ansammlung von Karma Taten oder Handlungsweisen voraussetzt, gilt es, alle Aktivitäten zu unterdrücken. Dies ist vor allem durch rigorose Askeseübungen zu verwirklichen, die bis zum freiwilligen Hungertod reichen können.

In der Waldeinsamkeit praktiziert Siddharta zunächst die »Versenkung ohne Atmung« (Skrt. Apramaka Dhyana), geht dabei bis an seine Grenzen. Fünf Wanderasketen gesellen sich zu ihm, möglicherweise Jainas, bezeigen Hochachtung, warten auf seine Erleuchtung. Auch im Fasten geht Siddharta bis zum Äußersten, stirbt aber nicht den Hungertod, weil – der Legende nach – die Götter es verhindern. Siddharta sieht ein, dass ihn die Schmerzensaskese »nicht zum reichen Heiltum der Wissensklarheit führt. Es gibt wohl einen anderen Weg zur Erwachung« (zit. n. Der Buddhismus I., S. 65).

Kopf des asketischen Gautama, Gandhara, 2./3. Jh. Schiefer, Höhe 14 cm
Museum für Indische Kunst, Berlin

Siddharta Gautama als Asket

Nachdem der Rajasohn Siddharta in die Hauslosigkeit gezogen war, suchte er auf dem Weg zur Erwachung spirituelle Lehrer auf, verließ sie jedoch enttäuscht. Darauf wandte er sich sehr wahrscheinlich nach dem Vorbild der Jainas – strengster Askese zu, bis er erkannte, dass ihn auch dies nicht ans Ziel brachte.

In der Literatur – so im Majjhima-Nikaya des Pali-Kanons finden sich Siddhartas rigorose Selbstquälereien drastisch geschildert. Dieser Lebensabschnitt wurde bereits in der ersten Phase der personalen Darstellung des Buddha thematisiert, um zu verdeutlichen, dass nur der Mittlere Weg, den der Erleuchtete eingangs seiner ersten Lehrrede im Gazellenhain von Sarnath erläuterte, zu Erkenntnis und Erlösung führt.

Der Kopf gehörte aller Wahrscheinlichkeit nach zu einer in Meditationshaltung sitzenden Ganzfigur mit ausgemergeltem Gerippe, der Typologie des asketischen Gautama entsprechend.

Eingefallene Wangen, die tiefliegenden Augen und auf der Stirn deutlich hervortretende Blutgefäße verdeutlichen Siddhartas sinnlose Strapazen. Dass sein Asketentum nur ein Umweg zur Buddhaschaft war, wird vorausdeutend charakterisiert durch den Ushnisha, die Erleuchtungserhebung, außerdem durch die Weisheit symbolisierende Urna zwischen den Augenbrauen, in die die hervortretenden Blutgefäße einmünden.

Maras Angriff auf den meditierenden Siddharta

Als ein Schlüsselereignis im Leben des Buddha gilt der Angriff Maras auf den unter dem Bodhibaum meditierenden Siddharta. Zwar wird es im Pali-Kanon nur angedeutet, in den Buddha-Biographien besonders im Lalitavistara wird es jedoch ausführlich geschildert. Seit den ersten personalen Darstellungen des Buddha ist der Angriff Maras ein beliebtes Thema der Kunst – scheinbar volkstümlich, doch mit tiefschürfendem Hintergrund. Die Auseinandersetzung des nach Erleuchtung ringenden Siddharta mit Mara, der mythischen Personifikation aller Hindernisse auf dem Weg zur Erlösung, ist die ikonographische Grundlage für den Typus des ›Buddha als Künder der Wahrheit‹.

Symbolik der Bhumisparsha-Mudra: die Anrufung der Erde als Zeugin der Wahrheit

Die Situation: Nachdem Siddharta nach seiner erfolglosen selbstquälerischen Askese wieder Nahrung zu sich genommen hatte, überquerte er den Fluss Nairanjana und wandte sich der Meditation zu. Mara attackiert den unter dem Bodhibaum Sitzenden, um seine Erweckung zum Buddha zu verhindern. Mara (von Skrt. mareti, »sterben lassen«, »töten«, »umbringen«) gilt im Buddhismus als Personifikation des Todes und des Unheilsamen, aber auch als »teuflischer« Versucher. Mara verkörpert alle Hindernisse, die sich der Überwindung des Geburtenkreislaufs entgegenstellen. So verfügt er über ein Heer von »samsarischen« Helfern, wie die Gier, Zweifelsucht, Heuchelei, Eitelkeit, Sinneslust usw., die an die Welt der Phänomene binden.
Mara stellt sich Siddhartas Erleuchtung mit all seiner ihm zur Verfügung stehenden Macht in den Weg.
Das archetypische Bild gliedert sich in drei Szenen:
1. Der Kampf zwischen Licht (Buddha) und Dunkel (Mara): Mara schickt ein Heer von Dämonen, die den Meditierenden attackieren, und er mobilisiert Stürme, Stein- und Kohleregen, Flut und Finsternis, um Siddharta in Angst zu versetzen. Siddharta verwandelt Maras Machtmittel, z. B. in Blumen; d. h. er verdrängt das Negative, Dunkle nicht, sondern er verwandelt es dem Licht an.
2. Mara ficht ein Rededuell mit Siddharta aus. Er behauptet, Siddharta sei durch sein Karma zum Genuss und Anhaften an die Welt bestimmt. Siddharta ruft die Erde als Zeugin an, indem er mit den Fingerspitzen der rechten Hand die Erde berührt. Sie bezeugt ihm ehrfürchtig, dass sein Karma in all seinen früheren Existenzen so weit gereift sei, dass er nun zum Erwachten werden wird.
3. Mara schickt als letzte Waffe seine drei schönen Töchter, Rati, die Lust, Arati, die Unzufriedenheit, und Tanha, die Gier, um Siddharta erotisch zu versuchen. Sie vollführen die »32 Verführungskünste der Frauen«, doch Siddharta bleibt ungerührt, wehrt der vorgegaukelten Erfüllung. Die Töchter Maras verwandeln sich in hässliche Frauen, worauf sich Mara geschlagen gibt.

Das Relief (Abb S. 75) zeigt den meditierenden Siddharta umringt von Maras teilweise tierköpfigem Heer, das ihn mit Waffen aller Art und Trommellärm attackiert. Mara, der Siddhartas Erleuchtung verhindern will, steht mit gezücktem Dolch zu seiner Linken und blickt ihn herausfordernd an. Zu seiner Rechten streckt eine von Maras Töchtern Siddharta lüstern ihren (auf dem Relief etwas beschädigten) prallen Busen entgegen. Er jedoch ruft, davon ungerührt, mit den Fingern der rechten Hand die Erde an, die personifiziert in Gestalt der Erdgöttin (Skrt. Bhu-

Maras Angriff, Gandhara,
3. Jh. n. Chr.
Schiefer, 52,6 × 59 cm
Museum für Indische Kunst,
Berlin

devi) auf der Mitte von Siddhartas Sitz-
plattform zwischen Pflanzenwerk zu ihm
aufsieht und ihm die Wahrheit seiner
Worte bezeugt.

Bhudevi wird von einem gelassenen
Löwenpaar eingerahmt; es repräsentiert
die »doppelte Kraft« des Meditierenden,
seine Wahrhaftigkeit und Tapferkeit. Für
sich betrachtet, ist die Löwin – als lunar
geltendes Tier – ein Sinnbild für die Erde.
Der Löwe – solar konnotiert –, der hier
das Maul leicht geöffnet hat, ist als vorausdeutende Allegorie des »Löwenrufs« des
Buddha zu verstehen, mit dem er die Lehre verkünden wird (vgl. S. 16).

Ganz links beobachtet ein Wanderasket,
die Hände zur Anjali-Mudra der Verehrung gefaltet, die Szenerie – ein Seher, der
den Ausgang des Kampfes kennt.

Obwohl Siddharta die Erleuchtung zu
diesem Zeitpunkt noch nicht erlangt hat,
wird er immer bereits als Buddha mit
Ushnisha und Urna dargestellt: hier zum
Zeichen seines Sieges über Mara.

Der Buddha als Künder der Wahrheit

Mindestens die Hälfte aller sitzenden
Buddhafiguren zeigt die Bhumisparsha-
Mudra, die Geste der Erdberührung, die
auch – seltener – als Maravija-Mudra, als
Geste »des Sieges über Mara« bezeichnet
wird. Die linke Hand ruht dabei in der
Mußegeste (Skrt. Avakasha-Mudra) im
Schoß. In der Kunst Südostasiens, speziell
Birmas, ist die Bhumisparsha-Mudra die
mit Abstand am häufigsten dargestellte
Handgeste des Buddha. Abgeleitet von seinem von der Erdgöttin bezeugten Sieg
über Mara, typisiert die Erdberührungsgeste den vollendeten Buddha als Künder
der Wahrheit.

Die birmanische Lackstatue (Abb. S. 76)
zeigt den Buddha mit meditativ geschlossenen Augen im Lotussitz (Skrt. Padmasana) auf einem Doppel-Lotusthron. Die
nach oben gerichtete stilisierte Blüte symbolisiert Entfaltung und Blühen des Geistes, die nach unten gestülpte die aus der

Buddha, Kloster Yoe Soe Kyaung, Salay, Birma, wahrscheinlich 13. Jh.
Lack, ursprünglich vergoldet, Höhe 80 cm

spirituellen Strahlkraft des Buddha resultierende Souveränität über die phänomenale Welt. Die Strahlkraft des Körpers kommt durch die transparent gestaltete Mönchsrobe zum Ausdruck. Charakteristisch für birmanische Buddha-Skulpturen sind die bis zu den Schultern reichenden Ohrläppchen, die überlangen Finger und die verinnerlichte, leichte Neigung des Kopfes nach vorne.

Der meditierende Buddha

Der Buddha in Meditationshaltung ist das zentrale Bildnis des Buddhismus. Es symbolisiert das wichtigste Ereignis seiner Tradition, die Erwachung Siddharta Gautamas zum Buddha und seine Erkenntnis

der Vier Edlen Wahrheiten (vgl. S. 34), der Basis seiner Lehre.

Bei der Meditationsgeste (Skrt. Dhyani-Mudra, von Dhyana, »Meditation«, »Versenkung«) ruhen beide Hände im Schoß, der Rücken der rechten Hand auf der Handfläche der linken. Die Daumen liegen dabei entweder übereinander oder sie sind ausgestreckt mit zusammengeführten Kuppen, sodass sie mit den flach übereinander liegenden Handflächen ein Dreieck bilden. Die oben liegende rechte Hand symbolisiert den Erleuchtungszustand, die unten liegende linke Hand die Welt der Erscheinungen, was die Überwindung der phänomenalen Welt ausdrückt.

Die Bildung des Dreiecks durch die sich berührenden Daumenkuppen über den Handflächen bedeutet physisches und spirituelles Gleichgewicht. Darüber hinaus symbolisiert das Dreieck die Drei Juwelen Buddha, Dharma und Sangha.

Esoterische Schulrichtungen sehen in dem Dreieck auch ein Sinnbild für das spirituelle Feuer, das alle Unreinheiten vernichtet.

Im Mahayana und Vajrayana gilt die rechte Hand als »Methodenhand«, weil sie für Upaya, die aktive »Geschicklichkeit in der »Methode« der Lehrdarlegung steht. Die linke Hand wird hier als »Weisheitshand« betrachtet, weil sie mit Prajna, der passiven, unmittelbar erfahrenen intuitiven Weisheit korreliert wird. Da bei der Dhyani-Mudra die rechte auf der linken Hand ruht, bedeutet dies, dass die Vollkommenheit der Methode durch die Vollkommenheit der Weisheit gestützt wird.

Zeigt nur die linke »Weisheitshand« – einseitig – die Meditationsgeste, so kann die rechte »Methodenhand« in jeder anderen Mudra dargestellt sein oder ein charakteristisches Attribut der ins Bild gesetzten Heilsgestalt halten.

ren. Diese ikonographische Eigenheit ist sehr wahrscheinlich aus dem iranischen Mithras-Lichtkult in die buddhistische Kunst übernommen worden.

Buddha, Anuradhapura, Sri Lanka, 5. Jh.
Sandstein, Höhe ca. 110 cm
Museum Anuradhapura

248 v. Chr. bekehrte der Mönch Mahinda, ein Sohn des großen indischen Kaisers Ashoka Maurya, in der Nähe von Anuradhapura (im heutigen Mahintale) den singhalesischen König Devanampiya Tissa zum Buddhismus. Bis heute ist Sri Lanka, das erste von Indien aus missionierte Land, vom Theravada-Buddhismus, der »Schule der Alten«, geprägt geblieben.
Die Skulptur des 5. Jh.s in der klassischen indischen Stiltradition vermittelt die Auffassung des frühen Buddhismus. In äußerster Schlichtheit und abgeklärter Ruhe sitzt der Buddha in »edler Haltung« (Skrt. Sattvaparyanka) mit geschlossenen Augen und übereinandergelegten Händen auf das Wesentliche konzentriert in tiefer, zeitloser Meditation: ein Vorbild für das strenge, unspekulative Ideal der Selbsterlösung.

Buddha, Provinz Hebei, China, 2./3. Jh.
Bronze, vergoldet, Höhe 32,8 cm
Sammlung Grenville Winthrop
Sackler Museum of Art, Harvard University,
Cambridge

Die Skulptur gehört zu den sehr selten erhaltenen frühesten Zeugen der buddhistischen Kunst Chinas. Der meditierende Buddha sitzt auf einem Löwenthron, in dessen Mitte Lotusblüten aus einer Vase emporranken. Seine Hände formen die Dhyani-Mudra in der Dreiecksvariante mit zusammengeführten Daumenkuppen. Die Linienführung der Mönchsrobe, der abgebundene Haarknoten des Ushnisha, die mandelförmigen, halb geschlossenen Augen und der Oberlippenbart lassen das stilistische Vorbild der Kunst Gandharas erkennen, das über die zentralasiatischen Seidenstraßen nach Ostasien Wirksamkeit entfaltete.
Stellvertretend für den Nimbus züngeln Flammen aus den Schultern des Buddha, die das Licht der Erleuchtung symbolisie-

Buddha Mucalinda – der Buddha unter
dem Schutz der Schlange

Buddha Mucalinda, Lopburi, Südthailand,
Khmer-Stil, 13. Jh.
Sandstein, Höhe ca. 90 cm
Nationalmuseum Phnom Penh, Kambodscha

Ein in der Khmer-Kunst Kambodschas
sehr populärer, auch in Sri Lanka und
Thailand beliebter Bildtypus ist der
›Buddha unter dem Schutz der Schlange‹
oder (Skrt.) ›Naga‹, ›Buddha Mucalinda‹
genannt: der Buddha sitzt auf einer
zusammengerollten Schlange, die ihre
Kobraköpfe als schützenden Baldachin
über ihn wölbt.

Die künstlerisch hervorragende Skulptur
aus dem Nationalmuseum Phnom Penh
weist charakteristische Khmer-Stilele-
mente auf: die Betonung der Horizontalen durch die breit gelagerten Beine, die
ausgeprägten Schultern, den langgezogenen Mund mit den wulstigen Lippen, die
nahezu geradlinig geformten Augenbrau-
en und den durch ein diademartiges
Schmuckband akzentuierten Haaransatz,
über dem die mehrfach gestufte Ushnisha,
die Erleuchtungserhebung, sitzt. Die halb
geschlossenen Augen des Buddha und das
nur angedeutete, abgeklärte Lächeln spie-
geln die meditative Entrücktheit und die
innere Freiheit des Erlösten wider. In har-
monischer Spannung dazu richtet sich die
Schlangenhaube mit wachsamen, achtsa-
men Augen über dem in aufrecht diszipli-
nierter, gleichzeitig gleichmütiger Gelassenheit verweilenden Buddha auf, einer
Flammenaureole ähnlich.

Das Bildthema, eine Episode aus der
Buddha-Legende, ist in der Literatur
mehrfach vorgegeben, so im Mahavagga
des Pali-Kanons. Dem entsprechenden
Kommentarwerk zufolge ist das Ereignis
sechs Wochen nach der Erweckung
Siddhartas zum Buddha anzusiedeln. Laut
Mahavagga begab sich der »Erhabene zu
einem Mucalinda-Baum«, setzte sich an
dessen Fuß »sieben Tage lang mit gekreuzten Beinen nieder und empfand das Glück
der Loslösung von allen weltlichen Wünschen.« Da »sieben Tage lang Regenwetter,
Kälte, Wind und Dunkelheit« währten,
kam »der Schlangenkönig Mucalinda aus
seiner Wohnstatt hervor und umschloss
des Erhabenen Leib siebenmal mit seinen
Schlingen und verharrte, über das Haupt
des Erhabenen seine große Haube haltend«, um ihn vor Unbill zu beschützen
(Mahavagga I, 3, zit. n. Die Vier Edlen
Wahrheiten, S. 332).

Auffallend ist die Wiederholung der Sieben, der Symbolzahl für das Universum. Zur Erinnerung: Schon unmittelbar nach seiner Geburt tat Siddharta jeweils sieben Schritte in die vier Himmelsrichtungen und maß damit symbolisch das Universum in Zeit und Raum aus – in Vorausdeutung auf seine Buddhaschaft und die immerwährende universale Gültigkeit der buddhistischen Lehre. Nach der Siebenzahl richtet sich auch der Schlangenkönig, der »aus seiner Wohnstatt hervorkommt« und seine sieben Schlingen schützend um den Erleuchteten windet. Mythologisch ist der Schlangenkönig ein sehr alter Gott. Als Hüter der geheimnisvollen Kräfte der Natur und Wächter über die Schätze der Erde, besonders der irdischen Wasser, ist er zu assoziieren mit den ältesten agrarischen Zivilisationen. Psychologisch gesehen, ist er Sinnbild für die dunklen Seiten der Psyche, für das unkontrollierbare Unbewusste, für die Instinkte, die den Gegenpol zum klaren, hellen Bewusstsein bilden. In der Begegnung mit dem Buddha zeigt sich Mucalinda als von dem Erleuchteten gezähmt – ein archetypisches Bild für den Sieg des Lichts über die Finsternis, der spirituellen Erwachung über die Anhaftungen an die phänomenale Welt.

Im Fortgang des Ereignisses berichtet das Mahavagga sinnentsprechend: »Danach, nach dem Verlauf von sieben Tagen, sah der Schlangenkönig den leeren, wolkenfreien Himmel, entfernte von des Erhabenen Leib die Schlingen, gab seine eigene Gestalt auf, nahm die Gestalt eines Jünglings an und stellte sich vor den Erhabenen hin. Mit aneinander gelegten Händen erwies er dem Erhabenen seine Ehrerbietung« (zit. n. a. a. O., S. 333).

Wegen ihrer Eigenschaft, sich zu häuten, sind Schlangen auch ein Sinnbild für

Gestaltwandel und Erneuerung: Mucalinda entwickelt die Fähigkeit, die Lehre vollständig aufzunehmen. Der Buddha legt sie dem gestaltgewandelten Mucalinda in komprimierter Form dar:

»Glück ist die Einsamkeit des Zufriedenen, der die Lehre gehört und erschaut hat. Nichtschädigen ist Glück in der Welt; gegenüber den Lebewesen Selbstzügelung. Glück ist Leidenschaftslosigkeit in der Welt, der Begierden Überwindung. Des Ichbewusstseins Überwindung ist fürwahr das höchste Glück.«
(zit. n. a. a. O.)

Die Überwindung des Ich-Bewusstseins als das höchste Glück: damit ist eine entscheidende Kernlehre des Buddha, die des Anatman (s. S. 80) angesprochen.

Der das Rad der Lehre in Gang setzende Buddha

Der Buddha – gestaltet im Goldenen Zeitalter der indischen Kunst, wie die Periode der Gupta-Dynastie genannt wird – sitzt im Lotus- bzw. Diamantsitz (Skrt. Padmasana bzw. Vajrasana) mit in Versunkenheit geschlossenen Augen auf einem Lotuskissen und formt die Dharmachakra-Mudra in klassischer Version. Bei der »Geste des In-Gang-Setzens des Rades der Lehre« ist die rechte Hand nach außen geöffnet und bildet mit Daumen und Zeigefinger das Rad, die linke, nach innen geöffnete Hand treibt mit dem Mittelfinger das Rad an. Diese Geste symbolisiert immer die erste Predigt des Buddha im Gazellenhain von Sarnath bei Benares (heute Varanasi), in der er die Lehre vom mittleren Weg und von den Vier Edlen Wahrheiten verkündete (vgl. S. 34) und damit das Rad der Lehre in Bewegung setzte. Die Dharmachakra-Mudra gründet sich höchst wahrscheinlich auf die altindi-

Die Lehre des Anatman (Skrt. »Nicht-Ich«, »Nicht-Selbst«, »Ohne Seele«)

Die Anatman-Lehre steht in schroffem Gegensatz zur Atman-Lehre, die in den Upanishaden dargelegt ist – der Buddha bezeichenet diese sogar als »Narrenlehre«.

Nach hinduistischer Auffassung ist Atman (Skrt. ursprünglich »Atem«) das unsterbliche Selbst, die ewige Seele. Sie dauert nach dem Tod fort, stellt in der Seelenwanderung die Kontinuität des Ichs dar und geht schließlich in der befreienden Erlösung (Skrt. Moksha) von allen weltlichen Bindungen, von Karma und Wiedergeburtenkreislauf, im Brahman auf. Brahman ist die (durch Begriffe nicht definierbare) kosmische Allseele oder Weltseele.

Gegen die Konstante des die Existenzen überdauernden Selbst, der ewigen Seele, setzt der Buddha die Konstante der Vergänglichkeit. Er definiert die empirische Person als zusammengesetzt aus einem Bündel von fünf **Daseinsgruppen** (Skrt. Skandha), auch »Aneignungs- oder Anhaftungsgruppen« (Skrt. Upadana-Skandha) genannt. (Vgl. dazu die bildliche Darstellung der »Entstehung in Abhängigkeit«, S. 238 ff.).

Die Daseinsgruppen sind:

1. Der Körper (Skrt. Rupa), womit der physische Organismus und die sechs (!) Sinne gemeint sind (Sehen, Hören, Riechen, Schmecken, Tasten und Denken, das diese koordiniert)
2. Empfindungen (Skrt. Vedana)
3. Wahrnehmungen (Skrt. Samjna)
4. Psychische Formkräfte (Skrt. Samskara), die Willensregungen, Begierden und Tatabsichten hervorbringen
5. Bewusstsein (Skrt. Vijnana), das die vorgenannten Faktoren koordiniert.

Alle Daseinsgruppen sind abhängig voneinander, in jedem Moment dem Wandel unterworfen, unbeständig und vergänglich. Vergleichsweise wird aus einem Getreidekorn ein Schössling und eine Ähre, die eine Anzahl von Körnern trägt usf. Die Begriffe Keim, Ähre, Schössling, Körner geben die abgegrenzte Eigenständigkeit der bezeichnenden Dinge vor, die sie jedoch nur im Sinn einer relativen, vorläufigen Wahrheit haben. Analytisch gesehen, besitzen sie kein eigenständiges, überdauerndes Selbst und sind vergänglich.

In Bezug auf die empirische Person fragt der Buddha in einer Lehrrede: »Was aber unbeständig, leidhaft, dem Gesetz unterworfen ist, ist es recht, dies anzusehen als ›Dies ist mein, dies bin ich, dies ist meine Seele?‹« – »Gewiss nicht, Herr,« antworten die Mönche. (Majjhima-Nikaya, zit. n. Handbuch des Buddhismus, S. 47)

Aufgrund ihrer naturgesetzlichen Vergänglichkeit lässt sich der empirischen Person nichts Statisches, keine überdauernde Entität zuordnen. Gäbe es eine unsterbliche Seele, wäre sie unveränderlich statisch und damit nicht erlösbar. Das heißt: die Nicht-Existenz einer ewigen Seele ist Voraussetzung für die Überwindung des leidhaften Daseins, für die Erlösung, das Verlöschen im Nirvana.

die ursprünglich im Himmel Indras, des vedischen Gottes des Firmaments, zu Hause sind. Hier erscheinen sie als Vehrerinnen des Buddha und sind Symbolfiguren der Freude über die neue Lehre.

Auf der Thronlehne richten sich zu Seiten Shakyamunis zwei geflügelte Löwen mit offenen Mäulern auf. Sie sind Verteidiger der Lehre und verbildlichen die Weisheit des Buddha, der den Dharma löwengleich in alle Himmelsrichtungen verkündet.

Der Buddha als Ordensoberhaupt

Das Kennzeichen des Buddha als Ordensoberhaupt von Bettelmönchen ist die Almosenschale (Skrt. Patra) in seiner linken Hand. Im übertragenen Sinn verweist sie auf die Würde der Speisenspende, die

Statuette des Buddha, Manyargading, Zentral-Java, 7./8. Jh. Bronze, vergoldet, Höhe 24 cm Museum Nasional, Jakarta

Buddha, Gupta-Stil, Indien, 5. Jh. Sandstein, Höhe 157 cm Archeological Museum Sarnath

sche Vorstellung des Chakravartin, des »Universalherrschers« (vgl. S. 131 ff.).

In der Mitte des Thronsockels ist das frontal gestellte Radsymbol zu sehen, dessen Nabenzentrum beidseitig eine Lotusblüte bildet. Das Dharmachakra wird von einer Adorantin (außen links) und den ersten Hörern des buddhistischen Dharma, den fünf Asketen verehrt. Kondanna, Baddiya, Vappa, Mahanama und Assaji waren auch die Ersten, die der Buddha zu Mönchen ordinierte; mit ihnen begründete er den Sangha, die Mönchsgemeinschaft.

Auf dem mit Lotusornamenten geschmückten Nimbus des Erleuchteten schweben in Flughaltung zwei Apsaras, himmlische Nymphen und Tänzerinnen,

der gebenden Person religiöses Verdienst (Skrt. Punya) einträgt. Deshalb bedanken sich in den buddhistischen Ländern nicht die Mönche als Empfänger der Gabe, sondern die Spender für deren Annahme. Die Aufgabe der Wandermönche ist, die Lehre zu verkünden und darzulegen: der Buddha als Vorbild formt mit der rechten Hand die Vitarka-Mudra, die Geste der Lehrerläuterung. Sein gesenkter Blick ist ebenfalls vorbildlich zu verstehen – der Bikshu zeigt beim Almosengang gelassene Demut und hat besonders den näheren Kontakt mit Spenderinnen zu vermeiden, sodass keine Begehrlichkeiten aufkommen können. Das beide Schultern bedeckende Gewand unterstreicht diese Vorstellung, ist andererseits aber auch charakteristisch für Buddha-Darstellungen des 6.–8. Jahrhunderts.

Allgemein werden buddhistische Ordensführer – vor allem in Tibet – als solche durch die Patra in ihrer linken Hand gekennzeichnet.

Ablauf einer Bekehrung durch den Buddha

Zunächst belehrte der Buddha den Kandidaten nach einem festgelegten Wortlaut, der im Digha-Nikaya des Pali-Kanons überliefert ist. »Dem an seiner Seite sitzenden Kandidaten legte der Gesegnete die stufenweise Unterweisung dar«, so über das Spenden, die Sittlichkeit und die Vorteile, die im Verzicht auf Sinnesfreuden liegen.

»Wenn der Erhabene annahm, dass der Geist des Kandidaten vorbereitet war, empfänglich, ungehindert, freudig, wohlgesonnen, dann unterrichtete er ihn in der den Buddhas (gemeint sind die Samayaksambuddhas, vgl. S. 15) eigenen Lehre, nämlich von den Vier Edlen Wahrheiten: vom Leiden, seinem Ursprung, seinem Erlöschen und vom Pfad, der zu seinem Erlöschen führt.« Verstand der Kandidat die Vier Edlen Wahrheiten, erkannte er das Gesetz der Bedingten Entstehung (vgl. S. 238 ff.), so entwickelte er, wie es im Vinaya-Pitaka heißt, »das fleckenlose Auge der Lehre; er erkannte, dass alles, was dem Entstehen unterworfen ist, auch dem Vergehen unterliegt«.

Im Besitz des Auges der Lehre, konnte der Kandidat nun entweder Laienanhänger (Skrt. Upasaka) werden, oder um die Mönchsweihe (Skrt. Upasampada, Ordination) bitten. Nach dem Digha-Nikaya erklärte der Laienanhänger: »Als ob eine Lampe in der Dunkelheit aufgestellt wurde, für jene, die Augen haben, das Sichtbare zu sehen, so ist die Lehre von dem Erhabenen in vielen Darlegungen erklärt worden. Ich selbst nehme Zuflucht zum Buddha, zum Dharma und zum Sangha der Mönche. Möge der Erhabene mich von diesem Tage an, solange mein Leben währt, als Laienanhänger ansehen«, Dieser einseitige Akt wurde von Buddha schweigend angenommen. Außerdem bekannten sich Laien zu fünf sittlichen Selbstverpflichtungen (Skrt. Pancashila, s. u. Shila.)

Die Zulassung zum Orden wurde zu Lebzeiten des Buddha ebenfalls in sehr einfacher Form vollzogen. »Nachdem der Kandidat die Lehre geschaut, erworben und erkannt hat, in sie eingetaucht ist, er den Zweifel verloren, die Unsicherheit beseitigt, festes Vertrauen erlangt und ohne fremde Hilfe volles Verständnis der Lehre gewonnen hat«, trat der Kandidat mit geschorenen Haaren vor den Buddha und bat: »Möge ich, oh Herr, in Gegenwart des Erhaben, den reinen Wandel (Srt. Brahmacarya) üben.« Darauf antwortete der Buddha: »Komm, Mönch; die Lehre wurde gut dargelegt über den reinen Wandel, um dem Leiden ein endgültiges Ende zu setzen.« (zit. n. Lamotte, S. 53 f.)

Das Glaubensbekenntnis der Buddhisten

Den »Drei Juwelen« entspricht das Glaubensbekenntnis der »Dreifachen Zuflucht« (Skrt. Trisharana), durch die sich der Anhänger des Buddhismus als solcher bekennt. Die Rezitation der Pali-Formel gehört zur täglichen Praxis. Gläubige Buddhisten beginnen mit ihr den Tag:

Buddham saranam gachchami	Ich nehme meine Zuflucht zum Buddha
Dhammam saranam gachchami	Ich nehme meine Zuflucht zur Lehre
Sangham saranam gachchami	Ich nehme meine Zuflucht zur Gemeinschaft

Die buddhistische Gemeinschaft – der Sangha (Skrt. wörtl. »Menge«, »Schar«)

Im engeren Sinn besteht der Sangha aus Mönchen und Nonnen, im weiteren Sinn gehören auch die Laienanhänger dazu (»Vierfache Gemeinde«).

Mönche	Nonnen	Laienanhänger	Laienanhängerinnen
(Skrt. Bikshu)	(Skrt. Bikshuni)	(Skrt. Upasaka)	(Skrt. Upasika)

Novizen	Novizinnen
(Skrt. Shramanera)	(Skrt. Shramanerika)

Mindesteintrittsalter in den Sangha: 7 Jahre. Dies entspricht dem Alter Rahulas, des Buddha-Sohnes und Patrons der Shramanera, als er in den Orden eintrat. Die »niedere Ordination« verpflichtet sie, die zehn Shilas (s. u.) einzuhalten. Sie sind den Bikshus/Bikshunis unterstellt.

Hauslosigkeit
Entsagung, Loslösung
Verkünden und Erläuterung der Lehre

Das Leben der Mönche und Nonnen wird von den im Vinaya-Pitaka (»Korb der Disziplin«) des Pali-Kanons dargelegten Regeln bestimmt.

Er gliedert sich in
1. Bikshuvibhanga, »Erklärung der Mönchsregeln«
2. Bikshunivibhanga, »Erklärung der Nonnenregeln«
3. Khandhaka, Vorschriften für das Alltagsleben der Mönche und Nonnen (z. B. Kleidung, Nahrung, Ziehen in die Hauslosigkeit, Verhalten während der Regenzeit).
Pratimoksha, Zusammenfassung der Disziplinregeln (für Mönche 227, für Nonnen 348)

Haushalter
Aktive Tugenden Freigebigkeit und Güte
(Skrt. Maitri, s. u. Metta-Sutta)

Laienanhänger bekennen sich durch die Dreifache Zuflucht als solche und geloben, die fünf »Verpflichtungen« (Skrt. Shila, s. u.) einzuhalten.

Shila (Skrt. »Gebote«, »Verpflichtungen«)

Shila bezeichnet die grundlegenden ethischen Richtlinien, die das Verhalten der Mitglieder des Sangha im engeren Sinn (Mönche, Nonnen, Novizen) und im weiteren Sinn (Laien) bestimmen. Liebevolle Freundlichkeit, Güte (Skrt. Maitri) und mitfühlende, barmherzige Hinwendung zu allen Wesen (Skrt. Karuna) sind die Leitmotive der buddhistischen Ethik.

Die Verhaltensregeln gelten nicht nur für Handlungen an sich, sondern sind bezogen auf »Körper, Rede und Geist«. Zu überwinden sind Handlungen und Einstellungen, die negatives Karma bewirken. Zu pflegen sind positive Verhaltensweisen, Gedanken und Empfindungen als Voraussetzung für jeden Fortschritt auf dem Weg zum Erwachen (Skrt. Bodhi).

Für alle Mitglieder des Sangha gelten folgende fünf grundsätzliche Tugenden:

1. Vermeiden von Töten, Nichtverletzen von Lebewesen (Skrt. Ahimsa) bedeutet nicht nur den Verzicht auf psychische Gewalt. Ahimsa verlangt weit darüber hinaus liebevolle Güte und mitfühlende Hinwendung zu allen Wesen (Maitri und Karuna), Mitfreude am Glück anderer (Skrt. Mudita) und Gleichmut (Skrt. Upeksha), der alle Wesen als gleich gültig betrachtet und ihnen gegenüber die gleiche wohlwollende, nicht wertende Einstellung entwickelt.

2. Nicht Gegebenes nicht nehmen (Skrt. Asteya) bedeutet, jegliche Begehrlichkeit zu überwinden und stattdessen Freigebigkeit (Skrt. Dana) zu üben.

3. Unheilsame von Begierde bestimmte sexuelle Beziehungen zu meiden (Skrt. Brahmacarya), bedeutet für die in Hauslosigkeit Gezogenen völlige Enthaltsamkeit. Laien dagegen sollen Beziehungen unter dem Gesichtspunkt der gegenseitigen Achtung und des Respekts voreinander gestalten.

4. Vermeiden von unrechter Rede heißt Verzicht auf Geschwätz und Lüge, bedeutet Wahrhaftigkeit (Skrt. Satya) und Kultivierung freundlicher, zurückhaltender Sprache.

5. Enthaltsamkeit von Rauschmitteln und berauschenden Getränken ist eine Voraussetzung für geistige Konzentration und das Training des klaren Bewusstseins.

Für Ordensmitglieder gelten weitere fünf Grundgebote: sie nehmen nur einmal – vormittags – feste Nahrung zu sich, meiden Vergnügungen jeder Art, die Verwendung von Duftmitteln und Schmuckgegenständen, Bequemlichkeiten (wie weiche Betten) und die Annahme von Wertsachen. Im Übrigen sind Mönche und Nonnen den äußerst umfassenden Regeln verpflichtet, wie sie in Vinaya-Pitaka des Pali-Kanons festgehalten sind. Übertretungen der Ordensregeln müssen von den Einzelnen in einer allgemeinen Beichtzeremonie im Sangha öffentlich bekannt gemacht werden. Schwerwiegende Regelverstösse haben den Ausstoß aus dem Orden zur Folge.

Eine der buddhistischen Haupttugenden: die Güte (Skrt. Maitri) – Auszug aus dem Metta-Sutta (Pali, »Sutra von der Güte«)

Das Metta-Sutta, das die Entfaltung der Güte und die Entwicklung der Achtsamkeit gegenüber allen Wesen zum Thema hat, ist für die Theravada-Buddhisten allgemein der wohl berühmteste Text. Mönche und sehr viele Laienanhänger können ihn auswendig und rezitieren ihn täglich. Die verständnisvolle Rezitation des Gedichts gehört zu den populärsten Meditationsübungen (zit. n. Suttanipatta, S. 58 f.).

»Keiner soll den anderen hintergehen,
Weshalb auch immer, keinen möge man
verachten!
Aus Ärger und aus feindlicher
Gesinnung,
Soll Übles man einander nimmer
wünschen!

Wie eine Mutter ihren eigenen Sohn,
Ihr einzig Kind mit ihrem Leben schützt,
So möge man zu allen Lebewesen
Entfalten ohne Schranken seinen Geist!

Voll Güte zu der ganzen Welt,
Entfalte ohne Schranken man den Geist:
Nach oben hin, nach unten, quer
inmitten,
Von Herzensenge, Hass und Feindschaft
frei!

Ob gehend, stehend, sitzend, liegend,
Wie immer man von Schlaffheit frei,
Auf diese Achtsamkeit soll man sich
gründen.
Als göttlich Weilen gilt dies schon
hienieden.«

Symbolische Darstellung der »Drei Juwelen«
(Skrt. Triratna)
Thangka, Ausschnitt, Tibet, 19. Jh.
Staatliches Museum für Völkerkunde, München

Der Buddha, mit der Almosenschale – die ein Juwel enthält – in der linken Hand als Ordensoberhaupt gekennzeichnet, ordiniert mit der rechten Hand einen Mönch. Aus dem Nimbus des Shakyamuni erwächst, sinnbildlich für die Weltachse, axis mundi, ein Lotusstängel, der eine voll entfaltete Blüte trägt, das Symbol für die Lehre. Der Mönch in der Lotusblüte symbolisiert den Sangha, die Mönchsgemeinschaft.

Von unten nach oben betrachtet, ergibt sich daraus die Trias der »Kostbarkeiten«, durch die sich der Buddhismus definiert: Buddha – Dharma – Sangha, d. h. Buddha, die von ihm verkündete Lehre und die Gemeinschaft, die dieser Lehre anhängt und folgt.

85

Die Zehn Großen Jünger des Buddha

1. **Mahakashyapa** (kurz Kashyapa, nicht zu verwechseln mit dem gleichnamigen Vorzeit-Buddha) war ein hervorragender Schüler des Buddha und berühmt für seine (Selbst-) Disziplin. Er berief das erste der insgesamt vier buddhistischen Konzile ein, das unmittelbar nach dem Parinirvana des Shakyamuni 480 v. Chr. in Rajagriha stattgefunden haben soll, um Aufweichungstendenzen innerhalb des Sangha entgegenzuwirken. Unter Teilnahme von 500 Mönchen wurden hier Disziplinregeln und Sutren des Pali-Kanons (Vinaya-Pitaka und Sutra-Pitaka) mündlich kodifiziert.

2. **Ananda**, dessen Name »große Freude« bedeutet, war ein Vetter des Buddha und trat dem Orden früh bei. Als persönlicher, liebevoll treuer Diener des Buddha und berühmt für sein überragendes Gedächtnis, wurde Ananda zum Überlieferer der Lehrreden seines Meisters, die beim 1. Konzil kodifiziert wurden. Wie kein anderer setzte er sich für die Sache der Frauen ein. Einigen Texten zufolge lehnte der Buddha die Ordination von Nonnen (Skrt. Bikshuni) zunächst ab, weil er um die Ordensdisziplin fürchtete. Erst auf Anandas Interventionen hin bewilligte er seiner Stief- und Ziehmutter Mahaprajapati Gautami die Gründung des Nonnenordens. Dies wurde Ananda noch auf dem 1. Konzil von Kashayapa zum Vorwurf gemacht.

3. **Shariputra** war der scharfsinnige Analyst der Lehre unter den Großen Jüngern und wurde vom Buddha als weise erachtet.

4. **Subhuti** zeichnete sich durch seine Meditation der Güte (Skrt. Maitri) aus, in der Hass besiegt und Güte, eine der buddistischen Haupttugenden, erzeugt wird, die sich auch auf feindlich gesinnte Menschen erstreckt. Aufgrund seiner tiefgründigen Einsichtsfähigkeit erklärt oft Subhuti die Weisheitslehre des Mahayana, in den Prajnaparamita-Sutras (vgl. S. 105, 107 f.).

5. **Purna** soll der Zuhörerschaft eingängige Erläuterungen zur Lehre gegeben haben.

6. **Mahamaudgalyana**, bekannter unter seinem Pali-Namen Moggallana, war mit seinem Jugendfreund Shariputra der älteste Jünger. Er zeichnete sich durch übernatürliche Kräfte (Skrt. Riddhi) aus, Begleiterscheinungen intensiver Meditationsübungen. Moggallana wurde von Gegnern des Buddhismus ermordet.

7. **Katyayana**, ein bekehrter Brahmane, war ein Meister der Argumentation und Exegese der Lehre.

8. **Aniruddha**, ein Vetter des Buddha zeigte besondere Fähigkeiten in der Anwendung des »Himmlischen Auges«, d. h. im Erkennen des Kreislaufs von Leben und Tod aller Wesen.

9. **Upali** war der Barbier der Mönche, Spezialist für monastische Disziplinfragen und Diskussionspartner des Buddha hinsichtlich der Ordensregeln. Auf seinen Aussagen beim 1. Konzil basiert die Kodifizierung des Vinaya-Pitaka (Skrt. »Korb der Disziplin«) des Pali-Kanons.

10. **Rahula** war der Sohn des Buddha (vgl. S. 40 f.). Wie die anderen Jünger zählt er zu den Heiligen (Skrt. Arhat, vgl. S. 144), doch fehlen Berichte über etwaige besondere Verdienste. Er starb lange vor seinem Vater, woran und wo ist nicht bekannt.

Der schutzgewährende Buddha

Besonders stehende Figuren des Shakya-muni sind sehr oft mit der Abhaya-Mudra dargestellt. Profan ist diese Geste seit der Antike als Zeichen herrscherlicher Macht einzuschätzen; ein Beispiel hierfür ist die sog. »Magna manus«, »große Hand« der römischen Kaiser. Zeigt der Buddha den rechten Arm auf Schulter- oder Herzhöhe erhoben mit nach vorne geöffneter Hand, bedeutet dies Schutzgewährung, Wohlwollen, Güte, Frieden und Furchtlosigkeit. Der Hintergrund zur Symbolik der Abhaya-Mudra findet sich in einem Vorfall im Leben des Buddha, der im Culla-vagga des Pali-Kanons berichtet wird. In seinem letzten Lebensjahrzehnt sah sich Shakyamuni in Rajagriha (der Hauptstadt des Königreichs Maghada) dreimal von seinem Vetter, dem Bikshu Devadatta, herausgefordert, die Führung des Ordens an ihn abzugeben, mit der Begründung, der Buddha sei nun ein verbrauchter Greis, der vor dem Ende seines Lebens stehe. Shakyamuni lehnte das anmaßende Ansinnen des vor nichts zurückschreckenden Intriganten ab. Zu seinem Feind geworden, stiftete Devadatta daraufhin drei Mordanschläge auf den Buddha an. Beim dritten Attentatsversuch bestach Devadatta einige Marhuts (Elefantentreiber), einen Arbeitselefanten, den Bullen Nalagiri, auf ihn zu hetzen. Doch der Buddha stellte sich dem rasend gemachten Tier völlig furchtlos und strahlte ihm mit erhobener Hand (oder mit beiden Händen) Wohlwollen und Güte entgegen, worauf Nalagiri befriedet innehielt.

Im übertragenen Sinn bedeutet die Abhaya-Mudra den Schutz der Anhänger des Buddha und seiner Lehre vor all ihren Ängsten, die der Daseinskreislauf hervorruft.

Ananda, Galvihara, Polonnaruwa, Sri Lanka, 12. Jh.
Felsskulptur, Granit, Höhe 7m

Ein Meisterstück singhalesischer Bildhauerkunst auf dem zum Weltkulturerbe gehörenden Ausgrabungsgelände der alten Königsstadt Polonnaruwa:
Ananda, Cousin und Lieblingsschüler des Buddha, trauert um den Verlust seines Meisters, der ins Parinirvana eingezogen ist. Die Geste der über der Brust gekreuzten Unterarme weist Ananda als treu bewahrenden Überliefer der Weisheitslehre seines Lehrers aus.

Im Mahayana ist diese Handgeste charakteristisch für den Transzendenten Buddha Amoghasiddhi, und sie wird auch häufig von den Bodhisattvas Avalokiteshvara und Manjushri gezeigt.

Die Periode der Gupta-Dynastie, die von 320– 650 n. Chr. über Nord- und Zentralindien herrschte, gilt als das Goldene Zeitalter der indischen Kunst.

Der stehende Buddha, die rechte Hand zur Abhaya-Mudra erhoben (die beschädigte Linke hielt eine Gewandfalte) bringt den Höhepunkt der klassischen Formulierung des Buddha-Bildes zum Ausdruck. Sie wurde Vorbild für weite Bereiche Asiens. Charakteristisch ist hier die weiche und doch straffe Rundung des durch das dünne Gewand scheinenden Körpers, die tiefen Gewandmulden, die die Gestalt fast schwebend erscheinen lassen, die klaren Formen des oval geschnittenen Gesichts mit glatt gespannter Haut und der unter gesenkten Lidern ganz nach innen, in meditative Versenkung gerichtete Blick.

In vollkommener Ruhe und Harmonie, anmutig hoheitsvoll Sanftmut ausstrahlend, erscheint der Buddha überweltlich entrückt. Doch gleichzeitig vermittelt der minimal angedeutete Schritt nach vorne und seine Geste der Schutzgewährung aktive Präsenz.

Buddha, Gupta-Stil, Indien, 5. Jh.
Sandstein, Höhe 217 cm
Indian Museum, Kalkutta

Die Kolossalstatue des Aukana-Buddha (S. 89, links), die noch Rätsel aufgibt, war vermutlich einst Mittelpunkt einer Klosteranlage, von der nichts mehr erhalten ist. Aukana liegt etwa 40 km südöstlich von Anuradhapura, das von 250 v. Chr. bis 1070 n. Chr. Königsstadt und Zentrum des Buddhismus auf der südostasiatischen Insel war Der singhalesische Name Aukana bedeutet »der Sonnenessende«, möglicherweise ein volkstümlicher Bezug auf

die Größe der Skulptur. Der Buddha zeigt die Abhaya-Mudra – für diese Region charakteristisch – in abgewandelter Form, nämlich nicht mit der Handfläche, sondern mit der Handkante nach vorne gerichtet. Die linke Hand ergreift an der linken Schulter die Mönchsrobe, um sie hochzuhalten (Skrt. Kataka-Mudra). Diese Geste könnte darauf hinweisen, dass der Buddha den Fluss des Wiedergebur-

Aukana-Buddha, Aukana, Sri Lanka,
2. H. 8. Jh.
Granit, Höhe 11,36 m

Buddha, Khmer-Stil, Lopburi, Thai-
land, 13. Jh.
Bronze, Goldreste, Höhe ca. 120 cm
Nationalmuseum Bangkok

tenkreislaufs durchschritten hat und ans andere Ufer des Parinirvana gelangt ist. Die Abhaya-Mudra wäre demzufolge als richtungweisende Ermutigungsgeste zu verstehen, sich seiner Lehre bereitwillig anzuvertrauen.

Der Buddha (rechte Abb.) zeigt beidhändig die Abhaya-Mudra. In diesem Fall ist die Geste auf Gewährung von Wohlwollen, Befriedung und Güte spezialisiert und wird Metta- bzw. Maitri-Mudra genannt (Pali/Skrt. »Gütegeste«). Abgeleitet von der Bezähmung des Elefanten Nalagiri, kennzeichnet diese Handhaltung den Buddha als Befrieder der menschlichen Leidenschaften, respektive der Grundübel, die den Verbleib im Samsara bedingen, nämlich Gier, Hass und Verblendung. Zusätzlich sind hier die Handflächen mit Lotussymbolen versehen, die auf die Reinheit und Wahrheit der Buddhalehre verweisen.

Die fürstliche Ausstattung des Shakyamuni identifiziert ihn als spirituellen Chakravartin (Skrt. »Universalherrscher«; vgl. Der gekrönte Buddha, S. 131 ff.)

Der wunschgewährende Buddha

Zeigt Buddha Shakyamuni die Varada-Mudra, bei der der rechte Arm nach unten gestreckt und die Handfläche nach vorne geöffnet ist, bedeutet das nicht, dass er irdische Wünsche zu erfüllen hätte. Vielmehr gewährt er die Befreiung von irdischen Anhaftungen kraft der von ihm verkündeten Erlösungslehre.

Da Shakyamunis Lehre genauso schon von den Vorzeit-Buddhas verkündet wurde, können auch diese Samyak-Sambuddhas mit der Varada-Mudra dargestellt sein.

Ist diese Geste bei Maitreya, dem Buddha der Zukunft zu sehen, verbindet sich mit ihr die Hoffnung der Gläubigen nach seinem Erscheinen auf der Welt, damit er die Heilslehre aufs neue verkünde.

Da die Varada-Mudra auch buddhistische Haupttugenden, nämlich Freigebigkeit (Skrt. Dana) und Mitleid (Skrt. Karuna) symbolisiert, wird die Geste der Wunschgewährung und -erfüllung im Mahayana oft von Bodhisattvas, besonders von Avalokiteshvara und Tara dargeboten.

Häufig, besonders bei stehenden Shakyamuni-Figuren, ist die Varada-Mudra mit der Abhaya-Mudra, der Geste der Schutzgewährung, Güte, Furchtlosigkeit und des Friedens kombiniert (Abhaya-Varada-Mudra).

Buddha, lamaistischer Stil, Peking, ca. 17./18. Jh.
Lack, Höhe 33,5 cm
Staatliches Museum für Völkerkunde, München

Mit geschlossenen Augen im Lotussitz auf einem doppelten Lotusthron meditierend, bietet der Buddha die Varada-Mudra dar, mit der er den Wunsch nach Befreiung aus dem Samsara, dem Kreislauf der Wiedergeburten, kraft der von ihm verkündeten Lehre gewährt.

Die Buddhafigur des Longxin Tempels in Qingzhou aus dem 6. Jh. (Abb. S. 91) zeigt die Abhaya-Varada-Mudra; die rechte Hand ist in der Geste der Schutzgewährung und Furchtlosigkeit erhoben, die linke in Wunschgewährung gesenkt. Die Hände sind plastisch und übergroß herausgearbeitet, was die Bedeutung der Gestik betont: der schutzgewährende Buddha ermutigt die Menschen wohlwollend, die Gabe seiner Lehre der befreienden Erkenntnis anzunehmen und ihr konsequent zu folgen.

90

*Stehender Buddha, Nördliche Qi-Dynastie
(550–577), China
Kalkstein, Gold- und Farbreste, Höhe 97 cm
Qinzhou-Museum, Provinz Shandong*

Faltenlos eng schmiegt sich das Gewand an den Körper des Buddha, passt sich subtil seinen Formen an. Die Konturen strukturieren das für die Bettelmönche ursprünglich typische Flickenmuster. Körperbedeckend und hochgeschlossen, wird der Überwurf (Skrt. Uttarasanga) von den Mönchen außerhalb des Klosters bzw. in offizieller Mission getragen. Die meditativ halb geschlossenen, gleich-zeitig auf den Betrachter gerichteten Augen, das sanfte, weltüberlegene Lächeln, die vollendete, ruhige Anmut lassen den Erleuchteten sowohl als irdisches Vorbild als auch als überirdischen Körper der Verklärung erscheinen.

Wahrscheinlich wurde diese sehr gut erhaltene Skulptur (neben vielen anderen) infolge eines buddhismusfeindlichen kaiserlichen Edikts im 12. Jh. von Mönchen rituell bestattet, um sie vor Ikonoklasmus zu bewahren. Stilistisch steht sie in der Tradition der klassischen indischen Gupta-Kunst (vgl. S. 88) – indische Mönche, die über die Seidenstraßen nach China gekommen waren, genossen in der Qi-Dynastie hohes Ansehen.

Der wundertätige Buddha

Die Lebensbeschreibungen des Buddha berichten von verschiedenen Wundern, die er vollbracht haben soll. Ein beliebtes Motiv ist hier sein Aufstieg in die Lüfte aus gegebenem Anlass.

So bewirkte er das »Wunder von Kapilavastu«, als er seine Angehörigen in der Heimatstadt besuchte. Die Repräsentanten der vornehmen Kriegerkaste der Shakya hielten es jedoch für unter ihrer Würde, einen der ihren, der in einem ärmlichen Mönchsgewand vor sie trat, zu begrüßen. Um seiner Familie ihre selbstüberhebliche Arroganz vor Augen zu führen, erhob sich der Erleuchtete dank seiner übernatürlichen Kräfte in die Luft. Daraufhin erwies sein Vater Raja Shuddhodana dem Sohn als erster seine Reverenz.

Mit dem »Doppelwunder von Shravasti« reagierte der Buddha vor einer großen Menschenmenge und im Beisein des Königs Prasenajit von Koshala auf die Herausforderung nichtbuddhistischer

Wanderasketen, die ihn durch ihre magischen Fähigkeiten zu übertrumpfen und bloßzustellen suchten. Der Buddha erwies sich in der Konfrontation als der unerreichbar Überlegene.

Die Stele – als deren Stifter die beiden kleinen Sockelfiguren anzusehen sind – veranschaulicht den Sieg des Buddha über die Gegner. In die Versenkung eingetreten, ist er von der Erde in die Luft emporgeschwebt. Aus seinen Schultern emaniert er züngelnde Flammen, aus seinen Füßen Wasserströme.

In der zweiten Phase seiner Wundertat verdoppelt der Buddha seine eigene Gestalt. Dies bedeuten die zwei identisch ausgeführten Buddhafiguren, die die Hauptfigur auf Schulterhöhe einrahmen. Auch aus ihren Schultern schlagen Flammen.

Darunter ist links der treue Leibwächter des Buddha zu sehen, Vajrapani, der in der rechten Hand sein Erkennungszeichen, den keulenförmigen Vajra, den Donnerkeil hält. Die Vegetationsgöttin mit dem Füllhorn in der rechten Vignette ergänzt Vajrapani in seiner zweiten Funktion als fruchtbringender Regengott, als der er von Indra, dem vedischen Gott des Himmels, Gewitters und Regens abgeleitet ist. Im übertragenen Sinn verkörpern die beiden Gottheiten den reichen Ertrag der buddhistischen Lehre.

Die geflügelten Löwen, die die Vignetten tragen, symbolisieren die Elevation des Buddha, seine doppelte magische Macht, seine spirituelle Kraft und Weisheit.

Die Innenfläche der zur Abhaya-Mudra erhobenen rechten Hand weist das als Lotusrosette gestaltete Rad der Lehre auf. Damit ermutigt der Buddha die Menschen, der wahren Lehre zu folgen, die zur Erlösung führt.

Das Doppelwunder von Shravasti, Gandhara, 3. Jh. n. Chr.
Museum für Indische Kunst, Berlin

Eine weitere Elevation des Buddha veranschaulicht die zentralasiatische Höhlenmalerei aus Kizil (s. Abb. S. 93), gelegen an der nordöstlichen Seidenstraße. Auf der Wanderung von Rajagriha nach Vaishali gegen Ende seines Lebens musste der Buddha bei Pataliputra den Ganges überqueren. Wegen des Hochwassers war jedoch kein Fährmann bereit, ihn ans andere Ufer überzusetzen. Davon unbeirrt, flog der Buddha aus eigener Kraft über das Wasser.

Die Szene ist hier symbolisch überhöht dargestellt. Der Buddha sitzt, im Blickfang seiner Körperaureole und seines Nimbus, auf einem »Drachenschiff«. Im Unterschied zu Religionen, in denen der Drache für die erdzugehörige Macht des Bösen

Der Buddha auf dem Drachenboot, Kizil bei Kucha (Xinjang, China), 419–535 n. Chr. Wandmalerei aus der Musikerchorhöhle, 34 × 30,7 cm Museum für Indische Kunst, Berlin

und Destruktiven steht, symbolisiert er im Buddhismus höchste geistige Macht, übernatürliche Weisheit und spirituelle Transformation. Den Erleuchteten beschirmt ein Baldachin, der seine spirituelle Macht symbolisiert. Die Bordüre des Baldachins – dessen Tragestangen aus den Gloriolen um den Buddha wachsen, den Zeichen für das transzendente Licht seiner Erkenntnis – ist mit nach oben weisenden Dreiecken verziert. Sie symbolisieren die »Drei Kostbarkeiten« (Skrt. Triratna), die Grundstützen des Buddhismus: Buddha, Dharma und Sangha, d. h. den Erleuchteten, die von ihm dargelegte Lehre und die gemäß dieser Lehre lebenden Anhänger.

Der grimmig starr abweisende Fährmann links im Bild koppelt die Darstellung an ihr Ausgangsmotiv, die Elevation des Buddha über dem Ganges. Die rechts im Bild in Leichtigkeit vom Baldachin schwingende Fahne, die Siegesfahne der vom Buddha verkündeten Wahrheit, gibt letzten Aufschluss über das übergeordnete Thema des Wandgemäldes, dessen integrierte Symbole den Sieg des Buddhismus zur Anschauung bringen.

Die Buddhas der drei Zeiten

Schon vor ihm, so erklärte der historische Buddha Shakyamuni, habe es vollkommene Buddhas gegeben. Er sei, wie es im Samyutta-Nikaya heißt, denselben Weg gegangen wie sie; wie ein Mann, der einen vergessenen Pfad findet und auf diesem zu einer verlassenen Stadt gelangt, so habe er die von den Buddhas früherer Zeiten verkündete Lehre wiederentdeckt und dargelegt. Im Unterschied zum Mahaya-

93

na, das zeitgleich existierende Buddhas kennt, ist der Früh-Buddhismus davon überzeugt, dass es niemals zwei vollkommen Erleuchtete zu gleicher Zeit gibt. So postuliert Shakyamuni seinem Lieblingsjünger Ananda gegenüber: »Unmöglich ist es und ausgeschlossen, dass zwei heilige Vollerleuchtete gleichzeitig in einem einzigen Weltsystem erstehen sollten. Diesen Fall gibt es nicht« (Majjhima-Nikaya, 115,14 zit. n. Buddhabildnisse, S. 96). Die kanonische Pali-Literatur nennt zunächst sechs Buddhas, die Shakyamuni vorangegangen seien, dann, etwa im 3. Jh., 25 Vorzeit-Buddhas; die Liste wird von Dipamkara (Skrt. »Der Lichtmacher«) angeführt und endet mit Shakyamuni, dessen Nachfolger Maitreya, der Buddha der Zukunft, sein wird (vgl. S. 99 ff.).

Als Buddhas der drei Zeiten sind typischerweise ein Vorzeit-Buddha (meistens Dipamkara), Shakyamuni und Maitreya ins Bild gesetzt. Die Darstellungen symbolisieren die zeitlose universelle buddhistische Lehre.

Unter einem juwelenbesetzten Baldachin – Zeichen für seine spirituelle Würde – sitzt Buddha Shakyamuni auf dem Reinheit und Weisheit symbolisierenden Lotusthron. Die Erdberührungsgeste (Skrt. Bumisparsha-Mudra) weist ihn als Künder der Wahrheit aus, ebenso die beiden (Schnee-) Löwen mit aufgerissenen Mäulern auf dem Thronsockel, die seinen sprachgewaltigen »Löwenruf« (vgl. S. 16 f.) versinnbildlichen und in der Mitte das achtspeichige Rad der Lehre einrahmen.

Als Ehrenbegleiter erscheinen neben dem Thron zwei der Zehn Großen Jünger des Buddha, die miteinander missionierten und als hervorragende Prediger galten. Der Arhat (Skrt. »Heilige«) Shariputra

Die Buddhas der drei Zeiten, Ladakh oder Tibet, wahrsch. 19. Jh. Thangka, 33 × 45 cm Staatliches Museum für Völkerkunde, München

hält ein Pflanzenbüschel in der Hand, dessen drei Früchte auf die »drei Kostbarkeiten« (Skrt. Triratna) des Buddhismus, Buddha, Dharma und Sangha, verweisen. Arhat Moggallana rechts ist mit den Requisiten der Bettelmönche ausgestattet, der Almosenschale (Skrt. Patra) und dem Rasselstab (Skrt. Khakkara), dessen Klirren auf der Wanderschaft wilde Tiere vertreibt und Hausbewohner auf das Kommen des Almosensuchenden aufmerksam macht.

Neben dem Baldachin schweben in überirdischer Sphäre links Vorzeit-Buddha Dipamkara mit der Geste der Lehrdarlegung (Skrt. Vitarka-Mudra), rechts der Zukunftsbuddha Maitreya; er zeigt die Dharmachakra-Mudra, mit der er dereinst das Rad der Lehre wieder in Gang setzen wird.

Das Parinirvana, das »Endgültige Verlöschen« des Buddha

Über die letzten Tage lässt sich auf der Textgrundlage des Mahaparinirvana-Sutra im Digha Nikaya das Folgende zusammenfassen:

Von Krankheit und Alter vorgeschwächt, begibt sich der achtzigjährige Buddha, begleitet von seinem Lieblingsjünger Ananda und von anderen Mönchen nach seinem Aufenthalt während der Regenzeit in Vaishali auf seine letzte Wanderung gen Nordwesten. Bei Pava schließlich folgt die Gruppe der Einladung eines Schmiedes namens Cunda, der sie mit einer besonderen Speise verköstigen möchte. Dem Buddha kommt sie bedenklich vor, er bittet Cunda, sie seinen Begleitern nicht anzubieten, isst aber selber davon, um Cunda nicht zu enttäuschen. Daraufhin wird der Buddha von dehydrierendem Durchfall und krampfartigen Koliken befallen. Trotzdem bricht er in Richtung Kushinagara auf. Dort angekommen, bittet er Ananda, ihm in einem Hain von Salabäumen vor der Stadt ein Lager zu bereiten. Er weiß, dass er sich von dieser Stelle nicht mehr erheben wird.

»Zwischen zwei Salabäumen, das Haupt gen Norden gerichtet, bereitete (Ananda) ihm eine Ruhestätte. Da ließ sich der Erhabene gleich einem Löwen und klar bewusst auf seiner rechten Seite nieder, während er den einen Fuß mit dem anderen bedeckte.«

Diese Textpassagen ist in die Darstellung der ersten Phase des Nirvana eingegangen. Die Bildwerke zeigen den Buddha in der liegenden »Löwenhaltung« immer (von sehr seltenen Ausnahmen abgesehen) auf seiner rechten Seite liegend.

Sein noch klar bewusster Zustand wird durch seine geöffneten Augen, den aktiv auf den rechten Arm gestützten Kopf und die exakt übereinander liegenden Füße mit den Zehen gleichauf veranschaulicht.

Der Buddha gibt letzte Anweisungen. Die Bikshus sollen sich um seinen Leichnam nicht kümmern, sondern ihn der Sorge anderer überlassen und um ihre eigene Erlösung bemüht sein. Ananda möge seinen bevorstehenden Tod in Kushinagara bekannt machen und damit seinen Anhängern einen letzten Besuch ermöglichen. Ananda weint. Der Buddha tröstet ihn, lobt seinen »liebevollen Sinn« und seine Verdienste, sagt: »Genug, Ananda, nicht mögest du trauern, nicht klagen! Habe ich nicht schon vorher verkündet, dass alles Liebe und was Freude bereitet, sich wandelt, sich von uns trennt und anders wird? Wie sollte dies hier möglich sein, dass, was geboren, geworden, durch eine Verbindung von Ursachen bedingt, zur Vernichtung bestimmt ist, nicht vergehen würde? Einen solchen Zustand gibt es nicht.«

Viele Menschen kommen aus Kushinagara in den Salahain, wollen den Buddha sehen. Ananda sucht, ihn vor Belästigungen zu schützen. Der Buddha verdeutlicht Ananda noch einmal, dass der Orden fortan ohne Leiter bleiben soll – die höchste Autorität kommt nur der Lehre zu. Er gibt den Mönchen eine letzte Gelegenheit, Fragen zu stellen. Sie bleiben stumm. Der Buddha spricht seine letzten Worte: »Wohlan, ihr Mönche, ich verkündige euch: Der Vernichtung unterworfen sind alle Gestaltungen. Bemüht euch angestrengt!« (zit. n. Reden des Buddha, S. 75 ff.)

Daraufhin fällt der Buddha in Bewusstlosigkeit. Der Text beschreibt dies als das Versinken in die tiefste Meditationsstufe. Er kommt noch einmal kurz zu sich. Dann tritt der Tod ein.

Der Buddha hat sein endgültiges Verlöschen verwirklicht.

Das Parinirvana des Buddha, Galvihara,
Polonnaruwa, Sri Lanka, 12. Jh.
Felsskulptur, Granit, Länge 14 m

Das Parinirvana des Buddha, Japan, 18.Jh.
Hängerolle, Tusche und Farbe auf Papier,
79 × 131,5 cm
Staatliches Museum für Völkerkunde, München

Das Parinirvana des Buddha ist typologisch eindeutig festgelegt: der Buddha liegt mit geschlossenen Augen auf der rechten Seite. Die rechte Hand ist unter die Wange geschoben, der linke Arm ruht ausgestreckt auf der linken Körperseite. Die Füße liegen nicht mehr – wie beim Buddha in »Löwenhaltung« – parallel übereinander, sondern der untere Fuß ist leicht vorgeschoben. Am Kopfende des Buddha steht hier sein trauender Jünger Ananda.

Menschen und Tiere sind in den Sala-Hain geströmt, um den ins Paranirvana eingegangenen Buddha zu ehren und um ihn zu trauern. Die größte Klage stimmen hier die Tiere an, die in ihm ihren mitleidigen Schutzherren verlieren. Die Salabäume sind, »obwohl die Zeit ihres Blühens noch nicht gekommen war, mit Blüten über und über bedeckt« und »himmlische Mandaravablüten« fallen »herab aus den Lüften (…) um den Vollendeten zu ehren«.

Auf einer Wolke schwebt Maya, die Mutter des Buddha, die sieben Tage nach seiner wundersamen Geburt gestorben war, mit ihrem Gefolge über der Szenerie.

Das Parinirvana des Buddha, Gandhara,
3. Jh. n. Chr.
Schieferrelief, 27,3 × 32,5 cm
Museum für Indische Kunst, Berlin

Das Relief stellt die Situation nach dem Tod des Buddha kurz vor seiner Einäscherung dar: er ist bereits in Leichenbinden eingehüllt.

Das Sterbelager wird, der Textvorgabe entsprechend, von zwei Salabäumen eingerahmt. Am Kopfende steht der kahlgeschorene Jünger Aniruddha und stützt mit seiner Rechten Ananda, der vor Kummer niedergesunken ist. Rechts im Bild steht der Jünger Mahakashyapa; er hat den Kopf mit einem Gewandende bedeckt und hält in der einen Hand einen Stock, an dem er als Wandermönch seine in ein Tuch gewickelten Almosenschale trägt. Soeben am Sterbelager eingetroffen, schickt er sich zur verehrenden Rechtsumschreitung (Skrt. Pradakshina) des Verloschenen an.

Hinter dem Lager steht ein Mönch mit Wedel, um die Fliegen zu vertreiben. Bei den Männern neben ihm, die Turbane auf dem Kopf tragen, handelt es sich wahrscheinlich um Malla-Fürsten, denn Kushinagara war die Hauptstadt der Mallas.

Die Gestalten in den Salabäumen können als himmlische Musikanten (Skrt. Gandharva) identifiziert werden, dem Mahaparinirvana-Sutra entsprechend: »Himmlische Musikinstrumente wurden in dem Luftraum angestimmt, und himmlische Gesänge erklangen, den Vollendeten zu ehren.«

Der Buddha der Zukunft:
Maitreya

Im ganzen buddhistischen Asien ist Maitreya (Skrt. »Der Liebende«) nach Shakyamuni der wohl am häufigsten gestaltete Buddha. Seine frühesten personalen Darstellungen datieren mit denen des Shakyamuni etwa gleichauf und sind in der Kunst Gandharas zu finden.

Maitreyas Ursprünge gehen sehr wahrscheinlich auf den iranischen Lichtgott Mithras, den Beschützer von Recht, Treue und Wahrheit, bzw. den vedischen Gott Mitra zurück. Mitra, im Rigveda als »Gott des Vertrages« bezeichnet, wird als Hüter des Dharma, der menschlichen und kosmischen Ordnung verstanden, der als Freund die Menschen vor dem Unheil bewahrt, das durch die Störung des Dharma entsteht. Der Name Mitra bedeutet so viel wie »befreundeter Bündnispartner«. Maitreya gehört zu den Buddhas der Weltzeitalter. Er ist der Buddha der Zukunft. Als Samyak-Sambuddha wird er etwa 5000 – nach anderer Version 30000 – Jahre nach dem Parinirvana des Shakyamuni auf der Welt erscheinen und die buddhistische Lehre aufs Neue verkünden. Bis zu dieser seiner letzten Geburt verweilt er – wie vor ihm Shakyamuni – als Bodhisattva unter dem Namen Natha im Tushita-Himmel, d. h. im »freudvollen« Himmel der (Skrt. wörtlich) »Stillzufriedenen«. Tushita ist die Heimstatt von Göttern (die nach buddhistischer Definition nicht zu den gänzlich Erlösten zählen, weil sie aufgrund ihrer vergangenen guten Taten ein »glückliches«, »stillzufriedenes« Leben führen und deshalb das wesentliche Hindernis auf dem Weg zur Erlösung, die Wahrheit vom Leiden, nicht erkennen können) und all jener, die auf der Erde nur noch einmal wiedergeboren werden.

Bis zur Entwicklung der mahayanischen Vorstellung von Paradiesen, speziell des Westlichen Paradieses Shukavati des Transzendenten Buddha Amitabha (vgl. S. 114 ff., 124 ff.), galt Tushita als schönste himmlische Welt.

Für viele Gläubige wurde der Tushita-Himmel zum Wunschziel: Wenn Natha zur gegebenen Zeit auf die Erde herabsteigt, wollten sie wie er dort geboren werden, um unter Anleitung des Buddha Maitreya das Nirvana verwirklichen zu können.

Als Besonderheit ist zu erwähnen, dass Maitreya in Tibet mitunter als Gründer des Tantrischen Buddhismus betrachtet wird.

Maitreya sitzt in fürstlicher Bodhisattva-Ausstattung, angetan mit Arm- und Halsreifen, Ohrenschmuck und Halskette, unter einem Baldachin in Lotushaltung auf einem Thronsessel (s. Abb. S. 100). Sein offener Blick, der Oberlippenbart, die einfache Frisur und die lebendig wirkende Haltung lassen ihn weltzugewandt erscheinen – in Vorausdeutung auf seine irdischen Aktivitäten. Denn die Szene ist in den Tushita-Himmel zu situieren, wo Maitreya als Bodhisattva Natha die Wartezeit damit verbringt, die Götter und die zum vorletzten Mal wiedergeborenen Wesen zu belehren. Maitreyas rechte Hand formt die Vitarka-Mudra, die hier

Maitreya, Relieffragment aus Gandhara,
2.–3. Jh. n. Chr.
Tonschiefer, Höhe 26 cm
Staatliches Museum für Völkerkunde, München

als Geste der Argumentation aufzufassen ist – der Zuhörer zu seiner Linken reagiert offensichtlich mit einem Gesprächsbeitrag darauf.

In seiner linken Hand hält der zukünftige Buddha eines seiner – in der frühbuddhistischen Kunst ihn definierendes – Kennzeichen, die Amrita-Kalasha, die Flasche, die Amrita, den Nektar der Todlosigkeit, enthält. Amrita ist hier ein Synonym für Nirvana. Wenn Maitreya dereinst auf der Welt erschienen ist und seine Buddhaschaft verwirklicht hat, wird er den Weg zum Nirvana weisen, im übertragenen Sinn den Nektar der Todlosigkeit auf die Menschen verteilen.

Besonders in der koreanischen und japanischen Kunst wird Maitreya gerne in der sogenannten Maitreyasana-Pose dargestellt (Abb. S. 101): in achtsamer, gleichzeitig gelassener Wartehaltung mit übergeschlagenem Bein und nachdenklich seine Wange berührend.

Maitreyas linker Fuß ruht auf einer Lotusrosette, die vorausdeutend seine übernatürliche Geburt symbolisiert, gleich der des Buddha Shakyamuni, dessen Nachfolger er sein wird.

Maitreya, Korea, Paekche-Dynastie,
frühes 7. Jh.
Bronze, vergoldet, Höhe 91 cm
Duksoo Palace Museum of Fine Arts, Seoul

Eine nepalesische Bronze (Abb. S. 102) zeigt Maitreya durch ein Tor schreitend, das von drei Schirmscheiben und einen elegant gestalteten Sonnenschirm bekrönt wird. Die Schirmscheiben-Trias symbolisiert die »Drei Juwelen« (Skrt. Triratna), Buddha, Dharma, Sangha, also den Erleuchteten, die von ihm dargelegte Lehre und die buddhistische Gemeinschaft, die dieser Lehre folgt. Der Sonnenschirm ist Symbol für den »Weltenherrscher«, den es zu einer bestimmten Zeit nur einmal geben kann, für den Chakravartin, der (Skrt. wörtlich) »das Rad in Bewegung setzt«. Wie vor ihm Shakyamuni, wird Maitreya etwa 5000 Jahre nach dessen Parinirvana als spiritueller Chakravartin das Dharmachakra andrehen und die buddhistische Lehre der Welt aufs neue verkünden.

An die Vorstellung des zukünftigen Chakravartin knüpft auch der fürstliche Ornat des Maitreya an (sein juwelenbestücktes Diadem ist verlorengegangen, nur dessen Befestigungsöse über der Stirn ist noch vorhanden).

Maitreyas rechte Hand formt mit einander angenähertem, gerundetem Daumen und Zeigefinger die Vitarka-Mudra, die Geste der Lehrdarlegung. Die beiden Schneelöwen mit geöffneten Mäulern, die die Basis des Tors zum Tushita-Himmel, aus dem Maitreya herabsteigen wird, bewachen, weisen darauf hin, dass seine Lehrverkündigung gleich der des Shakyamuni sein wird: der »Löwenruf«. – Im Samyutta-Nikaya des Pali-Kanons wird die Macht des majestätischen Königs der Tiere mit der des »Vollendeten«, des »Weltenkenners«, des unvergleichlichen Lenkers von dem, was im Menschen bezähmt werden muss«, des »Lehrers von Göttern und Menschen« assoziiert (zit. n. Reden des Buddha, S. 12).

Die linke Hand Maitreyas deutet mit der nach vorne geöffneten Hand die Geste der Wunschgewährung (Skrt. Varada-Mudra) an; gleichzeitig hält sie einen Miniatur-Stupa in Form eines Chörten. Eine in der Maitreya-Literatur mehrfach dokumentierte Legende liefert den Hintergrund zu diesem Attribut: Kurz nach der Verwirklichung seiner Buddhaschaft unter einem Nagaseka-Baum wird Maitreya auf einem Berg, der sich öffnet, Shakyamunis Jünger Mahakashyapa treffen, der meditierend auf ihn gewartet hat, nun erwacht und ihm die abgetragene Robe des verloschenen Shakyamuni überreicht. Danach wird Mahakashyapa zu Asche zerfallen. Die Übergabe von Shakyamunis Mönchsrobe versinnbildlicht die Fortsetzung der Buddha-Tradition durch Maitreya. Der Stupa, den Maitreya in der Hand hält – häufiger trägt er ihn als sein Kennzeichen im Haar oder Kopfputz – birgt im übertragenen Sinn die Asche Mahakashyapas, des Bürgen für Maitreyas Buddha-Nachfolge. Dementsprechend ist Maitreya hier bereits als Bodhisattva vorausdeutend mit einer Erleuchtungsflamme bekrönt.

Den Torgiebel über Maitreya nimmt Kirtimukha, die dämonische »Fratze der Hoheit« ein.

Mythologisch ist Kirtimukha indisch-shivaitischen Ursprungs, Bruder Garudas, des mythischen Königs der Himmelsvögel und von gleichem Rang wie er. Buddhistisch legendär hat Kirtimukha Manjushri, den Bodhisattva der Weisheit (vgl. S. 153 ff.) so durch seine Tapferkeit und Tugend beeindruckt, dass dieser verfügte, sein schlangenverschlingendes, unterkieferloses Gesicht möge fortan über Schreinen und Toren wachen. In Südostasien und China ist Kirtimukha als Torwächter häufig anzutreffen. Ebenso erscheint er in Tibet als architektonisches Element über Fensterstürzen, Torbögen und Säulengesimsen oder als Wappentier auf Schilden und Waffen. Im Kathmandutal gilt er – hier Chepu genannt – als eine der wichtigsten Schutzgottheiten. Im Torbogen der nepalesischen Bronze trägt Kirtimukha das universale Sonne-/Mond-Symbol auf dem Kopf und ist in seiner Variante als Kalamukha (von Skrt. Kala, »Zeit«), als die »zeitverschlingende Fratze« zu deuten. Ihm assistieren zwei weitere Torwächter, die symmetrisch angeordnet, auf den Kapitellen sitzen, auf denen der Torbogen aufstützt.

Diese Mischwesen – mythologisch vedischen Ursprungs –, bestehend aus Elefantenrüssel, Krokodilsunterkiefer, Fischleib, Affenaugen, Löwenpranken und Pfauenschwanz, sind Kalamakaras, »Ungeheuer«, die mit aufgerissenen Mäulern ebenfalls die »Zeit« verschlingen.

Die Triade der Zeitverschlinger rückt die Darstellung ins Licht der Eschatologie: Sie definiert Maitreya als Hoffnungsträger, der dereinst, wenn die von Shakyamuni dargelegte Lehre vergessen sein wird, der Welt wieder den Weg zur Erlösung weist.

Maitreya, Nepal, 18. Jh.
Bronze, vergoldet, Höhe 85,5 cm
Museum für Indische Kunst, Berlin (Leihgabe)

Mahayana (»Großes Fahrzeug«), die zweite große Schulrichtung des Buddhismus

Entwickelt wurde das Große Fahrzeug, das allen Heilssuchern Platz bietet, um das »sichere Ufer« der Erlösung zu erreichen, zwischen dem 2./1. Jh. v. Chr. und dem 1. Jh. n. Chr. Seine Anreger finden sich im Bereich einiger älterer buddhistischer Schulen, besonders der Sarvastivada in Nordindien (vor allem Gandhara) und der Mahasamghika mehr im Süden.

Das Mahayana umfasst viele Schulrichtungen, die mit der Zeit entstanden sind.

Von Indien breitete es sich zuerst – im 1. Jh. n. Chr. – über die Seidenstraße nach Ostasien aus. Alle ostasiatischen Schulen sind vom Mahayana geprägt.

Zu den wichtigsten Schulen in China gehören seit dem 5. Jh. Ching-t'u (chin. »Reines-Land-Schule«), seit dem 6. Jh. T'ien-t'ai (chin. »Schule der himmlischen Plattform«), seit dem 6./7. Jh. Ch'an (chin. »Meditation«, »Versenkung«) und Hua-yen (chin. »Blumengirlanden-Schule«). Diese Schulen wurden in Japan im 8./9. Jh. als Jodo-shu, Tendai, Zen und Kegon übernommen und teilweise weiterentwickelt. Von der chinesischen »Schule der Geheimnisse« (Mi-tsung) angeregt ist die im 8./9. Jh. von Kukai begründete japanische »Schule des Wahren Wortes« (jap. Shingon). Sie vertritt eine esoterische Ausrichtung des Mahayana und ist heute noch eine der größten buddhistischen Schulen Japans. Die einzelnen Schulen unterteilen sich ihrerseits in verschiedene Richtungen.

Die Sanskrit-Sutras des Mahayana – entstanden zwischen dem 2./1. Jh. v. Chr. und dem 5./6. Jh. n. Chr. – sind großenteils nicht im indischen Original erhalten, sondern sekundär in chinesischen und/oder tibetischen Übersetzungen.

Hinayana und Mahayana wurzeln beide in den grundlegenden Lehren des Buddha. Doch setzt das Mahayana neue, entscheidende Schwerpunkte, so dass man von einer »zweiten Umdrehung des Rades der Lehre« spricht.

Im Unterschied zum Mahayana stützt sich das Hinayana auf einen einheitlichen Textkanon, die Tripitaka, den das Mahayana als autoritativ anerkennt, aber durch ein reiches, eigenes Schrifttum ergänzt. Es entstehen neue Sutras und auch Shastras, »Lehrbücher«, die die philosophischen Aussagen der Sutras systematisch kommentieren und interpretieren.

Diesen Texten von anonymen Verfassern bzw. mahayanischen Denkern wird ein höherer Wert beigemessen als der Tripitaka. – Waren nicht schon im Hinayana alle »authentischen« Lehrreden des Buddha bekannt?

Die Mahayanisten argumentieren dazu: Buddha Shakyamuni hat von Beginn an seine Lehre in aller Ausführlichkeit in Form des Mahayana dargelegt, doch waren die Mönche seiner Zeit beim Hören und Sammeln seiner Reden zu einseitig auf bestimmte Lehrinhalte fixiert und nicht imstande, die ganze Lehre zu begreifen. So sei es nun dem Mahayana vorbehalten, die vollständige Lehre aus dem Verborgenen ans Tageslicht zu bringen und den wahren Sinn der Buddhaworte zu offenbaren. – Schon daraus geht hervor, dass das Mahayana eine andere Auffassung des Buddha haben muss.

Im Hinblick auf die Konkurrenz mit dem Hinayana ist zu beachten, dass sich die Beherrschung der Brahmi-Schrift erst im 2./1. Jh. v. Chr. in den Klöstern durchsetzte. Im Hinayana wurden die Lehren des Buddha bis dahin etwa 400 Jahre lang nur mündlich tradiert.

Das Mahayana tritt von Anfang an – zur gleichen Zeit, in der das Hinayana »schriftlich« wird – mit niedergeschriebenen Sutras auf.

Zwei große Tendenzen prägen das Mahayana: die zur abstrakten Metaphysik, zur transzendentalen Weisheitslehre und die zur Mythologie, zum Weg des Glaubens.

Praxisbezogen heißt das, wer nicht dazu veranlagt ist, auf dem harten, beschwerlichen Weg der Weisheit zum Ziel voranzuschreiten, der benutzt den leichteren, hilfreichen Weg des Glaubens, der Bhakti. Dieser Sanskrit-Begriff ist abgeleitet von ›bhaj‹, »teilhaben«, und bedeutet Teilhabe an Heilsgestalten, liebevolle Hingabe an sie und ihre kultische Verehrung (Skrt. Puja). Nach mahayanischer Auffassung führen beide Wege zum Ziel der Erlösung; die Weisheitslehre gibt dabei dem Weg des Glaubens seine philosophische Grundlage.

Im Unterschied zum Hinayana hat im idealistisch und altruistisch denkenden Mahayana jeder die gleiche Chance auf Erlösung. Im Kleinen Fahrzeug kann »Erwachung« potenziell erlangt werden. Der Heilsoptimismus des Großen Fahrzeugs postuliert, dass jedem Wesen die Buddha-Natur (Skrt. Buddhata) – die Teilhabe am Wesen des Buddha – bereits inhärent ist und diese daher nicht »erarbeitet«, erlangt, sondern »nur« in sich selbst wie ein verborgener Schatz entdeckt werden muss.

Damit nehmen die Laienbekenner jetzt eine viel stärkere Position ein.

Ein frühes und beredtes Zeugnis dafür ist das im 1. Jh. entstandene Vimalakirtinirdesha-Sutra (Skrt. »Lehrrede des Vimalakirti«). Im Hinayana wäre es undenkbar gewesen, einen Sutratext nicht dem Buddha, sondern einem Laienbekenner in den Mund zu legen. In diesem Sutra, das als eines der bedeutendsten und wirkungsreichsten der enorm umfangreichen Mahayana-Literatur gilt, geschieht genau dies: ein wohlhabender, mitten im Leben stehender Kaufmann namens Vimalakirti – dessen Weisheit gerühmt wird – belehrt Mönche.

Das Sutra illustriert die zur Erlösung führende Lebenshaltung und die praktische Anwendung der Weisheitslehre, die auf der Erkenntnis der Leerheit aller Erscheinungen (Skrt. Shunyata) basiert.

Die Leerheit aller Phänomene ist das für das Mahayana charakteristische philosophische Konzept und das zentrale Thema des Prajnaparamita-Sutra, des ältesten der Mahayana-Sutras von herausragender Bedeutung. Der älteste Teil des »Sutra der Vollkommenen Weisheit« ist im 2./1. Jh. v. Chr. entstanden und umfasst 8000 Shlokas, Verse von 32 Silben, die zu 4 × 8 rhythmisch gebündelt sind. Bis zum 3. Jh. n. Chr. entstehen mehrere Versionen dieses Sutra, wobei es sich aus verschieden benannten – je nach Fassung bis zu 40 – Sutras zusammensetzt; die längste Version zählt 100000 Shlokas.

Die im Prajnaparamita-Sutra angelegte Lehre systematisiert der Mönch Nagarjuna, einer der größten Denker der östlichen Welt, im 2./3. Jh. zur Philosophie der Leerheit

Wer den Begriff Philosophie der Leerheit aufnimmt, wird ihn bestimmt nicht mit Fülle assoziieren. Doch wie zu sehen sein wird, wirkt sich gerade die Lehre von der Leer-

heit aller Erscheinungen, die nur durch intuitive Weisheit erfahren wird, auf die Bildwelt des Mahayana sehr erheblich anreichernd aus.

Ein weiterer wichtiger Text von hohem Wirkungsgrad – den man aus westlicher Sicht
die »Bibel Ostasiens« genannt hat – ist das spätestens im 1. Jh. n. Chr. entstandene
Lotus-Sutra (Skrt. Saddharmapundarika-Sutra, »Sutra des Lotus des wahren Gesetzes«). Es bietet sich in einer bildreichen, von Gleichnissen durchsetzten Symbolsprache
dar. Das erste der 28 Kapitel schildert die grandiose mythische Szenerie auf dem Geier-
berg (Skrt. Gridhakuta, bei der Stadt Rajagriha). Buddha Shakyamuni predigt vor einer
»unermesslichen« Schar verschiedener Lebewesen: Mönchen, Nonnen und Laien, Heiligen und Bodhisattvas, Göttern, Königen aller Art, Naturgenien, Tieren und mythischen Tieren. Der Buddha öffnet mit einem Strahl aus seiner Locke zwischen den
Augenbrauen, der Urna, alle Welten von den Höllen bis zu den Buddhaländern.

Das Lotus-Sutra stellt den Buddha nicht in seiner historischen Gestalt vor, sondern als
übernatürliches, Raum und Zeit enthobenes, transzendentes Wesen und universalen
Retter. (Hier sei angemerkt, dass diese »Erhöhung« des Buddha nicht als seine »Vergött-
lichung« missverstanden werden darf, schon allein deshalb, weil im Buddhismus Götter als unerlöst und dem Kreislauf der Wiedergeburten unterworfen gelten.)

Schon das Prajnaparamita-Sutra unterscheidet zwischen der körperlichen Gestalt des
Buddha (Skrt. Rupakaya) und seinem spirituellen Wesenskern (Skrt. Dharmakaya,
»Körper der Großen Ordnung/des Gesetzes«).

Das Mahayana entwickelt also eine neue Auffassung des Buddha. Darüber hinaus kennt
es – wie das Hinayana – nicht nur die Buddhas der Weltzeitalter, die jeweils einzeln und
niemals gleichzeitig auf der Erde erscheinen. Wie im Lotus-Sutra thematisiert, »zeigen
sich in den Welten« die »gegenwärtigen Buddhas der zehn Richtungen, zahlreich wie
der Sand im Ganges« (Lotus-Sutra, S. 77).

Eine Erklärung gibt das Mahaparanirvana-Shastra: »Ein Buddha allein kann unmöglich
alle Wesen retten. Es muss deshalb noch andere Buddhas geben. Tatsächlich sind die
Wesen zahllos und ihre Leiden ohne Maß. Daher sind zahllose Buddhas nötig, um sie
zur Erlösung zu führen« (zit. n. Handbuch des Buddhismus, S. 230).

Für das 1. Jh. n. Chr. lässt sich hinsichtlich der Auffassung des Buddha festhalten:

Im Zentrum des Hinayana steht der historische Buddha Shakyamuni als Mensch und
Lehrer (wenn auch mit übermenschlichen Zügen ausgestattet); er erscheint wie die Vorzeit-Buddhas und Maitreya, der Buddha der Zukunft, nur einmal auf der Erde.

Das Mahayana erkennt den historischen Buddha als autoritativ an, doch bleibt er im
Hintergrund. Buddha Shakyamuni tritt bevorzugt als transzendenter Universal-
Buddha mit Retterfunktion auf. Im Übrigen gibt es Buddhas aller Welten und Zeiten
»zahlreich wie Sand im Ganges«. – Von einem Buddha zu vielen Buddhas: Was ist nun
das gültige Buddha-Bild im Mahayana?

Die harmonisierende Lösung bringt die »Drei-Körper-Lehre« des Buddha (Skrt. Trikaya), die ein dreistufiges Ordnungsprinzip vorsieht. Sie wird Asanga zugeschrieben,
einem aus Nordwestindien stammenden Mönch und Gelehrten des 4. Jh.s, Mitbegrün-
der der Vijnavada (Skrt. »Schule, die das Erkennen lehrt«), die auch Yogacara (Skrt.
»Schule, die das Yoga ausübt«) genannt wird.

Das Trikaya-System ist zum grundlegenden Konzept der gestalttypischen Buddha-Darstellung im Mahayana geworden und wird S. 111 ff. erläutert.

In Bezug auf Buddha Shakyamuni ist hervorzuheben, dass er sich im Mahayana in zweierlei Hinsicht in besonderer Gestalt zeigt: als gekrönter spiritueller Chakravartin, Universalherrscher, und als (eigenständig werdender) Baishajya-guru-Buddha (Skrt. »Lehrer der Heilmittel«), wobei die frühe Charakterisierung des Buddha als Arzt gegen die Leiden der Welt die ausschlaggebende Rolle spielt. Die Vorstellung des Buddha als Chakravartin wirkt auch über sich selbst hinaus, indem sie weltlichen asiatischen Herrschern zur Identifikation dient und sich von daher auf die Kunst und Architektur auswirkt.

Dem Buddha am nächsten stehen im Hinayana die Arhats (Skrt. »Heilige«); im Mahayana sind es die Bodhisattvas (Skrt. »Erleuchtungs-Wesen«), die den Buddhas am nächsten stehen. Das Ideal des Erlösungs- und Nothelfers ist so charakteristisch für das Mahayana, dass man das Große Fahrzeug auch Bodhisattvayana genannt hat.

Neben der Philosophie der Leerheit und der Neubewertung des Buddha ist die Einführung des Bodhisattva-Ideals die dritte große Neuheit im Mahayana. Diese drei Faktoren spielen zusammen, wenn es uns seine stark ausgeweitete Bildwelt vor Augen führt.

Die Lehre von der Leerheit aller Erscheinungen (Skrt. Shunyata) und ihre Auswirkung auf die buddhistische Kunst

Eine einfache Feststellung: das Mahayana – und auf ihm basierend das Varjayana – bringt eine schier unüberschaubare Fülle an Heilsgestalten hervor, die seine Bildsprache so reichhaltig machen. Auf philosophischer Ebene gründet sich diese Tatsache (scheinbar paradoxerweise) auf die Lehre von der Leerheit aller Phänomene. Sie knüpft ihrerseits an die Anatman-Doktrin des Frühbuddhismus an (vgl. S. 80) und führt diese zu umfassender Konsequenz.

Die Shunyata-Lehre, die von dem indischen Mönch Nagarjuna, einem der bedeutendsten Denker der östlichen Welt, im 2./3. Jh. systematisiert wurde, ist das Schlüsselkonzept des Mahayana.

Die Kernlehre von der Leerheit ist das große Thema des Prajnaparamita-Sutra, des (wörtlich) »Sutra der ans andere Ufer gegangenen Weisheit«, das heißt der transzendenten oder »Vollkommenen Weisheit«. Die Bezeichnung »ans andere Ufer gegangen« assoziiert das Bild der zwei Ufer eines Flusses: auf dem einen irren die Wesen umher, dem Leiden der Welt ausgesetzt, auf dem anderen liegt das Jenseits, die Erlösung, Nirvana, wo alle Leiden zu ihrem Ende kommen. Das Transportmittel über den Fluss ist das Floß der vollkommenen, intuitiven Weisheit (Skrt. Prajna). Sie ist Voraussetzung für die Erfahrung der Leerheit aller Phänomene, für die Nirvana ein Synonym ist.

Im »Herz-Sutra« (Skrt. Mahaprajna-Paramita-Hridaya-Sutra), dem Herzstück des Sutra der Vollkommenen Weisheit (das in Mahayana-Klöstern vor allem in Ostasien fast täglich rezitiert wird) ist die Leerheitslehre komprimiert formuliert:

»Der edle Bodhisattva Avalokiteshvara war versunken
in den tiefen Erleuchtungsgeist der Vollkommenen Weisheit.

Er betrachtete die fünf Skandhas (Daseinsfaktoren) und sah,
dass sie im Wesen leer von jeder Eigenexistenz sind.
O Shariputra!
Hier gilt: Form ist Leere und Leere ist ebenso Form.
Form ist nicht verschieden von Leere, Leere ist nicht verschieden von Form.
(…) Alle Dharmas (Daseinserscheinungen) sind von Leere gekennzeichnet.«
(zit. n. Weisheit der Leere, S. 238)

Nicht nur besitzt die empirische Person, die aus einem Bündel von stets wandelbaren, vergänglichen Daseinskonstituenten (Skrt. Skandha, vgl. S. 80) besteht, kein überdauerndes, eigenständiges Selbst, keine ewige Seele. Dieses frühbuddhistische Konzept wird im Mahayana zu umfassender Konsequenz gebracht: alle Wesen und Dinge sind ihrem inneren Wesen nach leer. Die Leerheit in ihrer Merkmallosigkeit ist ihr gemeinsamer Nenner.

Zum Vergleich bemerkenswert ist, dass zeitgleich mit der Entwicklung der buddhistischen Leerheitsphilosophie die Null als Begriff und mathematisches Zeichen in Indien erfunden wurde anlässlich der ersten indischen festgesetzten Zeitrechnung. Da man die zurückliegenden Jahre mit einem Minuszeichen versah, um sie von den positiven Jahreszahlen zu trennen, brauchte man zwischen ihnen eine mittlere Leerziffer. Man schrieb die Null zuerst als Punkt und bald als Kreis, der im Sanskrit als »shunya«, »leer« gelesen wird. (Auch das arabische »shifr« für Null heißt »leer«, während das lateinische »nullus« »keiner« bedeutet.)

Die Null bezeichnet keinen Seinswert, sondern die Abwesenheit einer Menge. Sie drückt kein Haben und kein Nicht-Haben, weder Nichts noch Nicht-Nichts, weder ein Positiv noch ein Negativ aus – was auch als Aufhebung von Positiv und Negativ gesehen werden kann. Die Null ist nicht nur für sich genommen »leer«, synthetisch steht sie auch für die Leerheit, in der alle Dualismen aufgehoben sind.

Genauso sind alle Dharmas in sich selbst leer und aufgrund ihrer Leerheit identisch. Dabei ist die Leerheit nicht als ein letztes Prinzip hinter der bedingten Welt aufzufassen (wie die hinduistische »Weltseele«, Brahman), sondern sie ist das begriffslose Absolute, die Wahre Wirklichkeit oder die Höchste Wahrheit.

Die Leerheit ist nicht bedingt (nicht aus etwas entstanden) und zeitlos. Nagarjuna formuliert dies so: »Wenn es ein Nichtleeres gäbe, dann gäbe es etwas Leeres. Da nichts Nichtleeres existiert, woraus sollte dann Leerheit entstehen?« Und: »Wie sollte ein Leeres entstehen, wie sollte ein Leeres vergehen? Wenn etwas leer ist, folgt daraus, dass es weder entstanden noch vergangen ist« (Madhyamaka-Karika, »Memorialverse über die Mittlere Lehre«, 13,7 und 20,18; zit. n. Buddhismus. Stifter, Schulen und Systeme, S. 205). Wenn der gemeinsame Nenner aller Erscheinungen die Leerheit ist, ergibt sich daraus die entscheidende Folgerung des Mahayana: der Gegensatz von samsarischer Welt und Nirvana (wie ihn der Frühbuddhismus sieht) ist aufgehoben, gelöst. Samsara und Nirvana sind nicht verschieden. (Zwar kommt der vielfältigen phänomenalen Welt eine gewisse Wahrheit zu, jedoch nur auf vorläufiger, relativer, konventioneller Ebene (Skrt. Samvriti-satya, »Verhüllungswahrheit«). Auf der Ebene der Höchsten Wahrheit (Skrt. Paramartha-satya, »Wahrheit im höchsten Sinn«) ist die Welt der Phänomene leer.

Auf heilspragmatischer Ebene bedeutet dies: allen Wesen ist die Erlösung inhärent. Sie sind latent erlöst, besitzen die Buddha-Natur (Skrt. Buddhata) gewissermaßen wie einen ihnen aus Unwissenheit noch unbekannten Schatz. Ihn gilt es zu entdecken, zu heben in der meditativen Erfahrung der intuitiven Weisheit (Skrt. Prajna), die die Absolute Wahrheit der Leerheit erkennen lässt. Wer sich in der Leerheit findet, ist in ihrer zeitlosen und unermesslichen Ruhe geborgen. Der Weise durchschaut die Nutzlosigkeit der Anhaftungen an die Welt der Erscheinungen, denn da diese im endgültigen Sinn leer ist, gibt es nichts, an was man anhaften könnte – und dies bedeutet das befreiende Ende des Leidens.

Für das Verhältnis der Wesen zueinander bedeutet die Leerheitsphilosophie, dass sie im Grund, in der unteilbaren Leerheit, vollkommen gleich sind. Die Sutras sprechen hier von der »Gleichheit des anderen mit einem selber«. Ausdruck dessen ist die Freundlichkeit, Toleranz und Achtsamkeit gläubiger Buddhisten anderen gegenüber.

Aus der Vorstellung der Gleichheit entwickelt sich aber auch vor allem das Bodhisattva-Ideal, das für das Mahayana grundlegend charakteristisch ist. Es ist geprägt von den hier höchstgeschätzten Tugenden Mitgefühl und Barmherzigkeit (Skrt. Karuna) und Weisheit (Skrt. Prajna).

Weisheit ist die unbedingte Voraussetzung für die Erkenntnis der Leerheit, die Erleuchtung und Erlösung bedeutet. Das Mahayana teilt die Vollkommene Weisheit, um sie für die Erleuchtung Suchenden nahbarer zu machen, in ihre verschiedenen Aspekte auf. Sie werden repräsentiert durch die Transzendenten Buddhas der Raumgegenden. Als Manifestationen der Buddhas übernehmen zahlreiche Heilsgestalten eine Mittlerrolle. Sie verteilen sich auf verschiedene Existenzebenen und Wirkungsaspekte. Im Lauf der Zeit entstehen »Buddhafamilien« (Skrt. Buddhakula), in denen die Heilsgestalten jeweils hierarchisch einem der Transzendenten Buddhas zugeordnet sind (vgl. S. 114 f.). Unter Prajna versteht das Mahayana nicht die begrifflich intellektuell vermittelte, sondern die intuitiv in der Meditation erfahrbare Weisheit. Ihr Korrelat ist Upaya (Skrt. »Methode«, »Mittel«, »List«), allgemein die »Geschicklichkeit in der Methode« der Lehrvermittlung. Upaya ist die pragmatische, aktive Umsetzung des Mitgefühls mit den Wesen, die ihrer latenten Buddhaschaft, der ihnen inhärenten Erlösung aus Unwissenheit nicht gewahr werden können.

So ergibt sich aus der Shunyata-Lehre des Mahayana, des Großen Fahrzeugs, in dem – im Unterschied zum Hinayana, dem Kleinen Fahrzeug – alle Wesen Platz finden: Erbarmen mit den Unwissenden ist der Antrieb für den Einsatz der Geschicklichkeit in der Methode der Lehrvermittlung. Diese ist auf das unterschiedliche Vermögen der Erlösung Suchenden ausgerichtet und benötigt daher zahlreiche und differenzierte Heilsgestalten als Mittler.

Dem Wesen der Kunst entspricht, im Sichtbaren das Unsichtbare sichtbar zu machen, im Bild zugleich etwas grundsätzlich Bildloses, Transzendentes zu vermitteln. In der buddhistischen Kunst tritt dieser Doppelaspekt besonders deutlich hervor, da es ihre Aufgabe ist, über alles Phänomenale hinauszuweisen, über sich selbst hinauszuführen zum prinzipiell Unanschaulichen. Im Sinn der Höchsten Wahrheit ist ihr eigentliches innerstes Ziel ihre Selbstauflösung, ihr »Verlöschen« in der Leerheit. So ist bei den Meditationsübungen der höheren Tantra-Klassen des Varjayana die letzte Phase des

Meditationsprozesses konsequent dazu bestimmt, das visualisierte Bild aufzulösen: der Übende bittet die herbeigerufenen Heilsgestalten, zu ihrem Ursprung, in die Leerheit zurückzukehren und verweilt so lange wie möglich im Zustand der vollkommenen Entspannung.

Auf der Ebene der vorläufigen, konventionellen Wahrheit andererseits fungiert die bildhafte Darstellung als ein dem irdischen Begreifen angepasstes Hilfsmittel, das im Dienst von Upaya, der aktiven, psychologisch-pädagogischen Geschicklichkeit in der Methode der Lehrvermittlung steht. So wird schließlich sogar der Adi- (»Ur«- oder »All«-) Buddha als Repräsentant des Dharmakaya, des prinzipiell nicht in Worte oder Bilder zu fassenden Absoluten personifiziert zu bildhafter – doch vorläufiger und uneigentlicher – Anschauung gebracht. Man kann die buddhistische Kunst mit einem Fenster vergleichen, das den Ausblick eröffnet auf die zeitlos leere Weite der Buddha-Natur.

Das Rad der Lehre in mahayanischer Form

Die acht Speichen symbolisieren den Edlen Achtfachen Pfad zu Erleuchtung und Erlösung.

Die Radnabe wird von dem Zeichen Daiji gebildet, das aus dem chinesischen Taoismus als Symbol für die Vereinigung von Yin und Yang, der beiden polaren Universalkräfte, den Manifestationen des Tao, bekannt ist. In den Buddhismus übernommen, bedeutet das Zeichen im Zentrum des Dharmachakra die Nichtverschiedenheit von Samsara und Nirvana, das heißt, die allen Wesen inhärente Erlösung.

Nagarjuna. Detail eines Wandgemäldes im Kloster Hemis, Ladakh

Das Wandbild in Hemis, dem 1602 gegründeten, größten Kloster Ladakhs, zeigt rechts Nagarjuna, den bedeutendsten Philosophen des Mahayana. Er ist immer erkennbar an den Schlangen, die sich hinter seinem Kopf aufrecken. Legendär hat Nagarjuna sein überragendes Wissen von mit magischen Kräften begabten Schlangen (Skt. Naga) übermittelt bekommen, die es bis dahin als geheime Offenbarung des Buddha Shakyamuni in Höhlen bewahrt hatten. Davon leitet sich auch Naga-Arjunas Name her.

Nagarjuna hat eine spezielle, scharfsinnige Denkmethode entwickelt, die Logik der fortschreitenden Verneinung. In ihrem Mittelpunkt steht die Weder (Sein)-Noch (Nicht-Sein) -Verneinung, die ergibt, dass die Höchste, Endgültige Wahrheit jenseits aller Unterscheidungen zwischen Sein und Nichtsein in der Leerheit (Skrt. Shunyata) liegt. Damit begründete Nagarjuna die höchst einflussreiche Madhyamaka-Schule (Skrt. »Mittlerer Weg«).

Mit der linken Hand zeigt Nagarjuna die Geste der Lehrdarlegung bzw. der Argumentation (Skrt. Vitarka-Mudra), mit der rechten die der Wunschgewährung (Skrt. Varada-Mudra).

Häufig ist bei ihm die Dharmachakra-Mudra zu sehen, wenn er als »Ingangsetzer« des Rades der Lehre (der Leerheit aller Erscheinungen) charakterisiert wird. Über das Leben des Nagarjuna, das ins späte 2./3. Jh.datiert wird, ist sehr wenig bekannt: Brahmanensohn aus Mittel- oder Südindien, buddhistischer Mönch, wohl Abt des Klosters Nalanda, Tod auf dem Klosterberg Nagarjunakonda (heutiger Name der archäologischen Fundstätte, die inmitten eines Staudamms in Zentralindien liegt). Möglicherweise erfolgte sein Tod durch Mord. Weil einer seiner Schüler in einer Diskussion durch bessere Argumente obsiegte, soll Nagarjuna einem Attentat zum Opfer gefallen sein. Noch im Tod soll der Philosoph dem Mörder geholfen haben zu entkommen. Seine letzten Worte sollen der Leerheit gegolten haben, der zufolge es keinen Mörder und keinen Ermordeten gebe.

Die »Drei-Körper«-Lehre des Mahayana: neue Auffassungen des Buddha

Die im Mahayana im 4. Jh. n. Chr. ausgeformte »Drei-Körper«-Lehre (Skrt. Trikaya) setzt bei der im Hinayana angelegten Vorstellung an, nach der Shakyamuni ein vorbildlicher irdischer Religionsführer und Lehrer, ein Mann in der Welt, doch nicht mehr von der Welt ist und kein nur einmal auf der Erde erscheinender Buddha, sondern in einer Reihe steht mit den genannten Vorzeit-Buddhas und dem Buddha der Zukunft. Diese Vorstellung wird jetzt, konsequent dem indischen Raum-/Zeitverständnis entsprechend, das in unendlich vielen Zeitaltern (Skrt. Mahakalpa) denkt, dahingehend erweitert, dass es unendlich viele Buddhas gibt.

Die multiplen kosmischen Buddhas werden in der Kunst durch das sogenannte Tausend-Buddha-Motiv dargestellt (wobei Tausend unzählige meint).

Im Unterschied zum »Kleinen Fahrzeug« vertritt das »Große Fahrzeug« die Auffassung, allen Wesen sei die Buddha-Natur (Skrt. Buddhata, vgl. S. 109) inhärent, wodurch sich allen die Möglichkeit bietet, Erleuchtung und Erlösung zu erlangen. Dazu ist die hauptsächlich von Nagarjuna im 2./3. Jh. entwickelte Philosophie der Leerheit aller Phänomene (Skrt. Shunyata), das Schlüsselkonzept des Mahayana, von größter Tragweite.

Diese drei Zentralaspekte werden in die mahayanische Trikaya-Lehre aufgenommen, und zwar gewissermaßen »trickreich«, gemäß dem im Mahayana sehr wichtigen Begriff Upaya, der »Geschicklichkeit in der Methode«, »Einsatz geschickter Mittel in der Darlegung der Lehre« bedeutet. Die Mahayanisten glauben, dass Shakyamuni selbst Upaya angewendet hat, indem er sich nach dem (unzureichenden) Vermögen seiner Schüler gerichtet, dabei zunächst nur das unvollständige Hinayana, und erst am Ende seines Lebens das vollständige Mahayana gelehrt hat, hier besonders das Lotus-Sutra (Skrt. Saddharmapundarika-Sutra).

In diesem Text des 1. Jh.s n. Chr. wird Shakyamuni als zeitloser Universal-Buddha aufgefasst.

1. Die Einführung eines zeitlosen Universal-Buddha ist der Ausgangspunkt für die »Drei-Körper«-Lehre des Mahayana. Der Universal-Buddha ist die Summe aller Buddhas, das absolute Buddha-Prinzip und identisch mit der Höchsten Wahrheit. Er manifestiert sich im **Dharmakaya, dem »Körper der Großen Ordnung« bzw. dem »Körper des Gesetzes der Lehre selbst«**. Im Lankavatara-Sutra (Skrt. »Sutra über das Herabsteigen nach (Sri) Lanka«) stellt Shakyamuni fest, dass er und alle anderen Vollendeten durch den Dharmakaya identisch sind. Der »Körper der Großen Ordnung« ist begrifflich nicht fassbar, ohne Kennzeichen, leer (Skrt. Shunya). Er repräsentiert die nur durch Prajna, »intuitive Weisheit« zu erreichende Erleuchtung in der Erfahrung der Leerheit aller Phänomene (Skrt. Shunyata). Im Buddhavatamsaka-Sutra (Skrt. »Sutra der Buddha-Girlande«) wird die Lehre nicht von Shakyamuni selbst verkündet; er zieht es vor zu schweigen. Die Darlegungen gelten, hier in der dritten Person vorgebracht, als Äußerungen des Dharmakaya. Das Schweigen des Shakyamuni entspricht der Leerheit. Die Verkündigung ist aus seinem Schweigen geboren und somit die dem menschlichen Bewusstsein fassbare Erscheinungsform der Leerheit.

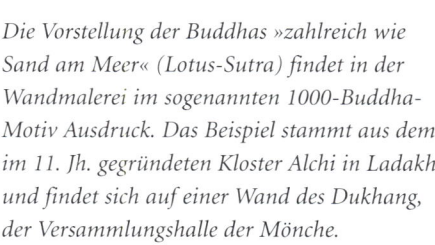

Die Vorstellung der Buddhas »zahlreich wie Sand am Meer« (Lotus-Sutra) findet in der Wandmalerei im sogenannten 1000-Buddha-Motiv Ausdruck. Das Beispiel stammt aus dem im 11. Jh. gegründeten Kloster Alchi in Ladakh und findet sich auf einer Wand des Dukhang, der Versammlungshalle der Mönche.

Das 1000-Buddha-Motiv füllt die Decke der 1. Höhle des im 1. Jh. in einen 170 m hohen Granitfels geschlagenen Höhlentempels von Dambulla auf Sri Lanka. Die Wandmalerei stammt wahrscheinlich aus dem 15. Jh.

Da es unterscheidende Dualität in der Wahren Wirklichkeit der Leerheit nicht gibt, steht der Dharmakaya ebenso für die Nichtverschiedenheit von Samsara und Nirvana. Im Madhyamika-Shastra des Nagarjuna heißt es: »Es gibt keinerlei Unterschiede zwischen Samsara und Nirvana. Es gibt keinerlei Unterschiede zwischen Nirvana und Samsara.« Und weiter: »Alles (an Heil und Erlösung) wird dem zuteil, dem (die Erkenntnis der) Leerheit zuteil wird. Nichts wird dem zuteil, dem (die Erkenntnis der) Leerheit nicht zuteil wird« (zit. n. Handbuch des Buddhismus, S. 199).

Da der Dharmakaya prinzipiell unanschaulich ist, zeigt er sich dem visionären Auge des Meditierenden im 2. **Sambhogakaya, dem »Körper der Verklärung«, »des Genusses« oder »des Entzückens«.**

Vor der transzendentalen Position aus erweist sich die Vorstellung eines Buddha, einer Nirvana-Sphäre oder der Samsara-Welt als illusionär, aber eben deshalb als illusionär vorstellbar und bildlich darstellbar – unter dem Vorbehalt der Uneigentlichkeit.

Hier kann eine Parallele zum »Lalitavistara«, zu der im 3. Jh. n. Chr. abgeschlossenen mahayanischen Biographie des Shakyamuni gezogen werden. Wie schon der Titel, »Die ausführliche Darstellung des Spiels« besagt, wird hier Shakyamunis Leben auf der Welt als »Lalita«, »Spiel« eines übermenschlichen und überweltlichen Wesens interpretiert, also als illusionär. Demnach durchlebte Shakyamuni seine Weltlaufbahn nicht leiblich, sondern er spielte sie nur vor: ein mitfühlendes, didaktisches Zugeständnis an die Erlösung Suchenden.

Ebenso ist die Verbildlichung des Buddha als Sambhogakaya, als »Körper der Verklärung« ein illusionärer Reflex der Wahren Wirklichkeit der Leerheit aller Erscheinungen, als solcher aber eine stützende Hilfe in der Meditation. Die im Hinayana ausgebildete Ikonographie der Buddha-Darstellung wird beibehalten.

Im Mahayana ausgebildet und wichtig wird die Vorstellung der Transzendenten Buddhas. Diese »Abgeordneten« des Dharmakaya, die an sich nur spirituell erfahrbar sind, manifestieren sich als »Körper des Entzückens«, nach Raumgegenden geordnet, im Mandala der Fünf Transzendenten Buddhas, erscheinen aber auch einzeln. Sie werden in der Kunst sehr häufig dargestellt. Im Mandala-Zentrum wird Shakyamuni als das personifizierte Absolute von Vairocana (Skrt. »Der Sonnengleiche«) abgelöst. Für die mahayanische Vorstellungswelt typisch ist, dass die Buddhas der Himmelsrichtungen Herren über Reine Länder, Paradiese sind, in die die auf dem Heilsweg höchst Fortgeschrittenen aufgenommen werden, um in diesen leidfreien Bereichen durch eigenes Bemühen den letzten Schritt ins Nirvana zu verwirklichen.

3. Im **Nirmanakaya, dem »Körper der Verwandlung«** manifestieren sich als weitere Ausstrahlung des Dharmakaya die irdischen Buddhas – so auch Shakyamuni. Sie werden von den Sambhogakaya-Buddhas mittels ihrer Meditation in die Welt projiziert, aus Mitgefühl (Skrt. Karuna) für die Erlösung Suchenden. Sie haben die Aufgabe, die Lehre darzulegen, sind Vorbilder und Wegweiser, können aber dem Heilsucher Bürden nicht abnehmen und seinen Erlösungsweg nicht verkürzen. Als Personen verlöschen sie im Parinirvana und sind dann nicht mehr erreichbar, nur noch im Angedenken verehrbar.

Die Fünf Transzendenten Buddhas

Nach der Drei-Körper-Lehre des Buddha (Skrt. Trikaya) ist die Zahl der der möglichen Manifestationen des Dharmakaya, des »Körpers der Großen Ordnung« im Sambhogakaya, »Körper des Entzückens« unendlich groß. Das Mahayana konzentriert sich jedoch auf fünf Transzendente Buddhas als Repräsentanten des Dharmakaya. Unter universellem Aspekt sind vier von ihnen den Himmelsrichtungen zugeordnet, der fünfte Buddha nimmt das Zentrum ein.

Er repräsentiert die Vollkommene Weisheit, die vier Buddhas der Richtungen verkörpern die Einzelaspekte der Vollkommenen Weisheit.

Transzendent, übernatürlich, sind diese Buddhas den Naturgesetzen enthoben, zeitlos und nur spirituell erfahrbar. Sie werden daher manchmal Dhyani- (Skrt. »Meditations«-) Buddhas genannt: geläufig ist auch die Bezeichnung Jina (Skrt. »Sieger«) oder, häufiger, Tathagata (Skrt. »So Gekommener Vollkommener«).

Der religionsgeschichtlich älteste Buddha der vier Himmelsrichtungen ist der des Ostens, **Akshobhya** (Skrt. »Der Unerschütterliche«). Er wird erstmals im Prajnaparamita-Sutra, dem Sutra der Vollkommenen Weisheit, genannt. Ein späteres, ihm gewidmetes Sutra (Skrt. Akshobhya-Tathagatavyuha) enthält seinen legendären Lebenslauf. (In Bezug auf Transzendente Buddhas sind solche mythischen Herkunftsberichte als Zugeständnis an die Begreifbarkeit und auch als Assoziationen an die Jatakas, die Geburtsgeschichten des Buddha Shakyamuni zu verstehen.) Erzählt wird hier die Geschichte eines Mönchs, der in unermesslich langem, »unerschütterlichem« Streben schließlich zum Buddha und Herrn über das Östliche Paradies Abhirati wird. In der Kunst darge-

Schema der »Drei Körper« des Buddha

»Körper der Großen Ordnung«
bzw. »Körper des Gesetzes der Lehre«
Formlos
Universal-Buddha (später: Adi-Buddha)
Das Absolute, Leerheit aller Phänomene

»Körper der Verklärung« bzw. »des
Genusses«
Manifestationen des Dharmakaya
Transzendente Buddhas

»Körper der Verwandlung«
Irdische Buddhas, von den Sambhoga-
kaya-Buddhas in die Welt projiziert, um
die Lehre zu verkünden

stellt, zeigt Akshobhya immer die Erdberührungsgeste (Skrt. Bhumisparsha-Mudra), mit der der historische Buddha die Erde zur Zeugin seiner unerschütterlichen Überlegenheit, seines Sieges über Mara anrief (vgl. S. 73 ff.).

Akshobhya steht für die Überwindung der Begierden und Leidenschaften, und er repräsentiert den Aspekt der »Spiegelgleichen Weisheit« (Skrt. Mahadarsha-jnana); diese ist frei von dualistischem Denken, vergleichbar einem Spiegel, der die Bilder, die er erfasst, identisch reflektiert.

Zusammen mit Akshobhya wird der Buddha des Westens, Amitabha (Skrt. »Grenzenloses Licht« im Lotus-Sutra im 1. Jh. n. Chr. genannt. Hier wird auch Buddha Shakyamuni nicht als historische Person, sondern als transzendent aufgefasst. Shakyamuni nimmt als Raumgegend zunächst das Zentrum ein, trägt aber später den Namen Vairocana (Skrt. »Der Sonnengleiche« oder »Der Erleuchtende«).

Vairocana, urprünglich mit dem Attribut der Sonnenscheibe abgebildet, wird oft mit vier Gesichtern dargestellt: gleich der Sonne strahlt er Licht und Weisheit in die vier Himmelsrichtungen und blickt von seinem Zentrum aus mit acht Augen auf die anderen vier Transzendenten Buddhas, als deren »Vater« er gilt und deren Weisheitsaspekte er in sich vereint. Bezug zum Sonnenrad hat das Rad der universellen buddhistischen Lehre, das Vairocana auf Abbildungen in Händen hält. Zeigt Vairocana eine Handgeste, ist es die Dharmachakra-Mudra, mit der er das Rad der Lehre in Gang setzt. Esoterische Schulen, die die Betonung auf Vairocanas Allumfassende Weisheit legen, bilden ihn mit der Geste der Höchsten Weisheit (Skrt. Bodhyagri-Mudra) ab.

Der im Westen residierende Buddha **Amitabha** ist neben Vairocana der im Mahayana am meisten verehrte Buddha, ganz besonders – seit dem 9. Jh. – in Japan (vgl. Amidismus, S. 120 ff.). Er repräsentiert die höchsten mahayanischen Tugenden, die Symbiose von Mitgefühl und intuitiver Weisheit. Sein spezieller Weisheitsaspekt ist die »Unterscheidende Weisheit« (Pratyavekshana-jnana), die die Beschaffenheit aller Erscheinungen erkennt. Auf Abbildungen zeigt Amitabha stereotyp die Meditationsgeste (Skrt. Dhyana-Mudra), im Amidismus aber auch mehrere spezielle Handgesten (siehe dort). Hält er einen Almosentopf in Händen, wird Amitabha als Herr über ein Buddha- bzw. Reines Land charakterisiert. Er residiert im Westlichen Paradies Sukhavati (Skrt. »Das Glück- oder Freudvolle«), dem weitaus populärsten der Reinen Länder.

Der Transzendente Buddha des Südens ist **Ratnasambhava** (Skrt. »Der Juwel-Geborene«). Er wird mit einem flammenden Juwel in der Linken abgebildet, dem wunscherfüllenden Edelstein (Skrt. Chintamani), Symbol seiner Fähigkeit, Gläubige aus Nöten zu befreien. Entsprechend zeigt seine Rechte die wunscherfüllende Geste (Skrt. Varada-Mudra). Der Weisheitsaspekt dieses Buddha ist die »Weisheit der Wesensgleichheit« (Skrt. Samata-jnana), mit der er die Identität aller Phänomene erkennt. Ratnasambhava wird sehr selten einzeln, fast immer nur gemeinsam mit den anderen vier Transzendenten Buddhas dargestellt. Er verfügt ebenfalls über ein Buddha-Land (Skrt. Prabhavati, »Das Glorreiche«), das aber nur normative und keinerlei populäre Geltung hat.

Auch der Transzendente Buddha des Nordens, **Amoghasiddhi** (Skrt. »Der unfehlbar Erfolg bringt« oder »Ungehindertes Gelingen«) wird selten alleine abgebildet und ebenso spielt sein Buddha-Land (Skrt. Uttarakuru, »Vollendete Gute Handlungen«) eine untergeordnete Rolle. Amoghasiddhi verkörpert Furchtlosigkeit und Schutzgewährung, was er ikonographisch mit der Abhaya-Mudra der rechten Hand ausdrückt. In der linken Hand hält er manchmal das Schwert der Weisheit und in der Kunst des Vajrayana dann oft das Symbol des Vajra (vgl. S. 172 ff.). Sein Weisheitsaspekt ist die »Alles Vollendende Weisheit« (Skrt. Krityanusthana-jnana), kraft derer er spontan erkennt, was für das Wohlergehen aller Wesen nötig ist.

Entsprechend ihrer Zuordnung zu den Raumgegenden erscheinen die Transzendenten Buddhas ikonographisch im Mandala (Skrt. »Kreis«, »Bogen«, »Abschnitt«), einem nach den Himmelsrichtungen geordneten kosmologischen Diagramm, das dem Meditierenden auf seiner Suche nach Erleuchtung als Visualisierungshilfe dient.
Im Grundmodell einfach, werden Mandalas ganz besonders im Vajrayana des Tibetischen Buddhismus – wo sie sehr zahlreich sind – zu reichhaltig ausgestalteten psychokosmischen Meditationsdiagrammen (siehe dort).
In den Bereich des tantrischen Buddhismus fällt auch die Entwicklung eines Kategorisierungsprinzips, das den fünf Transzendenten Buddhas »Buddhafamilien« (Skrt. Buddhakula) zuordnet. Auf diesen Buddhafamilien basiert die Ikonographie des Vajrayana.

Der Transzendente Buddha Vairocana
Die Hände des Vairocana im Zentrum formen hier die Geste des Ingangsetzens des Rades der Lehre, mit der er am häufigsten dargestellt wird.

Der Transzendente Buddha Akshobhya
»Der Unerschütterliche« Buddha des Ostens zeigt die für ihn typische Geste der Erdberührung. Besonders in plastischen Darstellungen erscheinen die Fünf Transzendenten Buddhas oft gekrönt und mit fürstlichem Schmuck verziert, womit ihre Souveränität über Naturgesetze und Zeit verdeutlicht wird. Die dreidimensionale, schillernde Präsenz der Jinas fördert die Visionen der Meditierenden.

Der Transzendente Buddha Ratnasambhava
Ratnasambhava, der Buddha des Südens, zeigt mit der rechten Hand die Geste der Wunscherfüllung, die für ihn typisch ist.

Seine Linke trägt das ihn bezeichnende Juwel (Skrt. Ratna); birnenförmig und von Flammen umgeben, ist es genauer als Wunscherfüllendes Juwel (Skrt. Chintamani) zu definieren.

Der Transzendente Buddha Amitabha
Der gekrönte Amitabha, Buddha des Westens, zeigt die für ihn typische Dhyana-Mudra, die Geste der Meditation.

Der Transzendente Buddha Amoghasiddhi
Der gekrönte Amoghasiddhi, der Buddha des Nordens, hält die rechte Hand auf Brusthöhe zur Geste der Furchtlosigkeit und Schutzgewährung erhoben, die für ihn typisch ist.

West-Tibet, 14./15. Jh.
Hohlguss aus Messing, Silber- und
Kupfereinlagen, Höhe 24-30 cm
Sammlung Essen, Hamburg

Ratnasambhava

Amitabha

Vairocana

Akshobhya

Amoghasiddhi

Der Transzendente Buddha Vairocana
Detail eines Wandgemäldes im Kloster Alchi
(gegr. 2. H. 11. Jh.), Ladakh

Im Mahayana wird der im Lotus-Sutra als transzendent aufgefasste Buddha Shakyamuni zum Transzendenten Buddha Vairocana. »Der Sonnengleiche« nimmt unter den Buddhas der Raumgegenden den Zentrumsplatz ein. Er ist hier mit vier gekrönten Köpfen dargestellt, als Sarvavid, »All-Wisser«.

Im unteren Teil des Medaillons sind zwei Schneelöwen zu sehen: eine Reminiszenz an den »Löwenruf«, mit dem der historische Buddha Shakyamuni die Lehre verkündete. Löwen sind auch Vairocanas Begleittiere.

Buddha Vairocana
Tibetischer Blockdruck

Ursprünglich wurde der Transzendente Buddha Vairocana, »Der Sonnengleiche«, mit dem Attribut der Sonnenscheibe abgebildet. An seine Stelle trat später das Dharmachakra, das Rad der universellen buddhistischen Lehre, das Vairocana öfters auf tibetischen Darstellungen in Händen hält.

Der Transzendente Buddha Vairocana (jap.
Dainichi Nyorai), Hokongoji, Kanagawa,
Japan, 1. H. der Kamakura-Zeit, 12./13. Jh.
Bronze, ursprünglich feuervergoldet,
Höhe 38,1 cm

Vairocana formt hier die Bodhyagri-Mudra, die Geste der »Höchsten Weisheit«(jap. Chiken-in). Sie ist nur für ihn charakteristisch, und zwar, wenn er in esoterischen Schulen des Buddhismus als Mahavairocana, »Großer Buddha der Weisheit« (jap. Dainichi Nyorai, »Große Sonne-Buddha«) dargestellt wird. Die zu lockerer Faust gebogenen Finger der rechten Hand symbolisieren die fünf Elemen-

te Erde, Wasser, Feuer, Luft und Äther, das heißt im übertragenen Sinn, die vielfältige Welt der Erscheinungen. Die Faust umschließt den Zeigefinger der linken Hand. Er ist Sinnbild für die Weisheit, die als sechstes Element zählt und für die Höchste Wahrheit steht. So symbolisiert diese Geste die mystische Einheit in der Vielfalt, das universelle Prinzip, das Mahavairocana verkörpert und ihn in allem Existierenden allgegenwärtig macht. In der Shingon-shu (jap. »Schule des Wahren Wortes«), die von dem Mönch Kukai (Ehrenname Kobo Daishi, 774–835) auf dem Berg Koya auf der Halbinsel Kii nahe Osaka gegründet wurde, gilt Dai-

nichi Nyorai als personifizierter Dharmakaya, »Körper der Großen Ordnung«, der das All durchdringt.

Shingon-shu (heute mit etwa 12 Millionen Anhängern eine der großen buddhistischen Schulen Japans) hat ein Pantheon entwickelt, das überaus reich an Gestalten ist. Sie alle sind Emanationen des einen kosmischen Buddha und drücken seine Allgegenwart aus. Jeder Gläubige kann sich individuell die spirituelle Heilsgestalt oder den Helfer in weltlichen Angelegenheiten wählen, der ihm am wichtigsten ist: im Grund handelt es sich immer um Dainichi Nyorai.

Glaubensbuddhismus: Buddha Amitabha und sein Westliches Paradies Sukhavati – Amidismus in Ostasien

Im Unterschied zum asketisch strengen Hinayana, das jenseitige Paradiese, über die jeweils ein Buddha herrscht, nicht kennt, nimmt deren Vorstellung im Glaubens-Buddhismus des Mahayana eine wichtige Position ein. Die Reinen oder Buddha-Länder (Skrt. Buddha-kshetra) sind an sich transzendenter Natur und versinnbildlichen im Grund durch Meditation gewonnene Aspekte des erleuchteten Bewusstseins. Im Volksglauben aber werden die Buddha-Reiche als »lokalisiersierbare« Orte der Glückseligkeit betrachtet. Sie sind leidfrei und werden daher als Reine Länder bezeichnet. Die Gläubigen hoffen, in einem Reinen Land wiedergeboren zu werden, obgleich dies noch nicht die Erlösung bedeutet. So sind Buddha-Länder eine letzte Station zum endgültigen Heilsziel. Hier können die Wesen, belehrt vom Herrscher über das Reine Land, nicht irritiert von irdischen Anhaftungen und befreit aus dem Kreislauf der Existenzen, jene Qualitäten entwickeln, die sie aus dem »Zwischenparadies« direkt ins Nirvana, den eigentlichen Nicht-Ort, führen. Um in einem Reinen Land Wiedergeburt zu finden, bedarf es der Hilfe des zuständigen Buddha. Die »Aufnahmebedingungen« sind unterschiedlich. So gilt es etwa, für die Wiedergeburt in Akshobhyas Paradies Abhirati, die Tugenden zu entfalten, die dieser Buddha einst als Mönch und Bodhisattva eingesetzt hat, um ein Buddha zu werden – insbesondere die sechs Paramitas, »Vollkommenheiten«: Gebefreudigkeit, Zucht, Geduld, Willensstärke, Meditation und Weisheit. Dagegen wird den Gläubigen die Wiedergeburt in Amitabhas Reinem Land Sukhavati als wesentlich leichter in Aussicht gestellt – besonders im Amidismus Japans, in dem die Verehrung des (jap.) Amida Nyorai ihren Höhepunkt erreicht.

Amidismus bezeichnet jene Schulen des chinesischen und japanischen Buddhismus, die den Buddha Amitabha (Skrt. »Unendliches Licht«; chin. Amituo; jap. Amida) als Verkörperung der Einheit von Mitleid und Weisheit ins Zentrum ihrer Lehre gestellt haben.
Entscheidend dabei ist, dass der Buddha des Westens über das allgemein bevorzugte Reine Land herrscht, das Westliche Paradies Sukhavati (Skrt. »Das Glückvolle«).
Für die Beliebtheit des Amitabha spricht die umfassende Literatur in Sanskrit, chinesischer, japanischer und tibetischer Sprache: über 100 Bücher sind ihm gewidmet.
Grundlegend sind drei Texte, nämlich eine längere und eine kürzere Fassung der »Beschreibung des Reinen Landes« (Skrt. Sukhavativyuha), im Sanskrit-Original aus dem 1./2. Jh. n. Chr. überliefert, und das »Sutra der Meditation über Amitayus« (Skrt. Amitayurdhyana-Sutra) in chinesischer Übersetzung. Während der Name Amitabha von dem Sanskrit-Wort ›Abha‹ für »Glanz«, »Licht« abgeleitet ist, basiert der zweite Name des Buddha, Amitayus, auf der Vorstellung seines »Unermesslich langen Lebens« (Skrt. Amita-ayus). In der Literatur sind die Namen austauschbar; die tibetische Kunst unterscheidet zwischen den beiden, indem sie Amitayus mit der mit Amrita, dem Nektar der Todlosigkeit gefüllten Vase in Händen abbildet.
Das Sukhavativyuha-Sutra erzählt von der Herkunft des Buddha. Demnach soll er in einem vorangegangenen Weltzeitalter ein König gewesen sein, der auf seinen Thron

verzichtete und als Mönch Dharmakara den Entschluss fasste, ein Buddha zu werden und – durch visionäre Meditation – ein Reines Land aufzurichten. Damit verbunden waren 48 Gelübde, die Dharmakara vor einem Vorzeit-Buddha namens Lokeshvararaja ablegte. Sie sind der Ausgangspunkt für die Popularität des Buddha Amitabha, zu dem Dharmakara schließlich wurde.

Als wichtigste seiner Selbstverpflichtungen für die Menschheit gelten folgende:

Sein Buddha-Land werde frei sein von Wiedergeburten, bis auf eine letzte Geburt in Sukhavati, nach der die Wesen direkt in das Parinirvana, ins endgültige Verlöschen eingehen.

Bis dahin ist den Wesen, die das Himmlische Auge und Gehör besitzen, die Gedanken anderer lesen und sich ihrer Präexistenzen erinnern können, ein Leben frei von Unglück, Elend und Schmerz in lichtumflossener Seligkeit beschieden. Vor allem gelobte Dharmakara als Buddha von unermesslichem Mitgefühl einen besonders leicht zugänglichen, einfachen Weg in sein Paradies zu eröffnen: Wer in vollem, aufrichtigen Vertrauen an Buddha Amitabha denkt, seinen Namen ausspricht und um Wiedergeburt in Sukhavati bittet, dem wird er im Geist oder Traum erscheinen, den wird er im Todesmoment vor Angst bewahren und in sein Reines Land führen.

Es ist dies die extremste Ausformung der mahayanischen (Fremd-) Erlösungsvorstellung, die hier auf Mitgefühl und Barmherzigkeit, Gnade und Vertrauen beruht.

Sie konzentriert sich im Amitabha-Glauben in der aufrichtigen, hingebungsvollen und sehnsüchtigen Rezitation der Formel »Verehrung dem Buddha Amitabha«, japanisch »Namu Amida Butsu«, die eine selige Wiedergeburt in Sukhavati bewirken kann.

Nach China gelangte der Amitabha-Buddhismus im 3. Jh. durch den indischen Mönch Sanghavarman, der wohl auch das Sukhavativyuha-Sutra ins Chinesische übersetzte.

Im Jahr 402 ergriff der aus dem Adel stammende, gelehrte chinesische Mönch Huiyüan (334–416) die Initiative und begründete mit seinen Anhängern auf dem heiligen Berg Lu-shan die in ihren wesentlichen Zügen bis heute geltende und schließlich populärste Schule des Amitabha-Buddhismus, die »Reines-Land-Schule« (chin. Ching-t'u-tsung). In Hochblüte stand in China die Amitabha-Verehrung zwischen dem 10. und 13. Jh., doch sind die Zeugen der Kunst weitgehend verloren gegangen.

In Japan propagierte als Erster der Mönch Ennin (793–864) – nach einem neunjährigen Studienaufenthalt in China – die Erlösung verheißende Rezitation von Buddha Amitabhas Namen. Doch erst der Mönch Honen Shonin (1133–1212) verhalf dem Amidismus in Japan auf breiter Basis zum Durchbruch. 1175 etablierte Honen die »Reines-Land-Schule« (jap. Jodo-shu), in der Absicht, den notleidenden Menschen in einer als »Endzeit« (jap. Mappo) empfundenen Zeit einen »leichten Weg« der Hoffnung auf Erlösung zu erschließen.

Honen war davon überzeugt, dass in einem Zeitalter des religiösen und sittlichen Verfalls die meisten Menschen nicht fähig sind, einen Weg »aus eigener Kraft«(jap. Jiriki) zu gehen, sondern nur eine Chance haben, wenn sie sich auf »die Kraft des Anderen« (jap. Tariki), das Mitleid und die Gnade des Buddha Amida stützen können. Er wandte sich mit seiner aktiven Mission vor allem an Menschen einfachen Standes und bezog explizit auch Frauen mit ein.

Interesse für die ermutigende Lehre zeigten auch die Krieger, die Samurai, die nach einem leicht zugänglichen Weg zur Erlösung suchten, der nicht, wie nach traditioneller Lehre, an den Wiedergeburtenkreislauf gebunden war.

Honen sammelte bald eine große Schar von Anhängern um sich und schloss sie zu einer mächtigen Organisation zusammen. Da er seine Lehre als die höchste ansah, wurde er vom missgünstigen Klerus anderer buddhistischer Richtungen angefeindet und als Ketzer beschuldigt: Zugunsten Amidas missachte Honen die Lehre des Buddha Shakyamuni, dazu schwäche er die Moral. Zunächst wies der Kaiserhof die Klage ab. Da sich aber immer mehr Frauen zum Amidismus bekannten und im Zuge dessen Konkubinen des Kaisers Nonnen der Jodo-shu wurden, änderte der Kaiser seine Meinung. Honen wurde nach Südjapan auf die Insel Shikoku verbannt, seine Schüler an andere abgelegene Orte, und die Nembutsu-Rezitation wurde verboten. Erst ein Jahr vor seinem Tod konnte Honen nach Kyoto zurückkehren.

1224 gründete dann ein – zunächst ebenfalls verbannter – hervorragender Schüler Honens, Shinran Shonin (1173–1262), die »Wahre Reines-Land-Schule« (jap. Jodo-shin-shu).

Im Unterschied zu Jodo-shu, deren Mitglieder ein mönchisches Leben führen, handelt es sich bei Jodo-shin-shu um eine Laienbewegung; hier ist das Amt des Abts erblich. Heirat wird als Weg aufgefasst, am Leben des einfachen Volkes teilzuhaben und sowohl der Welt als auch dem Buddha zu dienen. Noch mehr als Honens Schule betont die Shinrans Tariki, die »Kraft des Anderen«; außer dem absoluten Vertrauen in Buddha Amida und die Zufluchtnahme zu ihm wird keinerlei eigene Anstrengung, Erlösung zu erlangen, gefordert.

Heute ist Jodo-shin-shu mit mindestens 13 Millionen Anhängern die größte buddhistische Vereinigung in Japan; dazu kommen über 3 Millionen Anhänger der Jodo-shu.

Die »Wahre Reines-Land-Schule« besteht aus zwei (durch Rituale unterschiedlichen) Richtungen: Honganji und Otani mit ihren Haupttempeln in Kyoto. Sowohl Honganji als auch Otani unterhalten große Universitäten.

Der angeblich aus kaiserlichem Haus stammende Mönch Kuya (903–972) war vor der Gründung der »Reines-Land-Schule« ein wichtiger Wegbereiter des Amidismus in Japan.

Auf seinen weiten Wanderungen durch das Land gewann er dem Glaubens-Buddhismus viele Anhänger im Volk, indem er die Praxis der Anrufung des Buddha Amida mit sozialer Arbeit verband, z. B. beim Straßen- und Brückenbau half. Besonders sammelte er Tote ein, wo er sie fand – nach dem damaligen Brauch waren sie an abgelegenen Stellen in der Natur einfach liegen gelassen worden. Kuya übergoss sie mit Öl und gab ihnen eine Feuerbestattung. Damit verbreitete sich die Bestattungsart, die bislang vom buddhistischen Klerus praktiziert wurde, allmählich bei den Laien im japanischen Volk.

Die Skulptur zeigt Kuya als mageren Mönch mit rasiertem Kopf im Gehen, wobei er sich auf einen Geweih-Wanderstab stützt und auf einen um seinen Bauch gegürteten Gong schlägt. Aus sei-

*Der Mönch Kuya
Shorin, Holzstandbild
im Rokuharamitsu-ji
(»Tempel der Sechs
Vollkommenheiten«),
Kyoto, 14. Jh.*

Der Gründer der Reines-Land-Schule, Jodo-shu, hält einen buddhistischen Rosenkranz (Skrt. Mala) in Händen, der zum Zählen der Anrufungen des Buddha Amida dient: je öfter die Formel »Namu Amida Butsu« hingebungsvoll rezitiert wird, desto höher das Verdienst des Gläubigen. Die Wolken, die den Vollmondkreis stützen, der Honen einrahmt, symbolisieren den Herabstieg des Amida aus seinem Westlichen Paradies, der den Sterbenden im Todesmoment beisteht und sie nach Sukhavati führen wird. Die Darstellung spricht Honen als bereits Elevierten an: der angedeutete Vollmondkreis versinnbildlicht Erleuchtung.

nem Mund kommen kleine miteinander verbundene Amida-Bildnisse, die das Nembutsu, die Anrufung »Verehrung dem Buddha Amida« repräsentieren.

Japanisches Amida-Kreuz aus dem 17. Jh.

*Honen Shonin, Japan,
späte Edo-Zeit (1615–1868)
Papier, 133,5 × 54 cm
Staatliches Museum für Völkerkunde, München*

Das Basiskonzept der Reines-Land-Schulen, Tariki, die (Erlöser-) »Kraft des Anderen«, ähnelt der christlichen Auffassung des Sola fide, der Erlösung »allein durch den Glauben« an Gott. Während der antichristlichen Verfolgungen im 16./17. Jh. schützten sich japanische Gläubige, indem sie auf ihrem zentralen Symbol, dem Kreuz, die Christusfigur gegen ein Bildnis des Buddha Amitabha austauschten.

Amitabha (jap. Amida), der Große Buddha von Kamakura, Kamakura, Japan, 13. Jh.
Bronze, Höhe 11,36 m

Die monumentale Figur wurde 1252 in Kamakura, der Stadt der japanischen Militärregierung, gegossen und war ursprünglich der Mittelpunkt eines aus Holz erbauten, 1495 endgültig durch Taifune zerstörten Amida-Tempels. In den ihm gewidmeten Tempeln wurde Amida im Zentrum der Andachtshalle von den Gläubigen umkreist, die dabei unablässig das »Namu Amida Butsu« rezitierten. Auch nachts fanden Prozessionen und Feste statt – die Amida-Verehrung ist auch durch Frohsinn gekennzeichnet. Der Große Buddha von Kamakura ist heute noch Ziel zahlreicher Pilger, die ihn anrufen und ihm Blumen als Symbolgaben der Barnherzigkeit opfern.

Weitgehend typisch für Amida-Darstellungen sind die kleingelockten, mit der Erleuchtungserhebung kegelförmig gestalteten Haare. In Sitzhaltung zeigt er sehr oft die spezielle Meditationsgeste, bei der sich die Daumen und Zeigefinger berühren und einen Kreis bilden, während die übrigen Finger ausgestreckt übereinander liegen. Allgemein symbolisiert die »Mudra der Meditation des Amitabha« die irdische Welt und sein jenseitiges »glückvolles« Reines Land, das er durch Meditation geschaffen hat und in das er die vertrauensvollen Gläubigen führt. (Zur detaillierteren Klassifikation von Amidas Handgesten s. u.).

Das »glückvolle« Land des Buddha Amitabha – Auszug aus dem Sukhavativyuha-Sutra

»Die Welt Sukhavati, o Ananda, die die Welt des erhabenen Amitabha ist, sie ist reich und blühend, behaglich, fruchtbar, entzückend und angefüllt mit Göttern und Menschen. Und in dieser Welt, o Ananda, da gibt es keine Höllen, keine Tiergeburten, keine Gespenster, keine Dämonen und überhaupt keine unheilvollen Wiedergeburten. Und in dieser unserer Welt erscheinen keine solchen Edelsteine, wie sie in der Welt Sukhavati existieren.
Und jene Welt Sukhavati, Ananda, lässt viele köstliche Düfte ausströmen, sie ist reich an einer großen Vielzahl von Blumen und Früchten, geschmückt mit Juwelenbäumen, die aufgesucht werden von Scharen verschiedener Vögel mit süßen Stimmen, die die Wunderkraft (des Buddha Amitabha) hervorgezaubert hat.(…)

Buddha Amitabha und sein Reines Land
Sukhavati, Japan, 2. H. 18. Jh. (Edo-Zeit)
Hängerolle, Farbe auf Papier, 44 × 54 cm
Staatl'ches Museum für Völkerkunde, München

Darstellungen von Amidas Reinem Land – auf Rollbildern, auch monumentalen Tempelwandbildern – geben Illustratio- nen der Texte und zeigen den kultisch ver- ehrten Buddha umgeben von Bodhisatt- vas im Zentrum. In einen architektoni- schen Palastrahmen gestellt, residiert Amitabha auf einem sorgfältig gearbeite- ten Lotusthron auf einer Plattform über einem Lotusteich, auf dem aus Lotusblü- ten Wiedergeborene zu sehen sind.

Und viele verschiedenartige Flüsse fließen in dieser Welt Sukhavati (…) ruhig dahin, duftend in den verschiedensten angenehmen Wohlgerüchen (…) und sie tönen in verschiedenen süßen Lauten. Und der Klang, der von diesen großen Flüssen ausgeht, ist so lieblich wie derjenige eines Musikinstruments, das aus hunderttausend Millionen von Stimmen besteht und das, kunstvoll gespielt, eine himmlische Musik von sich gibt. Sie ist tief, eindrucksvoll, deutlich, klar, angenehm für das Ohr, das Herz rührend, entzückend, süß und niemand wird müde, sie zu hören, und jeder hört, was er zu hören wünscht, so die Worte ›unbeständig‹, ›friedvoll‹ und ›Nicht-Ich‹. (…) Und wenn er dies hört, erlangt er edle Lust und Freude, die verbunden ist mit Losgelöstheit, Ruhe, Stillstand, mit der Buddha-Lehre, die jenen Geisteszustand schafft, der zur vollkommenen Erleuchtung führt.(…)
Und deshalb, o Ananda, wird diese Welt das Land des Glücks genannt.«
(zit. n. Geschichte der religiösen Ideen, Quellentexte, S. 301 f.)

Die Begrüßungsgesten (jap. Raigo) des Buddha Amida in seinem Reinen Land Sukhavati

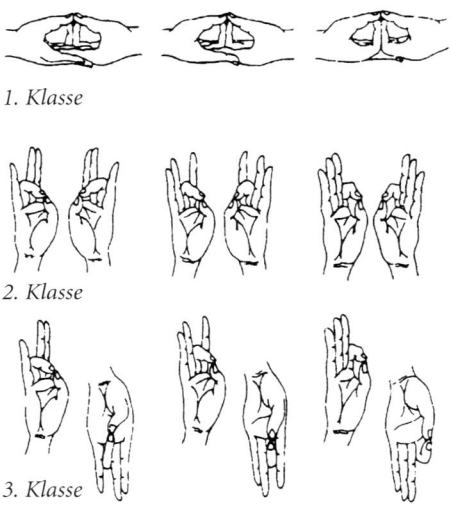

1. Klasse

2. Klasse

3. Klasse

In Japan wird Buddha Amitabha (Amida Nyorai) am häufigsten mit einer Handgeste dargestellt, mit der er die Gläubigen in seinem Westlichen Paradies begrüßt. Hier gibt es neun Varianten, die im Kan Muryoju-Kyo (Skrt. Sukhavativyuha-Sutra) aufgeführt und in drei Klassen mit je drei Graden eingeteilt sind.

Die erste und höchste Klasse der Begrüßungsgesten ist für jene bestimmt, die aufrichtig und hingebungsvoll an Amida glauben und von dem festen Wunsch durchdrungen sind, in Sukhavati wiedergeboren zu werden.

Die zweite Klasse ist für jene bestimmt, die Amida verehren, doch auch andere Heilswege beschreiten und trotzdem in seinem Reinen Land wiedergeboren werden wollen.

Die dritte Klasse ist für alle anderen bestimmt, sogar für jene, die schwere Schuld auf sich geladen haben, sich aber durch mindestens eine Anrufung – und sei es erst in der Todesstunde – Amida anvertrauen.

Die Mudras der drei Klassen entsprechen dem mehr oder minder erreichten Grad der Vollkommenheit der Gläubigen, sodass sich neun Stufen ergeben. Das heißt, jedes Wesen wird in Sukhavati seinem spirituellen Zustand entsprechend begrüßt.

Selten sind die Raigos der zweiten Klasse zu sehen. In Sitzhaltung zeigt Amida häufig die Mudras der ersten Klasse, besonders die Geste, bei der Daumen und Zeigefinger einen Kreis bilden. Stehend zeigt er bevorzugt Raigos der dritten Klasse. Raigos dieser Klasse entsprechen vor allem der Tradition der »Wahre Reines-Land-Schule« (jap. Jodo-shin-shu).

Buddha Amitabha Triade,
Japan, Edo-Zeit (1615–1869)
Holz mit Lackfassung und Resten von
Goldfassung, Höhe 74 cm
Staatliches Museum für Völkerkunde, München

Der Typus der Dreiergruppe, in der Amida in der Mitte steht und die beiden Bodhisattvas Avalokiteshvara (jap. Kannon Bosatsu) und Mahasthamaprapta (jap. Dai Seishi Bosatsu) zu seinen Seiten, wird als »Ehrwürdige Triade des Amitabha«, Amida Sanzon, bezeichnet und ist in Tempeln der »Reines-Land-Schulen« häufig zu sehen.

Die abgebildete Skulptur geht auf ein stilbildendes Vorbild im Tempel Zenkoji, die Zenkojishiki Amida-Gruppe in der Provinz Nagano zurück, das sich seinerseits auf ein sehr frühes chinesisches Vorbild stützen soll.

Der Buddha zeigt hier die Abhaya-Varada-Mudra, die Geste der Furchtlosigkeit bzw. Schutzgewährung und die der Wunschgewährung. Avalokiteshvara zu seiner rechten Seite verkörpert den Aspekt von Amidas Mitgefühl und Barmherzigkeit für alle Wesen, Mahasthamaprapta (Skrt. »Der große Kraft erlangt hat«) zu seiner Linken repräsentiert Amidas Weisheit. Die Bodhisattvas sind hier nicht unterschiedlich charakterisiert, was auf die Ausgewogenheit von Barmherzigkeit und Weisheit des Amida deutet. Beide sind mit derselben Handgeste dargestellt, der des Schatzes oder Wunschjuwel Hütens (jap. Bonkyo-in).

Alle drei Figuren stehen auf einem stilisierten Lotusblütenkelch – ein Hinweis darauf, dass alle Wesen im Reinen Land zum letzten Mal nicht aus einem Mutterschoß, sondern einem Lotuskelch geboren werden. Der strahlende Glanz, der von Amitabha, dem »Grenzenlosen Licht«, ausgeht, ist durch seinen Nimbus und seine Körperaureole symbolisiert, die beide kräftig und klar gestaltet sind. Insgesamt ist die Triade von einer Aureole in der Form eines Bootes umgeben; sie erinnert daran, dass Amida gleichsam ein Fährmann ist, der die Gläubigen über das Meer der Leiden ans andere Ufer, nämlich in sein Reines Land bringt.

Auf der »Boots«-Aureole sind fliegende Wolken zu sehen, die den Herabstieg des Amida aus seinem Westlichen Paradies versinnbildlichen; zwischen ihnen erscheinen sieben sitzende Manifestationen Amidas.

ihren fein gearbeiteten, einzeln flammenden und doch miteinander verbundenen
Strahlen nicht nur seine Weisheit, sondern
auch die 48 Gelübde, die er, bevor er zum
Buddha wurde, als Mönch Dharmakara
abgelegt hat.

Als Repräsentantinnen seines Reinen Landes sind auf der Höhe von Amidas
Erleuchtungserhebung zwei Apsaras (jap.
Tennin), himmlische Nymphen der Freude, in die Aureole integriert. Direkt über
Amidas Haupt umschließen die flammenden Strahlen ein kleines, wunscherfüllendes Juwel (Skrt. Chintamani, jap. Kaen
hoju).

Fliegende Apsara (jap. Tennin),
Japan, 11.Jh., Heian-Zeit
Holz mit Goldresten, Höhe 116,8 cm
Seattle Art Museum

Amida Nyorai (Buddha Amitabha),
Japan, 18. Jh., Edo-Zeit
Holz mit Lack-, Gold- und Farbfassung,
Höhe 75,5 cm
Staatliches Museum für Völkerkunde, München

In der Tradition der »Wahre Reines-Land-
Schule« wird Amida meistens stehend
abgebildet, wobei er die besonders barmherzige Begrüßungsgeste zeigt, mit der er
auch jene in seinem Paradies willkommen
heißt, die Schuld auf sich geladen und den
Buddha vielleicht erst in ihrer Todesstunde hilfesuchend angerufen haben.
Amidas Körperaureole symbolisiert mit

Als Nymphen im Himmel Indras gehören
die Apsaras ursprünglich der hinduistischen Mythologie an. Das Ramayana, das
älteste Epos der Sanskrit-Literatur aus
dem 4. Jh. v. Chr., führt ihre Herkunft auf
das »Umrühren des Ozeans« zurück,

woher sich ihr Name Ap-sara, »Wasserwe-sen« ableiten lässt.

Im Buddhismus entsprechen die Apsaras in gewisser Weise den Engeln der westli-chen Tradition (die in der christlichen Kunst erstmals um 1300 auf Gemälden Giottos in weiblicher Gestalt – statt bisher nur in männlicher – auftauchen).

Buddha Amitabha, vom Westlichen Paradies herabsteigend, Japan, 14. Jh. (Muromachi-Zeit) Hängerolle, Farbe auf Seide, Höhe 120 cm Seattle Art Museum

Die himmlischen Wesen sind in der Bildsprache des Mahayana öfters anzutreffen. Doch am häufigsten erscheinen sie als Repräsentantinnen der Freude auf Darstellungen, die das Reine Land thematisieren – am eindrucksvollsten in schöner, doch weitgehend verflüchtigter Leiblichkeit, der begierdelosen Sphäre angemessen.

Charakteristisch für den japanischen Amidismus ist der Bildtypus, der den Herabstieg des Amida Nyorai aus seinem Reinen Land thematisiert (Abb. S. 129). Die Vorstellung des Avatara (Skrt. »Herabkunft«) einer Gottheit in irdischer Erscheinungsform und irdischer Mission ist ursprünglich hinduistisch: Vishnu (Skrt. »Der Wirkende«), der Hüter der gesetzlichen Ordnung des Universums, eilt immer, wenn die Welt aus den Fugen gerät, zu Hilfe und inkarniert sich als Avatara, um den Menschen neue Wege zu weisen.

Die Übernahme dieser Vorstellung in den Amitabha-Buddhismus geht auf den japanischen Mönch Genshin (942–1017) zurück, der mit seinem bedeutenden Werk »Grundlagen der Wiedergeburt« (jap. Oju-joshu) zur Bildung der »Reines-Land-Schule« beigetragen und die Kunst zu neuen Motiven und Darstellungsformen angeregt hat.

Mit dem Avatar des Amida, der dem Sterbenden erscheint und ihn nach Sukhavati führt (jap. Raigo-zu), betont der Glaubens-Buddhismus sein tiefes Vertrauen in die Kraft und tätige Hilfe Amidas.

Die sublim elegante, Transzendenz suggerierende Darstellung zeigt Amida in diagonaler Abwärtsbewegung herbeischwebend, in der Bildvariante des »Raschen Herabstiegs« (jap. Haya Raigo-zu) und typischerweise im Gefolge von 24 Bodhi-sattvas. Allen voran nähert sich Avalokiteshvara (jap. Kannon), der Bodhisattva des Erbarmens, mit einem Lotusgefäß dem Haus des Sterbenden, der im Reinen Land zum letzten Mal aus einer Lotusblüte wiedergeboren werden wird. Die meisten der Begleiter Amidas erzeugen auf ihren Instrumenten paradiesische Wohlklänge, von denen Sukhavati erfüllt ist.

In der Weite des Äthers begleiten fliegende Apsaras, die für ihre Schönheit bekannten himmlischen Nymphen und Töchter der Freude, die Herabkunft des Buddha.

Amida, mit der »Willkommen im Paradies«-Geste und leuchtend golden gewandet wie auch sein Gefolge, erscheint im Strahlenkranz. Sein Haupt ist direkt von einer flimmernden Korona umgeben, sein Nimbus weist elf Strahlen auf. Die insgesamt zwölf Lichtemanationen symbolisieren Amidas zwölf »Lichtkörper«: sein »unendliches«, »grenzenloses«, »unvergleichliches« und »reines Licht«, das »Licht der Freude«, »der Weisheit«, sein »ununterbrochenes«, »unsagbares«, »unvorstellbares Licht«, sein »Licht, das Sonne und Mond überstrahlt«, »das durch kein Hindernis aufgehalten wird« und sein »flackerndes und grelles Licht«.

Hängerollen dieser Art wurden in der Praxis vor Augen der sterbenden Person aufgehängt.

Man gab den Sterbenden das Ende einer Schnur in die Hand, deren anderes Ende mit einer Hand des ihnen auf dem Gemälde entgegen schwebenden Amida verbunden war. So stärkte man die Gewissheit des Gläubigen, in das Reine Land des Buddha aufgenommen zu werden.

Chakravartin, spiritueller Weltherrscher:
der gekrönte Buddha

Der gekrönte, auch mit Fürstenschmuck ausgestattete Buddha scheint dem sonst betont schlichten Buddha in einfacher Mönchsrobe zu widersprechen. Indessen wurde dieser Typus bereits im 4./5. Jh. in Bamiyan (heute Afghanistan), einem vom 3.–7. Jh. bedeutenden buddhistischen Zentrum am Hindukusch, gestaltet. Die beiden 2001 von den islamistischen Taliban zerstörten Buddha-Kolossalstatuen trugen ursprünglich Ketten- und Juwelenschmuck.

In das ikonographische Konzept des fürstlich geschmückten Buddha sind vor allem zwei Vorstellungen eingeflossen: die des sogenannten Chakravartin und, nach der Drei-Körper-Lehre des Mahayana (vgl. S. 111 ff.), die des Dharmakaya bzw. Sambhogakaya. Nach der Geburt des Siddharta Gautama prophezeite der Seher Atisha in Anbetracht der zweiunddreißig besonderen Merkmale (Skrt. Dvatrimshadvara Lakshana) eines Großen Mannes (Skrt. Mahapurusha), die er an dem Kind wahrnahm, dem Raja Shuddhodana, sein Sohn werde entweder ein Weltenherrscher (Skrt. Chakravartin) oder ein vollkommen Erleuchteter, ein Buddha.

Nach alter indischer Vorstellung repräsentiert der Chakravartin das mythische Ideal eines guten und gerechten Universalherrschers. Chakravartin heißt wörtlich »der das Rad (Skrt. Chakra) in Bewegung setzt« und bezeichnet – in Anspielung auf die Symbolik des Sonnenrads – den Regenten, dessen Herrschaft so unbegrenzt ist wie die freie Bewegung der Räder seines Wagens, der überall hin gelangt.

Der Buddhismus griff diese Vorstellung auf und parallelisierte sie mit dem Buddha, der das Dharmachakra, das Rad der Lehre in Gang setzte und sich damit als geistiger Universalherrscher manifestierte. Er wird veranschaulicht durch Krone und Schmuck. Mit der Idee des Chakravartin verschmolz im Mahayana die Vorstellung vom Universal-Buddha, der für den Dharmakaya, den »Körper der großen Ordnung« bzw. den »Körper der Lehre selbst« steht. Da diese Höchste Wahrheit prinzipiell unanschaulich ist, zeigt sich der Dharmakaya dem visionären Auge des Meditierenden in der überirdischen Glorie seines transzendenten Wesens als Sambhogakaya, als »Körper der Verklärung« oder des »Entzückens« mit reichem Schmuck.

Die Chakravartin-Idee verschmolz im Vajrayana dann auch mit der Vorstellung vom Adi-Buddha, dem Absoluten Ur- oder All-Buddha, der an sich nicht anschaulich ist, sich aber dem Meditierenden als Herrscher des Universums manifestiert (vgl. S. 183).

Buddha Jowo Rinpoche, Jokhang Tempel, Lhasa, Tibet, Bronze, vergoldet, Höhe ca. 150 cm

Im Lichtschein vieler Butterlampen thront dieser gekrönte, kostbar geschmückte Buddha erhöht in einem Schrein im Haupttempel von Lhasa. Er gilt als die heiligste Tempelfigur Tibets und wird von den Gläubigen auf einem schmalen Gang im Uhrzeigersinn umwandelt (Skrt. Pradakshina). Sein Name Jowo Rinpoche bedeutet »Herr und kostbarer Lehrer«. Die legendenumrankte Statue soll als Mitgift der chinesischen Kaisertochter Wencheng, Gattin des großen Königs Songtsen Gampo (618–649), nach Tibet gelangt sein. Tibetologen datieren Jowo Rinpoche ins 12. Jh.

Buddha Mahamuni, Mahamuni (auch: Rhakaing oder Arakan) Paya, Mandalay, Birma, Bronze, vergoldet, Höhe 4 m

Als Aufbewahrungsort der legendenumrankten und ältesten – angeblich aus dem 2. Jh. stammenden – Buddhafigur Birmas ließ König Bodawpaya 1784 eigens den Mahamuni Tempelkomplex errichten, nachdem er sie in einem Krieg mit Rhakaing in dessen Hauptstadt Mrauk-U erbeutet hatte. Mahamuni, »der große Heilige«, galt schon den Königen von Rhakaing als mit überirdischen Kräften ausgestattet, die den Schutz ihres Reiches gewährleisteten. Dieser gekrönte Buddha, durch die Erdberührungsgeste seiner rechten Hand (Skrt. Bhumisparsha-Mudra) als Künder der Wahrheit gekennzeichnet, wird in Birma höchst verehrt. Von Gläubigen gespendete, dünne Goldplättchen, die (nur von Männern) auf den Statuenkörper aufgelegt werden, überdecken in einer inzwischen 15 cm dicken Schicht den ursprünglichen Rubin-, Saphir- und Jadeschmuck auf der Brust des Mahamuni.

Die Acht Glückszeichen des Buddhismus

Diese sehr häufig erscheinende Gruppe buddhistischer Symbole leitet sich aus der Verehrung des Buddha als Chakravartin, des spirituellen Universalherrschers, ab.

Altindischen, vorbuddhistischen Ursprungs, waren die Acht Glückszeichen (Skrt. Ashtamangala) – der Sonnenschirm, die Zwei Fische, die Schatzvase, der Lotus, die Schneckenmuschel, der Endlose Knoten, das Siegesbanner und das Rad Opfergaben, die dem König bei seiner Krönung überreicht wurden.

Nach buddhistischer Vorstellung brachten die vedischen Götter Brahma und Indra, sowie die Erdgöttin Bhudevi, die Zeugin seiner Erleuchtung, Shakyamuni die Acht Kostbarkeiten nach seiner Erweckung zum Buddha dar.

In chinesischen Klöstern war es üblich, die Glückszeichen vor Buddhafiguren aufzustellen. Besonders populär sind die Ashtamangala im Tibetischen Buddhismus, wo sie auf Thangkas, Mobiliar, Wandpaneelen, Metall- und Keramikobjekten oder Teppichen erscheinen.

In China und Tibet werden diese Glückszeichen auch anthropomorph interpretiert. Nach chinesischer Auffassung verbildlichen sie die inneren Körperorgane des Buddha, nach tibetischer seinen Körper. Hier bezeichnet der Sonnenschirm seinen Kopf, repräsentieren die Zwei Fische seine Augen, symbolisiert die Schatzvase seinen Hals, der Lotus seine Zunge, das Rad seine Füße, das Siegesbanner seinen Rumpf, die Schneckenmuschel seine Sprache und der Endlose Knoten seinen Geist.

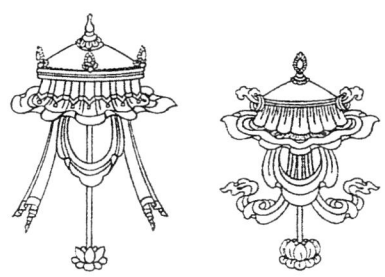

1. Der Sonnenschirm (Skrt. Chattra)

In der altindischen Tradition sind 13 Sonnenschirme das Zeichen für Königtum.

Im Buddhismus symbolisieren sie den Buddha als Chakravartin, spirituellen Weltenherrscher. Daher bekrönen oft 13 Schirmräder verschiedene Formen des Stupa, besonders auch den tibetischen Chörten.

Seinem Ursprung nach als Schutz gegen die sengende Sonne verwendet, schützt der Sonnenschirm im übertragenen Sinn vor hitzigen Begierden und weltlichen Leiden.

Der weiße Schirm des Buddha symbolisiert seine Fähigkeit, die Menschen vor Illusionen und Ängsten zu beschützen.

Variable Ausgestaltungen des Schirms, der auch Attribut geistlicher Würdenträger oder von Heilsgestalten sein kann, haben zusätzliche Bedeutungen. So können die an der – für Weisheit stehenden – Schirmkuppel ansetzenden Seidengehänge die Geschicklichkeit in der Methode der Lehrvermittlung (Skrt. Upaya) oder verschiedene Wege der Barmherzigkeit (Skrt. Karuna) symbolisieren.

2. Die Zwei Goldenen Fische (Skrt. Suvarnamatsya)

Ursprünglich steht das Paar für die beiden heiligen indischen Ströme Ganges und Yamuna.

Da Fische dem Lebenselexier Wasser angehören und sich stark vermehren, ver-

bildlichen sie Fruchtbarkeit, buddhistisch den Kreislauf der Existenzen. Andererseits, da sie sich in ihrem Element ganz frei bewegen, symbolisieren sie Freiheit von Beschränkungen und Souveränität gegenüber Wünschen und Anhaftungen. Typischerweise werden die beiden symmetrisch sich ergänzenden Fische als karpfenartige dargestellt, chinesischem Muster folgend, wo Karpfen u. a. Mut und Ausdauer verkörpern.

Häufig, wie hier, tragen sie mit ihren Mäulern ein dreiäugiges Juwel (Skrt. Ratna), das zu den Insignien des Buddha als Chakravartin gehört. Auf ihn verweist auch die Goldfarbe der Fische, die Licht und im weiteren Sinn Erleuchtung symbolisiert. So ergeben die Zwei Fische ein Bild für die Möglichkeit der Erlösung aus dem Samsara.

3. Die Goldene Schatzvase (Skrt. Nidhana Kalasha)

Sie ist mit Lotusblattmotiven, die Reinheit bedeuten, verziert und enthält Amrita, den Nektar der Todlosigkeit. Sie kann auch einen endlosen Strom von Juwelen bergen und wird dann »Unerschöpfliche Juwelenvase« genannt.

Auf ihrem oberen Rand trägt sie, wie hier ein wunscherfüllendes Juwel (Skrt. Chintamani), das alle Anliegen des Chakravartin erfüllt. Das Juwel erhellt die Nacht und sendet Licht, das u.a. die magische Kraft hat, Kummer zu heilen.

Die Schatzvase kann auch ein Triratna-Juwel tragen, Symbol für die Drei Kostbarkeiten, Buddha, Dharma und Sangha.

4. Der Lotus (Skrt. Padma)

Die geöffnete Blüte symbolisiert Reinheit und Vollendung, die Knospen das Potenzial des Menschen, Erleuchtung und Erlösung zu erlangen.
(vgl. dazu ausführlich S. 20 ff.)

5. Die Weiße Schneckenmuschel (Skrt. Shanka)

Ursprünglich ist die weiße Schneckenmuschel das Attribut indischer Götterheroen, die mit ihren riesigen Muschelhörnern die Nachricht ihrer Heldentaten und Siege verbreiteten, und somit Zeichen der Macht und Souveränität.

Typischerweise vertikal dargestellt, symbolisiert die Schneckenmuschel die voll und wohl tönende Stimme des Buddha, mit der er seine Lehre verkündet, die im Universum widerhallt und den Sieg über das Samsara bedeutet.

Als Sinnbild für seine Stimme hat die Schneckenmuschel ein Äqivalent in den drei Halsringen, die oft bei personalen Darstellungen des Buddha zu sehen sind.

6. Der Endlose Knoten (Skrt. Shrivasta oder Granthi)

Er ist Symbol für die unendliche, zeitlose Weisheit des Buddha.

7. Das Siegesbanner (Skrt. Dhvaja)

Dhvaja ist ursprünglich eine auf indischen Kriegszügen mitgeführte Standarte mit dem Erkennungszeichen des Königs. Im Buddhismus bedeutet das Siegesbanner, das auf einer Lotusblüte steht und von einem Juwel bekrönt ist, den Sieg der Weisheit und der Lehre über Unwissenheit, Begierden, Leidenschaften und Tod.

8. Das Goldene Rad (Skrt. Chakra)

Als sehr altes Sonnensymbol verbildlicht das Rad einerseits Kontinuität, andererseits Bewegung und Wandel. Wie aus dem Begriff für den Weltenherrscher, Chakravartin abzuleiten ist, definiert das Chakra den (wörtlich) »Rad-Herrscher«. Die Buddhisten haben diese Vorstellung übernommen und ins Spirituelle übertragen: der Buddha setzt mit seiner ersten Predigt im Gazellenhain von Sarnath das Dharmachakra in Bewegung; seine Lehre ist universell und immerwährend wahr.

Ist das Rad mit sehr vielen – »tausend« – Speichen dargestellt, symbolisiert es als Rad der Wiedergeburten die zahllosen Vorexistenzen des Buddha und anderer Wesen, derer er sich während seiner Erweckung erinnert (vgl. S. 29). Es ist dies der Ausgangspunkt seiner Lehre von der Überwindung des Leidens.

Im Tibetischen Buddhismus wird das Dharmachakra ausdrücklich als Rad der Transformation, des spirituellen Wandels bezeichnet. Dabei korreliert diese Auffassung mit der tantrischen Meditationspraxis, bei der die Funktion der Chakras, der körperlichen Energiezentren im Mittelpunkt steht (vgl. S. 204 ff.).

Vier Speichen des Rades bedeuten die vier Zentralstationen im Leben des Shakyamuni, seine wundersame Geburt, seinen Auszug in die Hauslosigkeit, seine Erweckung zum Buddha und sein Parinirvana. Zu allermeist weist das Rad acht Speichen auf, die die Vierte Edle Wahrheit, den Edlen Achtfachen Pfad zur Erlösung repräsentieren, sowie die Austrahlung dieser Lehre in die Himmelsrichtungen.

Die drei Bestandteile des Rades symbolisieren die drei Aspekte des Achtfachen Pfades: Weisheit (Skrt. Prajna), Sittlichkeit (Skrt. Shila), Meditation (Skrt. Dhyana).

Die Nabe im Zentrum steht für die ethische Disziplin, die das Bewusstsein stabilisiert, die Speichen bedeuten unterscheidende Gewahrsamkeit, die die Unwissenheit, die Verblendung überwindet,

und der Reifen ist Sinnbild für die meditative Konzentration.

Auf tibetischen Abbildungen ist auf der Nabe des Chakra das Rad der Freude zu sehen (Skrt. Anandachakra). Das (tib.) Gakhyil ähnelt dem Daiji, dem chinesischen Yin-Yang Zeichen, weist aber nicht wie dieses zwei, sondern entweder drei oder vier kreisende »Wirbel« auf.

Sind es drei, wie hier, symbolisieren sie Triratna, die Drei Juwelen, Buddha, Dharma und Sangha; sind es vier, bedeuten sie die Vier Edlen Wahrheiten.

Wunscherfüllende Gaben

Das Rollbild vereint in sich Symbole, die in der Bildsprache des Tibetischen Buddhismus sehr häufig auftauchen.

Kangzä auf Thangkas oder Wandgemälden sind symbolische Opfergaben, die die Heilsgestalten des Tibetischen Pantheons erfreuen sollen. Wenn die Opfergaben meditativ dargebracht werden, dienen die Bilder der Gaben dem Meditierenden als Hilfsmittel. Kangzä sind im Kloster nur für den Gönkhang bestimmt, das nur Eingeweihten zugängliche »Haus der Schutzgottheiten«. Dieser Thangka zeigt allgemeine Gaben für alle, sowohl friedliche, als auch zornvolle Gottheiten: die Acht Glückszeichen (Skrt. Ashtamangala) und, kleiner abgebildet, fünf der sieben Symbole des Chakravartin.

Auf dem Reinheitssymbol des Lotus mit drei Blüten steht in der Mitte die Schatzvase, die den Nektar der Todlosigkeit enthält. Ihr ist das Muschelhorn aufgesetzt, das Symbol für die Lehrverkündigung des Buddha. Es ist umschlungen von den Zwei Fischen, die die Erlösung aus dem Ozean der Leiden verkörpern. Darüber erscheint der mit einem Juwel bekrönte Sonnenschirm als Bild für die schutzverheißende

Macht und Kraft, die spirituelle Souveränität des Buddha. Links symbolisiert der Endlose Glücksknoten seine unendliche, zeitlose Weisheit und das Siegesbanner

Kangzä (tib. »Wunscherfüllende Gaben«), Tibet, 18. Jh., Thangka, 55 × 37 cm
Sammlung Essen, Hamburg

den Sieg des Dharma. Auf der rechten Lotusblüte steht das Rad der Lehre, das Shakyamuni in Bewegung gesetzt hat und dessen acht Speichen den Edlen Achtfachen Pfad zur Erleuchtung verbildlichen. In der oberen Bildhälfte sieht man links ein Paar ineinandergehakte, eckige Ohrringe und einen als »dreiäugig« betrachteten, goldgefassten Edelstein, rechts ein Paar ineinandergehakte, runde Ohrringe, darunter ein Rhinozeroshorn und ein Paar Elefantenstoßzähne. Es sind dies fünf der Sieben Juweleninsignien (Skrt. Saptaratna) des Chakravartin (zu denen noch ein roter Korallenzweig und ein gekreuztes Zeichen – aus Juwelen oder Schwertern – gehören). Die Juweleninsignien vertreten fünf der Sieben Königlichen Schätze, die bereits bei der Geburt eines Chakravartin sichtbar werden. Es sind dies das Kostbare Rad, das Kostbare Juwel, die Kostbare Königin, der Kostbare Minister, der Kostbare Elefant, das Kostbare Pferd und der Kostbare General.

Im Buddhismus repräsentieren die Sieben Schätze die Sieben Glieder der Erleuchtung (Skrt. Bodhyanga). Die sieben Faktoren, die die Hindernisse auf dem Weg zur Erleuchtung überwinden, sind:

1. Vollkommene Achtsamkeit
2. Vollkommene Unterscheidung der Phänomene (Ergründung der Lehre)
3. Vollkommene Anstrengung und Energie (in der Praxis)
4. Vollkommene Freude (über das Verständnis der Lehre)
5. Vollkommene (geistige) Beweglichkeit (zur Überwindung der Leidenschaften)
6. Vollkommene (zielgerichtete meditative) Konzentration
7. Vollkommener Gleichmut.

Auf diesem Thangka sind folgende Bezüge zu erkennen:

Das eckige Ohrringpaar ist das Zeichen für den Kostbaren Minister (Skrt. Mahajanaratna). Er ist ethisch höchst diszipliniert, erfüllt klar erkennend die Wünsche des Chakravartin und strebt geduldig und gewissenhaft danach, den Dharma zum Wohl aller Lebewesen zu verbreiten.

Der dreiäugige Edelstein ist das Zeichen für das Kostbare oder Wunscherfüllende Juwel (Skrt. Chintamani), das alle Anliegen des Chakravartin erfüllt und auch derer, die sich in der Sphäre seines Lichts befinden. Dreiäugig, symbolisiert das Juwel außerdem die Drei Kostbarkeiten: Buddha, Dharma und Sangha.

Das runde Ohrringpaar ist das Zeichen für die Kostbare Königin (Skrt. Maniratna). Sie besitzt die zweiunddreißig besonderen Merkmale der göttlichen Frauenschönheit, ist dem Chakravartin treu ergeben und unterstützt beharrlich seine Anliegen, zeichnet sich durch intuitive Weisheit aus, lässt sich nicht von sinnlichen Genüssen oder materiellen Gütern verführen und setzt sich für Frieden ein.

Das Rhinozeroshorn ist das Zeichen für das Kostbare Pferd (Skrt. Ashvaratna), das die zweiunddreißig besonderen Merkmale eines göttlichen Pferdes aufweist. Es kann die vier Kontinente um den Weltenberg Meru in einem Augenblick durchqueren, ist vollkommen furchtlos und innerlich ruhig, außerdem entschlossen und unermüdlich ausdauernd.

Die Stoßzähne des Elefanten sind das Zeichen für den Kostbaren Elefanten (Skrt. Hastiratna), ebenfalls Reittier des Chakravartin, dem es, seine Gedanken telepathisch erfassend, bedingungslos gehorcht. Er kann den Kontinent Jambudvipa (Indien) in einem Tag dreimal umrunden. Im Kampf ist der weiße Kostbare Elefant ausdauernd, furchtlos und unangreifbar unerschütterlich, im Frieden gelassen gleichmütig und weise.

Buddharaja: Weltliche Herrscher als »Buddhakönige«

Wurde das altindische mythische Ideal des Chakravartin, des guten und gerechten Universalherrschers, auf den gekrönten Buddha mit den ihm zugehörigen »Kostbarkeiten« übertragen, so haben umgekehrt weltliche Herrscher auf die Vorstellung des spirituellen Universalherrschers zurückgegriffen und sie für sich in Anspruch genommen.

Nach Kaiser Ashoka gilt König Kanishka (78–113) aus der Dynastie der Kushana als zweiter buddhistischer Herrscher von Rang. Der Skythe regierte über ein Reich im Nordwesten Indiens, das sich von Turkestan bis nach Sarnath erstreckte und durch den Handel über die Seidenstraße, sowie durch griechische und iranische Einflüsse multikulturell geprägt war. Wohl nicht zufällig entstanden in Kanishkas Reich die ersten personalen Darstellungen des Buddha in Gandhara und Mathura. Kanishka war offenbar der erste Herrscher, der sich als Buddharaja, als vom Buddha eingesetzter König begriff. Dies bezeugen Münzen, die er prägen ließ. Das

Goldmünze der Kushana-Zeit, 1./2. Jh. n. Chr. Museum of Fine Arts, Boston

Die linke Seite zeigt den Buddha im Mönchsgewand mit Erleuchtungserhebung und Nimbus, daneben links das Wort Buddha auf Griechisch; rechts ist König Kanishkas Monogramm zu sehen. Auf der Umseite rechts ist Kanishka dargestellt.

runde, radähnliche Zahlungsmittel war als Symbol besonders geeignet, die Fusion des spirituellen mit dem weltlichen Chakravartin, »Rad-Herrscher«, zu popularisieren.

Die Selbstlegitimation Kanishkas als Buddharaja (Skrt. »Buddhakönig«), die verquickt war mit der Erhöhung des Königtums, der Steigerung seiner geistigen und ethisch-moralischen Autorität, machte in ganz Asien Schule. So traten einige chinesische Kaiser, mongolische Khans und singhalesische, birmanische oder siamesische Könige als Chakravartin auf. Manche von ihnen identifizierten sich mit Maitreya, dem Buddha der Zukunft, der als Heilsbringer auf der Welt erwartet wird.

Etliche Regenten, die dezidiert dem Mahayana anhingen, integrierten das Bodhisattva-Ideal in das des Buddharaja. Hier ist – im Hinblick auf die buddhistische Kunst und Architektur – als eine herausragende Gestalt der mächtigste und letzte große Khmer-König Jayavarman VII. (1181–1218) zu nennen, Herrscher über die Hochkultur von Angkor in Kambodscha. Als er mit 55 Jahren den Thron bestieg, ersetzte der glühende Buddhist den shivaitischen Devaraja- (»Gottkönig«-) Kult seiner Vorgänger durch den des Buddharaja. Jayavarman identifizierte sich mit dem Bodhisattva Avalokiteshvara (vgl. S. 155 ff.), der in erster Linie das Mitgefühl und Erbarmen repräsentiert. Die in Kambodscha geläufigere Bezeichnung für ihn ist Lokeshvara, »Herr der Welt«.

Jayavarman sah sich nicht nur selbst als dessen irdische Verkörperung, sondern er identifizierte auch seine Mutter Jayarajacudamani mit dem weiblichen Bodhisattva Prajnaparamita, der Repräsentantin der »Vollkommenen Weisheit« (vgl. S.

156 ff.) und ließ für sie die einst sehr große Klostertempelanlage Ta Prohm errichten (deren Überreste heute von riesigen tropischen Dschungelbäumen überwuchert sind).

Angkorianische Steleninschriften geben Auskunft über Jayavarmans Selbstverständnis, so die Stele von Say Fong: »der König, dessen Antlitz in den Zügen des Avalokiteshvara aufgegangen ist, des Herrn, der gnädig herabblickt«, litt »unter den Gebrechen seiner Untertanen mehr als unter seinen eigenen. Der öffentliche Schmerz, nicht ihr eigener, ist der Schmerz der Könige« (zit. n. Angkor, S. 105).

Die spätangkorianische Periode dieses Königs ist gekennzeichnet von seinem Baufieber.

Er errichtete in seinem Reich fast ebenso viele Bauwerke – darunter auch etwa 100 (nicht mehr erhaltene) Hospitäler – wie seine Vorgänger in der klassischen Epoche Angkors zusammengenommen.

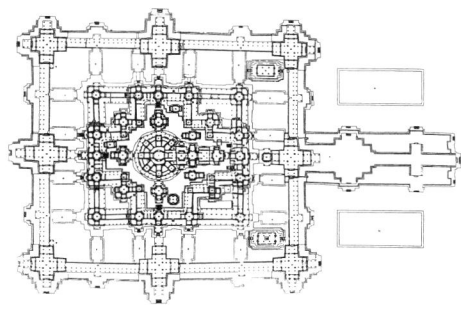

Jayavarmans wichtigstes Monument ist der Staatstempel Bayon, der inmitten der von ihm errichteten, neun Quadratkilometer »Großen Stadt« Angkor Thom liegt. Sie war einst von einem 100 Meter breiten Wassergraben umgeben, sinnbildlich für den Ozean, aus dem der Weltenberg Meru aufragt (vgl. S. 209 ff.). Als sogenannter Bergtempel symbolisiert der Bayon den Berg Meru und damit das Zentrum des Universums.

Der Tempel weist in seinem Grundriss eine achtfach gegliederte, kreisförmige Mitte auf, die das achtspeichige Rad der Lehre versinnbildlicht. Das Zentrum dieses Kreises nahm eine Skulptur des Buddha Mucalinda (vgl. S. 78) ein und, ihr gegenüber, eine des Jayavarman VII.

Jayavarman VII., Angkor, Kambodscha, Anfang 13. Jh.
Sandstein, Höhe 135 cm
Nationalmuseum Phnom Penh

Die Figur wurde in zwei Teilen in Angkor Thom gefunden und stammt vermutlich aus dem Zentralheiligtum des Staatstempels Bayon, wo sie vor dem Buddha Mucalinda aufgestellt war.

Das alterslose Gesicht des Königs strahlt tiefe meditative Sammlung aus, seine Lippen deuten ein abgeklärtes Lächeln an. Auf der rechten Fußsohle ist ein Rad eingraviert, das ihn als Chakravartin ausweist.

*Der Insel-Tempel Neak Pean, Angkor,
Kambodscha, Ende 12. Jh.*

Das wohl »persönlichste« Monument
Jayavarmans ist der kleine Tempel Neak
Pean, der in der Mitte eines künstlich
angelegten Sees liegt (Abb. S. 141). Der
Avalokiteshvara geweihte Insel-Tempel
symbolisiert das Boot, das die Leidenden
über den Ozean der Existenzen zum
befreienden Ufer bringt.

Die Plattform des Heiligtums wird von
zwei ineinander verschlungenen Schlangen (Khmer: Neak Pean) getragen. Sie
symbolisieren die Vereinigung bzw. Aufhebung aller Gegensätze in der Erleuchtung und Erlösung, die Nicht-Verschiedenheit von Samsara und Nirvana (vgl. S.
113).

Im Vordergrund sind die stilisierten Köpfe der beiden ineinander verschlungenen
Schlangen zu sehen, die die Plattform des
kleinen Tempels tragen. Ihre Windungen
formen die acht Stufen, die den Edlen
Achtfachen Pfad zur Erleuchtung und
Erlösung symbolisieren. Die nur teilweise
erhaltenen Tempelreliefs sind Avalokiteshvara und Schlüsselstationen aus dem
Leben des Buddha Shakyamuni gewidmet.

In der Vordergrundmitte ist das Pferd
Balaha dargestellt, das sich auf den Tempel zubewegt. An seinem Körper halten
sich menschliche Gestalten fest. Balaha ist
eine Erscheinungsform des Bodhisattva
Avalokiteshvara: Nach dem Karandavyu-
ha-Sutra rettete Balaha einen indischen
Kaufmann und seine Begleiter aus Schiff-
bruch und lebensbedrohender Gefahr
durch Dämonen, die in Gestalt verführe-
rischer schöner Mädchen eine vermeint-
lich rettende Insel besetzt hielten. Im
übertragenen Sinn brachte Balaha die
Männer an das von Begierden befreiende
Ufer.

»Lehrer der Heilmittel«: Baishajya-Guru-Buddha

In der kanonischen Pali-Literatur wird öfters berichtet, der historische Buddha Shakyamuni habe es abgelehnt, zu spekulativen philosophischen Fragen Stellung zu nehmen. Er verstand sich viel mehr als Heilspragmatiker, sah sich z. B. dem Anguttara-Nikaya zufolge als Erlösten, der jetzt als Arzt anderen hilft, und seine Lehre betrachtete er als Heilmittel gegen die Leiden der Welt (vgl. S. 35).

Der Typus des Baishajya-Guru-Buddha (Skrt. »Lehrer der Heilmittel«) hat seine Wurzeln im frühen Buddhismus.

Das Mahayana nimmt die Vorstellung des Buddha als Arzt auf und präsentiert sie in Gestalt eines selbständigen Buddha als »Lehrer der Heilmittel«, dem ein eigenes, vor dem 4. Jh. verfasstes Sutra gewidmet ist. Das (nur in chinesischer und tibetischer Sprache erhaltene) Baishajya-Guru-Sutra führt 12 Gelübde an, die dieser Buddha in einer früheren Existenzform abgelegt hat. Hier gelobt er unter anderem, die Wünsche aller Wesen zu erfüllen, sie von Irrlehren fernzuhalten und die Wahrheit erkennen zu lassen, alle geistigen und körperlichen Krankheiten zu heilen und den Weg zur Erleuchtung zu zeigen, sowie Armen aus der Not zu helfen.

Bei der Verwirklichung seiner 12 Gelöbnisse wird der Baishajya-Guru-Buddha von vielen Helfern unterstützt, von anderen Buddhas, von Bodhisattvas und von 12 kriegerischen (in Rüstung und oft mit

grimmigem Gesichtsausdruck dargestellten) Generälen. Letztere repräsentieren
jeweils eines der Gelübde, einen der 12
Monate, auch die Himmelsrichtungen. Sie
bekämpfen die Krankheiten und schützen
die Gesundheit all jener, die sich vertrauensvoll an Baishajya-Guru wenden. Er
thront in einem transzendenten »Reinen
Land« (chin. Ching-t`u; jap. Jodo), d. h. in
einem ihm eigenen Buddha-Paradies, das
im Osten liegt und nach den Edelsteinen
Lapislazuli oder Beryll genannt wird. Dort
wünschen sich die Gläubigen wiedergeboren zu werden, um in einer dann nur noch
letzten Wiedergeburt das Nirvana zu
erreichen.

Baishajya-Guru ist vor allem in China (als
Yashi Fo), Japan (als Yakushi Nyorai) und
Tibet (als Sangs-ye sMan) populär geworden und findet sich in diesen Ländern oft
dargestellt.

Sein Hauptattribut ist die Frucht des
Myrobolan-Baums (*Terminalia chebula*),
die mit ihren elf bis acht Unterarten
besonders in der ayurvedischen Medizin
als vorbeugende und therapeutische Uni-
versalarznei hoch geschätzt wird. Der
»Lehrer der Heilmittel« hält sie einzeln
oder als Büschel mit drei Früchten, oft
auch in einem almosenschalenähnlichen
Medizinmörser in der linken Hand, während seine rechte Hand allermeist die Geste der Wunschgewährung (Skrt. Varada-
Mudra) oder der Schutzgewährung (Skrt.
Abhaya-Mudra) darbietet.

Baishajya-Guru-Buddha, Tibet, 19. Jh.
Bronze, vergoldet, Höhe 28 cm
Staatliches Museum für Völkerkunde, München

Der »Lehrer der Heilmittel« sitzt, eingerahmt von einer Flammenaureole – Sym-

bol des strahlenden Buddhalichts – auf
einem Lotusthron. Sein Gesichtsausdruck
der Versenkung assoziiert die wichtige
Rolle, die die Meditation für die Verwandlung von negativen Geisteszuständen für
die Heilung spielt. (Aus buddhistischer
Sicht gelten alle Krankheiten bis zu einem
gewissen Grad als psychosomatisch, weil
karmisch bedingt.)

Die rechte Hand des Buddha ist wunschgewährend nach vorne geöffnet, in der
linken hält er einen Medizinmörser mit
einer Myrobolanfrucht.

Die blau gefärbten Haare und der die
Erleuchtungserhebung bekrönende Lapis-
lazulistein weisen Baishajya-Guru als
Herrn eines im Osten gelegenen Reinen
Landes, seines Lapislazuli-Paradieses aus.

»Erleuchtungs-Wesen« und Erlösungshelfer: das Ideal des Bodhisattva

Im Hinayana ist der Arhat (Skrt. »Würdiger«), der Heilige, das religiöse Vorbild, im Mahayana ist es der Bodhisattva (Skrt. »Erleuchtungs-Wesen«). Es sind dies die Gestalten, die den Buddhas am nächsten stehen.

Ein Arhat besitzt die Gewissheit, dass in ihm alle »Befleckungen«, »Leidenschaften« (Skrt. Asrava oder Klesha) gelöscht sind, das heißt alle den Geist trübenden Eigenschaften – vor allem Nicht-Wissen (Skrt. Avidya) –, die unheilsame Handlungen und Tatabsichten bewirken und den Menschen an den Kreislauf der Wiedergeburten fesseln.

Der Arhat ist ein Erleuchteter, der das Parinirvana unmittelbar erreicht, also nicht mehr wiedergeboren wird. Er unterscheidet sich vom Buddha, indem er Erleuchtung und Erlösung nicht wie dieser aus sich selbst erlangt, sondern in der Nachfolge der Buddha-lehre, die er vollkommen verinnerlicht hat. Charakteristisch ist dabei für den Arhat, dass er aus eigener strebender Kraft das Heilsziel mönchisch-elitär für sich selbst erreicht.

Je nach Textüberlieferung gibt es 16, 18 oder 500 Heilige, deren Namen kaum eine Rolle spielen. Dargestellt werden die Arhats meistens als Gruppe, die ihre kollektive Kraft als Schützer und Bewahrer der buddhistischen Lehre symbolisiert. Sind 16 Arhats abgebildet, entspricht dies jenen 16 indischen Heiligen, denen Buddha Shakyamuni die Lehre selbst übermittelt hat.

Das Thema des weisen Heiligen begegnet in erster Linie in der Skulptur und Malerei Chinas und Japans; die Heiligen werden chinesisch Lohan, japanisch Rakan genannt.

Im Allgemeinen richtet sich im Mahayana der Fokus auf den Bodhisattva, den altruistischen Erleuchtungs- und Erlösungshelfer. Im »Großen Fahrzeug« entspricht er den Heilsbedürfnissen der »Vielen«, eben auch der männlichen und weiblichen Laien.

Im Gegensatz zum Arhat, der dem Gläubigen nur strenges Vorbild ist und ihm keine tätige Hilfe anbietet, ist ihm der Bodhisattva zugleich Vorbild und selbstloser Helfer. Daraus ergeben sich zwei Facetten: einerseits kann ein Gläubiger selbst aktiv dem Bodhisattva-Weg nachstreben, damit dem Ideal, nach dem der Weg zu sich selbst immer zugleich ein Weg zum Nächsten ist. Andererseits kann er sich passiv in frommer Hingabe (Skrt. Bhakti) und vertrauensvoll an einen Bodhisattva wenden, um sich von ihm helfen zu lassen. In diesem Fall handelt es sich um einen der Transzendenten Bodhisattvas, die dem mahayanischen Pantheon angehören. Ihnen wird zugedacht, dass sie den Bodhisattva-Weg vollendet haben.

Der Bodhisattva, dessen »Wesen Erleuchtung ist«, hat durch die Tugend- »Vollkommenheiten« (Skrt. Paramita) und Höchste Weisheit (Skrt. Prajna) in zahllosen Wiedergeburten die Reife für die Buddhaschaft und das Eingehen ins Nirvana erreicht. Doch verzichtet er auf den letzten Schritt, seine eigene Erlösung im Verlöschen, um in seinem grenzenlosen Mitleid und Erbarmen (Skrt. Mahakaruna) für die Erlösung aller Lebewesen wirken zu können. – Einige Sutras »situieren« den Bodhisattva spitzfindig in einer speziellen Form des Nirvana, dem »nicht lokalisierten Nirvana« (Skrt. Apratistha-Nirvana), demnach ein Bodhisattva »in der Welt, aber nicht von der Welt ist«.

Als Erlösungshelfer ist der Bodhisattva bereit, karmisches Verdienst auf andere zu übertragen (womit er sein eigenes Verdienst automatisch ständig anreichert).

Die »Sechzehn Arhat« (jap. Juroku rakan),
Japan, 19. Jh.
Rollbild, Tusche und Farbe auf Seide,
142,5 × 87 cm
Staatliches Museum für Völkerkunde, München

Auf einer Wolke sind die 16 indischen Arhats versammelt: alte Mönche mit geschorenen Köpfen und langen Ohrläppchen, doch – im Unterschied zu den Buddhas – ohne Erleuchtungserhebung auf den Scheiteln (Skrt. Ushnisha). Auffallend tendieren ihre Gesichtszüge zum drastisch Realistischen, fast Grotesken. Den Heiligen wurden im Lauf der Zeit – gerade auch aus folkloristischer Sicht – allerlei übernatürliche magische Kräfte zugeschrieben. Im Zuge dessen nahm ihr Aussehen gewissermaßen dämonische Züge an. Ihre ausdrucksstarken, wachen Blicke verweisen darauf, dass sie der blinden samsarischen Welt enthoben sind. Die Arhats im oberen Bildsegment blicken gebannt auf das Gefäß, das einer von ihnen – der einzige lachende Arhat – als Offenbarung präsentiert: das daraus emporstrebende und sich ergießende Wasser ist ein Bild für den sprudelnden Quell des Wissens. Der rechts zunächst stehende, bärengesichtige siebzehnte Heilige kann als Allegorie der Stärke und Tapferkeit in der Meditation aufgefasst werden.

Die übrigen Arhats konzentrieren sich fasziniert auf den Drachen und den Tiger zu ihren Füßen. Diese beiden symbolisieren das Fundament der Weisheit der Heiligen. Der Tiger in seiner Kraft und Furchtlosigkeit steht hier für die Kraft des buddhistischen Glaubens. Der glückbringende chinesische Drache (profan vor allem ein kosmologisches Sinnbild für die Allmacht und Weisheit der chinesischen Kaiser) verkörpert hier die buddhistische

Lehre, einerseits in seiner Entität, andererseits in seinen seltsam anmutenden Einzelteilen. So verweisen etwa seine Gazellenhörner auf die erste Lehrrede des Buddha im Gazellenhain von Sarnath, die starke Zunge im geöffneten Maul auf die Lehrverkündung, die drei Adlerklauen auf spirituelle Macht, die aus den Beinen lodernden Flammen auf die Vernichtung der Geistesgifte oder die Rückenschuppen eines Fisches auf den Buddha als Menschenfischer.

Als mythisches Tier ist der Drache zeitlos und zeitlos gültig ist die buddhistische Lehre. Den ostasiatischen Buddhisten gilt der Drache als Erfüller aller Wünsche und als Symbol für universelle Weisheit. (Vgl. dazu: Der Buddha auf dem Drachenboot, S. 92 f.)

Da die Transzendenten Bodhisattvas nach der Drei-Körper-Lehre (Skrt. Trikaya, vgl. S. 111 ff.) Emanationen der Transzendenten Buddhas sind, gelten ihr Mitleid und Erbarmen, ihre Weisheit als Ausfluss des Mitleids und Erbarmens der Buddhas.

Zwar sind nach mahayanischer Auffassung Samsara und Nirvana nicht verschieden, daher alle Wesen essenziell erlöst, doch dessen müssen die Unwissenden erst gewahr werden. Insofern nehmen die Bodhisattvas eine heilspragmatische Mittlerrolle zwischen samsarischer Welt und Nirvana ein.

Der Bodhisattva-Weg

Der aktive Bodhisattva-Weg (den Transzendente Bodhisattvas vollendet haben) umfasst die Verwirklichung von sechs bzw. zehn Tugendvollkommenheiten und zehn Stufen der Ausbildung.

Im Prajnaparamita-Sutra sind erstmals sechs »Vollkommenheiten« (Skrt. Paramita, wörtl. »das, was das andere Ufer erreicht«) angeführt, die systematisch geschult werden sollen.

Freigebigkeit (Skrt. Dana-Paramita): Geben von geistigen und materiellen Dingen, Freigebigkeit und Mitgefühl anderen gegenüber, eigene Verdienste für die Erlösung anderer einsetzen.

Sittlichkeit (Skrt. Shila-Paramita): Rechtes Verhalten, das alle Begierden überwindet.

Geduld (Skrt. Kshanti-Paramita): Einsicht und Nachsicht mit anderen, denn Unheilsames ist durch Ursachen bedingt.

Energie, Willenskraft (Skrt. Virya-Paramita): Unerschütterliches Bemühen.

Meditation (Skrt. Dhyana-Paramita): Aufgabe des Ego, des Ich-Bewusstseins durch Meditation, Ungetrenntsein von anderen Wesen.

Weisheit (Skrt. Prajna-Paramita): Verwirklichung höchster intuitiver Weisheit, die zur Einsicht in die Leerheit aller Phänomene führt.

Prajna ist die höchst erreichbare Vollkommenheit, doch wurde die Liste später noch ergänzt durch: *Geschickte Methode* (Skrt. Upaya), *Gelübde* (Skrt. Pranidhana), *Kraft* (Skrt. Bala) und *Wissen* (Skrt. Jnana)

Der »Zehnstufenweg«, den ein Bodhisattva bis zur Buddhaschaft durchlaufen muss, ist im Dashabhumika-Sutra beschrieben. Er wird im Zusammenhang mit der Symbolik des Chörten dargelegt (vgl. S. 245 ff.).

Die wichtigsten Bodhisattvas: Avalokiteshvara, Tara, Manjushri, Prajnaparamita, Samantabhadra, Kshitigarbha, Vajrapani

Avalokiteshvara (Skrt. »Der Herr, der mitleidvoll herabschaut« oder »Der Herr, der die Klänge – Schreie – der Welt erhört«)

Das 25. Kapitel des Lotus-Sutra ist eigens diesem bedeutendsten aller Bodhisattvas gewidmet. Es ist der meist gelesene und häufigst rezitierte Abschnitt dieses Sutra, das die wesentlichen Gedanken des Mahayana enthält. Er trägt die Überschrift »Das universale Tor des Bodhisattva Avalokiteshvara«, womit das allumfassende Mitgefühl und Erbarmen Avalokiteshva-

ras gemeint ist, das zur Befreiung vom
Leiden führt.

Avalokiteshvara erfüllt das Urbild des Ret-
ters, der zu jeder Zeit an jedem Ort zur
Stelle ist, wenn man »mit ganzem Herzen«
zu ihm Zuflucht nimmt.

Seine Omnipotenz als Erlösungshelfer
beruht auf seiner grenzenlosen Fähigkeit
zum Gestaltwandel, die er als »geschickte
Methode« (Skrt. Upaya) einsetzt, den
Bedürfnissen der Lebewesen und dem
jeweiligen Ort angepasst. So heißt es im
Lotus-Sutra:

»In mannigfachen Gestalten wandelt er in
verschiedenen Ländern und rettet die
Lebewesen (…) Vollkommen in der überirdischen Kraft und weithin das geschickte Mittel und sein Wissen praktizierend,
gibt es in den verschiedenen Ländern der
zehn Richtungen nichts, wo er nicht mit
seinem Körper plötzlich erschiene.«
Überall hin lenkt Avalokiteshvara mitleidvoll seinen »weithin reichenden Blick großer Weisheit«. Als »Sonne der Weisheit
erleuchtet der Bodhisattva hell die Welt«
und »sein mitleidvoller Sinn ist wunder-
bar wie eine große Wolke. Er lässt herab-
strömen den Regen des Gesetzes wie
süßen Tau und bringt die Flammen der
Verblendung zum Erlöschen« (zit. Lotus-
Sutra, S. 363, 366, 370).

Für den populärsten aller Bodhisattvas
führen die ikonographischen Handbücher
des Mahayana 108 Formen des Avalokiteshvara auf.

Eindeutig zu identifizieren ist Avalokiteshvara, wenn – und das ist wie in der
Abbildung hier häufig der Fall – in seinem
Kopfputz der Transzendente Buddha
Amitabha, erkennbar an seiner Meditationshaltung, abgebildet ist. Amitabha gilt
als »geistiger Vater« Avalokiteshvaras.

Kopf des Avalokiteshvara (chin. Kuan-yin)
mit Buddha Amitabha in der Krone, China,
Yün-Zeit (1278–1368)
Eisenguss, Höhe 31 cm
Staatliches Museum für Völkerkunde, München

Die Skulptur (Abb. S. 147) zählt zu den
ältesten Darstellungen des Bodhisattva
Avalokiteshvara. Typologisch steht Padmapani, der »Lotus-Halter«, am Anfang
der ikonographischen Entwicklung dieser
Heilsgestalt. Die Grundform des jungen
Mannes in fürstlicher Ausstattung, mit
vor allem reichem Kopfputz, bleibt fast
überall in Asien verbindlich. Avalokiteshvaras ältestes Attribut ist der Lotus,
Blüte oder Knospe, Symbol der Reinheit,
spirituellen Entwicklung und Erleuchtung.

In der linken Hand hält der Bodhisattva
die Wasserflasche – hier in der indischen
Form eines einfachen, runden Gefäßes.

Avalokiteshvara als Padmapani (Skrt. »Lotus-Halter«), Gandhara, 3. Jh.
Grauer Schiefer, 69 × 31 cm
Museum für Indische Kunst, Berlin

Sie symbolisiert Avalokiteshvaras Fähigkeit, den Durst aller Wesen zu lindern und sie mit dem besänftigenden Elexier seines Mitgefühls von negativem Karma und Verblendungen zu reinigen.
Nur die graeco-romanisch beeinflusste Kunst Gandharas zeigt den Bodhisattva in der Sitzhaltung mit gekreuzten Beinen. Möglicherweise wurde sie von Darstellungen des Hermes übernommen. Der vielseitige griechische Schutzgott, listenreich im Einsatz geschickter Mittel, erscheint als Hermes Psychopompos, als Seelengeleiter ins Jenseits, mit gekreuzten Beinen.

Die singhalesische Ortsbezeichnung Buduruwagala setzt sich zusammen aus »Budu« für Buddha, »ruwa« für Bild und »gala« für Stein. Im Dschungelversteck im südlichen Teil der Insel Sri Lanka zu entdecken sind sieben in den Fels gemeißelte Skulpturen, drei zu jeder Seite einer monumentalen Buddhafigur. Als Entstehungszeit kommt das 6.-10. Jh. in Frage. Zur Rechten des Buddha erscheinen Avalokiteshvara und seine weibliche Entsprechung Tara (s. Abb. S. 148 oben).

In der konischen Krone Avalokiteshvaras sind noch Reste einer Amitabha-Figur erkennbar. Der Bodhisattva zeigt mit beiden Händen die Geste der Lehrdarlegung (Skrt. Vitarka-Mudra), die ihn als Prediger für Menschen und Götter (die im Buddhismus als unerlöst gelten) ausweist. Die Vitarka-Mudra entspricht der Charakterisierung Avalokiteshvaras im Lotus-Sutra, in dem er ausführlich als Prediger des Gesetzes in vielerlei Gestalt beschrieben wird.

Zur Linken Avalokiteshvaras steht in leicht geschwungener Haltung (Skrt. Bhangasana) mit entblößtem Oberkörper und deutlich hervorgehobener weiblicher Brust Tara. Der Rest ihres rechten abgebrochenen Arms lässt auf die für sie geläufige Geste der Schutzgewährung und Furchtlosigkeit (Skrt. Abhaya-Mudra), der linke Arm auf die für sie typische Geste der Wunschgewährung (Skt. Varada-Mudra) schließen.

Avalokiteshvara und der weibliche Bodhisattva
Tara, Buduruwagala, Sri Lanka
Relief in Granitfels, Reste farbiger Fassung,
Höhe ca. 4m

Der Kult um Tara ist seit dem 6. Jh. in
Indien belegbar. Sie galt, abgeleitet aus
hinduistischer Vorstellung, zunächst als
Shakti, Verkörperung der weiblichen
Energie des Avalokiteshvara und wurde
bald zu einem eigenständigen weiblichen
Bodhisattva.

Nach der populärsten ihrer Entstehungs-
legenden entsprang Tara den Tränen Avalokiteshvaras. Als er im Begriff war, ins
Nirvana einzugehen, sah er sich noch einmal um und sah die leidenden, unerlösten
Wesen, hielt inne und weinte mitfühlend.
Aus seinen Tränen bildete sich ein See, aus
dem eine Lotusknospe emporwuchs. Als
sie sich öffnete, saß Tara inmitten der
Blüte.

Der Name Tara leitet sich aus der Sanskrit-Wurzel »tr« für »überqueren«, auch

»erlösen« ab und ist als »Retterin« zu
übersetzen.

Avalokiteshvara (chin. Kuan-yin),
China, ca. 11./12. Jh.
Holz, Reste farbiger Fassung, Höhe 154 cm
Staatliches Museum für Völkerkunde, München

Die Plastik aus China – wo der Avaloki-
teshvara-Kult weit verbreitet war – zeigt
Kuan-yin in der für die Sung-Zeit charakteristischen »Haltung der königlichen
Gelassenheit« (Skrt. Maharaja-Lilasana),
die ursprünglich aus Indien stammt. In
dieser Haltung repräsentiert Avalokiteshvara den souverän in sich ruhenden
Weltüberwinder, der aber gleichzeitig der
irdischen Welt nicht entrückt, sondern ihr
in anmutiger Beweglichkeit mit aufmerk-
samem Blick zugewandt ist.

Im Kopfputz ist der Rest einer Buddha
Amitabha-Figur erkennbar, als dessen
Emanation Avalokiteshvara gilt. Der die
Stirnlocke (Skrt. Urna) hervorhebende
Edelstein ist verloren gegangen. Ikonogra-
phisch zu ergänzen ist – diesem Darstel-
lungstypus entsprechend – ein ebenfalls

Der Potala-Palast in Lhasa

abhanden gekommener, realistischer Fels-
sockel, der den (legendär in Südindien
liegenden) Potala-Berg als Sitz Avalokiteshvaras versinnbildlicht.

Der im 17. Jh. vom Fünften Dalai Lama in
Lhasa erbaute Potala-Palast, Residenz der
Dalai Lamas, die als irdische Verkörperungen Avalokiteshvaras betrachtet werden, ist nach diesem Berg benannt.

Der elfköpfige Avalokiteshvara (Abb. S.
150 links) ist eine Personifikation des Allumfassenden Mitleids (Skrt. Mahakaruna). Legendär ist dem Bodhisattva beim
Anblick des Leidens in den Höllen (vgl.
Rad des Lebens, S. 239) vor Entsetzen der
Kopf in zehn Stücke zersprungen. Sein
spiritueller Vater Buddha Amitabha hat
daraufhin jedes der Bruchstücke in einen
vollständigen Kopf verwandelt – in neun
gütige, die das Erbarmen mit den Leidenden ausdrücken, und in einen dämonischen, der die Umwandlung negativer
Energien in heilsame versinnbildlicht.

Zuoberst setzte Amitabha ein Abbild seines eigenen Kopfes; er ist Symbol für die
welterleuchtende Weisheit, damit für das
Ziel von Avalokiteshvaras Wirken.

Die acht Arme vergegenwärtigen Avalokiteshvaras Aktivitäten zum Wohl aller
Lebewesen.

Die vor der Brust in der Anjali-Mudra
gefalteten Hände drücken seine Bitte an
die Buddhas der Himmelsrichtungen und
der Drei Zeiten aus, die Lebewesen aus der
samsarischen Welt zur Befreiung zu führen. Seine herabgehaltene, geöffnete Rechte zeigt die wunscherfüllende Geste.

Die Gegenhand hält die Wasserflasche
(Skrt. Kundika), die die Reinigung von
negativem Karma und von Befleckungen
durch die Grundübel symbolisiert. Die
mittlere Rechte des achtarmigen Avalokiteshvara hält üblicherweise das achtspeichige Rad der Lehre. Es ist bei dieser
Bronze ebenso verloren gegangen wie das
Attribut in der obersten rechten Hand,
der Rosenkranz (Skrt. Mala), der auf das

Elfköpfiger Avalokiteshvara
(Skrt. Edakashamukha-Avalokiteshvara),
Tibet, 15. Jh.
Bronze, Höhe 67 cm
Sammlung Essen, Hamburg

Tausendarmiger Avalokiteshvara (Skrt. Sahasvabhuja-
Avalokiteshvara, jap. Senju Kannon),
Japan, späte Edo-Zeit (1615–1868)
Hängerolle, Tusche und Farbe auf Papier, 83×45 cm
Staatliches Museum für Völkerkunde, München

Mantra verweist, mit dem Avalokiteshvara angerufen wird: OM MANI PADME HUM, »OM Juwel in der Lotusblüte HUM. Der Lotus in der oberen linken Hand ist Sinnbild für die reine, selbstlose Gesinnung des Bodhisattva. Das ebenfalls abhanden gekommene Attribut in der mittleren linken Hand ist typischerweise ein Bogen mit Pfeil (Skrt. Chapa und Sara), das den Einsatz von Weisheit und Methode auf dem Weg zum Ziel symbolisiert.

Tausendarmig bedeutet unendlich vielarmig. Der Bildtypus – besonders in Japan beliebt – stellt Avalokiteshvara als Inbegriff der reinen, allwissenden Güte und des grenzenlosen aktiven Mitgefühls und Erbarmens dar: zu jeder Zeit und an jedem Ort kann er, den jeweiligen Bedürfnissen der Geschöpfe entsprechend, helfend eingreifen. Die Arme sind, gleich einer Gloriole, fächerartig angeordnet, die Handflächen tragen je ein Auge, was ausdrückt, dass kein Wesen in den sechs samsarischen Welten (vgl. Rad des Lebens, S. 238 ff.) Avalokiteshvaras Aufmerksamkeit entgeht: »Vollkommen in allen Verdiensten, blickt er mit mitleidvollen Augen auf die Lebewesen. Die Menge seiner glückhaften Zuwendungen ist unermesslich wie das Meer« (Lotus-Sutra, S. 371).

Die Hände des Bodhisattva halten jeweils ein dienliches Attribut (Wunschjuwel, Rad der Lehre, Lotus, Schriftrollen, Wassergefäß, Pfeil und Bogen u. s. f.) oder bilden eine hilfreiche, Ängste bannende Geste. Alle denkbaren Symbole können Avalokiteshvara zugeordnet werden, um seine Fähigkeit, alle Wesen zu erreichen, zu veranschaulichen.

Auf dem Kopf des Bodhisattva türmen sich kronengleich 28 kleine Köpfe. Sie repräsentieren die Schutzgeister der Gläubigen bzw. Diener (jap. Bushu) des Senju Kannon (es sind die Wächter der Himmelsrichtungen, Schützer vor Giften, Könige der Nagas, Asuras oder der himmlischen Musikanten).

In der oberen Bildmitte erscheint, getragen von einem flammenden Wunschedelstein und daraus emanierenden, geschlungenen Wolkenbändern, Buddha Amitabha, der geistige Vater Avalokiteshvaras und Herr über das Westliche Paradies. Dorthin wünschen sich die Gläubigen, um in Sukhavati nur noch einmal wiedergeboren zu werden.

Avalokiteshvara (chin. Kuan-yin) als Totenführer, Tun-huang, China, 10. Jh. Rollbild, Tusche, Farbe und Gold auf Seide, 80 × 53,3 cm

Das gut erhaltene Bild (s. Abb. S. 152 oben) aus Tun-huang (östlicher Schnittpunkt der Seidenstraßen) zeigt Kuan-yin als Geleiter einer Verstorbenen nach Sukhavati, ins Westliche Paradies des Buddha Amitabha. Es ist oben links im Bild durch goldene, rot (der Farbe Amitabhas) markierte, stilisierte Wolken angedeutet.

Auf einem Lotuskissen, seinem Yana (Skrt. »Fahrzeug«), steht der Bodhisattva, »der die flehenden Klänge der Welt erhört«, in leichter Tribhanga-Haltung (Skrt. »Dreifache Beugung«) und wendet sich in anmutiger Bewegung nach der Toten um. Aus dem nach vorwärts weisenden Räuchergefäß in Kuan-yins rechter Hand steigt Weihrauch – er symbolisiert den flüchtigen Körper, die aufsteigende geistige Substanz, wie auch den Wohlgeruch des Reinen Landes. Auf Sukhavati deuten auch die segensreich herabfallenden Blüten.

In der Sphäre zwischen samsarischer Welt und Paradies erscheint die Verblichene von allen irdischen Anhaftungen befreit. Über ihr schwebt eine Fahne, die sich auf der Höhe von Kuan-yins Weisheitsmal auf der Stirn (Skrt. Urna) entfaltet. Ihre vier Enden und Lotusblüten symbolisieren die Vier Edlen Wahrheiten, die jeweils sechs Lotusblütenblätter die sechs Paramitas, »Vollkommenheiten«, die ihr sanfter Geleiter verwirklicht hat.

In seiner Aufgabe als barmherziger Mittler zwischen irdischer und paradiesischer Existenzform wurde Kuan-yin in der ostasiatischen Kunst vielfach dargestellt. Rollbilder, die ihn als Totengeleiter vor Augen führen, wurden üblicherweise vor

betrachtet wurden: die hellhäutige Chinesin Wengchen als Weiße Tara (Skrt. Sitatara) und die braunhäutige Nepalesin Bhrikuti als Skyamatara, »dunkelfarbene« Tara, die ikonographisch als Grüne Tara gilt.

Die Weiße und die Grüne Tara sind die geläufigsten Erscheinungsformen des weiblichen Bodhisattva. Da Tara wie alle Transzendenten Bodhisattvas (insbesondere Avalokiteshvara) verschiedene Gestalten annehmen kann, sind auch von ihr viele Varianten bekannt; so gehören etwa 30 Wesenheiten zum Tara-Komplex.

Kennzeichen der Weißen Tara in sitzender Haltung ist ihre strenge Lotusposition.

Weiße Tara, Tibet, 18. Jh.
Bronze, vergoldet, bemalt, eingelegte Edelsteine,
Höhe 16,8 cm
Staatliches Museum für Völkerkunde, München

Sterbenden aufgehängt – zu Angst bannender, tröstlicher Verheißung. Hier führt er eine auffällig modisch gekleidete Frau in das Reine Land des Westlichen Paradieses.

Tara

Tara, die aus den Mitleidstränen Avalokiteshvaras hervorgegangen sein soll, ist die populärste weibliche Gestalt des mahayanischen Pantheons. Ihre Verehrung begann im 6. Jh. in Nordindien. Der bedeutende chinesische Mönch Hsüantsang, 629–645 über die Seidenstraße auf Pilgerreise nach Indien unterwegs, berichtet, er habe viele Statuen Taras gesehen. Ihr Kult gelangte im 7. Jh. in erster Linie nach Tibet, wo die beiden buddhistischen Gattinnen des Königs Songtsen Gampo als irdische Verkörperungen der Tara (tib. Dölma, »Retterin« oder »Befreierin«)

Ausgestattet mit dem reichen Schmuck einer Prinzessin und der fünfblättrigen Krone des Weltüberwinders, besitzt sie typischerweise sieben Augen: neben den natürlichen weitere auf der Stirn, den Handflächen und den Fußsohlen (hier in Schlitzform). Sie symbolisieren transzendente Weisheit und die Fähigkeit der »Retterin«, Hilfesuchende zu jeder Zeit und an jedem Ort wahrzunehmen. Taras rechte Hand ist wunschgewährend nach vorne geöffnet (Skrt. Varada-Mudra), ihre Linke zeigt die Ermutigungsgeste (Skrt. Abhaya-Mudra) und hält gleichzeitig den Stängel eines (weißen) Lotus, Sinnbild für ihre Reinheit.

Grüne Tara, Mongolei, 17./18. Jh.
Bronze, vergoldet, bemalt, Höhe 76 cm
Bogd-Khan-Palastmuseum, Ulaanbaatar

Die Grüne Tara (mong. Noyoyan Dar-a eke) ist durch ihre halbgeschlossene Sitzhaltung (Skrt. Ardhaparyanka) von der Weißen Tara zu unterscheiden: das linke Bein liegt flach angezogen, das rechte ist nur abgewinkelt und hier auf ein kleines Lotuspiedestal aufgesetzt. Dies betont den dynamischen Nothelfer – Aspekt der Grünen Tara – sie sitzt gewissermaßen in Sprungbereitschaft, um zur Hilfe zu eilen. Auf der mittleren Spitze ihrer Lotuskrone sitzt Buddha Amitabha, der geistige Vater des Avalokiteshvara, so auch der Tara. Den Kronengipfel bildet ein flammendes Wunschjuwel (Skrt. Chintamani), das mit Taras wunschgewährender Geste der rechten Hand korrespondiert. Die Linke hält, dabei die Ermutigungsgeste andeutend, den Stängel einer Lotusknospe, Symbol für die Entfaltung des Geistes.
Als Retterin bei Tag und Nacht gilt die Grüne Tara als Schutzpatronin Tibets und wird bei allen Gefahren und Ängsten um Hilfe angerufen.

Manjushri (Skrt. »Der edel und sanft«, »von lieblicher Schönheit ist«)

Er ist nach Avalokiteshvara der wichtigste Bodhisattva. Im Prajnaparamita-Sutra wird er erstmals erwähnt und steht im Zentrum etlicher Mahayana-Texte.
Manjushris kennzeichnende Attribute sind das Buch der Vollkommenen Weisheit und das flammende Schwert der Erkenntnis. Als Herr der Weisheit ist er die korrelative Heilsgestalt zu Avalokiteshvara, dem Herrn des Erbarmens. Die beiden verkörpern die sich ergänzenden Haupttugenden des Mahayana, Weisheit (Skrt. Prajna) und Mitgefühl (Skrt. Karuna).
Von Manjushri sind zwar weit weniger ikonographische Darstellungsvarianten

als von Avalokiteshvara bekannt, doch sind es mindestens zwanzig.

Im tantrischen Buddhismus Tibets erscheint Manjushri häufig in seiner zornvollen Gestalt als Dharmapala (Skrt. »Schützer der Lehre«) Yamantaka (Skrt. »Der dem Totengott Yama ein Ende bereitet«), das heißt als Sieger über den Tod (vgl. dazu S. 218).

Manjushri verleiht all jenen, die die Lehre zu verbreiten suchen, ein zuverlässiges Gedächtnis, mentale Vollkommenheit, Inspiration und Beredsamkeit. Auch gilt er als himmlischer Baumeister, der die irdischen Auftraggeber und Architekten zu würdigen Tempelbauten anregt.

In Tibet werden Lamas von überragender Gelehrsamkeit und Einsicht als irdische Erscheinungsformen Manjushris betrachtet, allen voran der Gründer des Gelbmützen-Ordens der Gelugpa, Tsongkhapa (vgl. S. 194 f.).

Von tibetischen Mönchen wird Manjushri allmorgens angerufen, damit er mit seinem flammenden Schwert die Dämonen der Finsternis vertreibe.

Den Nepalesen gilt Manjushri – legendär – als Urheber ihrer Kultur und ihm ist der erste Tag des Jahres geweiht.

In China wird Manjushri seit dem 4. Jh. mit dem Berg der fünf Gipfel, dem Wutaishan (Provinz Shanxi) in Verbindung gebracht. Von diesem mythischen Wohnsitz aus – Zentrum seiner Verehrung und Pilgerstätte – soll er die buddhistische Lehre in ganz China verbreitet haben.

Seit dem 8. Jh. wird Manjushri (jap. Monju) besonders auch in Japan verehrt, bevorzugt in der esoterischen Shingon-Schule, aber auch etwa in Zen-Klöstern, wo seine Darstellungen in den Meditationshallen (jap. Zendo) anzutreffen sind, da dieser Bodhisattva hier speziell mit der Lehre der Leerheit aller Phänomene (Skrt. Shunyata) identifiziert wird.

Im japanischen Volksglauben wacht Monju kraft seiner Weisheit und Disziplin über Feuerstätten in Küchen oder er verhilft Studenten zu Erfolg bei Prüfungen.

Manjushri (jap. Monju) auf einem weißen Löwen sitzend, japanischer Blockdruck

Manjushri durchquert auf dem Weg zum Wutaishan auf einem weißen Löwen das Meer. Der Löwe symbolsiert den »Löwenruf« des Buddha Shakyamuni, mit dem er die Lehre verkündete. In Japan wird diese Meerfahrt als Transfer der Lehre von China nach Japan interpretiert.

Manjushri, prinzlich geschmückt auf doppeltem Lotuspodest (s. Abb. S. 155 oben), hält in der erhobenen Rechten sein Kennzeichen, das flammende Schwert (Skrt. Khadga) der Weisheit, mit dem er die Unwissenheit und die Wurzeln der unheilsamen Anhaftungen an die Welt der Begierden zerstört und Licht auf die Höchste Wahrheit der Leerheit aller Phänomene lenkt.

oder acht wären möglich) symbolisieren die Anzahl der Mantra-Silben, mit denen Manjushri angerufen wird.

Manjushri, der sanfte Herr der Sprache (Skrt. Vagushvara-Manjushri), Nordostindien, Pala-Stil, 12. Jh.
Bronze, vergoldet, Höhe 9 cm
Sammlung Essen, Hamburg

In der Ausstattung eines indischen Prinzen sitzt Manjushri in spielerischer Haltung (Skrt. Lilasana) auf einem doppelten Lotuspodest, wobei Unterkörper und rechtes Bein durch einen Meditationsgurt verbunden sind. In seiner Haarflechtenkrone erscheint Buddha Ratnasambhava. Manjushris aufgestützte Linke hält den Lotusstängel, auf dessen Blüte das Buch der Weisheit und darauf ein Juwel liegt. Als sanfter Herr der Sprache ist Manjushri der Schutzpatron und Inspirator der Dharma-Lehrenden. Er schenkt ihnen verständnisreiche, liebevolle Rede.

Manjushri (mong. Manzu shri), Mongolei, 18. Jh.
Kupfer, vegoldet, Höhe 27,7 cm
Klostermuseum Erdenezuu, Provinz Övörchangaj

Mit seiner linken Hand formt er die Geste der Lehrdarlegung (Skrt. Vitarka-Mudra); daraus entfaltet sich der Stängel der Lotusblüte, auf der Manjushris zweites Attribut, das Buch (Skrt. Pustaka) der Vollkommenen Weisheit in einer Sutrenschatulle ruht. Buch und Schwert versinnbildlichen die zu erstrebende Einheit von Erlösungsweg und Heilsziel.

Auf dem Kopf trägt der Bodhisattva die fünfblättrige Lotuskrone des Weltüberwinders. Hinter ihr türmen sich fünf Haarknoten auf, die von einem Wunschjuwel (Skrt. Chintamani) bekrönt werden. Das Juwel verweist auf den Transzendenten Buddha Ratnasambhava, den »Juwelgeborenen«, Manjushris geistigen Vater. Die fünf Haarknoten (auch einer, sechs

Prajnaparamita

Prajna-param-ita: »Weisheit, die hinüber
gegangen ist« über die Grenze des Wissens. Prajnaparamita ist die Personifizie-
rung der intuitiven, vollkommenen Weisheit bzw. des Prajnaparamita-Sutra (vgl.
S. 105, 107 f.), das die Verwirklichung von
Prajna zum Inhalt hat. Diese Weisheitsli-
teratur, in der die mahayanische Kernlehre von der Leerheit aller Phänomene
(Skrt. Shunyata) als Grundlage der Erlösung verankert ist, stellt an die Gläubigen
hohe Ansprüche. Darin ist wohl der
Grund zu sehen, dem Prajnaparamita-
Sutra personale Gestalt und damit bildliche Anschauung zu verleihen. (Vergleichsweise kennt die westliche Kunst
zahlreiche allegorische Verbildlichungen,
wie Sophia als Weisheit, Justitia als
Gerechtigkeit, Amor als Liebe usw.). Die
Darstellung der Vollkommenen Weisheit
ist jedoch nicht nur als »Übersetzung«
abstrakter Zusammenhänge ins Bild aufzufassen. Wichtiger ist ihr praktischer
Kultwert als Bodhisattva: vor dem Bildnis
der Prajnaparamita können Gläubige sie
als Erlösungs-Helferin verehren und
anrufen und sie um ihren Beistand bitten,
individuell die Weisheitslehre zu verwirklichen.

Der chinesische Mönch Fa-hsien, um 400
Pilger über die Seidenstraße nach Indien,
berichtet erstmals von der Verehrung der
Prajnaparamita in Südindien. Ihr Kult hat
sich auf Java, in Kambodscha und in Tibet
weiterentwickelt.

Die Personifikation der transzendenten Weisheit sitzt in strenger Lotushaltung auf einem Lotusthron, aus dem ein Lotusstängel emporwächst. Er windet sich auf ihrer linken – ikonographisch weiblich intuitiven – Seite um ihren Arm und trägt auf seiner Blüte das typische Attribut der Prajnaparamita; das Buch (Skrt. Pustaka) in Gestalt eines Palmblattmanuskripts versinnbildlicht das Prajnaparamita-Sutra. Die Hände des weiblichen Bodhisattva formen das Dharmachakra-Mudra; die Geste, die das Rad der Lehre in Gang setzt, verweist auf den Buddha als Verkünder der Weisheitslehre, als deren Mutter die transzendente Weisheit selbst gilt. (Deshalb wird Prajnaparamita auch öfters »Mutter aller Buddhas« genannt). Ihr prächtiger Schmuck und üppiger, kronengleicher Kopfputz kontrastiert mit ihrer disziplinierten Haltung und besonders mit ihren ideal gleichmütigen, konzentriert verinnerlichten Gesichtszügen, wodurch sich für den Betrachter die Ausstrahlung ihrer spirituellen Kraft erhöht. Dieses hervorragende Meisterwerk javanesischer Skulptur vermittelt eindrucksvoll, wie die jenseits aller Begriffe liegende intuitive Erfahrung transzendenter Weisheit die illusorische Welt der Erscheinungen überwindet.

Samantabhadra (Skrt. »Dessen Güte allgegenwärtig ist«)

Dieser Bodhisattva wird in erster Linie in Ostasien verehrt. (Der gleichnamige Ur-Buddha der tibetischen Nyingma-Schule ist nicht mit ihm zu verwechseln.) Samantabhadra gilt als Emanation des Buddha Vairocana, der im Mandala der Fünf Transzendenten Buddhas das Zentrum einnimmt. Der chinesisch Puxian, japanisch Fugen genannte Bodhisattva repräsentiert Mitgefühl, Freigebigkeit und die buddhistische Lehre. Er ist Schutzpatron der Meditierenden.

Speziell ist er auch Schutzpatron des Lotus-Sutra, weshalb er von der in Japan verbreiteten Nichiren-Schule (Jap. Nichiren-shu, »Schule des Lotus der Sonne«) hoch geschätzt wird. (Für die Nichiren-Schule, die sozialpolitische Aufgaben der Religion betont, beinhaltet allein schon der Titel des Lotus-Sutra die Essenz der buddhistischen Lehre. Durch hingebungsvolle Rezitation der Formel »Verehrung dem Sutra des guten Gesetzes« kann, Nichiren zufolge, Erleuchtung erlangt werden.)

Unabhängig von Zeit und Ort erscheint Samantabhadra jenen Gläubigen als Erlösungshelfer, die das Lotus-Sutra rezitieren.

Seit der Heian-Zeit (8. Jh.) gilt Fugen besonders auch als Nothelfer der Frauen. Gestaltgewandelt, kann er als Gleicher unter Gleichen sogar als Kurtisane in Vergnügungsvierteln erscheinen – Holzschnitte bilden Fugen-Kurtisanen ab. Andere Bilder zeigen Fugen, der 10 Gelübde zur Errettung der Menschen geleistet haben soll, zusammen mit 10 Frauen, die in Hofgewänder der Heian-Zeit gekleidet sind, als Schützerinnen des Lotus-Sutra.

Am häufigsten wird Fugen auf hohem Lotusthron, höfisch gekleidet und mit krönendem Kopfputz, auf einem weißen Elefanten sitzend dargestellt (s. Abb. S. 158). Der Elefant, der hier einen Lotus im Rüssel hält, auf Lotus-»Schuhen« schreitet und auf seinem Kopf ein auf eine Lotus-

blüte gebettetes flammendes Wunschjuwel (Skrt. Chintamani) trägt – Samantabhadras Kennzeichen – symbolisiert die
alle Hindernisse beseitigende Kraft der
Weisheit. Angedeutet sind sechs Zähne,
die aus seinem Maul ragen (drei auf jeder
Seite). Sie versinnbildlichen einerseits die
Reinigung der Sechs Sinne bzw. die Überwindung der Anhaftung an sie. Andererseits sind die sechs Elefantenzähne Symbol für den Schutz, den Samantabhadra
Gläubigen vor der Wiedergeburt in einem
der sechs Existenzbereiche (Skrt. Gati; vgl.
Rad des Lebens, S. 238 ff.) gewährt.

Kshitigarbha (Skrt. »Dessen Schoß die Erde ist«)

Wie Samantabhadra ist Kshitigarbha
schon im 4. Jh. in Indien belegt, doch
waren hier beide Bodhisattvas offenbar
wenig populär. Verehrt wurde Kshitigarbha seit dem 5. Jh. unter dem Namen
Dizang in China, doch die weitaus höchste Wertschätzung genießt er seit dem 9. Jh.
als Jizo in Japan. Hier stattet ihn vor allem
auch der Volksglaube mit sehr weitreichender Wirkkraft aus, Wahrsagerei und
Wunder eingeschlossen.

Seinem Gelübde zufolge rettet Kshitigarbha – bis zur Herabkunft des Zukunfts-
Buddha Maitreya – die Wesen aus den
Qualen der Höllen. In Gegenden, wo Erd-
bestattung üblich ist, gilt er, bezugneh-
mend auf seinen Namen, als Beschützer
der Toten, besonders auch der ungeborenen oder verstorbenen Kinder. In der
Edo-Zeit (1603–1868), als Kinder häufig
abgetrieben oder kurz nach der Geburt
getötet wurden, weil die Eltern oft zu arm
waren, um alle Kinder großzuziehen, wurde es Brauch, die ungeborenen oder toten
Kinder der Obhut des Jizo anzuvertrauen,
indem die Mütter Kinderlätzchen und –
Mützen in einem Jizo-Tempel ablegten.

In der Meiji-Zeit (1868–1912) band man
die Kinderutensilien Statuen des Jizo
selbst um, damit er das Kind, das ja noch
keine Gelegenheit hatte, gutes Karma zu
sammeln, identifizieren und sicher aus
der Hölle geleiten konnte. In Tempeln
anzutreffende Serien von Jizo-Statuen
(oder grob behauene Steine, die ihn symbolisieren) sind oft in Erinnerung an die
ungeborenen oder toten Kinder aufgestellt, so zum Beispiel im Nembutsu-ji in
Kyoto.

*Samantabhadra (jap. Fugen), Japan, 20. Jh.
Stickerei auf Seide, Privatbesitz*

Als Schutzpatron der Kinder, auch der Kindererziehung, trägt der Bodhisattva den Namen Kosodate Jizo.

Jizo ist außerdem Schutzpatron der Bauern und der Landwirtschaft, der Reisenden und Pilger.

Seine einfachen Steinstatuen stehen an Straßenrändern und in Dörfern.

Neben Reis, Saki, Blumen und Kinderkleidern opfert man ihm auch manchmal Strohsandalen, in der Annahme, dass Jizo einen weiten Weg zurücklegen muss, um allen Wesen zu helfen.

Kshitigarbha (jap. Jizo), Japan,
2. H. 12. Jh., späte Heian-Zeit,
Holz, Farbreste
Museum Rietberg, Zürich

Als einziger Bodhisattva wird Jizo als Mönch mit Tonsur, doch mit der Urna auf der Stirn, im Mönchsgewand, doch mit Halsschmuck dargestellt. In der rechten Hand hält er den Rasselstab der Wandermönche (Skrt. Khakkara) – mit sechs Ringen. Sie symbolisieren sowohl die sechs Paramitas, Vollkommenheiten, die der Bodhisattva verwirklicht hat, als auch die sechs Bereiche der Wiedergeburt (vgl. Rad des Lebens, S. 238 ff.); dies bedeutet, dass Jizo allen Wesen in den sechs Daseinsbereichen beisteht. Die halbgeschlossene Sitzhaltung (Skrt. Ardhaparyanka) verweist auf seine stete Bereitschaft dazu. In seiner linken Hand hält Jizo sein zweites typisches Attribut, ein tropfenförmiges wunscherfüllendes Juwel (Skrt. Chintamani).

Vajrapani (Skrt. »Der den Varja in der Hand hält«)

Vajrapani lässt sich von dem hinduistischen Gott Indra ableiten, der in den Veden als höchster Gott rangiert, als Herr des Firmaments, des Regens und Gewitters. Indras und Vajrapanis Kennzeichen ist der Donnerkeil (Skrt. Vajra), der, im Lauf der Zeit in »Diamantzepter« umgedeutet, zum Namengeber des Vajrayana (Skrt. »Diamantfahrzeug«) und zu dessen zentralem Symbol wurde.

Vajrapani taucht bereits in der Kunst Gandharas auf. Er löst Chandaka, den weltlichen Diener Siddhartas, ab als ständiger Begleiter des Buddha Shakyamuni (vgl. S. 70 f.). Im Mahayana steigt Vajrapani zum Transzendenten Bodhisattva auf und repräsentiert die Beseitigung aller Hindernisse.

Die Bodhisattvas Manjushri, Maitreya und
Vajrapani, Buduruwagala, Sri Lanka,
zwischen 6. und 10. Jh.
Relief in Granitfels, Höhe ca. 3m

Mit konischer Krone und tief meditieren-
dem Gesichtsausdruck erscheinen von
links nach rechts: Manjushri, der Bodhisattva der Weisheit (das Schwert in seiner
Rechten ist abgebrochen, das Buch der
Vollkommenen Weisheit auf der Lotusblüte in seiner Linken noch erkennbar),
Maitreya, der Buddha der Zukunft, der
mit beiden Händen die Geste der Lehrdarlegung formt und Vajrapani. Er hat
seine rechte Hand zur Ermutigungsgeste
(Skrt. Abhaya-Mudra) erhoben.
Dahinter ist sein Kennzeichen zu sehen,
der Vajra, hier nicht mehr als Mörserkeule, sondern in einer Frühform des Dia-
mantzepters, als dreistegiger Vajra.
Ursprünglich Symbol physischer Macht
und gewaltiger Energie, versinnbildlicht

er nun die Reinheit, Klarheit und Unzer-
störbarkeit des Buddha-Geistes. So repräsentiert Vajrapani die Kraft aller Buddhas,
wie Manjushri deren Weisheit verkörpert.
Die beiden Bodhisattvas begleiten Maitreya, den eschatologischen Hoffnungsträger, der dereinst, wenn die von Shakyamuni verkündete Lehre vergessen sein
wird, diese aufs neue darlegen und den
Weg zur Erlösung weisen wird.

Im tantrischen Vajrayana erscheint Vajrapani – er hält den Vajra in der rechten
Hand – in seiner zornvollen Gestalt (s.
Abb. S. 161). Seine dunkelblaue Farbe verweist auf den Transzendenten Buddha des
Ostens, Akshobhya, seinen geistigen Vater,
dessen »unerschütterliche« Kraft er zum
Ausdruck bringt. Sie ist notwendig, um
Begierden und Leidenschaften zu besiegen. Vajrapani, ausgestattet mit dem weit
offenen Weisheitsauge, steht auf einer

Vajrapani (mong. Ocirbani) in zornvoller Erscheinungsform, Mongolei, 18. Jh. Thangka, Farben auf Baumwollgewebe, Höhe 310 cm Zanabazar-Kunstmuseum, Ulaanbaatar

Lotussonnenscheibe im energiegeladenen Ausfallschritt nach rechts (Skrt. Pratyalidha). Er trägt den Schmuck und die hier aus fünf flammenden Wunschjuwelen gebildete Krone des Weltüberwinders. Das Tigerfell um seine Lenden symbolisiert hier furchtlos energetische Aktivitäten, den Tod »des Tigers der Begierden«. Die lodernden Flammen, die der Helfer zur Erleuchtung emaniert, versinnbildlichen ebenfalls die Vernichtung der unheilsamen Geistesgifte.

Im Sadhana (Skrt. »Mittel der Vollendung«) – im Tibetischen Buddhismus zentrale religiöse Praxis (vgl. S. 169 f.) – visualisiert der Meditierende zornvolle Heilsgestalten, um die der Erleuchtung hinderlichen Illusionen durch die Umwandlung negativer Energien in positive zu zerstören.

161

Pilgerweg zur Erleuchtung: der Borobudur auf Java

Der Borobudur, gelegen auf einem 14 m hohen Hügel in der Kedu-Ebene in Zentral-Java, ist zugleich Stupa, Mandala und Bild des Universums. Er gilt als eines der größten und komplexesten Einzelmonumente des Buddhismus. Aufgrund der Islamisierung Javas geriet der Borobudur fast 400 Jahre in Vergessenheit, bis er 1841, vom Dschungel überwuchert, wiederentdeckt wurde. Die Restaurierungsmaßnahmen erfolgten zu Anfang des 20. Jahrhunderts und in den 1970er Jahren. Gleichwohl sind Beschädigungen und Verluste zu beklagen.

Erbaut wurde der Borobudur von Herrschern der javanischen Shailendra- (jav. »Herren der Berge«) Dynastie, über die selbst kaum Informationen überliefert sind. Eine javanische Steininschrift bezeichnet 778 erstmals einen Shailendra als Raja, »König«. Bereits um 840 war diese Dynastie in Zentral-Java wohl nicht mehr an der Macht; ältere Forschungen datieren ihr Ende auf 864. So kurz die Periode der Shailendra war – sie gilt als das Goldene Zeitalter der Kunst und Architektur Javas.

Als finanzielle Grundlage für die Aktivitäten der Shailendras ist nicht nur der Reisanbau, sondern vor allem der Seehandel mit Indien und besonders China zu nennen. Die Darstellungen der indonesischen Auslegerboote auf Bas-Reliefs des Borobudur verweisen darauf.

Etymologische Untersuchungen haben ergeben, dass Borobudur ›Neues Kloster‹ bedeutet. Die »Inschrift von Karangtenah« (824), archäologische Ausgrabungen und die dem Borobudur auf einer Achse zugeordneten Tempel Mendut und Pawon lassen darauf schließen, dass der Borobudur das Hauptheiligtum innerhalb eines großen

Schnitt des Borobudur (ursprüngliche Höhe ca. 42 m)

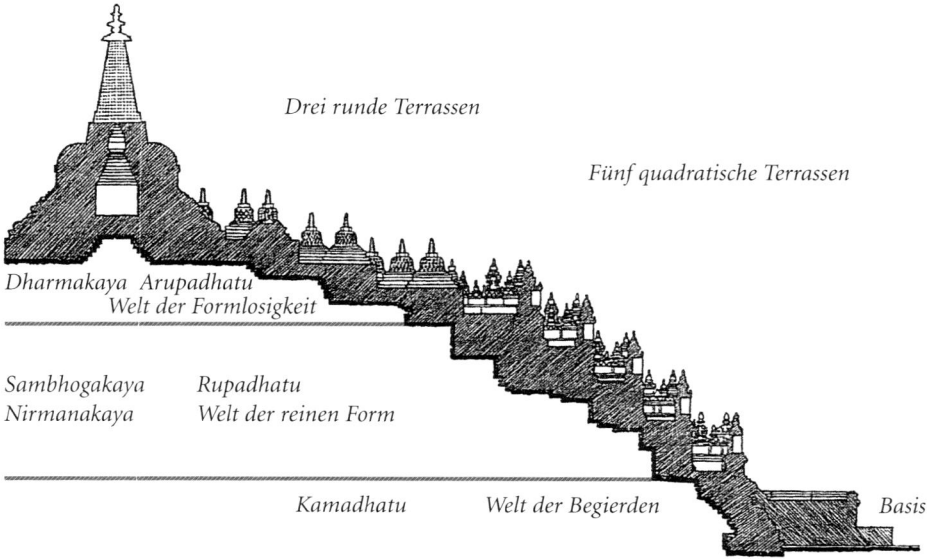

Drei runde Terrassen

Fünf quadratische Terrassen

Dharmakaya Arupadhatu
Welt der Formlosigkeit

Sambhogakaya Rupadhatu
Nirmanakaya Welt der reinen Form

Kamadhatu Welt der Begierden Basis

Klosterareals, eines bedeutenden Studien- und Meditationszentrums war. Erwiesen ist – zum Beispiel durch zahlreiche kambodschanische Steininschriften des 11. Jahrhunderts, chinesische Berichte oder Ausgrabungsfunde von vielen Votivgaben –, dass der Borobudur Ziel vieler Pilger aus asiatischen Ländern war.

Der Borobudur ist auf eine vollkommene meditative Pilgerschaft zur Erleuchtung ausgerichtet. Vom Basisquadrat (Seitenlänge je 123 m) aus, das für die karmisch bedingte Welt der Begierden (Skrt. Kamadhatu) steht, steigt der Pilger über jeweils steile Treppenaufgänge auf den »kosmischen Berg« in immer höhere Ebenen der Erkenntnis hinauf.

Er durchschreitet die korridorartigen Galerien auf den fünf quadratischen Terrassen, die die begierdelose Welt der reinen Form (Skrt. Rupadhatu) symbolisieren. Er wird hier der zahlreichen kostbaren Werke der Bildhauerkunst gewahr, die nach der Drei-Körper-Lehre des Buddha (Skrt. Trikaya, vgl. S. 111 ff.) den »Körper der Verwandlung« und den »Körper des Genusses« (Skrt. Nirmanakaya und Sambhogakaya) repräsentieren.

Schließlich erklimmt der Pilger die drei schmucklosen runden Terrassen und gelangt damit in die Welt der Formlosigkeit (Skrt. Arupadhatu), die nach der Trikaya-Lehre dem Dharmakaya, dem »Körper der Großen Ordnung« entspricht. Er wird repräsentiert von Buddha Vairocana, dessen 72 Skulpturen (32+24+16) von rautendurchbrochenen Stupaglocken überstülpt sind, sowie von dem Hauptstupa, der in der Mitte der obersten runden Terrasse als Nirvana-Symbol aufragt.

Das ikonologische Programm des Borobudur

Hat der Pilger den ersten Aufgang des kosmischen Berges bestiegen, wird er auf acht Umwandlungswegen (Skrt. Pradakshina patha), die zum krönenden Hauptstupa führen und dem Edlen Achtfachen Pfad zur Erleuchtung entsprechen, in ein Bildprogramm eingebunden, das seinen spirituellen Fortschritt fördert und gewissermaßen widerspiegelt.

In der Welt der reinen Formen – Rupadhatu – ist fast jeder Stein gestaltet. Die Wände der Terrassen und Balustraden bestehen auf über 2,5 km Gesamtlänge aus 1300 erzählenden (und dazwischen 1212 ornamentalen) Relieftafeln. Dazu kommen 1472 kleine Schmuckstupas und Dekorelemente.

Der Mandala-Charakter des Candi kommt hier durch die Figuren der fünf Transzendenten Buddhas zum Ausdruck, die auf vier Terrassen die vier Himmelsrichtungen und auf der fünften das Zentrum bestimmen. Ursprünglich waren dies auf der ersten bis fünften Terrasse 432 (4 × 92 und 64) Buddhas.

Die Reliefs auf den quadratischen Terrassen weisen dem Pilger den vorbildlichen Weg zur Buddhaschaft. Zunächst erzählen die Jatakas (vgl. S. 31 ff.), Geburtsgeschichten, von den früheren Leben des Buddha Shakyamuni, die zeigen, wie das Verhalten in früheren Existenzen nach dem Gesetz des Karma das gegenwärtige Leben beeinflusst. In gleicher Absicht sind daneben Avadanas (Skrt. »Großtat«) dargestellt, Legenden, die sich auf die Vorexistenzen von Heiligen beziehen und das Bodhisattva-Ideal hervorheben. Über diesen Reliefs läuft eine zweite Reliefreihe, auf der, der Buddhabiographie Lalitavistara folgend, die Lebensstationen des Buddha Shakyamuni von seiner Herabkunft aus dem Tushita-Himmel bis zu seiner ersten Predigt gezeigt werden. Jatakas und Avadanas schmücken auch noch die Balustraden des zweiten Rundgangs. Das bestimmende Thema des Reliefprogramms dieser und der folgenden quadratischen Terrassen ist dem Gandavahyuha, dem längsten Teil des mahayanischen Buddhavatamsaka-Sutra (Skrt. »Sutra der Buddha-Girlande«), entnommen. Die im (kurz:) Avatamsaka-Sutra vorgetragenen Lehren, denen zufolge die Buddhanatur allen Wesen und Dingen inhärent ist, werden hier nicht von Buddha Shakyamuni selbst verkündet, sondern nach der Trikaya-Lehre als Äußerungen des Dharmakaya aufgefasst. Das Schweigen des Buddha entspricht dabei der Höchsten Wahrheit der Leerheit (vgl. S. 107 ff.).

Das Erzählthema des Gandavahyuha ist die Pilgerschaft des jungen indischen Kaufmannssohns Sudhana. Auf seiner Suche und seinem Weg zur Erleuchtung begegnet Sudhana, geführt von dem Bodhisattva der Weisheit, Manjushri, 53 Beratern verschiedenster Art, darunter sowohl einer Prostituierten wie auch dem Zukunftsbuddha Maitreya. Damit ist u. a. die mahayanische Vorstellung der Gleichheit aller Wesen und die ihnen innewohnende Buddhanatur, die aus der Leerheitsphilosophie resultiert, illustriert.

Schließlich trifft Sudhana auf den Bodhisattva Samantabhadra. Von diesem »Ringsum Segensreichen«, der das Mitgefühl und die alle Hindernisse beseitigende Weisheit vertritt und als Schutzpatron der mahayanischen Lehre und der Meditierenden gilt, erhält Sudhana die letztendlichen Belehrungen, die ihn zur Erleuchtung und zur Erfahrung der Höchsten Wahrheit führen. Samantabhadra ist die oberste Reliefreihe des Borobudur gewidmet.

Luftaufnahme des Candi (jav. »Heiligtum«) Borobudur, Zentral-Java, um 800

164

Samantabhadras geistiger Vater ist der Transzendente Buddha Vairocana, das heißt, er wird nach der Trikaya-Lehre als dessen Emanation aufgefasst. Vairocana, der im Mandala der fünf Transzendenten Buddhas das Zentrum einnimmt, erscheint auf der fünften quadratischen Terrasse 64 mal figürlich dargestellt. In 64 ist 8 × 8 enthalten, eine Ausdrucksformel der Vollkommenheit (vgl. dazu S. 39f.). Die Acht als Transformationszahl – die ja auch den Edlen Achtfachen Pfad zur Erleuchtung bezeichnet – markiert den Übergang des richtungsgebunden begrenzten, raumbezogenen Quadrats der Welt der Formen (Skrt. Rupadhatu) in den richtungsfreien, in sich ruhenden Kreis der formlosen Welt (Skrt. Arupadhatu). Bemerkenswerterweise haben die beiden ersten der runden Terrassen des Borobudur noch keine exakte Kreisform, so dass der Übergang

Buddha Vairocana mit der Darmachakra-Mudra auf einer der runden Terrassen des Borobudur. Die Stupaglocke über dieser Figur ist zerstört.

Zwei der ursprünglich 72 kleinen Stupas auf den runden Terrassen des Borobudur.

Grundriss des Borobudur – ein Mandala

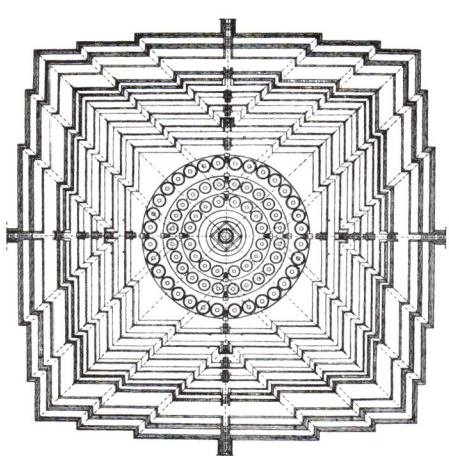

von Rupadhatu nach Arupadhatu architektonisch sensibel gelöst ist.

Wenn der Pilger von der fünften quadratischen Terrasse zu den runden Terrassen aufsteigt, überschreitet er dabei eine sukzessiv gestaltete Grenze. Er ist bisher der Heilsgestalten des Nirmanakaya, des »Körpers der Verwandlung« gewahr geworden (durch die bildliche Darstellung der Jatakas, der Avadanas, der Lehre des historischen Buddha und Sudhanas Pilgerschaft zur Erleuchtung) und er hat

165

zahlreiche Figuren der Transzendenten Buddhas als Manifestationen des Sambhogakaya, des »Körpers des Genusses« meditativ in sich aufgenommen. Es waren dies:

der *Buddha des Ostens, Akshobhya*, mit der Geste der Erdberührung (Skrt. Bhumisparsha-Mudra), der die spiegelgleiche Weisheit vertritt.

der *Buddha des Südens, Ratnasambhava*, mit der Geste der Wunschgewährung (Skrt. Varada-Mudra), der für die Weisheit der Wesensgleichheit steht.

der *Buddha des Westens, Amitabha*, mit der Geste der Meditation (Skrt. Dhyana-Mudra), der die unterscheidende Weisheit repräsentiert.

der *Buddha des Nordens, Amoghasiddhi*, mit der Geste der Ermutigung (Skrt. Abhaya-Mudra), dessen Weisheitsaspekt die Alles Vollendende Weisheit ist.

der *Buddha des Mandala-Zentrums, Vairocana*, auf der fünften quadratischen Terrasse, mit der Geste der Lehrdarlegung (Skrt. Vitarka-Mudra).

Mit dieser für Vairocana nicht typischen Geste ist er als geistiger Vater des Bodhisattva Samantabhadra zu deuten, der oft mit der Vitarka-Mudra gezeigt wird und dessen letztendliche Unterweisungen Sudhana zur Erleuchtung führen.

Auf den runden Terrassen begegnet der Pilger nun Vairocana 72 mal; hier zeigt er die für ihn typische Geste des Ingangsetzens des Rades der Lehre (Skrt. Dharmachakra-Mudra). Er repräsentiert hier als Universal-Buddha, als Vater aller Buddhas alle deren Weisheitsapekte, die allumfassende Höchste Weisheit, die Dharmadhatu-Weisheit und den Dharmakaya. Der »Körper der Großen Ordnung« ist begrifflich und bildlich prinzipiell eigentlich nicht, sondern nur uneigentlich, vor-

läufig darstellbar. Auch hier bietet der Borobudur eine sensible Lösung an: die Vairocana-Skulpturen sind von Stupaglocken überstülpt, wobei deren kleine, meist rautenförmige Öffnungen einen begrenzten Blick auf den Buddha zulassen.

Aus der Sicht des Dharmakaya bzw. der Welt der Formlosigkeit erklärt sich, warum die Darstellung des Lebens und der Lehre des historischen Buddha als Nirmanakaya, »Körper der Verwandlung«, auf der ersten der quadratischen Terrassen des Borobudur der mahayanischen Buddha-Biographie Lalitavistara folgt: sie endet mit Shakyamunis erster Verkündigung der buddhistischen Lehre im Gazellenhain von Sarnath. Damit ist der Ursprung der Geste des In-Gang-Setzens des Rades der Lehre bezeichnet.

Wenn Vairocana die Dharmachakra-Mudra formt, setzt er als Universal-Buddha das Rad der Lehre erneut in Gang, nämlich das Rad der Leerheits-Lehre, derzufolge Samsara und Nirvana nicht verschieden und daher alle Wesen latent erlöst sind.

Sich dessen gewahr zu werden, ist die Vorgabe an den Erleuchtung suchenden Pilger, der den Borobudur ersteigt, seine Terrassen umwandelt und sich zuletzt vor dem bekrönenden Haupt-Stupa findet – dem Symbol für Nirvana.

Der Borobudur drückt damit die auf dem Hinayana basierende mahayanische Gedankenwelt aus.

Etliches spricht dafür, dass der Candi darüber hinaus auch vom esoterischen Vajrayana-Buddhismus inspiriert ist und außerdem als Monument des Ahnenkults der Shailendra zu interpretieren wäre. – Der Symbolreichtum des Borobudur ist bis heute nicht vollständig ergründet.

Sicherlich haben die Shailendra-Könige im Borobudur den Ausdruck ihrer weltlichen und spirituellen Macht gesehen. Sehr wahrscheinlich ist, dass sie sich – vergleichbar vorangegangenen hinduistischen Herrschern in Java, die sich als Devaraja, Gottkönige, mit Shiva identifizierten – als Buddharajas, Buddhakönige, betrachteten.

Ursprünglich war der Borobudur mit 504 Buddha-Statuen ausgestattet. Der in Meditationshaltung sitzende Amitabha stammt aus einer der 92 Nischen auf der Westseite von vier quadratischen Terrassen des Borobudur, in denen je eine Amitabha-Figur saß.

Die Bildnisse der drei übrigen Transzendenten Buddhas der Himmelsrichtungen – ebenfalls je 92 – nahmen den Osten (Akshobhya), Norden (Amoghasiddhi) und Süden (Ratnasambhava) ein.

Vairocana, dem Buddha des Mandala-Zentrums, war mit 64 Statuen die fünfte quadratische Terrasse vorbehalten. An mehr als 200 Buddhastatuen des Borobudur fehlen die Köpfe; die meisten davon sind verstreut in ausländischem »Besitz«.

Die Amitabha-Skulptur zeigt – wie alle Bildwerke am Borobudur – den Einfluss der klassischen indischen Gupta-Kunst (vgl. S. 80 f., 88) auf die javanische Kunst der Shailendra-Zeit. Indische Handwerker im Dienst der javanischen Auftraggeber übermittelten die Vorbilder und wirkten als Lehrer der einheimischen Künstler, die solche Anregungen souverän weiterentwickelten.

Der Stil der javanischen Hochblüte zeichnet sich durch humane Einfühlungskraft und schlichte Schönheit aus.

Buddha Amitabha, Candi Borobudur,
Zentral-Java, 1. Viertel 9. Jh.
Andesitstein, Höhe 106 cm
Museum Nasional, Jakarta

Unter dem psychologisch-pädagogischen Aspekt der Lehre betrachtet, ist diese Amitabha-Figur besonders überzeugend. Der fein geformte Kopf mit dem Ausdruck der Versunkenheit in Meditation scheint in Widerspruch zu stehen mit dem im Verhältnis etwas zu wuchtigen Körper. Und doch stellt die Linienführung und die Behandlung des Andesitsteins, die den Körper wie durchsichtig erscheinen lässt, die in sich ruhende Einheit der Figur her: die in der Meditation erfahrene Erleuchtung hat alle anhaftende Körperlichkeit überwunden.

Vajrayana (»Diamant-Fahrzeug«), die dritte große Schulrichtung des Buddhismus

Das Vajrayana integriert die Lehren des Hinayana und Mahayana mit dessen Hauptaspekten: Philosophie der Leerheit, Transzendente Buddhas, Bodhisattva-Ideal. Doch setzt das Diamant-Fahrzeug neue Schwerpunkte in der Meditationspraxis und im Ritualwesen. Darauf gründet sich die enorm ausgeweitete Bildwelt des Vajrayana.

Das Vajrayana gelangte mit den Lehren des Mahayana von Indien und Zentralasien nach Ostasien und von Indien nach Tibet. Überdauert hat das Vajrayana im Tibetischen Buddhismus.

Der Ursprung des Vajrayana in Indien ist nicht konkret fassbar. Man nimmt an, dass sich zuerst kleine Gruppen von Schülern aus eher niederen sozialen Schichten außerhalb der Klöster um einen Yogin als Guru (Skrt. »Lehrer«) sammelten. Zeitlich und lokal annähernd greifbar wird das Vajrayana im 6. Jh. in einer nordindischen Region namens Uddyiana (der Gegend des heutigen Peshavar) und in Nordostindien (Bengalen, Assam). Ab dem 7. Jh. wurde das Diamant-Fahrzeug neben dem Großen Fahrzeug offiziell in Nalanda gelehrt, der größten und bedeutendsten indischen Klosteruniversität, ab dem 9. Jh. auch an der Klosteruniversität Vikramashila. Als Zentrum für die Ausbildung und Aussendung von Missionaren nach Tibet wirkte Vikramashila nachhaltig auf den Tibetischen Buddhismus ein.

Das Vajrayana leitet seinen Namen vom Vajra her. Als »Blitzstrahl« oder, geläufiger, »Donnerkeil« ist er ursprünglich die Waffe des hinduistischen Gottes Indra, der in den Veden als personifizierte Atmosphäre und Herr des Firmaments als der höchste der Götter gilt.

Im Buddhismus bezeichnet der Vajra den klaren, makellos reinen, unzerstörbaren und unvergänglichen »Diamanten«. Er ist das Symbol für die Wahre Wirklichkeit, die Leerheit aller Erscheinungen (Skrt. Shunyata) und für die allen Wesen inhärente Buddha-Natur (Skrt. Buddhata).

Als »Diamantzepter« ist der Vajra das wichtigste Ritualinstrument des Vajrayana und versinnbildlicht Upaya, die »geschickte Methode«.

Äquivalent zum Vajra ist die Glocke (Skrt. Ghanta), die für die Vollkommene Weisheit (Skrt. Prajnaparamita) steht. Vajra und Ghanta vertreten auch das männliche und weibliche Prinzip. Werden die beiden vom Zelebranten durch mystisch rituelle Handlungen vereint, bedeutet das die Aufhebung der Dualitäten in der Einsheit, der Höchsten Wahrheit.

Die symbolische Vereinigung von männlich und weiblich, von aktiver Methode und passiver Weisheit in der unio mystica wird auch in der Bildwelt des Vajrayana signifikant.

Das Vajrayana wird auch Tantrayana, »Tantra-Fahrzeug« genannt. Das Sanskrit-Wort Tantra bedeutet »Gewebe«, »Zusammenhang«, »Kontinuum« und bezeichnet die Tantras, die grundlegenden Schriften des Vajrayana und die in ihnen beschriebenen Meditationssysteme.

Den Anhängern des Diamant-Fahrzeugs gilt Buddha Shakyamuni als Urheber der Tantras. Ihnen zufolge hat er sie in seiner Manifestation als Dharmakaya, »Körper des Gesetzes«, bedeutenden Gelehrten und Lehrern offenbart, die die Tantras in sogenannten Guru-Überlieferungslinien weitergaben. Die nur Eingeweihten verständlichen Tantras werden vom Hinayana und Mahayana nicht als authentisches buddhistisches Schrifttum anerkannt.

Ursprünglich in Sanskrit verfasst, sind die Tantras größtenteils nur noch in tibetischen Übersetzungen erhalten. Sie sind im tibetischen buddhistischen Kanon gesammelt: sie füllen 22 Bände des 98bändigen Tangyur und die Kommentarliteratur dazu umfasst 86 Bände des 224bändigen Tengyur der Ausgabe des Klosters Narthang.

Verkörpert wird die Lehre im Tibetischen Buddhismus vom Lama (tib. »Höherstehender« oder »Oberer«), dem unentbehrlichen Führer auf dem Heilsweg. Die traditionelle Ausbildung eines Lama umfasst ein jahrzehntelanges Studium in den verschiedenen Disziplinen der buddhistischen Philosophie und Meditation. Zusätzlich sind drei Jahre der Zurückgezogenheit Bedingung, um ein Lama zu werden. Auf die spirituelle Hochschätzung verweist der besonders qualifizierten Meistern verliehene Titel Rimpoche (tib. »Außerordentlich Kostbarer«).

Um als Mönch oder Laie die Lehren des Vajrayana zu verwirklichen, ist es unbedingt notwendig, Unterweisungen von einem Lama zu erhalten. Der Lama, traditionell immer Lehrträger einer Guru-Überlieferungslinie, wird als eine irdische Erscheinungsform des Buddha betrachtet und dient selbstlos dem Wohl anderer Lebewesen.

Der Lama übt »Kraftübertragung« aus, wenn er rituell die Initiation eines Schülers vollzieht.

In der »Einweihung« (Skrt. Abhisheka) »ermächtigt« er den Schüler, speziell seinen Fähigkeiten entsprechende Meditationsübungen auszuführen. Die Einweihung wird begleitet von der »Wortübertragung« (Skrt. Agama), der Lesung des dem Schüler angemessenen Sadhana (Skrt. von ›sadh‹, »zum Ziel gelangen«; »Mittel der Vollendung«), sowie vom mündlichen Kommentar des Lama. Zu den übertragenen Mitteln gehören Mantras, spezielle rituelle Gesten (Skrt. Mudras) und die Betrachtung von Mandalas.

Sadhana ist die zentrale Praxis des Vajrayana. Die stark auf Psychologie ausgerichtete Methode der Meditation aktiviert verborgene Energien, sowohl friedvolle, als auch agressive, die in heilsame umgewandelt werden sollen.

Zur Erweckung der heilswirksamen Kräfte dienen bildlich dargestellte Heilsgestalten, die eine höhere »Realität«, das heißt, bestimmte Aspekte der Erleuchtung verkörpern. Sie erscheinen in friedvoller, zornvoller oder gar »rasender« Gestalt und symbolisieren die friedfertigen oder aggressiven Anlagen im Bewusstsein des Übenden. In den Tantra-Texten sind die enorm zahlreichen Meditationshelfer detailliert beschrieben, wie auch Tausende von Mandalas, Psycho-Kosmogramme, in ihnen angeführt sind.

In der Sadhana-Praxis visualisiert der Meditierende »seine« ideale Heilsgestalt, identifiziert sich mit ihr und löst sich wieder von ihr. Daraus soll seine Selbstverwandlung folgen. So können Begierde, Hass und Unwissenheit durch Gleichmut, Liebe und Weisheit ersetzt werden. Dabei sind die durch die zornvollen Heilsgestalten verbildlichten Energien nicht minder notwendig wie die friedlichen, denn sie rufen die Zerstörung der weitläufigen hinderlichen Illusionen hervor. – Die komplexen Schreckgestalten gehören zu den höheren Tantra-Klassen. (Zum Ablauf eines Sadhana siehe Yidam, S. 214).

Fast alle Tantra-Gestalten sind in einem Ordnungsprinzip erfasst, nämlich in dem der »Buddhafamilien« (Skrt. Buddhakula). Auf diesem – je nach Schule variierenden System – basiert die Ikonographie und Symbolik des Vajrayana (siehe dazu die auf dem Tibetischen Totenbuch basierende Grundtabelle S. 237).

Die Oberhäupter der spirituellen Buddhafamilien sind die fünf Transzendenten Buddhas im Mandala. Der Zentrums-Buddha Vairocana führt die »Buddha-Familie« an, Akshobhya (Osten) die »Vajra-Familie«. Ratnasambhava (Süden) die »Ratna-Familie«, Amitabha (Westen) die »Padma-Familie« und Amoghasiddhi (Norden) die »Karma-Familie«.

Die Oberhäupter verkörpern primär die verschiedenen Aspekte der Weisheit, im Vajrayana aber eben auch deren Kehrseite, die aggressiven Energien. So steht zum Beispiel Akshobhya. »Der Unerschütterliche«, für die Spiegelgleiche Weisheit, aber auch für das Geistesgift Hass.

Übertragen auf die Meditation heißt das, die Energie der Aggression ist von dem Grund, durch den sie entstanden ist, abzulösen und für die Entwicklung der alles unverzerrt refektierenden, nicht-dualistischen Spiegelgleichen Weisheit zu nutzen – in unerschütterlicher Konsequenz.

Zu den Buddhafamilien gehören jeweils bestimmte Transzendente Bodhisattvas und die zahlreichen tantrischen Gestalten – zum Beispiel zählen die meisten der zornvollen unter ihnen zur Vajra-Familie des Akshobhya. Die Bodhisattvas zeigen ebenfalls zwei Seiten der einen Wirklichkeit und erscheinen friedvoll oder zornvoll. So wird etwa Avalokiteshvaras zornvoller Aspekt durch den Dharmapala (Skrt. »Schützer der Lehre«) Mahakala (Skrt. »Großer Schwarzer«) verkörpert (von ihm gibt es 75 »Spezial«-Formen, mit unterschiedlicher Anzahl von Armen, Attributen usw.). Mahakalas Funktion ist, irdische Begierden in grenzenloses Mitgefühl verwandeln zu helfen, die signifikante Tugend Avalokiteshvaras. In Vajrabhairava, einer der komplexesten Krodha- (Skrt. »zornvoll«) Gottheiten, zeigt sich zum Beispiel der Bodhisattva Manjushri, wenn er Unwissenheit in Weisheit zu verwandeln helfen soll.

Den Heilsgestalten zugeordnet sind die Elemente, Handgesten und heilige Silben, die die Verbindung mit ihnen herstellen, Weisheitsaspekte, Symbole und Attribute. Besonders zornvolle Gestalten tragen oft viele Waffen in vielen – hilfreichen – Händen.

Eine wesentliche Rolle in der Typologisierung spielt auch das bunte, abstrahierende Kolorit, das die Vajrayana-Gestalten differenzierend charakterisiert und zugleich verbindet. Die Farben sind nicht als ästhetische, sondern als Symbolwerte zu betrachten. Sie werden als Eigenschaften des Lichts aufgefasst, analog zum Regenbogen, der das Sonnenlicht durch Wassertropfen zu Farben bricht. (Der Regenbogen taucht als solcher öfters in den Bildern als Symbolformel auf.)

Die Farbsymbolik basiert auf den Transzendenten Buddhas der Himmelsrichtungen im Sambhogakaya, »Körper des Genusses«. Sie repräsentieren primär die Aspekte der Weisheit und Erleuchtung und sie sind farblich feststehend definiert: Akshobhya blau, Ratnasambhava gelb, Amitabha rot und Amoghasiddhi grün, also den Hauptfarben des Spektrums entsprechend. Der Zentrums-Buddha Vairocana, der die Vollendete Weisheit vertritt, erscheint immer in Weiß, der Summe aller Farben.

Die Lichtquelle liegt im Buddha in seiner Manifestation als Dharmakaya, »Körper der Großen Ordnung«. Im Vajrayana wird er Adi-Buddha (Skrt. »Ur«- oder »Ursprungs-Buddha«) genannt und – je nach Schulrichtung – mit den Namen Mahavairocana, Vajradhara oder Samantabhadra (der nicht zu verwechseln ist mit dem gleichnamigen Bodhisattva) belegt. Obwohl sich der Dharmakaya prinzipiell der sprachlichen oder bildlichen Fassbarkeit entzieht, wird er als visionäre Symbolfigur dargestellt – mit dem Ziel, die Leerheit (Skrt. Shunyata) sinnlich erfahrbar zu machen.

Wie schon im Mahayana-Kapitel zu sehen war, ist die Lehre von der Leerheit aller Erscheinungen das Gegenteil von einem philosophischen »Schwarzen Loch«. Zuvorderst war aus ihr zu schließen, dass alle Wesen die Buddha-Natur in sich tragen, sich ihres Potenzials der Buddhaschaft »nur« gewahr werden müssen.

Im Vajrayana werden für das Ziel, Erleuchtung möglichst schon im gegenwärtigen Leben zu verwirklichen, alle denkbaren Mittel eingesetzt. Dazu gehört, dass das Vajrayana aus der Nicht-Verschiedenheit der Phänomene in der Leerheit ein charakteristisches Konzept ableitet: die Analogie von Makrokosmos und Mikrokosmos. So finden die Qualitäten des menschlichen Bewusstseins ihre Entsprechungen in den visualisierten transzendenten Heilsgestalten, so sind die Transzendenten Buddhas irdisch »verankert« in Himmelsrichtungen, Elementen, Farben, Formen und Lauten, so ist ein Mandala zugleich Psychogramm und Kosmogramm usw.

Recht anschaulich wird die mikro-makrokosmische Analogie in der Yoga-Praxis, in der der menschliche Körper als kleines Universum in mythischer Beziehung zu Vorstellungen des großen Universums gesetzt wird. Nur als Beispiel vorweggenommen, entspricht die Wirbelsäule dem mythologischen Weltenberg Meru, also der Weltachse.

Im Tibetischen gibt es keinen Ausdruck für den Begriff Kunst. Die sakralen Werke werden »innere Stützen« genannt. Ein Bild anschauen heißt »Befreiung durch Sehen«, was den visionären Aspekt unterstreicht.

»Stützen des Körpers« sind alle Gemälde und Skulpturen von Buddhas, Bodhisattvas und der anderen Heilsgestalten des tibetischen Pantheons. Als »Stützen der Rede des Buddha« werden die buddhistischen Schriften bezeichnet. Dazu gehören auch Inschriften, etwa Mantra-Inschriften auf Mani-Steinen, und Gebetsmühlen. »Stützen des Geistes« sind die Symbole, allen voran der Vajra und die Glocke.

Wie der Name des tibetischen Stupa, Chörten, ausdrückt, gilt das Nirvana-Symbol als »Stütze der Lehre«: Chörten setzt sich zusammen aus ›chö‹ für »Lehre« und ›rten‹ für »Stütze«. – Der Chörten weist eine enorm komplexe Symbolik auf, die in ihrer Vielschichtigkeit weit über die Detail-Bedeutung des ursprünglichen Stupa hinausreicht.

Der Vajra (Skrt.; tib. Dorje)

Der Vajra ist der Namengeber des Vajrayana. Das Diamantzepter ist Symbol für die Höchste Wahrheit der Leerheit aller Erscheinungen (Skrt. Shunyata) und für die vollkommene Erleuchtung. In der rechten Hand einer Heilsgestalt oder eines Ritualzelebranten gehalten, symbolisiert der Vajra die »geschickte Methode« (Skrt. Upaya).

Das Diamantzepter, bevorzugt aus Meteoriteisen geschmiedet, hat zwei identische Enden, die aus einer Zentralnabe und einem Lotusornament hervorwachsen. Die Enden werden als Strahlen oder Stege bezeichnet. Es gibt ein-, drei-, fünf- und neunstegige Vajras, die in ihren Details unterschiedliche Bedeutung haben – je mehr Stege, desto komplexer die tantrische Symbolik.

Sind die Stege an der Spitze nicht zusammengeschlossen, sondern offen, ist der Vajra zornvoll aspektiert, als Waffe gegen falsche Illusionen und Geistesgifte.

Das Diamantzepter soll die Länge von 12 Maßeinheiten haben, sinnbildlich für die Zerstörung der 12 Glieder der »Entstehung in Abhängigkeit«, die an den Kreislauf der Existenzen binden (vgl. dazu Rad des Lebens, S. 238 ff.).

Die Zentralnabe symbolisiert die Sphäre der Wahren Wirklichkeit, die Leerheit. Das Ornament der Lotusblütenblätter steht in der Grundbedeutung für Reinheit und spirituelle Entwicklung. Die Scheiben, auf denen die Stege auf jeder Seite aufgesetzt sind, symbolisieren Sonne und Mond als kosmische Ergänzungen, damit die Aufhebung der Polaritäten, sowie die Vereinigung von Weisheit (Sonne) und Methode (Mond), von absoluter und konventioneller Wahrheit und die Unteilbarkeit des Erleuchtungsgeistes (Skrt. Bodhichitta).

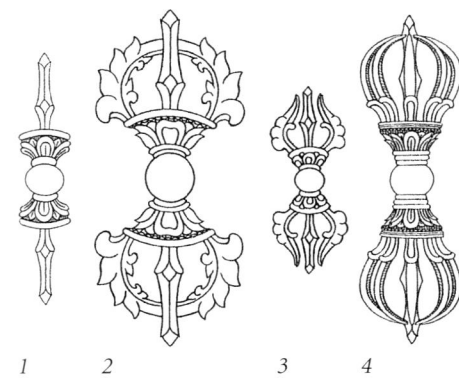

1   2   3   4

1 Einsteiger Vajra
2 Drei- bzw. fünfstegiger Vajra (2 Stege verdeckt)
3 Vajra mit offenen Stegen (zornvoller Aspekt)
4 Neunstegiger Vajra

Hat der Vajra nur einen Axialsteg, so verbildlicht er die Analogie von Mikrokosmos und Makrokosmos, nach der der Weltenberg Meru als Achse des Universums der Wirbelsäule und dem feinstofflichen zentralen Energiekanal im menschlichen Körper entspricht.

Dreistegige Vajras stehen hauptsächlich für die Überwindung der Geistesgifte Gier, Hass und Unwissenheit, für Trikaya, die Drei Körper des Buddha, für die Drei Juwelen des Buddhismus und die drei Hauptenergiekanäle im menschlichen Körper.

Der fünfstegige Vajra – der am häufigsten verwendet wird – symbolisiert in erster Linie die vier Himmelsrichtungen mit Zentrum, fünf Elemente (mit dem Äther in der Mitte), die Weisheitsapekte der fünf Transzendenten Buddhas und die fünf gewandelten Geistesgifte (Gier, Hass, Stolz, Neid, Unwissenheit).

Seine insgesamt zehn Stege geben das Bild für die zehn Paramitas, Vollkommenheiten (vgl. S. 145) und für den zehnstufigen Bodhisattva-Weg (vgl. Symbolik des Chörten, S. 245 ff.).

Der neunstegige Vajra vereint ein tantrisches Symbolkonstrukt in sich, das sich auf Buddhas und ihre Weisheitspartnerinnen, Bodhisattvas, heilige Silben, Bewusstseinszustände, Meditationsübungen und Energiezentren und -bahnen im menschlichen Körper bezieht.

Auf der einfachsten Ebene ist der neunstegige Vajra Sinnbild für den Buddha und den Edlen Achtfachen Pfad zur Erleuchtung.

Der Doppel-Vajra (Skrt. Vishva-Vajra)

Der Doppel- oder All-Vajra hat vier Enden, die von der Zentralnabe aus in die Himmelsrichtungen weisen. Dies entspricht der Platzierung der fünf Transzendenten Buddhas im Mandala und deren Weisheitsaspekten. Als Symbol für das Prinzip absoluter Festigkeit trägt der Doppel-Vajra das Universum mit dem Berg Meru in der Mitte und ebenso bildet er auf Darstellungen von Mandalas das unerschütterliche Fundament des Mandala-Palastes.

Hat er insgesamt zwölf Stege, symbolisieren sie die Vernichtung der zwölf Glieder des Bedingten Entstehens, das heißt, die Befreiung aus dem Samsara. Bei einer Gesamtzahl von sechsunddreißig Stegen verweisen diese, zusammen mit der Zentralnabe, auf die »Siebenunddreißig Aspekte des Erleuchtungspfades« (Skrt. Saptatrimsa-bodhipakshadharma), ein Konvolut von Praktiken, die zur Erleuchtung leiten.

Doppel oder All-Vajra

Die Glocke (Skrt. Ghanta; tib. Drilbu)

Die in der linken »Weisheits«-Hand gehaltene Glocke symbolisiert das weibliche Prinzip der Vollkommenen Weisheit. Erst durch die Verwirklichung von Prajanparamita wird die Leerheit aller Phänomene in der Meditation erfahrbar. Prajnaparamita erscheint hier personifiziert als Kopf auf dem Glockengriff und trägt eine Krone aus flammenden Weisheitsjuwelen. Darauf aufgesetzt ist ein halber Vajra, der die Weisheitsapekte der fünf Transzendenten Buddhas versinnbildlicht. Diese Form der Glocke wird als Vajraghanta bezeichnet.

Der Glockenkörper gilt als Bild für die Weisheit, die die Leerheit erschaut. Wird er in Schwingung versetzt, kündet die Glocke vom Klang der Leerheit.

Im Mandala steht der Glockenkörper für den Mandala-Palast, die Wohnstätte der Heilsgestalten. Der runde Glockenrand bildet im übertragenen Sinn den Einfassungsbereich des Mandala und die einzelnen Dekorelemente entsprechen den Ausschmückungen des Palastes. Das Lotusornament auf dem oberen Teil des Glockenkörpers trägt heilige Silben, die im Zusammenhang mit den Heilsgestalten im Mandala stehen. Aus dem Lotusring erwächst der Glockenstiel, der den Lotusthron der Zentralgestalt des Mandala repräsentiert.

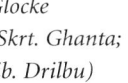

*Glocke
(Skrt. Ghanta;
tib. Drilbu)*

Das Psychokosmogramm als Meditationshilfe: Mandala

Das Mandala (Skrt. »Kreis«, »Bereich«, »Scheibe«; tib. Dkyil-Khor, »Mittelpunkt (und) Peripherie«) ist formal eine Verbindung von Kreis und Quadrat mit einem gemeinsamen Mittelpunkt. Seiner Funktion in Meditation und Ritus zugrunde liegt die Analogie von Makrokosmos und Mikrokosmos: das Mandala wird als Abbild des Universums verstanden – einerseits spiegelt sich in ihm die Struktur der physisch-kosmischen Welt, andererseits die psychisch geistige Welt des Menschen. Beide Bereiche bilden eine unsichtbare Einheit mit einer gemeinsamen Achse durch den Mittelpunkt. Sie verläuft mitten durch den Weltenberg Meru (vgl. S. 209 ff.) und wird auch als Ursprung der psychisch-geistigen Welt betrachtet.

Als Psychokosmogramme dienen Mandalas in vielen unterschiedlichen Formen (72 Haupt- und viele Untergruppen) hauptsächlich als Meditationshilfe, als Vorlagen für Visualisierungen in Sadhanas.
Als Grundmuster gilt: Der quadratische himmlische Palast im Inneren des Kreises gilt als Wohnsitz einer bestimmten friedvollen oder zornvollen Heilsgestalt, die jeweils einer bestimmten Tantra-Klasse angehört. Jedes Detail eines Mandala hat einen differenzierten Aussagewert.

Die Meditation eines Mandala beginnt damit, dass sich der Übende die Leerheit aller Erscheinungen vergegenwärtigt und somit sein Bewusstsein reinigt. Darauf lässt er das Mandala vor seinem inneren Auge entstehen. Der mehrstufige Visualisierungsprozess wird durch die Rezitation einer bestimmten Keimsilbe (Skrt. Bija) eingeleitet, deren »Schwingungen« die fünf Elemente Erde, Wasser, Feuer, Luft und Äther aus der Leerheit entstehen lassen. Je nach Keimsilbe – die dem Meditanden entsprechend seinen geistigen Fähigkeiten von seinem Lehrer vorgegeben wurde – entsteht daraus die entsprechende heilswirksame Initiationsgestalt im Zentrum.
Bevor der Meditierende durch eines der vier Tore der Himmelsrichtungen in das Innere des Palastes eintreten kann, muss er drei Hindernisse überwinden, die sich in Form von drei Kreisen um den Weltenberg (auf dem der Palast »thront«) legen: als farbig leuchtender Flammenring, als Vajra-Ring und als Lotuskreis. Die Kreise symbolisieren die Gesamtheit des Menschen, die aus der Dreiheit von Geist, Rede und Körper besteht. Indem der Übende von außen kommend die drei Kreise durchschreitet, verwirklicht er spirituelle Klarheit, Kraft der Rede und körperliche und sittliche Reinheit.

Höhere Tantra-Klassen ergänzen diese Kreise durch einen vierten, auf dem acht Leichenstätten durch Leichen, wilde Tiere, einen Baum, Berg, Wasserquell, Quellgeist, eine Wolke, durch Feuer, Dämonen, einen Stupa und einen Yogin dargestellt sind. Leichenfelder sind die von Yogins bevorzugten Meditationsstätten, weil sie hier in ein Spiegelbild des irdischen Daseins blicken und zur Überwindung von Angst und zu innerem Gleichmut führen. Dies soll der Meditierende nachvollziehen. (Die »Leichenfeldbetrachtung«, Pali: Sivathika, ist bereits Teil der »Vier Erweckungen der Achtsamkeit«, Pali: Satipatthana, einer der grundlegenden Meditationsübungen des Hinayana.)

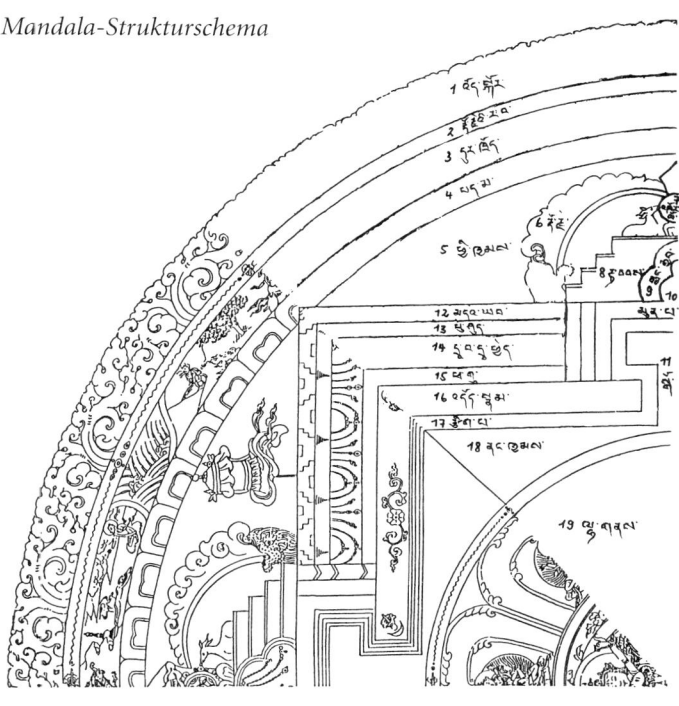

1 Flammenkreis, der den Kosmos überwölbt

2 Vajra-Ringmauer, die den Weltenberg abgrenzt

3 Kreis mit acht Leichenstätten, dazwischen Wasserornamente für die Ringmeere um den Weltenberg bzw. den Leidensozean (nur bei Mandalas der höheren Tantra-Klassen; dieser Kreis liegt manchmal ganz außen)

4 Blätterkranz einer Lotusblüte, der auf dem Ozean schwimmt

5 Vorhof des Mandala-Palastes und Ort der Belehrung; entweder parkartig und mit Gestalten oder nur mit Wolken- oder Wasserornamenten

6 Doppelvajra, der das Fundament des Palastes trägt; seine Strahlen gehen jeweils aus dem Maul eines Makara, eines mythischen Tiers hervor, das Kraft und Zähigkeit symbolisiert

7 Gazellen, die das Dharmachakra einrahmen, Symbol für das Ingangsetzen des Rades der Lehre, als Bekrönung der Palasttore; bei Mandalas zornvoller Gottheiten erscheint hier ein Stupa

8 Tordächer

9 Dreifacher Torbogen

10 Dunkler Innenraum des Torbogens, »Schatten« genannt, durch das der Meditierende in das Mandala eintritt

11 Tor, oft von einem Torhüter bewacht

12 Goldenes Palastdach

13 Hölzerne Dachträger

14 Unter dem Dach herabhängende Girlanden als Vorhang

15 Brüstung aus Ziegeln

16 Umlaufende Veranda mit verziertem Boden, oft Platz für Ghandarvas, himmlische Musikanten

17 Durchsichtige Mauer des himmlischen Palastes aus Edelsteinen, in den Farben der fünf Transzendenten Buddhas glänzend

18 Quadratischer Innenhof

19 Das Innere des Heiligtums in Form eines Rades oder Lotusblüte. Im Zentrum die Heilsgestalt, nach der das Mandala benannt ist, auf dem Blütenkissen; auf den Blütenblättern die Begleitfiguren oder Embleme. Das Zentrum kann auch nur von Emblemen besetzt sein.

Mandala der Jnana-Dakini, Tibet, spätes 14. Jh. Thangka, Tusche und Wasserfarben auf Stoff, 84,5 × 73,3 cm The Metropolitan Museum of Art, New York

Der Ausschnitt illustriert das Mandala-Strukturschema. Der äußere Kreis ist hier der mit den acht Leichenstätten, der nur bei Mandalas höherer Tantra-Klassen erscheint. Darauf folgt der Flammenkreis, der den Kosmos überwölbt, die schmale Vajra-Ringmauer und der Lotuskreis, in dem die Kontinente um den Weltenberg Meru angedeutet sind.

Nach dem Vollzug des drei- oder vierfachen inneren Läuterungsprozesses kommt der Meditierende in den Vorhof des Palastes und begegnet erleuchteten Lehrern, die ihm den weiteren Weg weisen. Darauf tritt er durch eines der vier Tore (die nach den Himmelsrichtungen ausgerichtet sind) in das Innere des Palastes ein, der auf dem Weltenberg Meru liegt und dessen Fundament von einem Doppelvajra getragen wird.

Die vier Tore symbolisieren die »Vier Unermesslichen« (Skrt. Apramana oder Brahma-Vihara); in dieser Meditationübung erweckt der Übende vier positive Geisteszustände, die in die Himmelsrichtungen ausstrahlen, nämlich grenzenlose Güte (Skrt. Maitri) allen Wesen gegenüber, grenzenloses Mitgefühl (Skrt. Karuna) mit den Leidenden, grenzenlose Freude (Skrt. Mudita) über die Befreiung anderer vom Leid und grenzenlosen Gleichmut (Skrt. Upeksha) Freund und Feind gegenüber. Die Entwicklung der positiven Geisteszustände lassen den Meditierenden Missgunst, Schadenfreude, Unzufriedenheit und Begierden überwinden.

Welches der vier Palasttore der Übende wählt, hängt davon ab, welcher Buddhafamilie seine persönliche Initiationsgestalt (vgl. Yidam, S. 214f.) angehört. Sie nimmt den Lotussitz des Zentrums ein und mit ihr wird sich der Meditierende schließlich heilswirksam identifizieren. In der letzten Phase des Sadhana bittet der Meditierende die Heilsgestalten, zu ihrem Ursprung, in die Leerheit, zurückzukehren.

Welche Initiationsgestalt auch immer im Zentrum erscheint – der meditative Stufenweg soll den Übenden zur eigenen Mitte, zur Vereinigung der Gegensätze und zur Befreiung aus karmischer Verstrickung führen.

Das Mandala der Fünf Tanszendenten Buddhas, Thangka, Tibet
Völkerkundemuseum Zürich

Das Mandala der Fünf Transzendenten Buddhas

Die Transzendenten Buddhas der Raumgegenden sind die Oberhäupter der fünf Buddhafamilien (Skrt. Buddhakula). Ihre prinzipielle Position bringt dieses Mandala zur Anschauung.

Das Zentrum nimmt der weiße Vairocana ein, der hier als »All-Wisser« (Skrt. Sarvavid) in Meditationshaltung und mit dem achtspeichigen goldenen Rad der Lehre dargestellt ist.

Er strahlt Erleuchtung und Weisheit in alle Richtungen und blickt mit seinen acht Augen auf die Buddhas der Raumgegenden, deren differenzierte Weisheitsaspekte er in seiner allumfassenden Vollkommenen Weisheit in sich vereint.

Den Platz des Ostens nimmt links unten der blaue Akshobhya, der den Aspekt der dualismenfreien Spiegelgleichen Weisheit vertritt und die Erdberührungsgeste zeigt. Links oben sitzt der gelbe Ratnasambhava im Süden in Wunschgewährungsgeste und in der linken Hand das ihn bezeichnende Juwel (Skrt. Ratna) haltend; er repräsentiert den Aspekt der Weisheit der Wesensgleichheit.

Rechts oben im Westen sitzt der rote Amitabha in Meditationshaltung, der kraft seiner Unterscheidenden Weisheit die Beschaffenheit aller Phänomene erkennt.

Im Norden rechts unten residiert der grüne Amoghasiddhi, der die Schutzgewährungsgeste zeigt und mittels seiner Alles Vollendenden Weisheit weiß, was für das Wohlergehen der Wesen notwendig ist.

Im unteren Bildsegment erscheinen auf diesem Thangka zwei weibliche Bodhisattvas.

Die sechsarmige Ushnishavijaya (Skrt. »Die durch Erleuchtungserhebung Sieg-

reiche«), Hüterin der Buddhaweisheit, hält in ihren rechten Händen eine Buddhafigur und einen Pfeil und zeigt mit der untersten Hand die Wunschgewährungsgeste. Ihre oberste linke Hand ist zur Ermutigungsgeste erhoben und die beiden anderen Hände halten einen Bogen und eine goldene Schatzvase. Pfeil (in der rechten »Methodenhand«) und Bogen (in der linken »Weisheitshand«) bedeuten, dass die Vollkommenheit der Weisheit die Fünf Vollkommenheiten der Methode (Großzügigkeit, Sittlichkeit, Geduld, Fleiß und Meditation) in Bewegung setzt. Die »Vase unerschöpflicher Schätze« korreliert mit der Wunschgewährung dieser weiblichen Personifikation der Buddhaweisheit.

Die Weiße Tara rechts ist mit ihren fünf zusätzlichen Augen auf Stirn, Handflächen und Fußsohlen, also sieben Augen mit überragender Weisheit ausgestattet und als Trägerin des weißen Lotus Symbolfigur der Reinheit. Sie zeigt wie Ushnishavijaya die Abhaya-Varada-Mudra, die Kombination aus Schutz und Wunschgewährung.

Zwischen den beiden weiblichen Bodhisattvas sind die kostbaren »Opfergaben der fünf Sinne« (Skrt. Panchakamaguna) für die fünf Transzendenten Buddhas aufgebaut; darunter erscheinen die »Sieben Juweleninsignien« (Skrt. Saptaratna) des Chakravartin, des spirituellen Weltherrschers.

Das Sinnesopfer ist – von links her gelesen – verbildlicht durch eine Seidenschleife (Tastsinn), eine Duft verströmende Schneckenmuschel (Geruchssinn), einen Spiegel (Sehvermögen), eine Laute (Hörvermögen) und eine Frucht (Geschmackssinn).

Auf der mikrokosmischen Ebene des Menschen beziehen sich die fünf Sinnes-

Das Mandala der Fünf Transzendenten Buddhas
(Skrt. Panchatathatagata-Mandala) – Schema

Zentrum
1 Transzendenter Buddha Vairocana /ab 10. Jh.
Ur-Buddha Vajradhara oder Samantabhadra

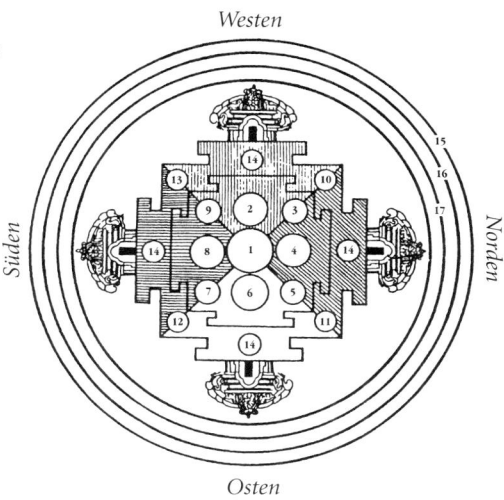

opfer auf die fünf Skandhas, Daseinskonstituenten oder Gruppen des Anhaftens: die Körperlichkeit auf den Tastsinn, die Empfindungen auf das Hörvermögen, die Wahrnehmung auf den Geruchssinn, die psychischen Formkräfte auf den Geschmackssinn und das Bewusstsein auf das Sehvermögen.

Auf der makrokosmischen Ebene der Weisheit der Transzendenten Buddhas begriffen, sind alle Erscheinungen vergänglich, nicht-selbst, leer. So bedeutet das »Opfer der fünf Sinne« nur vordergründig einen Akt der Buddhaverehrung, der durch wohlgefällige Objekte verbildlicht wird. Dem tieferen Sinn nach drückt es den Wunsch nach Befreiung aus allen irdischen Anhaftungen und nach Transformation durch die Verwirklichung der durch die Buddhas repräsentierten Weisheit aus.

Das Mittel, wie diese zu erlangen sei, ist unterhalb des Sinnesopfers – also »stützend« – durch sieben Symbole dargestellt: zwei Elefantenstoßzähne, je ein Paar runde und eckige, ineinander verhakte Ohrringe, das Rad, zwei Rhinozeroshörner, zwei weiße Klingen, die fünf runde Juwelen einrahmen und einen »dreiäugigen« Edelstein. Es sind dies die »Sieben Juweleninsignien«, die die »Sieben Kostbaren Besitztümer« des Chakravartin vertreten. Sie symbolisieren Bodhyanga, die »Sieben Glieder der Erleuchtung« (Erklärung dazu siehe Kangzä, S. 136 f.).

Westen
2 Transzendenter Buddha Amitabha
3 Transzendenter Bodhisattva Avalokiteshvara
10 Buddha Shakyamuni
14 Torhüter

Norden
4 Transzendenter Buddha Amoghasiddhi
5 Transzendenter Bodhisattva Vishvapani
11 Zukunftsbuddha Maitreya
14 Torhüter

Osten
6 Transzendenter Buddha Akshobhya
7 Transzendenter Bodhisattva Vajrapani
12 Vorzeitbuddha Konagamana (vorletzter
*   Vorgänger Shakyamunis)*
14 Torhüter

Süden
8 Transzendenter Buddha Ratnasambhava
9 Transzendenter Bodhisattva Ratnapani
13 Vorzeitbuddha Kashyapa (letzter Vorgänger
*   Shakyamunis)*
14 Torhüter

15 Flammenring
16 Vajraring
17 Lotusring

179

»Stützen der Rede«: Mantra, Dharani

Ein Mantra (Skrt. von ›man-tra‹, etwa: »Werkzeug zum Denken«, tib. Snags) kann aus einer kraftgeladenen Silbe oder aus einer Silbenfolge bestehen. Bei einer Silbe – zum Beispiel OM, AH oder HUM – handelt es sich um ein Bija-Mantra (Skrt. Bija, »Keim«), in dem die Essenz eines Buddha oder einer anderen Heilsgestalt zeichen- und klangsymbolisch enthalten ist. Während der tantrischen Initiation gibt der Lama dem Schüler ein solches mystisches Mantra, das geheimgehalten wird. Durch die Rezitation der Keimsilbe oder durch die Visualisierung ihres Schriftzeichens nimmt der Übende Verbindung auf zu dem Aspekt der Erleuchtung, den die jeweilige Heilsgestalt verkörpert. Den mikro-makrokosmischen Vorstellungen zufolge korrespondieren Bija-Mantras mit den Chakras, feinstofflichen Energiezentren des menschlichen Körpers. Während der visualisierenden Meditation entwickelt sich mittels der Keimsilbe das geistige Schaubild der betreffenden Initiationsgestalt und der Übende erweckt die in den »Schwingungen« der Keimsilbe enthaltenen magischen Kräfte heilswirksam in seinem eigenen Bewusstsein.

Im Vajrayana gelten Mantras als machtvolles Mittel zur beschleunigten Verwirklichung des Heilsziels.

Als Form der Meditation wird die ständige Wiederholung von Mantras in vielen buddhistischen Schulen praktiziert. Wie zu sehen war, spielt sie vor allem in den ostasiatischen Reines-Land-Schulen die entscheidende Rolle, hier aber den Vorgaben des Glaubensbuddhismus entsprechend.

Allgemein – so schon im Lotus-Sutra – sind Mantras als Hilfsmittel definiert, die den Geist schützen. Im volksreligiösen Bereich sollen sie die Austreibung von Krankheiten, Besänftigung von Dämonen oder die Erfüllung persönlicher Bedürfnisse bewirken.

Durch unzählige Vervielfältigungen der Mantras in Gebetsmühlen, ihren Aufdruck auf Gebetsfahnen, Inschriften auf Manisteinen und unablässige Wiederholung während eines Tagesablaufs, erhofft sich der Gläubige die Gunst der betreffenden Heilsgestalt und eine bessere Wiedergeburt. Zugleich dient man damit der Verbreitung heilswirksamer Kräfte zum Wohl und Glück aller Lebewesen.

Im tantrischen Buddhismus (auch Ostasiens) spielen Dharanis (Skrt. »Träger«)eine wichtige Rolle. Diese Silbenformeln, die aus Kurz-Sutras, aber meistens aus Mantras bestehen, enthalten »magisches« Wissen. Sie können sowohl die Essenz einer Lehre, als auch einen bestimmten Bewusstseinszustand repräsentieren, der durch die Wiederholung des Dharani nachvollzogen werden kann.

Ein herausragendes Dharani ist das »Zeichen der Zehn Mächtigen« (Skrt. Dhashakorivashi), das bedeutendste Symbol des Kalachakra- (Skrt. »Rad der Zeit«) Tantra, des zeitlich letzten großen Tantra aus dem 10. Jh. Im Dashakori-vashi sind die Kalachakra-Lehren, die den Höhepunkt des makro-mikrokosmischen Analogiedenkens darstellen, in höchst komprimierter Fassung enthalten.

Als »Initiator« des Zeichens gilt Naropa (956–1040), der an der Klosteruniversität Nalanda als bedeutender Lehrer wirkte und das Dashakaro-vashi dort über dem Hauptportal anbringen ließ.

Manistein (in Sikhim) mit dem Mantra OM MANI PADME HUM, »OM Juwel im Lotus HUM«.

Tibeterin mit Gebetsmühle und Mala. Im Hintergrund Gebetsmühlen, die im Vorbeigehen in Bewegung gesetzt werden

Die Sanskrit-Formel ist das älteste und bedeutendste Mantra des Tibetischen Buddhismus (tib. OM MANI PEME HUNG). OM und HUM sind Keimsilben (Skrt. Bija, »Energie«, »Same«, »Wurzelkraft«), Manifestationen mystischer spiritueller Kräfte. OM ist hier Träger des Erleuchtungsgeistes (Skrt. Bodhichitta) bzw. der grundlegenden »Schwingung« der Erleuchtung. HUM steht für das tatkräftige Wirken der Erleuchtung. Bei dem von den Keimsilben umschlossenen Wortpaar entspricht das Juwel dem Erleuchtungsgeist, der im Lotus des menschlichen Bewusstseins verwirklicht werden soll. Für die tibetischen Buddhisten drückt dieses Mantra die grundlegende Haltung des Mitgefühls aus und seine Rezitation bedeutet den Wunsch nach Erleuchtung, die zum Wohl aller Lebewesen dienen kann. Das heißt, OM MANI PADME HUM steht für das Bodhisattva-Ideal und wird Avalokiteshvara, dem großen Bodhisattva des Mitgefühls und Erbarmens, zugeordnet.

Die Gebetsmühle (tib. Mani khorlo, »Mani-Rad«) besteht aus einem hölzernen oder metallischen Zylinder, der auf Papierstreifen gedruckte Mantras enthält. Setzt der Gläubige den Zylinder in Umdrehung, wird die heilswirksame Kraft der Mantras freigesetzt.

Die Mala (Skrt. »Kranz«, »Rose«), der buddhistische Rosenkranz aus (meistens) 108 Perlen, dient bei der Rezitation von Mantras und Dharanis zum Zählen.

Dashakori-vashi

Das »Zeichen der Zehn Mächtigen« besteht aus sieben ineinander verschlungenen Silben in Ranja-Schrift (ihr werden spezielle mystische Eigenschaften zugedacht) und dem bekrönenden Symbol aus Mondsichel, Sonne und Flamme.

Das Dashakori-vashi repräsentiert in höchster Konzentration die komplexen Kalachakra-Lehren und veranschaulicht für den Eingeweihten die makro-mikrokosmische Analogie auf allen Daseinsebenen. Das Sigill offenbart den Zusammenhang zwischen grobstofflicher und feinstofflicher Welt, verdeutlicht den Aufbau der Energiezentren und -bahnen (Skrt. Chakra und Nadi) im menschlichen Körper und erklärt medizinische, astronomische und astrologische Gesetzmäßigkeiten.

Auf »einfacher« Ebene gelesen, ist der untere Teil des Zeichens der Entstehung des Universums gewidmet, wonach sich der Weltenberg Meru (MA) aus den Elementen Erde, Wasser, Feuer und Luft (LA, VA, RA und YA) zusammensetzt, was den Chakras entlang der Wirbelsäule entspricht (vgl. S. 205). Die Silbe KSHAH fasst den Bereich des Samsara in der »Welt der Begierden« (Skrt. Kamadhatu) zusammen und die Silbe HA symbolisiert die »Welt der Formenlosigkeit« (Skrt. Arupadhatu). Die beiden zentralen Himmelskörper Mond und Sonne versinnbildlichen den männlichen Aspekt der Methode und den weiblichen Aspekt der Weisheit und zusammen die Vereinigung aller Polaritäten. – Im Yoga stehen Mond

und Sonne für die weißen und roten Bodhichitta- (»Erleuchtungsgeist«-)Tropfen, die vom untersten und obersten Körper-Chakra ausgehen und durch die feinstofflichen Energiebahnen zirkulieren.

Über Mond und Sonne erscheint die Flamme der Erleuchtung.

Im »Rad der Zeit«-Tantra spielen Zeitrechnung und Astronomie eine große Rolle und es gilt als Grundlage des tibetischen Kalenders. Kalachakra-Mandalas sind hochkomplexe Gebilde. Ein herausragendes Ereignis des tibetischen Festtagskalenders ist die Initiation in die Kalachakra-Lehren durch den Dalai Lama, die mit der Erstellung eines entsprechenden Mandalas aus farbigem Sand einhergeht.

Als Personifikation des Tantras erscheint Kalachakra in blauer Körperfarbe, zwölf- oder vierundzwanzigarmig und in Yab-Yum Vereinigung mit seiner Weisheitspartnerin.

Eine wichtige Besonderheit des Meditationssystems im Kalachakra-Tantra ist die Ausbildung der Konzeption des Adi-Buddha, Ur- oder Ursprungs-Buddha.

Das Zeichen der Zehn Mächtigen über dem Portal des Klosters Drepung

Dashakori-vashi über dem Eingang des Jokhang, des Haupttempels von Lhasa

Verkörperung der »Höchsten Wahrheit«: der Adi- oder »Ur«-Buddha

Adi-Buddha Vajradhara, Tibet, 1. H. 16. Jh,
Hohiguss aus Messing und Kupfer, Höhe 38,5 cm
Sammlung Essen, Hamburg

Der Ur-Buddha Vajradhara (Skrt. »Halter des Vajra«) trägt stets die fünfzackige Krone des Souveräns über die Naturgesetze. Er ist hier in Liebesvereinigung mit seiner Weisheitspartnerin dargestellt. Die körperliche Vereinigung, Yab-Yum (tib. »Vater-Mutter«) genannt, ist im Tibetischen Buddhismus eine sehr häufige ikonographische Formel, die nur mit den höheren Tantra-Klassen des Anuttara-Yoga-Tantra in Zusammenhang steht. Wenn männliche Heilsgestalten in Umarmung mit ihrer Partnerin gezeigt werden

– sitzend oder stehend im Ausfallschritt – symbolisiert dies immer die Aufhebung aller Gegensätze in der Vereinigung des männlichen Prinzips der Methode (Skrt. Upaya) und des weiblichen Prinzips der intuitiven Weisheit (Skrt. Prajna) in der unio mystica.

(Im Sadhana dient das Yab-Yum Motiv dem Übenden als Meditationshilfe, um in sich selbst die Verschmelzung von maskulinen und femininen Energien zu erreichen.)

Vajradhara zeigt die für ihn typische Geste, die Vajrahumkara-Mudra, bei der die Handgelenke auf Herzhöhe gekreuzt sind; das rechte der »Methodenhand« liegt dabei über dem linken der »Weisheitshand«. Mittelfinger und Daumen bilden einen Kreis, der den Vajra (der immer rechtshändig gehalten wird) und die Glocke (die immer linkshändig gehalten wird) umfasst. Zeige-, Ring- und kleiner Finger sind anmutig ausgestreckt. Diese Geste bedeutet den »Sieg über die Drei Welten«, die Welt der Begierden, der Form und der Formlosigkeit (Skrt. Kamadhatu, Rupadhatu und Arupadhatu; vgl. Schema des Kosmos, S. 219) und die Aufhebung aller Dualitäten in der Leerheit.

Die Yab-Yum Vereinigung symbolisiert die Erfahrung des »Höchsten Glücks« (Skrt. Mahasukka), das heißt die Erleuchtung in der Erfahrung der Leerheit.

Der Adi-Buddha, hier in Gestalt des Vajradhara, steht über allen anderen Buddhas und ist übergeordneter Herr über die Buddhafamilien.

Da er das Absolute repräsentiert, wird ihm kein Paradies zugeschrieben – eine solche Vorstellung würde seiner Grenzlosigkeit nicht entsprechen.

Der Ur-Buddha Samantabhadra wird fast immer in Yab-Yum Vereinigung mit seiner Prajna gezeigt. Sie heißt Samantabhadri; die Namensgleichheit mit dem Adi-Buddha unterstreicht, dass sie mit ihm, der Personifikation des Absoluten, identisch ist. Samantabhadra umfasst sie mit entspannter Meditationsgeste. Die Dhyana-Mudra steht mit der Nacktheit des Paars in Verbindung: die Freiheit von allen Daseinsbedingungen und die Erfahrung der unverhüllten Höchsten Wahrheit, der Leerheit aller Erscheinungen, wird in der Meditation zugänglich.

Kalachakra (Skrt. »Rad der Zeit«) erscheint immer dunkelblau, in der Symbolfarbe der Leerheit. Die Personifikation des Kalachakra-Tantra, die wie der Ur-Buddha das Absolute vertritt, wird stets mit seiner Weisheitspartnerin Vishvamata (Skrt. »All-Mutter«) im Ausfallschritt stehend in ekstatischer Yab-Yum Umarmung gezeigt. Kalachakra hat 24, seine Prajna 8 Arme. Da das Paar die Verschmelzung aller Gegensätze in der Leerheit symboli-

siert, kann die Anzahl der Arme als Summe von 32 betrachtet werden, wobei sich 32 aus 4 × 8, Zahlen der Vollkommenheit, zusammensetzt. Dies verweist auf die Vier Edlen Wahrheiten vom Leiden, seiner Entstehung, seiner Aufhebung und auf den Weg zur Aufhebung des Leidens, den Edlen Achtfachen Pfad. Umgeben von einer lodernden Aureole aus Flammen der Weisheit und bekrönt mit flammenden Juwelen (die bei Kalachakra mit den Planeten korrespondieren), tritt das Paar auf göttliche Personifikationen von Gier und Hass. In den hilfreichen Händen halten Kalachakra und Vishvamata ein Arsenal von Waffen und anderen Attributen, die sämtlich der Verwirklichung der Erleuchtung dienen (nähere Erklärungen dazu siehe Vajrabhairava, S. 218 ff.).

Wie der Buddhismus nach Tibet kam

Vor der Einführung des Buddhismus in Tibet war das »Land des Schnees« vom Bön geprägt, einer schamanistischen, animistischen Naturreligion, in der schwarzmagische Bräuche, Dämonenbeschwörungen, Weissagungen, Schutzzauber und blutige Opfer (wohl auch von Menschen) zur Abwehr von Unheil üblich waren.

Den ersten Kontakt zum Buddhismus stellte König Songtsen Gampo (617–642) her. Er bestieg sehr jung den Thron, baute in relativ kurzer Zeit einen effizienten Militärstaat auf und verlegte seinen Regierungssitz nach Lhasa. Infolge seiner erfolgreichen Eroberungszüge begründete er das erste tibetische Gesamtreich. Es erstreckte sich von Nord-Birma über Nepal bis Gilgit und von West-Turkestan bis in die nordwestlichen Regionen Chinas. Um seine Friedensschlüsse abzusichern und dynastische Verwandtschaften zu begründen, heiratete Songtsen Gampo zusätzlich zu seinen einheimischen Gemahlinnen zwei Ausländerinnen.

Prinzessin Wen-cheng war eine Tochter des chinesischen Kaisers, Prinzessin Bhrikuti eine Tochter des Königs von Nepal. Als Mitgift brachten die beiden Buddhistinnen Sutras und Buddha-Skulpturen mit nach Lhasa. Wie von Wen-cheng und Bhrikuti erwünscht, ließ der König die ersten buddhistischen Tempel errichten, vor allem den Jokhang, der später zum Haupttempel von Lhasa wurde und es bis heute geblieben ist. Wenn auch Songtsen Gampo starke Sympathien für den Buddhismus zeigte – Adel und Untertanen hielten sich weiter an die Bön-Religion, sodass sich der Buddhismus noch nicht durchsetzen konnte.

Kulturell wichtig war, dass der König den Hofbeamten Thönmi Sambhota nach Indien schickte, um dort eine Schrift für die tibetische Sprache zu entwickeln. Thönmi nahm die indische Gupta-Schrift zum Vorbild und brachte die tibetische Schrift mit 30 Grundbuchstaben mit nach Hause. (Ein allgemein verbindliches Umschriftsystem in lateinische Buchstaben besteht bis heute nicht.) Die Schaffung der tibetischen Schrift war Voraussetzung für die Übersetzungen der buddhistischen Sanskrit-Literatur ins Tibetische, die im 8. Jh. begannen.

Initiator der sogenannten Ersten Verbreitung des Buddhismus war König Trisong Detsen (755–797), unter dessen Herrschaft Tibet seine größte Ausdehnung erreichte und zur stärksten Macht Zentralasiens aufstieg. Als chinesische Tributzahlungen ausblieben, besetzte er 763 die damalige chinesische Hauptstadt Ch'ang-an (heute Xian). Zu dieser Zeit stand der Mahayana-Buddhismus in China in Hochblüte und der Sangha spielte eine bedeutende Rolle im Gesellschaftsleben. (Der wichtigste »materielle« Beitrag des Sangha zur chinesischen Kultur war die Erfindung des Buchdrucks im 8. Jh., womit die vervielfältigte Verbreitung buddhistischer Texte möglich wurde.) Anzunehmen ist, dass die Berührung mit der buddhistisch geprägten chinesischen Hochkultur Trisong Detsen veranlasste, den Buddhismus als Gegenrichtung zur Bön-Religion zu fördern. Jedenfalls sandte er Shantarakshita, dem Abt der Klosteruniversität Nalanda, eine Einladung, die buddhistische Lehre in Tibet darzulegen. Die Ankunft Shantarakshitas in Tibet fiel zusammen mit Unwettern und einer Krankheitsepidemie, was die Schamanen als Drohung dämonischer Kräfte gegen die buddhistische Mission auslegten.

Shantarakshita erkannte, dass dem Dämonenglauben nur durch magische Bannungen entgegenzutreten sei. Er empfahl dem König, den derzeit berühmtesten indischen Mahasiddha (Skrt. »Großer Vollendeter«) und Tantra-Meister Padmasambhava (Skrt. »Der aus dem Lotus Geborene«) einzuladen und trat selbst nach wenigen Wochen die Rückreise nach Indien an.

Wohl Anfang der 770er Jahre traf Padmasambhava in Begleitung seiner Yoghini, der indischen Prinzessin Mandarava, in Tibet ein. Schon seine Anreise ist legendenumwoben und die Dauer seines Aufenthalts nicht auszumachen (die Schätzungen liegen zwischen einigen Monaten und 12 oder mehr Jahren).

Als Mahasiddha verfügte Padmasambhava über ›Siddhi‹, »vollkommene Fähigkeiten«, womit psychische übernatürliche Fähigkeiten gemeint sind, die sich als Nebenprodukt spiritueller Entwicklung von selbst ergeben. Im Tantrismus zählen dazu u. a. ungeheure Schnelligkeit beim Laufen, die Fähigkeit, sich unsichtbar zu machen oder sich in die Lüfte zu erheben und die Beherrschung von Geistern und Dämonen; als höchste Siddhi gilt die Erleuchtung.

Jedenfalls wandelte Padmasambhava in zaubermächtigen Ritualen die einheimischen Dämonen um in furchterregende Schützer der buddhistischen Lehre und bereitete damit den Bön-Anhängern den Boden für den Übertritt zum Buddhismus, da sie die vertrauten Geister in der neuen Lehre assimiliert wiederfanden.

Padmasambhava gilt als Gründer von Samye, des ersten buddhistischen Klosters, und der ersten tibetischen Schule, der Nyingmapa (vgl. S. 189). – Historisch nicht gesichert ist das Konzil von Samye (792/94), auf dem der indische Tantriker Kamashila in einem langen Streitgespräch den chinesischen Mönch Hoshang besiegt haben soll. Tatsache ist aber, dass der Tibetische Buddhismus von Anfang an indisch geprägt war.

Unter König Ralpachan (816–836) bahnte sich die Wende an. Ralpachan räumte dem buddhistischen Klerus so viel Macht ein (durch Schenkungen von Grundbesitz, Steuerbefreiung, eigene Rechtssprechung, Berufung zu Ministern usw.), dass der Adel, der sich um seinen Einfluss gebracht sah, in Opposition ging und den König schließlich ermorden ließ. Den Thron bestieg Ralpachans Bruder Langdarma, der umgekehrt dem Adel und Bön hörig war und eine gewalttätige Buddhistenverfolgung in Gang setzte. Auch Langdarma wurde ermordet – von einem als Bön-Priester verkleideten Mönch, der Langdarmas Anhäufung von schlechtem Karma ein Ende bereiten wollte.

Nach Langdarmas Tod zerfiel die politische Einheit Tibets unverzüglich, der Adel zerstritt sich, die Clans steckten ihre eigenständigen Territorien und Machtbereiche ab und der Buddhismus verschwand bis auf wenige Glimmer von der Bildfläche.

Erst um die Jahrtausendwende kam es zu seiner »Zweiten Verbreitung«. Initiiert wurde sie von einigen westtibetischen Territorial-Herrschern, die gute Beziehungen zu Indien unterhielten und eine Gruppe junger Adeliger zu buddhistischen Studien aussandten. Fast alle Reiseteilnehmer fielen dem ungewohnten Klima oder anderen Umständen zum Opfer. Nur der Mönch Rinchen Sangpo (958–1055) kehrte mit vielen Sanskrit-Handschriften im Gepäck zurück, die er ins Tibetische übersetzte. Rinchen Sangpo gründete eine Reihe neuer Klöster und wirkte vor allem auch darauf ein, dass der westtibetische König Jangchub Ö indische Gelehrte ins »Land des Schnees« rief, allen voran den aus bengalischem Adel stammenden Abt der Klosteruniversität Vikramashila, Atisha Dipamkara Shrijnana (980–1054).

In seinen 12 Jahren in Tibet, die er bis zu seinem Tod hauptsächlich im Kloster Narthang nahe Lhasa verbrachte, nahm Atisha ganz entscheidenden Einfluss auf die Entwicklung des Tibetischen Buddhismus. Er legte besonderen Wert auf die Mönchsdisziplin und besonderes Gewicht auf die ethischen und philosophischen Lehren des Mahayana.

Bis zum Verlöschen des Buddhismus in Indien im 13. Jh. infolge der islamischen Invasion gab es einen regen geistigen Austausch zwischen Indien und Tibet.

Mahasiddha Ghantapa, Ausschnitt aus dem Wandgemälde auf der Ostwand des Meditationsraums im Lukhang Tempel in Lhasa, Ende 16. Jh.

Zu den vollkommenen Fähigkeiten eines Mahasiddha gehört auch die, sich in die Lüfte erheben zu können. Hier fliegt Mahasiddha Ghantapa, von irdischen Bindungen befreit, mit seinen beiden Yoginis durch die Luft. In der rechten Hand hält er einen Vajra, in der linken eine Glocke; sie symbolisieren die Vereinigung von Methode und Weisheit.

Die tibetische Tradition kennt 84 verehrte Mahasiddhas. Sie repräsentieren eine

Bewegung, die sich vom 8.–12. Jh. in Indien vor dem Hintergrund, doch außerhalb der Klosterkultur des Mahayana entwickelte. Hier fanden sich Männer und Frauen aus allen Schichten; das Vorbild ihrer sehr individuellen Verwirklichung der Vajrayana-Lehren hat den Tibetischen Buddhismus stark beeinflusst. Die als Dohas bekannten Lieder der Mahasiddhas sind reich an poetischen Bildern und sprechen direkt die Einbildungskraft an. Als höchst geschätzt gelten die Lieder des Pfeilschmieds Saraha, die durch Paradoxa die Nichterfassbarkeit der Höchsten Wirklichkeit, der Leerheit ausdrücken.

Übersicht über die vier Hauptschulen des Tibetischen Buddhismus, ihre Lehrer und meditativen Hauptwege

Nyingmapa (tib. »Schule der Alten«)

Gründer: Padmasambhava, 8. Jh.
Mutterkloster: Samye, gegr. 779
Wichtige Klöster: Mindröling, Dorje Draknad, gegr. erst im 17. Jh.
Meditativer Hauptweg: Dzogchen (tib. »Große Vollendung«)
Wichtige spirituelle Führer:
Padmasambhava (8. Jh.)
Shantarakshita (8. Jh.)
Longchempa (1308–1364)
Titel des formellen Oberhaupts:
Minling, Trichen

Besonderheiten: Terma-Texte. Die Nyingmas waren über Jahrhunderte meistens Laien.

Padmasambhava mit Yeshe Tsogyel und Mandarava, Tibet, 17. Jh.
Bronze, Höhe 32 cm,
Sammlung Essen, Hamburg

Der Begründer des Tibetischen Buddhismus im 8. Jahrhundert, der Mahasiddha Padmasambhava aus Uddyana im kaschmirischen Swattal, thront, als Prinz gekleidet, auf einem Lotus, der aus einem See hervorwächst. Dieser wird symbolisch dargestellt durch vier – der Vollkommenheitszahl entsprechend – eingravierte Wellen, wobei die äußeren Wellen von zwei Dämonen getragen werden; sie erscheinen nur klein, sinnbildlich für ihre Zähmung durch den tantrischen Meister. Das Bild des Sees spielt auf die wunderbare Geburt Padmasambhavas, des »Lotusgeborenen«, aus dem Dhanakosha-See an, wie sie von seiner Biographin, Yogini und engsten Vertrauten, Yeshe Tsogyel, geschildert wird. Die tibetische »Prinzessin des Sees der Weisheit« steht zur Linken des »Kostbaren Lehrmeisters«. Zu seiner Rechten erscheint eine zweite Schülerin und Partnerin, die indische Prinzessin Mandarava (im Sari). Auch sie steht mit der Symbolik des Sees in Verbindung. Als die Tochter des Königs von Saor Padmasambhavas Yogini geworden war, ließ der König von Uddyana, nicht vertraut mit den Praktiken des linkshändigen Tantrismus und darüber empört, das Paar ergreifen und zum Tod durch Verbrennen verurteilen. Padmasambhava setzte jedoch seine paranormalen Fähigkeiten ein: die Flammen verwandelten sich in die sanften Wellen eines Sees, auf denen, schwimmend auf einem Lotus, das Paar überlebte. Daraufhin wurde der König Padmasambhavas Anhänger.

Mandarava und Yeshe Tsogyel halten – wie ihr Guru – die mit Amrita, dem Elexier der Todlosigkeit gefüllte Schädelschale (Skrt. Kapala) in Händen. Sie signalisiert dem in die tantrischen Lehren Eingeweihten, dass er dem Kreislauf der Wiedergeburten entrinnen und schon in diesem Leben unmittelbar Nirvana erreichen kann. Die Bedeutung der Kapala wird durch die Geste der Furchtlosigkeit (Skrt. Abhaya Mudra) vor dem Tod und der geistigen Kraft ergänzt, die beide Yoginis formen – und zwar vice versa spiegelbildlich, gewissermaßen als Reflektion der spirituellen Wahrheit, von der ihr Guru Rimpoche kündet.

Die weiteren Attribute Padmasambhavas charakterisieren ihn als Weisen (durch das Stirnauge), ausgestattet mit übernatürlichen Fähigkeiten (durch den tantrischen Stab), als Verkünder der Wahren Wirklichkeit aller Phänomene (durch den Vajra in der rechten Hand) und als Repräsentanten der »hochfliegenden« transzendenten Erkenntnis (durch die Adlerfeder auf seiner Hutspitze), sowie der kosmischen Erhabenheit der Lehre (durch das Sonne-/Mond-Symbol auf der Hutfront).

Eine irdische Erscheinungsform der Dakini: Yeshe Tsogyel

Bis heute als Dakini (vgl. S. 223) verehrt wird die einflussreichste Frau des Tibetischen Buddhismus, Yeshe Tsogyel (tib. »Prinzessin des Sees der Weisheit«), die von 757–817 lebte.

Am Hof des Königs Trisong Detsen, zu dessen Gemahlinnen sie gehörte, lernte Yeshe Tsogyel wohl in den 770er Jahren den indischen Mahasiddha Padmasambhava, den »Lotusgeborenen« kennen. Der mächtigste der tibetischen Herrscher – der 763 die chinesische Hauptstadt Ch'ang-an eroberte – hatte den indischen Prinzen, Gelehrten und tantrischen Meister ins Schneeland geholt, um den Buddhismus gegen den Widerstand der einheimischen Adelsfamilien, die der alten schamanistischen Bön-Religion anhingen, durchzusetzen.

Dies gelang dem legendenumwobenen ›Guru Rimpoche‹ (tib. »Kostbarer Lehrmeister«), indem er Bön-Vorstellungen nicht ausgrenzte, sondern assimilierte und integrierte, Bön-Gottheiten, Geister und Dämonen zu Schützern der buddhistischen Lehre umfunktionierte – und damit den sehr weitläufigen, für den Tibetischen Buddhismus charakteristischen Pantheon vorprägte.

Die Gründung von Samye (wohl 779), des ersten Klosters des Landes (ein dreidimensionales Mandala mit dem Kailasha-Tempel in der Mitte) und der Lehrtradition der Nyingmapa (tib. »Schule der Alten«) geht auf die Initiative Padmasambhavas zurück. Auch führte der Mahasiddha die Meditationshauptlehre der Nyingmas, Dzogchen (tib. »Große Vollendung«), ein, in der Dakinis als Initiationsgöttinnen eine wesentliche Rolle spielen (vgl. S. 223 ff.).

Dzogchen wird von der Nyingmapa als endgültige und geheimste Unterweisung des Buddha Shakyamuni angesehen; Padmasambhava gilt ihr als »Zweiter Buddha«.

Ob sich der Mahasiddha nur einige Monate oder viele Jahre in Tibet aufgehalten hat, ist unbekannt. Fest steht aber, dass Yeshe Tsogyel zu seiner bevorzugten Partnerin und engsten Vertrauten wurde. Sie verfasste die Biographie ihres Gurus (tib. »Pemakathang«) und zeichnete zahllose seiner Unterweisungen auf, die als sog. Terma-Texte (tib. »Schatz«-Texte) an geheimen Orten (z. B. in Felshöhlen) versteckt wurden, um zu gegebener, dafür reifer Zeit – zwischen dem 10. und 15. Jh. – von sogenannten Tertöns, durch Traumerlebnisse oder Visionen dazu berufenen Personen, entdeckt zu werden. Zu den bekanntesten Terma zählen Werke zur Astrologie, der Basistext zur tibetischen Medizin und besonders das Tibetische Totenbuch, der Bardo Thödol (vgl. S. 227 ff.). Speziell vermittelte Padmasambhava Yeshe Tsogyel auch die Geheimnisse des Phurbu-Rituals, das noch heute in den Maskentänzen der Lamas nachvollzogen wird. Der Phurbu (tib. »Keil«) ist ein dreikantiger Dolch, der zur rituellen Bezähmung von Dämonen eingesetzt wird. Er ist Symbol für die unmittelbare Umwandlung negativer in positive Kräfte.

Sakyapa (tib. Sakya, »graue Erde«, bezieht sich auf das Landschaftsbild der Provinz Tsang)

Gründer: Khön Köchog Gyalpo (1034–1102)
Mutterkloster: Sakya, gegr. 1073
Wichtige Klöster: Gyantse, Ngor
Meditativer Hauptweg:
Lamdre (tib. »Weg und Ziel«)
Wichtige spirituelle Führer: Atisha (980/90–1055), Drogmi (992–1072), Sakya Pandita (1182–1251), Chögyal Phagpa (1235–1280), Tsongkhapa (1357–1419)
Titel des formellen Oberhaupts:
Sakya Trizin

Besonderheiten: Abtwürde bis 12. Jh. vererbt an den ältesten Sohn des Abts. Nach Einführung des Zölibats Übergang der Abtwürde auf den ältesten Brudersohn

des Abts. Andauernde Erbfolge innerhalb des Geschlechts der Khön. Der hochgelehrte Sakya Pandita – vor allem berühmt für seine Übersetzungen aus dem Sanskrit – wurde von Godan Khan, dem Enkel Dschingis Khans, in die Mongolei berufen. Sakya Panditas mongolische Mission war so erfolgreich, dass der Sakyapa 1249 die Herrschaft über Tibet übertragen wurde und das Land vor einer mongolischen Invasion bewahrt blieb.

Sakya Pandita Kunga Gyaltsen, Tibet, 15. Jh.
Bronze, Höhe 37 cm
Sammlung Essen, Hamburg

Sakya Pandita (Skrt. der »Sakya-Gelehrte«, 1182–1251), vielseitig ausgebildet in den religiösen und weltlichen Wissenschaften seiner Zeit, Autor von philosophischen Abhandlungen und Weisheitssprüchen, war einer der bedeutendsten Lamas der Sakyapa.
Er sitzt auf einem doppelten Lotusthron;

seine Hände formen die Geste der Lehrdarlegung bzw. Argumentation. Da Sakya
Pandita als irdische Erscheinungsform des
Bodhisattva Manjushri gilt, ist er ausgestattet mit dessen Symbolen der Weisheit:
Scheitelerhöhung (Skrt. Ushnisha), Stirnlocke (Skrt. Urna) und zwei Lotusblumen,
die das Schwert der Erkenntnis (zu seiner
Rechten) und das Buch der vollendeten
Weisheit (Skrt. Prajnaparamita-Sutra, zu
seiner Linken) tragen. Auf seine vollkommene Erleuchtung verweist die Ushnisha.
Als Abt agierte Sakya Pandita auch als
großer Förderer der Kunst. Speziell
berühmt war er für seine Übersetzungen
aus dem Sanskrit. Mit seinem Neffen
Chögyal Phagpa zusammen entwickelte er
eine mongolische Schrift, die die Übersetz-
zung buddhistischer Texte ermöglichte;
dies trug wesentlich zur Verbreitung des
Buddhismus in der Mongolei bei. Es
gelang Sakya Pandita, den Mongolenherr-
scher Dschingis Khan (1155–1227) von
der invasiven Plünderung Tibets abzuhal-
ten. Dessen Enkel Godan Khan übertrug
1249 der Sakyapa die Herrschaft über
Tibet, die sie über 100 Jahre inne hatte.

Milarepa, Tibet, 18. Jh.
Papiermaché, Höhe 16 cm
Sammlung Essen, Hamburg

Kagyüpa (tib. Ka, »Wort«, gyü,
»Überlieferung«, »Unterweisung«;
Kagyüpa, »Schule der mündlichen
Unterweisung«)

Gründer: Marpa (1012–1097)
Mutterkloster: Tsurphu, gegr. 1187
Wichtige Klöster: Taglung, Drikung,
Densatil, Rumtek (in Sikkim)
Meditativer Hauptweg: Mahamudra
(Skrt. »Großes Siegel«), Naro Chödrug
(tib. »Sechs Doktrinen des Naropa«)
Wichtige spirituelle Führer: Tilopa (928–
1009), Naropa (956–1040), Marpa
(1012–1097), Milarepa (1040–1123),
Gampopa (1079–1153)

Titel des formellen Oberhaupts: Karmapa
Besonderheiten: Milarepa gilt als der
größte Dichter Tibets.

Die Kagyüpa legt ganz besonderen Wert
auf die direkte Vermittlung der Lehre von
Guru zu Schüler; die rationale Erörterung
des Schrifttums steht hinter der intuitiven
Auffassung der Lehre zurück. Teilweise
lebten die Kagyüs als Einsiedler in Meditationshöhlen; bekanntestes Beispiel:
Milarepa Schwarzmagier – Fastselbstmör-
der – Heiliger: Milarepa (tib. Der »baum-
wolltragende Mila«, 1012–1097) weist
eine außergewöhnliche spirituelle Karrie-

re auf – ein beliebtes Thema der tibetischen »erzählenden« Malerei.

Milas begüterter Vater stirbt früh, der Onkel betrügt die Mutter und ihre zwei Kinder um das Erbe. Auf Geheiß der Mutter erlernt Mila die Schwarze Magie, um Rache zu üben. Seine Attacken auf den Onkel fordern Menschenleben, Reue erfasst ihn. In Marpa, dem Wurzel-Guru der Kagyüpa, findet Mila seinen Meister, der ihn über viele Jahre überaus hart prüft. Körperlich zerschunden, trägt sich Milarepa verzweifelt mit Selbstmordabsichten, denn Marpa verweigert ihm immer noch – wegen seines schlechten Karmas – die Initiation. Dagmema, Marpas Frau und tantrische Gefährtin, hat Mitleid mit Milarepa, setzt sich für ihn ein. Daraufhin nimmt ihm Marpa das Bodhisattva-Gelübde ab, weiht ihn in die höheren Lehren des Naro Chödrug ein.

Die folgenden Jahre verbringt Milarepa einsiedlerisch als radikal asketischer Yogin meditierend in eisigen Berghöhlen, in einer neun Jahre ohne Unterbrechung. Laienbekenner suchen ihn auf, angezogen von seinem spirituellen Charisma, seinen übernatürlichen Fähigkeiten (Skrt. Siddhi) und schönen, belehrenden Liedern, und bitten ihn, seine Schüler werden zu dürfen. (Der wichtigste wird der Arzt Gampopa.) Andere Gurus entwickeln Neid; einer von ihnen erpresst eine Frau, Milarepa eine Almosenspende zu bringen – vergiftete Sauermilch. Obwohl ihn diese Frau davor warnt, nimmt Milarepa das »Almosen« an, erklärt, jetzt dreiundachtzigjährig, am Ende seines Lebens angekommen zu sein, legt seinen Anhängern noch einmal die Lehre dar.

Der Neider bereut seine Tat, erkennt Milarepas geistige Überlegenheit an.

In seinen letzten Worten ermahnt Milarepa seine Schüler, weder nach Ruhm noch nach Besitztümern zu streben, Bequemlichkeit zu meiden und bescheiden zu sein.

Die kleine Plastik zeigt den wohl berühmtesten Heiligen und größten Dichter Tibets in seinem (weißen) Baumwollgewand. (Es wurde später von allen Yogins der Kagyüpa getragen.) Milarepa trägt einen Meditationsgurt (Skrt. Yogapatta) und in der linken Hand eine mit Amrita, dem Nektar der Todlosigkeit gefüllte Schädelschale (Skrt. Kapala), die ihn als tantrischen Eingeweihten ausweist. Den Kopf nachdenklich auf die rechte Hand gestützt (eine Variante seiner oft dargestellten Geste des Lauschens), öffnet Milarepa die Lippen, zum Gesang ansetzend. Milarepas Lieblingsschüler Rechungpa hat seine »Hunderttausend Lieder« (tib. Gumbum) für die Nachwelt überliefert.

Die irdischen Güter acht ich,
dem Trugbild des Wassers gleich.
Dem nicht Erkennenden weih ich
Gedanken des Mitleids.
Der leere Luftraum dient mir zur Speise.
Bar jeder Zerstreutheit,
bleibt die Versenkung.
Dass all die Vielfalt,
die in meinem Geist sich offenbart,
und ach, auch die Dinge
des Kreislaufs der drei Welten –
obwohl unwirklich,
dennoch sichtbar sind:
Wie groß ist dies Wunder!

Milarepa
Aus dem ›Lied des Yogin‹ (zit. n. Perlen alttibetischerr Literatur, S. 138)

Gelugpa (tib. »Schule des Weges der Tugend«)

Gründer: Tsongkhapa (1357–1419)
Mutterkloster: Ganden, gegr. 1409
Wichtige Klöster: Sera, Drepung, Reting, Tashilhünpo
Meditativer Hauptweg:
Lamrim (tib. »Stufenweg«)
(*Ideal der Lehrtradition:* Mahayana klassischer indischer Prägung unter Einbeziehung tantrischer Lehren)
Wichtige spirituelle Führer:
Als Vorläufer Atisha (980/90–1055) und Dromtön (1003–1064), Tsongkhapa (1357–1419), einige Dalai Lamas
Titel des formellen Oberhaupts:
Gaden Tripa

Besonderheiten: Die Gelugs werden nach ihrer Kopfbedeckung auch »Gelbmützen« genannt.
Für die anderen Schulen gelten rote Hüte. Tsongkhapa ist der große Reformator des Tibetischen Buddhismus. In den von ihm gegründeten Klöstern Ganden, Drepung und Sera setzte er nach kodifizierten Regeln vorbildlich die Neuorganisation des Klosterwesens und die strenge zölibatäre Mönchsdisziplin um. Er legte die Bedingungen für die Ausbildung der Mönche fest, die auf höherer Ebene – einem wissenschaftlichen Studium gleich – seitdem mit Graduiertentiteln wie Geshe (vergleichbar einem Doktor der Theologie) abgeschlossen werden kann. (Der 14. Dalai Lama ist »Geshe«.) Gelehrsamkeit gilt als wichtige Grundlage für die tiefgründige Analyse und die Meditation, dialektische Streitgespräche fördern die Logik und das richtige Verständnis der Lehre.
Den Ehrentitel Dalai Lama (mong./tib. »Lehrer, dessen Wissen/Weisheit so groß wie der Ozean ist«) verlieh der Mongolenfürst Altan Khan 1578 Sönam Gyatso; der Titel gilt jedoch rückwirkend seit 1391. Seit dem Großen 5. Dalai Lama Losang Gyatso (1617–1682), dem Erbauer des Potala in Lhasa, sind die Dalai Lamas nicht nur die spirituellen Führer der Gelugpa (mit den Panchen Lamas als ihren Stellvertretern), sondern auch, von dem Mongolenfürst Gushri Khan eingesetzt, die Staatsoberhäupter Tibets.
Jeder Dalai Lama wird seit Mitte des 17. Jahrhunderts als irdische Erscheinungsform des Transzendenten Bodhisattva Avalokiteshvara verehrt.
Daneben gelten die einzelnen Dalai Lamas als Tulku (tib. »Körper der Verwandlung«) des jeweiligen Vorgängers. Der Tibetische Buddhismus bezeichnet mit Tulku seit dem 13. Jh. eine Person, die nach bestimmten Prüfungen als Wiedergeburt einer zuvor verstorbenen Persönlichkeit betrachtet wird.
Die Vorstellung des Tulku ist aus dem Mahayana hervorgegangen: die Umstände der Wiedergeburt bestimmen zu können, ist die Fähigkeit, über die ein Bodhisattva auf der achten Stufe seiner spirituellen Entwicklung verfügt (s. »Zehn Stufen« des Bodhisattva-Weges, S. 245 ff.). Den Dalai Lama als Reinkarnation seines Vorgängers zu bezeichnen, ist etwas irreführend, denn der Buddhismus kennt – nach der Anatman-Lehre – keine »ewige Seele« oder ein eigenständiges Selbst (vgl. Anatman, S. 80). Ein Tulku ist keine identische Wiederverkörperung mit Wesenskontinuität, sondern eine karmisch bedingte Nachexistenz des Verstorbenen.

Tsongkhapa (1357–1419) war der große Reformator und der Begründer des »Gelbmützen«-Ordens der Gelugpa, der seit dem späten 16. Jh. auch in der Mongolei als führende religiöse Kraft gilt. Auf-

Tsongkhapa, Mongolei, 19. Jh.
Bronze, vergoldet, Höhe 20, 4 cm
Klostermuseum Erdenezuu, Provinz Övörchangaj

grund seines überragenden Wissens wurde Tsongkhapa zum Schutzpatron der
Gelehrten. Er findet sich oft dargestellt,
am häufigsten als irdische Erscheinungsform Manjushris, des Bodhisattva der
Weisheit. Die für Manjushri typischen
Attribute, das Schwert der Weisheit und
das Buch der Vollkommenen Weisheit,
sind zu Seiten Tsongkhapas auf Lotusblüten platziert. Zum Ausdruck höchster
Wertschätzung Tsongkhapas als Reformator und Lehrer wird er mit der Handgeste
des Ingangsetzens des Rades der Lehre
(Skrt. Dharmachakra-Mudra) gezeigt.

Übersicht über die meditativen Hauptwege

Nyingmapa: Dzogchen (tib. »Große Vollendung«)

Dieser Weg ist auch als »Außergewöhnli-
cher Yoga« (Skrt. Ati-Yoga) bekannt. Von
ihren Anhängern wird diese Lehre als
endgültige und geheimste Unterweisung
des Buddha Shakyamuni betrachtet. Padmasambhava führte sie im 8. Jh. in Tibet
ein, wo sie der Gelehrte und Abt des Klosters Samye, Longchempa, im 14. Jh. in ein
einheitliches System zusammenfasste.
Dzogchen gründet sich auf die Überzeu-
gung, dass der Geist an sich rein und
unbefleckt ist, dies aber nicht erkannt
wird. Die Gefangenschaft im Kreislauf der
Existenzen kann durch die Erkenntnis des
»nackten« Geistes, auf dem alle Bewusst-
seinsaktivitäten basieren, überwunden
werden. Die Konzentration auf den reinen
Geist führt zum ursprünglichen »Wissen«
der Einheit von Klarheit und Leerheit
(Skrt. Shunyata) aller Phänomene. Legt
der Yogin den Schwerpunkt auf den klaren Lichtaspekt des ursprünglichen Wissens, zielt er auf die Verwirklichung des
sogenannten »Regenbogenkörpers«, d. h.
die Auflösung des physischen Körpers in
Licht.
Für die Erfahrung der Erleuchtung ist die
Aktivierung inspiratorischer Bewusst-
seinskräfte notwendig, um die hinderlichen Illusionen zu zerstören. Dazu dienen
Inspirationshelfer, die visualisiert werden
und mit deren Energie sich der Übende
identifiziert.

Sakyapa: Lamdre (tib. »Weg und Ziel«)
Die Sakyapa widmete sich besonders der
Übersetzung, Überlieferung und Systema-
tisierung tantrischen Schrifttums, darüber
hinaus Problemen der buddhistischen

Logik. Als Begründer der Lamdre-Lehre gilt der indische Mahasiddha Viropa. Der Basistext wurde von Drogmi (992–1072), dem bedeutenden Gelehrten und Wurzel-Guru der Sakyapa, nach Tibet gebracht, übersetzt und kommentiert.

Ausgangspunkt des Lamdre ist – typisch für das Vajrayana – das Ziel des Weges im Weg selbst zu sehen. Jeder trägt in sich potentiell die Buddhaschaft, er muss diese Anlage nur realisieren. Die Lamdre-Praxis verfolgt den Weg der Verwandlung jeglicher Erfahrung in die Qualität der Klarheit und Leere (Skrt. Shunya) und die Einheit beider, die die wahre Natur des Geistes ausmacht. Wer dies verwirklicht – besonders durch Übungen zur Läuterung des Geistes, etwa die Loslösung von den Anhaftungen – wird erkennen, dass der Weg das Ziel ist und als Befreiung erfahren werden kann. Er wird erkennen, dass Samsara, der Kreislauf der Existenzen, und Nirvana, die Erlösung daraus, nicht verschieden sind, sondern Eins ist.

Kagyüpa: Mahamudra (Skrt. »Großes Siegel«), **Naro Chödrug** (tib. »Sechs Lehren des Naropa«)

Mahamudra vereinigt verschiedene Tantra-Systeme Indiens und gilt als eine der höchsten Lehren des Vajrayana. Sie geht auf den indischen Mahasiddha Tilopa (928–1009) zurück; er vermittelte sie seinem Schüler Naropa (956–1040), der an der indischen Klosteruniversität Nalanda lehrte. Die nach ihm benannten Methoden Naro Chödrug brachte sein tibetischer Schüler Marpa (1012–1097) nach 16 Jahren der Unterweisung nach Tibet.

Die Kagyüpa postuliert, dass Erkenntnis aus einem länger währenden Prozess entsteht. Der Weg zur Erleuchtung baut auf die Abfolge von Verständnis, Erfahrung und höherer Erkenntnis auf. Die höchste

Erkenntnis der Leerheit (Skrt. Shunyata) aller Erscheinungen und die Einsicht, dass das zeitlose, wahre Wesen des Geistes die Einheit von Leerheit und Klarheit ist, trägt das »Große Siegel«.

Vorbereitet durch bestimmte Sadhanas (vgl. S. 214), besteht der Kern der Meditation in der Erfahrung des wahren Wesens des Geistes, der zur vollkommenen Freiheit des Geistes führt. In der mystischen Vereinigung des eigenen Bewusstseins mit dem Absoluten wird Mahasukha (Skrt. das »Höchste Glück«) erreicht.

In der Kunst wird die Aufhebung aller Polaritäten, die Einheit von Höchstem Glück und Leerheit durch die von den Heilsgestalten gezeigte Yab-Yum-Vereinigung mit ihren weiblichen Weisheitsaspekten symbolisch dargestellt (vgl. S. 183 ff.)

Das Naro-Chödrug-System wird auch von allen anderen lamaistischen Schulen praktiziert. Es setzt sich aus folgenden sechs Techniken zusammen:

Tumo (tib. »*Innere Hitze*«)

Der Yogin erzeugt innere Hitze, indem er durch Regelung des Atemrhythmus, Konzentration auf das Manipura-Chakra (Nabelzentrum) und Visualisation bestimmter Mantras seine Körperwärme steigert, bis er gleichsam in Flammen steht. Das mystische innere Feuer verbrennt das begriffliche Denken und offenbart so das klare Licht des erwachten Geistes. – Im »Schneeland«, dessen mittlere Höhe bei 4500 m liegt, hat Tumo den praktischen Effekt, die Meditierenden, vor allem Einsiedler in Berghöhlen, gegen die extreme Kälte zu schützen.

Gyulü (tib. »*Illusionskörper*«)

Gyulü erfordert, den eigenen Körper als Trugbild zu erfahren, denn der Körper ist

Anatman, ohne eigenständiges Selbst oder ewige Seele und besteht lediglich aus den fünf Skandhas (s. S. 80). Demgegenüber zielt Gyülü darauf, den »Illusionskörper« zu visualisieren, einen feinstofflichen Körper, der jenseits der fünf Skandhas existiert. Diesen Vajra- (»Diamant«) Körper identifiziert der Yogin mit dem Absoluten, was für ihn Erwachung bedeutet.

Milam (tib. »Traum«)
Der »Traum-Yoga« benutzt Traumbilder zur spirituellen Entwicklung. Da Träume Tatabsichten bewirken können, die an den Kreislauf der Existenzen binden, lehrt Milam, Träume bewusst zu kontrollieren und auf karmisch günstige Inhalte zu lenken. Positiv wirken kann auch die Begegnung mit transzendenten Wesenheiten im Traum. Auf der anderen Seite soll der Yogin im Wachzustand die Welt als bloßer Traum erkennen.

Ösel (tib. »Klares Licht«)
Ösel bezeichnet die Lichthaftigkeit des Geistes als Entsprechung zur Leerheit des Geistes, das Erkenntnisziel der höchsten Tantra-Lehren. Die Ösel-Praxis führt den Meditanden zur Erfahrung des Lichts in seiner Wesensgleichheit mit dem aus sich selbst heraus leuchtenden Geist und damit seiner grundgegebenen Erlöstheit.

Bardo (tib. »Zwischenzustand«)
Bardo ist die Zeitspanne und der Bewusstseinszustand zwischen Tod und Wiederverkörperung. Im Naro Chödrug werden sechs Arten des Bardo unterschieden, nämlich Bardo der Geburt, der Träume, der Versenkung, des Augenblicks des Todes, der Höchsten Wirklichkeit und des Werdens.
Der Bardo Übende visualisiert zunächst die ersten drei Bardos (des irdischen Lebens) als Schwebezustände, dann, vertieft, die Bardos, die den Prozess des Todes und der Wiedergeburt umfassen, um bei seinem wirklichen Tod eine höhere Wiedergeburt oder die Befreiung aus dem Samsara zu erreichen.

Phowa (tib. »Wechsel des Ortes«)
Phowa ist wie Bardo eine Vorbereitungsmeditation auf das Sterben. Der Yogin zielt darauf ab, sein Bewusstsein – das Verbindungsband im Kreislauf der Existenzen – im Augenblick des Todes den »Ort wechseln« zu lassen, das heißt willentlich in ein Buddha-Paradies zu gelangen. Im Reinen Land kann letztlich Nirvana erreicht werden.

Gelugpa: Lamrim (tib. »Stufenweg« zur Erleuchtung)
Lamrim Chenmo (tib. »Große Darlegung des Stufenwegs« zur Erleuchtung) ist das Hauptwerk Tsongkhapas (1357–1419) des Wurzel-Gurus der Gelugpa. Nach dem Vorbild des ältesten Lamrim-Textes, dem »Juwelenschmuck der Befreiung« von Gampopa (1079–1153), stellt es die Stufen der Erleuchtung detailliert dar.
Es gilt, diese nicht nur zum eigenen Wohl zu verwirklichen, sondern in erster Linie – nach dem Bodhisattva-Ideal –, um für die anderen Lebewesen zu wirken.
Ein Schwerpunkt der Übungen liegt auf der Erzeugung des Erleuchtungsgeistes (Skrt. Bodhichitta), der die Einsicht in den Kreislauf der Existenzen und die Leerheit (Skrt. Shunyata) aller Phänomene eröffnet. Zu den Mitteln, durch die Erweckung erreicht werden kann, gehören die Lehren der »Sechs Vollkommenheiten« (Skrt. Paramita), der »Fünf Pfade« (Skrt. Pancha Marga) und der »Zehn Stufen«(Skrt. Bhumi, wörtl. »Land«, vgl. Symbolik des Chörten, S. 244 ff.).

»Die Reise des wilden Elefanten«:
Symbolische Darstellung des Meditationsweges Shamatha

Wie besonders die Gelugpa betont, ist neben der Erkenntnis der »Drei Merkmale des Daseins« (Skrt. Vipashyana) – Vergänglichkeit (Skrt. Anitya), Leidhaftigkeit (Skrt. Dukha) und Unpersönlichkeit aller körperlichen und geistigen Erscheinungen (Skrt. Anatman) – die gezielte Entwicklung des »Ruhigen Verweilens« (Skrt. Shamatha) eine erste wichtige Voraussetzung auf dem Weg zur Erleuchtung.

Hauptziel dieses bereits aus dem Pali-Kanon bekannten Meditationsweges ist geistiges Vertieftsein, Samadhi (Skrt. »Fixieren«). Durch die allmähliche Beruhigung der Geistestätigkeit ist im Samadhi der Geist auf ein einziges Meditationsobjekt gerichtet. In diesem nicht-dualistischen, »leeren« Bewusstseinszustand wird das Subjekt (das Bewusstsein des Meditierenden) mit dem Objekt (das von ihm erfahren wird) Eins.

Schematisch gesehen, werden die Hindernisse, die sich der Entwicklung von Shamatha, des »Ruhigen Verweilens« entgegenstellen, in »neun Stadien des Geistes« (z. B. »ständige Erneuerung der Aufmerksamkeit«), durch »sechs Kräfte« (z. B. »konzentrierte Energie«) und »Vier geistige Aktivitäten« beseitigt.

Auf dem Wandgemälde im Gelugpa-Kloster Spituk in Ladakh ist die Entwicklung der Bewusstseinskontrolle einprägsam symbolisch dargestellt.

Der Pfad bergan weist vier Ebenen auf, entsprechend den »Vier geistigen Aktivitäten«, die Shamatha erfordert: »Verbindung des Geistes mit dem Objekt, Wiederherstellung der Aufmerksamkeit, Ungebrochene Aufmerksamkeit« und »Müheloses Verweilen«, das mit dem neunten Geistesstadium »Samadhi« übereinstimmt.

Das Bild ist von unten rechts aus zu lesen, beginnend mit dem Mönch, der den Meditierenden repräsentiert. Er hält in der rechten Hand – die im Vajrayana für Upaya, die »Geschicklichkeit in der Methode« steht – den Elefentenstachelstab (Skrt. Ankusha), in der linken, der »Weisheitshand«, die Seilschlinge (Skrt. Pasha); dabei zeigen seine ausgestreckten Zeigefinger die Tarjani-Mudra, die Drohgeste. Ankusha und Pasha sind allgemein die Zwillingswaffen der Unterwerfung. Friedvoll aspektiert, bedeuten sie die Einbindung von klarer Einsicht und weiser Achtsamkeit ins Bewusstsein des Übenden. Zornvoll aspektiert durch die Tarjani-Mudra, versinnbildlichen Elefantenstachel und Schlinge die Beherrschung der blockierenden Hindernisse auf dem Meditationspfad. Einzeln betrachtet, ist der Elefantenstachel die Waffe, die den »wilden Elefanten«, d. h. den ungezähmten menschlichen Geist, unterwirft.

Die Seilschlinge fängt das Ich, genauer die Illusion eines eigenständigen Selbst, ein. Der »wilde Elefant« ist zunächst gänzlich von schwarzer Farbe, was auf den Stumpfsinn und die Schwerfälligkeit des ungezähmten menschlichen Geistes verweist. Der Elefant wird von einem ebenso schwarzen Affen angeführt. Er ist Sinnbild für die Unruhe und das Umherschweifen der Gedanken des Meditierenden.

Auf der ersten Wegstrecke versucht der Mönch, den »wilden Elefanten« einzufangen; auf der zweiten gelingt es ihm, die Schlinge an seinem jetzt weißen Kopf festzumachen. Diese Station zeigt einen Hasen mit ebenfalls weißem Kopf auf

Symbolische Darstellung des Meditationsweges Shamatha
Wandgemälde im Kloster Spituk, Ladakh

dem Elefantenrücken sitzend. Als explizit lunares Tier verkörpert er die Nachtseite des menschlichen Bewusstseins, das sich an der konventionellen, nur relativen Wahrheit der weltlichen Erscheinungsformen orientiert. Weil die konventionelle Wahrheit im Gegensatz zur Höchsten Wahrheit der Leerheit aller Phänomene nur eine Halbwahrheit ist, verschwindet der Hase, nachdem er nur zur Hälfte die weiße Farbe angenommen hat, auf der dritten Wegstrecke aus der Szenerie, das heißt auf einer Ebene, auf der der Meditierende die Läuterung seines Bewusstseins vorangetrieben hat. Entsprechend hat der Mönch die vorübergehend verlorene Verbindung zum Elefanten wiederhergestellt und ist zu seinem Führer geworden. Zu Anfang des vierten Pfadabschnitts verabschiedet sich der Mönch, noch einmal zögernd, von dem ihn anbettelnden Affen, der als Sinnbild für die Abschweifungen in der Meditation nur in schwindendem Schwarz, doch nicht gänzlich in weißer Farbe erscheinen kann.

Die lodernden Feuer am Wegesrand sind nun verschwunden; sie haben symbolisch Gier, Hass, Verblendung und Unwissenheit, die Anhaftungen des Meditierenden an die Welt, verbrannt.

Eingangs der vierten Wegstrecke übernimmt der Mönch, dessen »Waffen« verschwunden sind, die mühelose Führerschaft des jetzt weißen Elefanten. Voller Vertrauen liegt er anschließend neben ihm, symbolisch für das gezähmte Bewusstsein des Praktizierenden.

Zuletzt reitet der Mönch frei, ruhig und gelöst auf dem Elefanten. Er trägt ihn auf eine sich weitende Regenbogenbahn, aus der das Feuer der Erkenntnis lodert und die in Wolken mündet. Der Regenbogen symbolisiert die lichte Brücke zur Erfahrung der Buddha-Natur, zusammen mit den Wolken den »Körper der Seligkeit« – dargestellt im Bild links oben.

Tantra
(Skrt. »Gewebe«, »Zusammenhang«)

Mit Tantra werden im Tibetischen Buddhismus verschiedene Arten von Texten bezeichnet (z. B. auch medizinische oder astrologische), in erster Linie aber die Grundwerke des Vajrayana und deren Meditationssysteme. Hier wird die spirituelle Entwicklung als Basis (praktizierende Person), Weg (der Praxis) und Frucht (der Praxis) beschrieben.

Die Sprache der bis jetzt nur wenig erforschten Tantras ist mystisch zwielichtig, pendelt zwischen Aussage und Verhüllung und bedient sich einer symbolträchtig verschlüsselten Ausdrucksweise. Es handelt sich hier um eine »intentionale Sprache« (Skrt. Sandhyabhasa), die sich auf verschiedenen Verständnisebenen bewegt. Dem Schüler bleiben die Tantras ohne Erklärung durch den in der geistigen Übertragungslinie stehenden Meister unverständlich; insofern sind sie als geheim zu betrachten.

Die Tantras sind in vier Klassen eingeteilt: 1. Kriya- (d. h. Handlungs-)Tantra, 2. Charya- (d. h. Ausübungs-)Tantra, 3. Yoga-Tantra und 4. Anuttara-Yoga-Tantra; dieser höchste Yoga-Pfad gliedert sich in drei Kategorien, nämlich a. Vater-Tantra, b. Mutter-Tantra, c. Advaya- (d. h. nicht-dualistisisches) Tantra. Die Nyingmapa-Tradition nennt letztere drei Maha-Yoga, Anu-Yoga und Ati-Yoga. Es ergibt sich folgendes Schema:

Der tantrische Pfad

Das Wort Tantrismus ist erst im 19. Jh. geprägt worden, abgeleitet von dem Sanskrit-Wort Tantra (»Gewebe«, »Ursprung«, »Zusammenhang«, »Kontinuum«). Der Tantrismus hat wahrscheinlich im 1. Jh. n. Chr. in Indien Gestalt angenommen und gehört zu den Grundlagen des sogenannten Sanatana-Dharma, der Unvergänglichen, Ewigen Religion des Hinduismus, die auf keinen Religionsgründer zurückgeht. Nach seinen als Tantra bezeichneten Lehrsystemen benannt, ist der Tantrismus allgemein eine esoterische, nur dem Eingeweihten hinreichend verständliche, ganzheitliche Erkenntnislehre, die die Initiation und Führung des Schülers durch den Lehrer voraussetzt. Abgesehen von der jeweiligen Schule bzw. spezifischen Heilsdoktrin, zu deren Verwirklichung diese Lehre praktiziert wird, beruft sie sich auf die Analogie von Mikrokosmos und Makrokosmos des Universums, die Untrennbarkeit des Relativen und Absoluten. Ideell bedeutet das die Sakralisierung des Profanen.

Der hinduistische Tantrismus präsentiert an sich kein eigenes philosophisches System, sondern Anweisungen zur Praxis der Befreiung aus weltlich bedingter Seinsweise; Erlösung wird vorgestellt als Überwindung der Dualismen und Polaritäten, als mystische Vereinigung mit dem Absoluten. In der tantrischen Praxis, die eine Vielzahl von Riten und Yoga umfasst, wird dem Körper als Mikrokosmos große Bedeutung zugemessen. Direkte leibliche Erfahrung steht im Vordergrund, sublime Energien werden aktiviert und kanalisiert, psychische Kräfte transformiert. Dabei geht es wesentlich darum, Kama (Skrt. »Sinnesverlangen«, »Begierden«, »Begehren nach Objekten sinnlicher Befriedi-

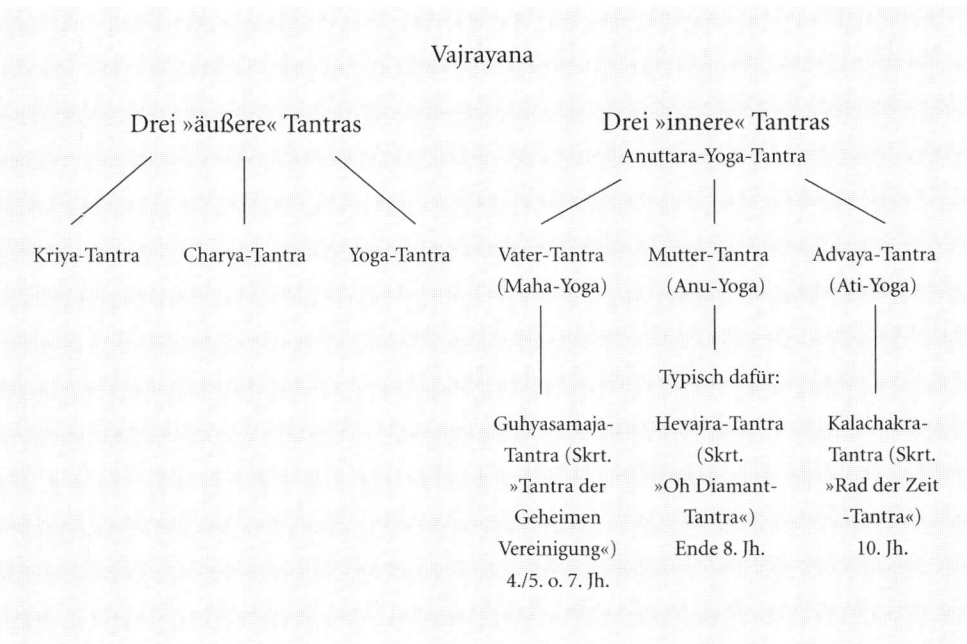

201

gung«), – an sich Haupthindernis auf dem spirituellen Weg –, nicht zu unterdrücken oder zu vernichten, sondern zu nutzen, umzuwandeln und der Befreiung dienstbar zu machen.

Im 6./7. Jh. war der Tantrismus in Indien voll etabliert, dem Religionshistoriker Mircea Eliade zufolge »zur Mode geworden«.

Das Vajrayana hat viele Praktiken des Tantrismus adoptiert, mit dem Ziel, den Weg zur Erleuchtung zu beschleunigen und dem Adepten die Möglichkeit zu eröffnen, schon in seinem gegenwärtigen Leben die ihm inhärente Buddhaschaft zu verwirklichen.

Nalanda, seit dem 5./6. Jh. bedeutendste buddhistische Klosteruniversität Indiens, wurde im 7. Jh. zum Zentrum tantrischer Studien, im 9. Jh. galt die ebenfalls in Nordindien gelegene Klosteruniversität Vikramashila als deren Hauptsitz. Vor der Zerstörung Nalandas und Vikramashilas im Zuge der islamischen Invasion im 12. Jh. breiteten sich von hier die tantrischen Lehren aus: über die zentralasiatische Seidenstraße nach Ostasien, nach Südostasien bis Java und besonders nach Tibet. Im 8. Jh. führte zunächst Padmasambhava, der wahrscheinlich auch in Nalanda lehrte, den tantrischen Buddhismus in Tibet ein. Dort hatte er den vergleichsweise deutlich nachhaltigsten Erfolg und blieb bis in unsere Zeit als gültige Tradition lebendig.

Die Tantra-Stufen

1. Kriya-Tantra umfasst die Formen kultischer Verehrung in meditativer Absicht und nach bestimmten Vorschriften. Das »Handlungs«-Tantra steht auch jedem einfachen Laienbekenner offen. Dazu gehören etwa Opferdarbringungen, das Rezitieren von Mantras und Dharanis oder die Herstellung von Mandalas. Objekte der Verehrung können Stupas, Bildwerke oder Thangkas sein.

2. Charya-Tantra, das »Ausübungs«-Tantra, sieht außer kultischen Handlungen das Erlernen bestimmter Meditationsübungen vor, die zu geistiger Konzentration und innerer Ruhe führen.

3. Yoga-Tantra stellt höhere Ansprüche an den Praktizierenden, der sich mit allen Sinnen einem zielgerichteten Meditationsprozess unterwirft. Dazu gehört vor allem die Visualisierung einer jeweils bestimmten Heilsgestalt und die Identifizierung mit ihr, um auf diese Weise deren geistige Kräfte in die eigenen zu verwandeln.

4. Anuttara-Yoga-Tantra stellt höchste Anforderungen an den Yogin und setzt eine besondere Initiation (Skrt. Abhisheka, »Weihe«), die Ermächtigung des Schülers durch den Meister voraus. Den Pfad dieser Tantras sollte nur ein gefestigter Praktizierender beschreiten. Die meditativen Hauptwege der vier großen Lehrtraditionen des Tibetischen Buddhismus gehören dieser höchsten Tantra-Klasse an. Eine Schlüsselposition nehmen hier in der Meditation die »Mittel zur Vollendung« (Skrt. Sadhana) ein. Ziel der Praxis ist die spirituelle Überwindung der nur relativen Wahrheit der Dualität und Polarität der Erscheinungen und das Erkenntniserleben der Wahren Wirklichkeit der Leerheit aller Phänomene, in der die Nicht-Verschiedenheit, die Einheit von Samsara und Nirvana begründet ist.

*Tantipa der Weber,
Ausschnitt aus dem
Gemälde auf der
Ostwand des
Meditationsraums
im Lukhang
Tempel in Lhasa,
um 1700*

Die Wandmalerei zeigt den Mahasiddha Tantipa beim Weben – eine Allegorie des Tantra.

Die Grundbedeutung des Sanskrit-Wortes Tantra ist »Webstuhl« und »Gewebe«.

Die parallel gespannten Kettfäden werden mit dem männlichen Prinzip, die horizontalen Schussfäden mit dem weiblichen Prinzip gleichgesetzt. In ihrer Beziehung zueinander bilden Kett- und Schussfäden an jedem Faden ein Kreuz, das die Vereinigung des männlichen und weiblichen Prinzips symbolisiert.

Der Weber ist das Bild für den Tantriker, der seine empirische Person (die Schussfäden) mit dem Absoluten (den Kettfäden) verwebt.

In einem Lied des Tantipa heißt es:
*Vollkommene Erkenntnis ist mein
  Webstuhl.
Das fertige Gewebe der Dharmakaya –
  die Vereinigung
Des allumfassenden Raumes mit dem
  Spiel des Wissens.*
(zit. n. Die Meister des Mahamudra, S. 134)

203

Mikrokosmos – Makrokosmos

Yoga-Tantra und Yoga-Praxis

Der menschliche Körper wird nicht mehr nur als Quelle der Schmerzen betrachtet, sondern als sicherstes Werkzeug, Erleuchtung zu gewinnen, den Tod zu besiegen und Erlösung zu verwirklichen. Voraussetzung dafür ist die Auffassung des Körpers als Mikrokosmos. Er gilt als Abbild des Universums, die Wirbelsäule als analog zum Weltenberg Meru, die vier Hauptglieder als den vier Kontinenten, die Augen Sonne und Mond analog. Bereits unter diesem Aspekt stellt der menschliche Körper ein kosmophysisches Mandala dar. Darüber hinaus wird der Körper zugleich als »grob« – und mystisch-physiologisch »feinstofflich« aufgefasst. Die Lebensenergie (Skrt. Prana, auch mit dem Plural von Atem zu bezeichnen) zirkuliert in den Nadis, den Energiekanälen. Der Atem wird mit den kosmischen Winden und den Himmelsrichtungen gleichgesetzt, während die kosmische Energie in den Chakras, den Energiezentren, verborgen ist.

Die buddhistischen Tantras kennen fünf Chakras; vier befinden sich auf der Ebene der Sexualorgane, des Nabels, Herzens und Halses (beziehen sich aber nicht auf die profanen Organe) und ein fünftes »außerphysisches« Chakra über dem Scheitel, »Lotus der Scheitelerhebung« (Skrt. Ushnisha Kamala) genannt. Als Entität finden die fünf Chakren ihre Entsprechung im Mandala der Fünf Transzendenten Buddhas, nach der Trikaya-Lehre also im Sambhogakaya, dem »Körper des Entzückens«.

Die Energiekanäle (die man in Ostasien als Meridiane kennt und auf deren Existenz die Kunst der Akupunktur beruht) sind im Grund nicht zählbar. Jedoch wird in den buddhistischen Tantras die Ansicht vertreten, dass der feinstoffliche Körper von 72000 Nadis durchwebt ist. Die wichtigsten Nadis, die in allen Yoga-Techniken die Hauptrolle spielen, sind die drei, die nebeneinander aus dem »Rad der Aufrechterhaltung der Freude« auf Höhe der Sexualorgane aufsteigen: der Zentralkanal (Skrt. Avadhuti) entlang der Wirbelsäule, Lalana (Skrt. »zärtliche Frau«) und Rasana (Skrt. »Zunge«).

In den buddhistischen Tantras sind die häufigsten Synonyme für Lalana und Rasana Sonne und Mond. (So bezeichnen auch die Silben »ha« und »tha« des Hatha-Yoga die Sonne und den Mond). Weitergehend ist Lalana der Prajna, dem weiblichen Aspekt der intuitiven Weisheit, Rasana dem Upaya, dem männlichen Aspekt der Methode analog. Avadhuti, die subtilste Energiebahn, ist von feuriger Natur, aber leer von Atem bzw. »Winden« und wird mit der »Großen Seligkeit« (Skrt. Mahasukka) gleichgesetzt. In der Vervollkommnungsstufe setzt der Yogin alle Anstrengung darein, die Energien, die in Lalana und Rasana fließen, in Avadhuti zu vereinen. Dieser Kraftstrom steigt von unten empor in das Chakra über dem Scheitel und löst den Zustand bewegungsloser »Seligkeit« aus.

Die drei Hauptenergiekanäle entsprechen weiter der Dreiheit von Körper, Rede und Geist. Die tantrische Praxis des Vajrayana zielt darauf ab, Körper, Rede und Geist durch den Einsatz mystischer Gesten (Skrt. Mudra), heiliger Laute (Skrt. Mantra) und in der Sadhana-Meditation in Körper, Rede und Geist eines Buddha zu transzendieren.

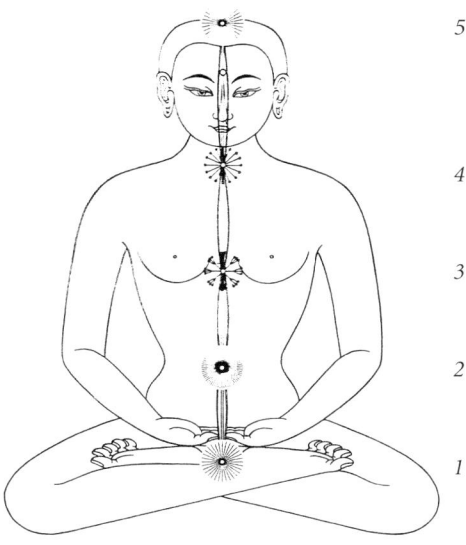

5

4

3

2

1

System der Energiezentren (Skrt. Chakra) und Energiebahnen (Skrt. Nadi)

5. *Lage:* Über dem Scheitel, außerhalb der Körperebene
Tib.: »Rad der großen Freude«
Skrt.: Nirvana Chakra oder Ushnisha Kamala (»Lotus des Scheitels«)
Anzahl der Speichen (oder Lotusblätter): 32

4. *Lage:* Ebene Hals/Luftröhre, Plexus laryngeus
Tib.: »Rad des großen Genusses«
Skrt.: Visuddha Chakra
Anzahl der Speichen (oder Lotusblätter): 16

3. *Lage:* Ebene Herz, Plexus cardiacus
Tib.: »Rad der Phänomene«
Skrt.: Anahata Chakra
Anzahl der Speichen (oder Lotusblätter): 8

2. *Lage:* Ebene Nabel, Solarplexus
Tib.: »Rad der Emanation«
Skrt.: Manipura Chakra
Anzahl der Speichen (oder Lotusblätter): 64

1. *Lage:* Ebene der Sexualorgane Plexus hypogastricus
Tib.: »Rad der Aufrechterhaltung der Freude«
Skrt.: Svadhistana Chakra
Anzahl der Speichen (oder Lotusblätter): 32

»Durch tantrische Praktiken, etwa durch Meditationen, in denen die Chakras und Energiekanäle im Mittelpunkt stehen, gelingt es dem Übenden schließlich, die grobstofflicheren Bewusstseinsebenen zu durchbrechen (…). Wenn die äußerst feinen Ebenen des Geistes durch diese tantrischen Übungen aktiviert werden, kann man zu wesentlichen spirituellen Einsichten gelangen, sodass das angestrebte Ziel der Erleuchtung unter Umständen schnell erreicht wird.«

Tenzin Gyatso, Der Vierzehnte Dalai Lama (geb. 1935)

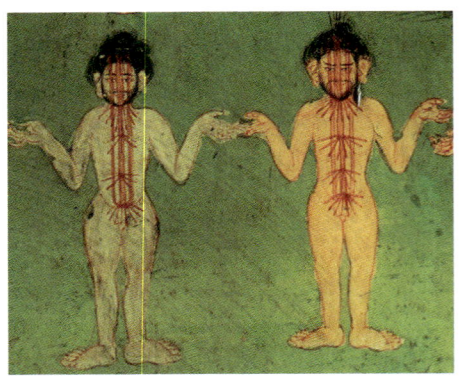

Yogins mit den fünf Chakras und den drei Haupt-Nadis. Ausschnitt aus dem Gemälde auf der Nordwand des Meditationsraumes im Lukhang Tempel in Lhasa, um 1700

»Vitale, durch innere und äußere Methoden hervorgebrachte Energien werden in den zentralen Energiekanal des Körpers hineingesogen, sie bringen das mystische Feuer zum Lodern.
Möge es uns die erhabene Ensicht in die uns von Natur gegebene Große Seligkeit bescheren.«

Kelsang Gyatso, Der Siebte Dalai Lama (1708–1757)
(zit. n. Der Geheime Tempel von Tibet, S. 75, 54)

Ausschnitte aus dem Gemälde auf der Nordwand des Meditationraums im Lukhang Tempel in Lhasa (Erläuterungen: S. 208 f.). Der »Tempel der Schlangengeister« – Lu (tib. »Schlangen«) gelten als Wächter spirituellen Wissens – liegt auf einer Insel des hinter dem Potala-Palast gelegenen Sees. Er wurde Ende des 16. Jh.s erbaut und war den Dalai Lamas als private Meditationsklause vorbehalten. Die auf dem Gemälde dargestellten Praktiken gehören zur höchsten Tantra-Klasse und illustrieren hauptsächlich den meditativen Weg des Dzogchen.

Abb. S. 206 rechts: Die offenen Augen auf die Nasenspitze gerichtet, meditiert der Yogin visionär vor einem Mandala aus fünf farbigen Lichtkugeln, die das erweiterte Bewusstsein versinnbildlichen.

Die Lichtkugeln symbolisieren in makro-mikrokosmischer Analogie das Mandala der fünf Transzendenten Buddhas und die entsprechenden feinstofflichen Energiezentren, Chakras des menschlichen Körpers. In diesem Mandala nimmt der blaue (die Farbe hat sich in Jahrhunderten auf dem Gemälde verändert) Akshobhya, »der Unerschütterliche«, den Zentrumsplatz ein (nach Vorgabe eines entsprechenden Tantras) und der weiße Vairocana, üblicherweise Zentrums-Buddha, ist an Akshobhyas Platz im Osten (unten) gerückt. Das auf Akshobhya bezogene Chakra ist demnach hier das des Scheitels.

Der Yogin trägt ein Gazellenfell, dessen Enden zu einem Meditationsgurt zusammengebunden sind. Damit nimmt er sinnbildlich die »Wesens-Energie« der Gazelle, Ruhe und Wachsamkeit in sich auf. In seiner »Rede vom rechten Forschen« im Majjhima-Nikaya vergleicht Buddha Shakyamuni die Gazelle mit einem meditierenden Mönch: so ruhig und wachsam wie diese »verweilt auch ein Mönch, der von seinen Begierden frei und von den unheilvollen Dingen die erste Stufe der Versenkung erlangt hat, die mit Erfassen und Erwägen verbunden, aus der Abgeschiedenheit entstanden ist und die Freude der Verzückung in sich enthält« (zit. n. Reden des Buddha, S. 29).

Abb. S. 207 oben: Dargestellt ist ein Yogin, der sich in der höchsten Tantra-Klasse übt. Auf seinem Körper sind die drei wichtigsten Energiekanäle (Skrt. Nadi) eingezeichnet, die im Yoga-Tantra eine bedeutende Rolle spielen.

Versinnbildlicht durch die lodernde Flamme über seinem Kopf, entwickelt der Yogin zunächst Tumo, die »Innere Hitze«. Aus der Flamme entwickelt sich eine Regenbogenbahn, die Phowa, die Meditationsübung »Wechsel des Ortes«, veranschaulicht. Die Regenbogenbahn mündet in eine Lichtkugel, Symbol für das erhöhte, gereinigte Bewusstsein.

Das Bild in der Lichtkugel deutet Abhirati (Skrt. »Freude«) an, das Östliche Paradies, in das der Yogin sein Bewusstsein »wechseln« lassen will. Hüter von Abhirati ist der Transzendente Buddha Akshobhya (Skrt. »Der Unerschütterliche«), der daneben in einer regenbogenfarbig eingefassten Lichtkugel sitzt – inmitten einer tief türkisblauen Wasserfläche; sie symbolisiert hier die Leerheit aller Phänomene und ist Sinnbild für das »andere Ufer«, das der Yogin erreichen will. Umgeben von türkisblauem Strahlenkranz und Nimbus, zeigt Akshobhya die für ihn charakteristische Bhumispharsha- (Erdberührungs-) Mudra, hält aber nicht sein Attribut, das Diamantzepter (Skrt. Varja) in der anderen Hand, sondern die Almosenschale, die ihn als Herrn über ein Paradies definiert.

In der größten, ebenfalls regenbogenfarbig umrandeten Lichtkugel vollführen fünf tiergesichtige Dakinis, himmelswandelnde Initiationsgöttinnen und Meditationshelferinnen (vgl. S. 223 ff.), einen rasenden Tanz. Sie halten die Waffen der Vernichtung von Unwissenheit und Verblendung, der Abtrennung aller negativen Vorstellungen vom Bewusstsein in Händen – das Schwert und Hackmesseräxte, sowie den Doppelvajra. Er gehört zu Akshobhya; bei ihm friedvoll aspektiert, symbolisiert er das absolute, zeitlose und unerschütterliche Prinzip der Leerheit (Skrt. Shunyata) und den unzerstörbaren Pfad des Vajrayana, damit die Verwirklichung der Vollkommenen Erleuchtung. In der Hand der rasenden Mittlergöttin (im Bild oben Mitte) symbolisiert die Diamantwaffe die Macht ihres Vajra-Zorns, die alle Wahnvorstellungen zerstört.

Die expressiven Körperformen der Initiationsgöttinnen sprechen die Libido des Yogin an, deren Energie er umorientieren und der Erleuchtung dienstbar machen soll. In den Worten des Vierzehnten Dalai Lama: »Im Tantra wird die Begierde als eine wirksame Energie betrachtet, die genutzt wird für den Pfad zur Erleuchtung, vergleichbar den Pfauen im Dschungel, die sich von giftigen Pflanzen ernähren und diese gleichsam symbolisch in die leuchtenden Federn ihres Schwanzschmucks verwandeln« (zit. n. Der geheime Tempel von Tibet, S. 51).

Abb. S. 207 unten links: Der Ausschnitt aus dem Gemälde auf der Westwand des Meditationsraums im Lukhang Tempel in Lhasa zeigt den Kopf eines Yogin als Buddhakopf mit Juwel auf der Ushnisha. Er emaniert aus einer Lotusblüte, die auf einem visionären Wassergebilde über der irdischen Sphäre schwebt.

Die zugehörige Inschrift lautet: »Weniger begabte Wesen können sich in einen Strahlenkörper transformieren und in einem Buddha-Paradies wiedergeboren werden.« – Dort wird der Yogin nur noch einmal aus einem Lotus geboren werden und erst dann seine vollkommene Erleuchtung verwirklichen.

Abb. S. 207 unten rechts: Der Ausschnitt aus dem Gemälde auf der Westwand des Meditationsraums im Lukhang Tempel in Lhasa zeigt einen meditierenden Yogin, der den Höhepunkt des Dzogchen-Pfades erreicht hat. Seine Befreiung symbolisiert der Regenbogen, der sich über ihm rundet – er hat den »Regenbogenkörper« in sich verwirklicht.

Die zugehörige Inschrift lautet: »Höher begabte Wesen können Erleuchtung erlangen, ohne den physischen Körper zu verlassen. Wer Herrschaft über den Körper erlangt, kann befreit werden und ins Klare Licht eingehen.«

Das mythische Bild des Universums

Das Gemälde auf der Nordwand des Meditationsraums im Lukhang Tempel in Lhasa (Abb. S. 210) veranschaulicht den Aufbau des Universums nach buddhistischer Vorstellung, die von der hinduistischen Vorstellung des Kosmos abgeleitet ist. Die Weltachse bildet der Weltenberg Meru, der von sieben Ringgebirgen und acht Ringozeanen umgeben ist und von Sonne und Mond umkreist wird. Aus dem Wasser ragen fünf Stufen des Meru; die ersten vier dieser Zonen werden von Fabelwesen und Naturgenien bewohnt, die fünfte von den vier großen Wächterkönigen der Himmelsrichtungen. Auf dem Gipfel des Meru liegt inmitten des Hains »Wunscherfüllender Bäume« der Palast Indras, der »Himmel der Dreiunddreißig« vedischen Götter. Ebenfalls noch in der samsarischen »Welt der Begierden« (Skrt. Kamadhatu) erheben sich darüber vier Himmel, die jeweils von einem Götterkönig regiert werden. Dazu gehört der Tushita-Himmel, der Aufenthaltsort der Bodhisattvas, die in einem bestimmten Zeitalter zur Erde herabsteigen, dort ein letztes Mal geboren werden und als Buddhas die Lehre verkünden – wie Buddha Shakyamuni oder der Zukunftsbuddha Maitreya.

Darstellung des Universums
Gemälde auf der Nordwand des Lukhang
Tempels in Lhasa, Tibet, 18. Jh.

Über diesen Himmeln der Wunschsphäre liegt die von Polaritäten freie himmlische Region der »Reinen Formen« (Skrt. Rupadhatu), die 18 Himmel umfasst und nur mehr in meditativer Vision wahrnehmbar ist. Die darüber liegende Region

ist völlig transzendent und entzieht sich jeder Vorstellung und Wahrnehmung.

Auf der linken Bildseite erscheinen die fünf Elemente: Erde als tonfarbene Masse, Feuer als züngelnde Flammen, Wasser als Wasserfall, Luft als Wolkenornament und Äther als bläulich helle Schichten. Sie drücken sich in dem manifest gewordenen Universum aus und finden ihre Bezugspunkte im menschlichen Bewusstsein.

210

Der Weltenberg Meru – das mythische Bild des Universums

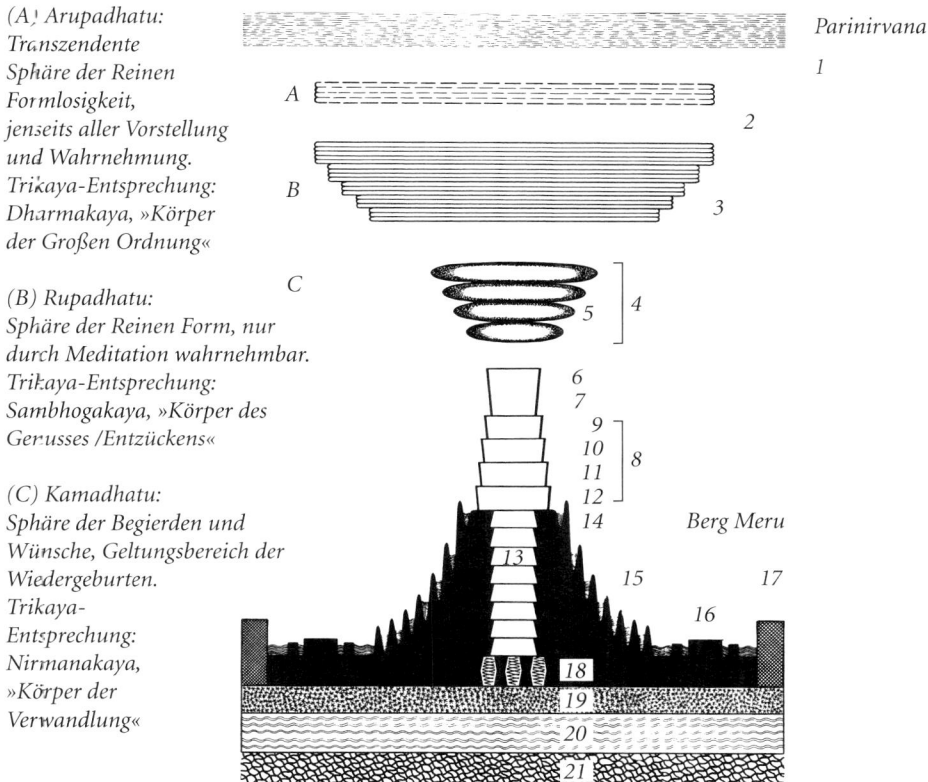

(A) Arupadhatu:
Transzendente
Sphäre der Reinen
Formlosigkeit,
jenseits aller Vorstellung
und Wahrnehmung.
Trikaya-Entsprechung:
Dharmakaya, »Körper
der Großen Ordnung«

(B) Rupadhatu:
Sphäre der Reinen Form, nur
durch Meditation wahrnehmbar.
Trikaya-Entsprechung:
Sambhogakaya, »Körper des
Genusses /Entzückens«

(C) Kamadhatu:
Sphäre der Begierden und
Wünsche, Geltungsbereich der
Wiedergeburten.
Trikaya-
Entsprechung:
Nirmanakaya,
»Körper der
Verwandlung«

Parinirvana

Berg Meru

(1) 4 Himmel der Formlosigkeit
(2) 24. Himmel »Akanishta«: Visionäre Schau des Ur-Buddha
(3) 18 Himmel der Reinen Form
(4) 4 Himmel der Form
(5) Tushita-Himmel der »Stillzufriedenen«, Aufenthaltsort der Bodhisattvas, so auch des Zukunfts-Buddha Maitreya
(6) »Trayatrimsha«, Himmel der »Dreiunddreißig« (Indra und 32 vedische Götter)
(7) »Caturmaharajka«, Himmel der »Vier Wächterkönige«, der Weltenhüter Dhritirashta, Virudhaka, Virupaksha und Vaishvarana
(8) 4 Sockelzonen, bewohnt von
(9) Yakshas (götterähnliche dämonische Wesen mit übernatürlichen Kräften, Hüter von Schätzen)
(10) Rakshas (harmlose bis feindliche Geisterdämonen)
(11) Garudas (mythische Vögel, Hüter von Schatztexten)
(12) Nagas (Schlangengeister, Hüter verborgener Lehren)
(13) 8 Höllen
(14) 7 Ringgebirge
(15) 8 Ringozeane
(16) 4 Kontinente (mit je zwei Nebeninseln, s. S. 212)
(17) Eiserne Ringmauer als Begrenzung
(18) Drei Basisblöcke
(19) Goldenes Fundament
(20) Wasserkörper
(21) Geflecht aus himmlischem Haar

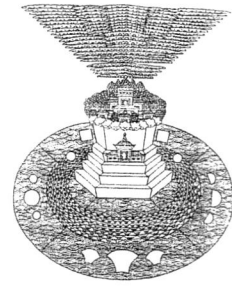

*Die vier Kontinente
mit je zwei Nebenin-
seln*

*Halbkreisform:
Östlicher Kontinent Purvavideha
Form eines Axtmessers:
Südlicher Kontinent Jambudvipa
Kreisform:
Westlicher Kontinent Aparagdaniya
Viereckform:
Nördlicher Kontinent Uttarakuru*

*Kosmos-Mandala-Opfer, Tibet, 18. Jh.
Vergoldete Bronze und Bergkristall,
Durchmesser 31 cm
Privatbesitz*

In der Mitte des Metall-Mandalas steht als Weltachse der Berg Meru, dessen Spitze durch einen Bergkristall gekennzeichnet ist. Ringgebirge, Ringmeere und Kontinente sind durch geometrische Gravuren verbildlicht. Im Vordergrund ist der westliche Kontinent durch drei Kreise angedeutet. Auf dem Rand der Scheibe sind die acht buddhistischen Glückszeichen (Skrt. Ashtamangala, vgl. S. 133 ff.) und die Sieben Kostbarkeiten des Chakravartin (Skrt. Saptaratna, vgl. S. 136 f.) dargestellt; im Vordergrund sieht man zwischen dem Unendlichen Knoten und der Schatzvase das Kostbare Pferd, das auf seinem Rücken das Kostbare Juwel trägt.

Metall-Mandalas dieser Art dienen als Träger von Mandalas, die aus (meistens 37) Kornhaufen, vorwiegend aus mit Safran gefärbten Reiskörnern gebildet werden. Sie bergen gewissermaßen den Reichtum des Universums in sich und werden rituell – nach Übungen der Reinigung von Körper, Rede und Geist – den erleuchteten Wesen geopfert. In einfachster Form mit sechs Kornhaufen wird das Mandalaopfer sechs Empfängern dargebracht: dem Lama, dem persönlichen Yidam, einer Schutzgottheit, dem Buddha, Dharma und Sangha.

Der Tantra-Stab als kosmisches Symbol

Aufgrund der Vorstellung im Vajrayana, nach der Makrokosmos und Mikrokosmos miteinander verwoben sind, kann auch ein Ritualgerät das Universum symbolisieren. So bilden die einzelnen Teile des tantrischen Stabes (Skrt. Khatvanga), der oft als charakteristisches Attribut von Mahasiddhas und zornvollen Heilsgestalten zu sehen ist, den Aufbau des Kosmos ab.

Wie die Schädelschale, Knochenschmuck und Musikinstrumente aus Knochenteilen geht der Tantra-Stab ursprünglich auf shivaitische Asketen zurück; die Kapalikas (Skrt. »Schädelträger«) bildeten im alten Indien eine kastenlose Sekte der »linkshändigen« tantrischen Praxis. Während der Stab der Kapalikas ein reiner Schädelstab war, ist der buddhistische Khatvanga reich ausgestaltet. Seine Spitze wird entweder von einem Vajra oder von einem flammenden Dreizack bekrönt.

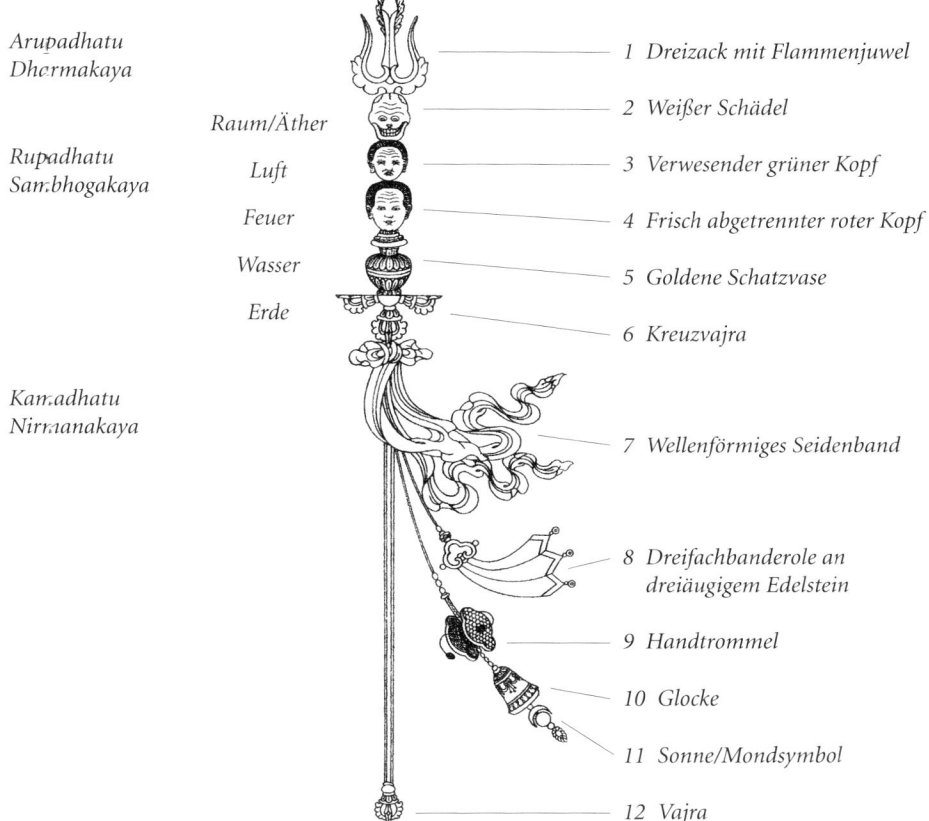

Arupadhatu
Dharmakaya

Rupadhatu
Sambhogakaya

Kamadhatu
Nirmanakaya

Raum/Äther

Luft

Feuer

Wasser

Erde

1 Dreizack mit Flammenjuwel

2 Weißer Schädel

3 Verwesender grüner Kopf

4 Frisch abgetrennter roter Kopf

5 Goldene Schatzvase

6 Kreuzvajra

7 Wellenförmiges Seidenband

8 Dreifachbanderole an
   dreiäugigem Edelstein

9 Handtrommel

10 Glocke

11 Sonne/Mondsymbol

12 Vajra

(1) *Dreizack mit Flammenjuwel:* Drei Juwelen Buddha, Dharma, Sangha; Erlösung durch Verwirklichung der Lehre/Parinirvana.
(Doppelvajra: Das Absolute, die Leerheit aller Phänomene/Parinirvana)
(2) *Weißer Schädel:* 4 Himmel der Formlosigkeit
(3) *Verwesender grüner Kopf:* 18 Himmel der Reinen Form
(4) *Frisch abgetrennter roter Kopf:* 4 Himmel der Form (mit Tushita-Himmel)
(5) *Goldene Schatzvase* (Skrt. Nidhanakumbha): Weltenberg Meru mit Indras Palast auf seiner Spitze
(6) *Kreuzvajra* (Skrt. Vishvavajra): Fundament des Meru; 12 sichtbare Vajrastege: 4 Hauptkontinente, die den Meru umgeben, mit ihren 8 Subkontinenten
(7) *Wellenförmiges Seidenband:* Ringgebirge und Ringozeane
(8) *Dreifachbanderole an dreiäugigem Edelstein:* Siegesbanner des Buddhismus auf dem Gipfel des Meru
(9) *Handtrommel* (Skrt. Damaru): Methode der Lehrvermittlung
(10) *Glocke* (Skrt. Ghanta): Transzendente Weisheit
(11) *Sonne/Mondsymbol:* Planeten umkreisen Merugipfel
(12) *Vajra:* Fundament, Nadir der Zentralachse des Weltenbergs

213

Helfer auf dem Weg zur Erleuchtung: Yidam

Yidam (tib.) heißt »Eid«, »Gelübde«, »Versprechen«, »fester Geist« oder auch »im Herzen gebundene Gottheit«, »Wunschgottheit« und bezeichnet Meditations-Heilsgestalten, die jeweils einen bestimmten Aspekt der Erleuchtung verkörpern.

Der vom Lama für den Schüler gewählte Yidam, dessen Charakter der individuellen psychologischen Veranlagung des Tantra-Übenden entspricht, wird zur persönlichen Initiations-Gottheit des Praktizierenden, die ihm bei der Beseitigung seiner persönlichen Hindernisse hilft. Aufgabe des Übenden ist, sich mit seinem Yidam und seinen bestimmten Energien zu identifizieren und die Transformation seines Wesens in das Wesen des Yidam zu erreichen.

Yidams werden in der Meditaion vor allem in Mandalas visualisiert, mit dem inneren Auge geschaut. Sie können eine friedvolle, gemäßigt zornvolle oder zornvolle Erscheinungsform haben und gehören jeweils zu einer bestimmten Buddhafamilie (Skrt. Buddhakula, vgl. S. 237).

Das Ziel der Meditationsübung (Skrt. Sadhana) ist durch den jeweiligen Yidam vorgegeben, doch ihr Verlauf zeigt ein festgelegtes Grundmuster.

In der Eingangsphase (tib. Ngödro) nimmt der Sadhaka (Skrt. »der Sadhana Übende«) im Tibetischen Buddhismus die Vierfache Zuflucht (tib. Kyabdro), nämlich zum Lama, sowie herkömmlicherweise zu Buddha, Dharma und Sangha. Unter Umständen nimmt er sechsfache Zuflucht, d. h. zusätzlich zu seinem Yidam und zu den Inspirationskräften, den Dakinis (vgl. S. 223 ff.). Darauf folgt die Entwicklung von Bodhichitta (Skrt. »Erleuchtungsgeist«). Der Adept strebt die Erleuchtung an, indem er meditativ vier Wünsche in sich erweckt, die ihn grenzenloses Wohlwollen empfinden lassen. Es sind dies im Grund Antworten auf die Vier Edlen Wahrheiten:

1. Mögen alle Lebewesen glücklich sein und im Besitz von dem, was Glück herbeiführt.
2. Mögen alle Lebewesen frei sein von Unzufriedenheit und von allem, was zur Traurigkeit führt.
3. Mögen alle Lebewesen nie getrennt sein von Leidlosigkeit, Glücksgefühl und Zufriedenheit.
4. Mögen alle Lebewesen frei sein von falscher Gesinnung und falschem Handeln.

Erst nach dieser inneren Einstimmung kann die Heilsgestalt angerufen und visualisiert werden, die im Mittelpunkt der Meditationsübung steht. Der Yidam wird mit Hilfe seines Mantras oder seiner Keimsilbe (Skrt. Bija) eingeladen, in einem Mandala oder einer anderen bildlichen Darstellung Platz zu nehmen und dort zu verweilen.

Nun kommt für den Sadhaka der entscheidende Schritt der Identifikation mit dem Yidam: Er konzentriert sein Bewusstsein darauf, selbst dieser zu sein. Durch die psychisch-autosuggestive Verschmelzung mit dem Yidam überträgt sich dessen Energie und Erleuchtungsgeist auf den Meditierenden und dient damit der Vergegenwärtigung seiner eigenen Buddha-Natur (Skrt. Buddhata).

Die letze Phase ist die Auflösung des visualisierten Bildes: Der Sadhaka bittet die herbeigerufene Heilsgestalt, zu ihrem Ursprung, das heißt in die Leerheit (Skrt. Shunyata)

Sechzehnstufiges Kadampa-Mandala, Tibet, um 1900
Thangka, 38,5 × 31 cm
Sammlung Essen, Hamburg

zurückzukehren. Darauf verweilt der Praktizierende so lange wie möglich im Zustand vollkommener Entspannung.

Der äußerliche Abschluss des Sadhana erfolgt durch Segenswünsche für den Ort der Meditation und Fürbitten für die Erleuchtung aller Lebewesen.

Bildlich dargestellt, sind Yidams ikonographisch genau festgelegt. Sie gelten letztlich als Emanationen des Adi- oder »Ur«-Buddha und sind Manifestationen des Sambhogakaya, »Körper des Genusses«.

Prinzipiell können alle Buddhas, Bodhisattvas und alle Heilsgestalten der überaus zahlreichen Tantras als Yidam verwendet werden; sie treten in vielen Erscheinungsformen auf.

Als sehr beliebter Yidam gilt Chenresi (tib. »Mit klaren Augen schauend«), die tibetische Form des Bodhisattva Avalokiteshvara, der in erster Linie Mitgefühl und Erbarmen (Skrt. Karuna) repräsentiert und als Schutzpatron des »Schneelandes« Tibet gilt.

Weg durch ein Mandala mit Avalokiteshvara als Yidam: Sechzehnstufiges Kadampa-Mandala

Kadampa (tib. »Mündliche Unterweisung«) ist eine im 11. Jh. – während der Zweiten Ausbreitung des Buddhismus in Tibet – von Atisha gegründete Schulrichtung, die 350 Jahre später von der Gelugpa absorbiert wurde. Atisha, ursprünglich Lehrer an der großen indischen Klosteruniversität Vikramashila, hatte sehr erheblichen Einfluss auf die Entwicklung des Tibetischen Buddhismus. Im Mittelpunkt seiner Lehre steht die Methode, den Erleuchtungsgeist (Skrt. Bodhichitta) zu erzeugen, die Philosophie der Leerheit (Skrt. Shunyata) und das Bodhisattva-Ideal. Atisha war auch Initiator des Tara-Kults in Tibet.

Auf dem Thangka (Abb. S. 215) ist er oben links abgebildet, mit der Spitzmütze des indischen Gelehrten (Skrt. Pandita) und mit der Dharmachakra-Mudra, der Geste, die das Rad der Lehre (gemeint ist, in Tibet) in Bewegung setzt. Unter seinen Händen kommt rot der Meditationsgurt (Skrt. Yogapatta) zum Vorschein, der auf ausgedehnte, anstrengende Versenkungsübungen verweist.

In das Quadrat des fast abstrakten Mandalas ist die Gestalt einer sechzehnstufigen Pyramide einbeschrieben, die aus der Vogelschau zu betrachten ist. Ein erster Hinweis darauf, dass es sich bei diesem Mandala nicht um ein Meditations-Diagramm der höchsten Tantra-Klassen handelt, ist, dass der Kreis mit den als Inseln im Ozean der Leidens schwimmenden Leichenfeldern fehlt.

Den ersten Kreis bildet auf diesem Mandala der fünffach in den Farben des Regenbogens leuchtende Feuerring, der den gesamten Kosmos als Kuppel überwölbt. Der zweite Kreis aus weißen Lotusblütenblättern schwimmt auf dem Urozean, der außen den Weltenberg Meru umgibt. Das innere, sechzehnstufige Quadrat bildet die sechzehn Stufen des Meru von der Basis bis zu Tushita-Himmel ab, dem Aufenthaltsort der Bodhisattvas. Der Tushita-Himmel ist durch je zwei Wolken, auf denen dort weilende Wesen sitzen, über den vier Eingangstoren angedeutet. Der Weltenberg, der gleichzeitig als Mandala-Palast der Heilsgestalten anzusehen ist, ruht auf dem graphisch abstrakt dargestellten Fundament eines gekreuzten Vajra (Skrt. Vishvavajra), der auch »All-

Vajra« genannt wird. Die Vajra-Enden markieren die vier Tore, das des Ostens in Weiß, das des Südens in Gelb, das des Westens in Rot und das des Nordens in Grün. Der Kreuzvajra symbolisiert das Prinzip der absoluten Festigkeit, auf dem der Mandala-Palast der Heilsgestalt im Zentrum basiert.

Den Mittelpunkt des Kreuzvajras bildet eine achtblättrige, stilisierte Lotusblüte, die auch für das achtspeichige Rad der Lehre steht und damit für den Edlen Achtfachen Pfad zur Erleuchtung symbolisiert. Die Radnabe ist ein goldener Kreis, der die Keimsilbe AH trägt. Mit ihr wird Avalokiteshvara, der Bodhisattva des Mitgefühls und der Barmherzigkeit (Skrt. Karuna) angerufen. Diese Silbe ist auch den vier größeren Lotusblütenblättern in Gold, Weiß, Blau und Grün aufgemalt, die den goldenen Kreis umgeben. Somit ist Avalokiteshvara die im Zentrum nur abstrakt dargestellte, entscheidende Heilsgestalt dieses Mandalas.

Personal gezeigt wird Avalokiteshvara auf dem Thangka oben rechts: im Lotus- bzw. Diamantsitz (Skrt. Padmasana/Vajrasana) und mit Lotusblätterkrone als Shadakshari-Lokeshvara. In dieser Erscheinungsform (bei Darstellungen des Avalokiteshvara in Sitzposition die häufigste in Tibet) ist er der »Herr der Sechs Silben« (Skrt. Shad-akshara), nämlich der Formel OM MANI PADME HUM.

Mit »OM Juwel im Lotus HUM«, dem ältesten und bedeutendsten Mantra Tibets, wird der Erlösungshelfer geehrt und um Beistand gebeten. Das »Juwel im Lotus« ist gleichbedeutend mit dem Erleuchtungsgeist (Skrt. Bodhichitta), der im Lotus des menschlichen Bewusstseins erzeugt werden soll.

Im Rezitieren des Mantras drückt sich der Wunsch nach Erleuchtung aus – nach dem Bodhisattva-Ideal zum Wohl aller Wesen.

Deshalb hält Shadakshari-Lokeshvara in einer seiner beiden rechten Hände als Attribut den buddhistischen Rosenkranz (Skrt. Mala), zu jeder von dessen 108, 54 oder 27 Perlen ein OM MANI PADME HUM gesprochen wird. Eine seiner linken Hände hält das Lotussymbol der Reinheit. Die beiden ersten seiner vier Hände umfassen Chintamani, das wunscherfüllende Juwel. Jedoch ist der magische Denk-Edelstein nicht sichtbar; wegen seiner Klarheit und Transparenz entzieht er sich den Blicken, wird also hier nicht dargestellt.

Bis der Meditierende die letzte Stufe im Zentrum erreicht, muss er den weißen, mittleren Stufenweg erklimmen. Auf ihm sind jeweils verschiedene Keimsilben eingezeichnet, die Anrufzeichen verschiedener anderer Heilsgestalten des Pantheons, mit denen er sich nacheinander verbinden muss, um zu seinem Ziel zu gelangen: der Erfahrung des Dharmakaya, der Höchsten Wirklichkeit der Leerheit aller Phänomene (Skrt. Shunyata). Wie dieses Mandala vorgibt, kann der Meditierende diese Erfahrung auf dem Weg des vollkommenen Mitgefühls und der Barmherzigkeit (Skrt. Karuna) verwirklichen.

Gewissermaßen als Paten leisten ihm dabei Buddha Shakyamuni in der oberen Bildmitte, die Grüne Tara (Skrt. Syamatara) links unten und Acala (Skrt. »Der Standhafte«) rechts unten Beistand.

Shakyamuni ist entsprechend dargestellt mit der Erdberührungsgeste als Künder der Wahrheit und mit der Almosenschale als Ordensoberhaupt von weltentsagend in die Hauslosigkeit gezogenen Bettelmönchen.

Die lotusbekrönte Grüne Tara, die typischerweis in halbgeschlossener Haltung

(Skrt. Ardhapryanka) auf einem geöffneten Lotus sitzt, ist die Schützerin vor allen Gefahren. Sie führt mit der rechten Hand die Varada-Mudra, die Wunschgewährungsgeste, aus, mit der linken die Abhaya-Mudra, die Geste der Schutzgewährung und der Furchtlosigkeit. Dabei hält sie in jeder Hand eine gleiche goldene Lotusblüte. Achtblättrig, korrespondieren sie einerseits mit dem stilisierten achtblättrigen Lotus im Mandala-Zentrum, andererseits mit den kleinen goldenen Kreisen neben dem Buddha in der Mitte des obersten Thangka-Segments. Diese verbildlichen Sonne und Vollmond, also Tag und Nacht und damit die zeitlose Wahrheit der buddhistischen Lehre, während die beiden Lotusblüten in Händen der Grünen Tara ihre immerwährende Hilfsbereitschaft als Bodhisattva, nämlich tags und nachts, symbolisieren.

Der schwarze Acala mit der Schädelkrone ist ein »König des Wissens« (Skrt. Vidyaraja) zur Erleuchtung. Er ist von glühendem Weisheitsfeuer umlodert, das die fünf Geistesgifte Gier, Hass, Unwissenheit, Stolz und Eifersucht vernichtet. In der rechten »Methodenhand« schwingt Acala das Schwert (Skrt. Khadga) der Wahrheitserkenntnis. In der linken »Weisheitshand« hält er ein goldfarbenes Lasso (Skrt. Pasha), mit dem er die blockierenden Illusionen des Ich oder Selbst zuerst fängt, dann bindet und schließlich erdrosselt. Diese drei Aktivitäten entsprechen der Übung von Disziplin, Meditation und Weisheit.

Zwischen der Grünen Tara und Acala sind vor dem Mandala die »Opfergaben der Fünf Sinne« (Skrt. Panchakamaguna) aufgestellt. Die Objekte symbolisieren einerseits sinnlichen Verzicht des Opfernden, andererseits sind sie mit dem Wunsch verbunden, durch die Darbringung sinnlicher Freuden vor allem den friedlichen Heilsgestalten wohlgefällig zu sein. (Im Tibetischen Buddhismus spielen diese Opfergaben – oft als Butterskulpturen gefertigt – bei Ritualen eine wesentliche Rolle, besonders beim »Großen Fest« Mönlam Chemno im ersten Kalendermonat bei Vollmond.)

Für das Sinnesorgan Auge, das Sehvermögen, steht in der Mitte der Spiegel; für das Gehör, das Feingefühl, der Klang der Laute; für den Geruch die Weihrauch oder die Räucherstäbchenduft verströmende horizontale Schneckenmuschel; für den Geschmack die drei köstlichen Früchte; für den Tastsinn, das sensorische Empfinden, die Schleife aus feiner Seide.

Beispiel eines zornvollen Yidam: Vajrabhairava und seine Symbolik

Vajrabhairava ist eine der komplexesten Gottheiten des lamaistischen Pantheons. Er ist eine Erscheinungsform des Dharmapala (Skrt. »Schützer der Lehre«) Yamantaka, »der dem (ursprünglich hinduistischen) Totengott Yama ein Ende macht«, also des Siegers über den Tod. Yamantaka ist seinerseits eine zornvolle Manifestation des Bodhisattva Manjushri.

Vajrabhairava, »der Erschreckende mit dem Diamantzepter«, dessen Zorn auf seinem Mitleid (Skrt. Karuna) beruht, spielt in allen tibetischen Lehrtraditionen, besonders bei der Sakyapa und der Gelugpa, als Yidam eine bedeutende Rolle.

Tsongkhapa, der Gründer der Gelugpa, erhob Vajrabhairava zum Schutzpatron des Gelbmützenordens.

Im Unterschied zu Yamantaka, der ein- oder dreigesichtig, zwei- oder sechsarmig, zwei- oder vierbeinig erscheint, verfügt

Vajrabhairava, Tibet, 18. Jh.
Thar.gka, 71 × 52 cm
Sammlung Essen, Hamburg

der äußerst hilfsbereite Vajrabhairava über 9 Köpfe, 34 Arme und 16 Beine. Sein unterster, grässlicher Hauptkopf ist der eines Büffels mit zwei Hörnern, Zeichen der Überwindung des Totengotts Yama, dessen Symboltier der Stier ist. Bei Vajrabhairava stehen die beiden Hörner für die Doppelte Wahrheit (Skrt. Satyadvaya), das heißt die relative, konventionelle Wahrheit der phänomenalen Welt und die Höchste Wahrheit der Leerheit aller Erscheinungen (Skrt. Shunyata).

Die aufstehenden goldenen Flammenhaare des Yidam verweisen auf seine Erleuchtung. Sie umlohen seine schädelbekrönten Gesichter mit dem dritten (Weisheits-) Auge, die rasenden Zorn ausstrahlen – somit die Energie veranschaulichen, die notwendig ist, um hinderliche Illusionen zu zerstören.

Nur das oberste, weiße Gesicht ist friedvoll; dieser lotusbekrönte Kopf ist der des Transzendenten Bodhisattva Manjushri, der Vajrabhairavas Gestalt angenommen hat. In der Mitte des obersten Thangkasegments sitzt Manjushri im Diamantsitz und schwingt in der rechten Hand – wie seine zornvolle Manifestation in der dritten rechten Hand – das Schwert der Weisheit und Wahrheitserkenntnis.

Neben Manjushri außen links ist ein Mahasiddha, ein »Großer Beherrscher vollkommener Fähigkeiten«, der die Lehren der Tantras gemeistert hat, zu sehen. Er hält in der rechten Hand eine sanduhrförmige Handtrommel (Skrt. Damaru) hoch, auf sie lauschend. Der nicht sichtbare Hohlraum dieser aus Schädelteilen gefügten Trommel symbolisiert den Dharmakaya, den unsichtbaren »Körper der Großen Ordnung«, ihre in der Mitte zusammengeführten Teile die Vereinigung von Erscheinungen und Leerheit; so gilt der Damaruton als unsichtbare Manifes-

tation des Absoluten in der phänomenalen Welt. In der Hand eines Mahasiddha symbolisiert diese Sanduhrtrommel auch den »Ton« der »Großen Glückseligkeit« (Skrt. Mahasukha), die das Erfahrungsziel tantrischer Praxis ist.

Begleitfiguren des Manjushri sind außerdem drei Lamas der Shakyapa mit Handgesten der Lehrdarlegung. Einer von ihnen trägt einen Stierkopf, zum Zeichen, dass er durch die Meditation über Vajrabhairava Erleuchtung erfahren hat.

Der Yidam steht auf einer glühenden Lotus-Sonnenscheibe, aus der seine Feueraureole emporschießt. Sie vernichtet die fünf Geistesgifte Gier, Hass, Unwissenheit, Stolz und Neid und verbildlicht die Energie, mit der Vajrabhairava die Lehre verteidigt. Die Identifikation mit dem Yidam mag den Yogin dazu bringen, Tumo, die »Innere Hitze« zu erzeugen, jenes mystische Feuer, das das dualistische Denken verbrennt und die Klarheit des erwachten Geistes offenbart.

Indem Vajrabhairava mit seinen 16 Füßen im Ausfallschritt nach rechts (Skrt. Pratyalidha) auf Tieren, Menschen und hinduistischen Göttern steht, zeigt er symbolisch seine beherrschende Fähigkeit an, durch sein Wissen alle Lebewesen zur Erleuchtung zu führen. Seine diesbezügliche Potenz findet auch in seinem stets erigierten Zeugungsglied Ausdruck. Der nackte Körper des Yidam veranschaulicht, dass er alle hinderlichen Verdunkelungen des Geistes abgelegt hat. Die Körperfarbe Tiefblau verweist auf den Herrn der Buddhafamilie (Skrt. Buddhakula) des Vajra, der Vajrabhairava angehört, den Transzendenten Buddha Akshobhya, den »Unerschütterlichen«. Dazu gilt im Vajrayana Blau als Symbolfarbe der Leerheit aller Erscheinungen.

Ein Netzwerk von Blicken beweglicher Achtsamkeit in alle Richtungen ergibt sich aus den Augenstellungen der Köpfe des Yidam in Kombination mit den Bewegungsrichtungen seines Gefolges. Es besteht aus 10 Richtungsbeschützern (Skrt. Dashadikpala), die, auf verschiedenen Tieren reitend, Vajrabhairava umkreisen – sechs im untern Thangkafeld, je zwei im mittleren und oberen Segment. Durch einzelne wilde Tiere angedeutet werden Leichenstätten, die von tantrischen Yogins bevorzugten Meditationsorte.

Vor dem Lotuspodest des Yidam stehen drei Schädelschalen (Skrt. Kapala); die linke enthält Gedärm, die rechte Blut und die größere mittlere stellt das »Zornvolle Opfer der Fünf Sinne« dar, das den Opfergaben der Fünf Sinne für friedvolle Heilsgestalten entspricht (vgl. S. 178). Das knospenartige, blutende Herz vertritt den Tastsinn, das herausgerissene Augenpaar das Sehvermögen, die Zunge den Geschmackssinn, die Nase den Geruchssinn, die beiden Ohren den Gehörsinn. Die linke Kapala mit den Gedärmen verbildlicht die illusorische Natur der Erscheinungen, analog zur Darmtätigkeit, die verschiedene Speisen in ein und dasselbe Exkrement verwandelt. Die rechte Schädelschale mit Blut symbolisiert die Vernichtung aller anhaftenden Leidenschaften. Entsprechend hat Vajrabhairava in seinen Haupthänden eine blutgefüllte Schädelschale und ein vajrabekröntes Hackmesser (Skrt. Kartrika), mit dem er mit mächtiger, unerschütterlicher Energie die Fesseln an die empirische Welt, an das Samsara durchtrennt. Seine lange Kette aus abgetrennten Menschenköpfen (Skrt. Mundamala) verdeutlicht ebenfalls die illusorische Natur aller Erscheinungen. Die fünffachen Schädelkronen auf seinen Köpfen symbolisieren die Vernichtung der fünf Gruppen von Daseinsfaktoren bzw. des Anhaftens (Skrt. Skandha, vgl. S. 80).

In seinen vielen Händen hält Vajrabhairava ein Arsenal von Waffen und anderen Attributen.

Die vier weißen Elefantenhäute in zwei linken und zwei rechten Händen – erkennbar an den augenähnlichen fünf Zehen – weisen die enorme Energie der zornvollen Heilsgestalt aus, mit der sie den »Elefanten der Unwissenheit« zerrissen hat.

In den rechten »Methodenhänden« der Lehrverwirklichung hält der Yidam

– Das *Schwert der Erkenntnis*, mit dem er den Schleier der Verblendung durchtrennt

– Den *Vajra-Hammer* (Skrt. Mudgara), mit dem er das Geistesgift Gier zertrümmert

– Einen *fünfstegigen Vajra*, der anzeigt, dass Vajrabhairava die fünf Aspekte der Weisheit, wie sie von den fünf Transzendenten Buddhas vertreten werden, verwirklicht hat

– Das *achtspeichige goldene Rad der Lehre* (Skrt. Dharmachakra), das der Yidam bewegt

– Den *Tantra-Stab* (Skrt. Khadvanga, s. dazu auch S. 212 f.), der in der rechten Hand der männlichen Gottheit seine Gefährtin – mit der Vajrabhairava meistens in Yab-Yum dargestellt wird – vertritt, d. h. den weiblichen Aspekt der intuitiven Weisheit (Skrt. Prajna)

– Den *Schädelstab* (Skrt. Kapaladanda), der alle karmischen Hindernisse beseitigt

– Den *Elefantenstachelstab* (Skrt. Ankusha), der den »Wilden Elefanten« – ein buddhistisches Bild für den ungezähmten Geist – bezähmt (vgl. S. 198 ff.)

– Den *Pfeil* (Skrt. Shara), dessen Spitze den Aspekt der Weisheit als durchdringende Aufmerksamkeit symbolisiert und die ihrerseits die durch Körper, Rede und Geist begangenen Fehler vernichtet

– Den *Speer* (Skrt. Kunta) – mit Yakshaschwanz-Wimpel –, der die Unwissenheit durchbohrt

– Die *Vajra-Axt* (Skrt. Parashu), die negative Vorstellungen vom Geist trennt

– Den *Vajra-Dolch* (Skrt. Kila, tib. Phurbu), die unzerstörbare Waffe, deren dreischneidige Klinge die drei Grundübel Gier, Hass und Unwissenheit abtrennt und deren Griff Weisheit symbolisiert

– Das *Krummesser* (Skrt. Churi) mit der wellenförmigen Klinge des altindischen Fischermessers, das den Wiedergeburtenkreislauf durchschneidet

In seinen linken »Weisheitshänden« hält Vajrabhairava

– Ein an einer Stange befestigtes *Windtuch,* dessen Flattern der Illusionsnatur aller Erscheinungen gleicht und mit dem das Feuer der Weisheit angefacht wird

– Das *Kohlebecken* (Skrt. Agnikunda) in der dreieckigen Form einer Homafeuergrube, aus dem das Weisheitsfeuer lodert, das alle spirituellen Blockaden verbrennt

– Die »*Lanze des durchbohrten Leichnams*«, die die letztliche Substanzlosigkeit aller Phänomene vor Augen führt. Außerdem verweist der gepfählte Leichnam auf Vajrabhairavas große Barmherzigkeit, denn die Meditation über ihn vermag alles angehäufte schlechte Karma aufzulösen

– Das weiße flatternde *Leichentuch,* das als Symbol der Weisheit den Sieg über den Tod bedeutet und die Wahrheit des Nicht-Ich, Nicht-Selbst enthüllt

– *Vier abgetrennte menschliche Körperteile* in vier Händen: zwei Hände, einen Fuß und in der untersten Hand das gelbe Haupt Brahmas. Die Hände stehen für tantrische Tätigkeiten wie Zerstören und Frieden bringen, der Fuß für die Fähigkeit des Yidam, alle Wesen schnell auf den Weg zur Erleuchtung zu führen. Das viergesichtige Haupt Brahmas versinnbildlicht die Durchtrennung dualistischer Vorstellungen. Außerdem symbolisiert Brahmas Haupt die »Vier Unermesslichen« (Skrt. Apramana), die auch »Tempel Brahmas« (Skrt. Brahmavihara) bzw. »Göttliche Verweilungszustände« genannt werden. Bei dieser Meditationsübung erweckt der Praktizierende vier positive Geisteszustände und strahlt sie in die vier Himmelsrichtungen aus: Grenzenlose Güte (Skrt. Maitri) gegenüber allen Wesen, Grenzenloses Mitgefühl (Skrt. Karuna) mit den Leidenden, Grenzenlose Freude (Skrt. Mudita) über die Errettung anderer und Grenzenlosen Gleichmut (Skrt. Upeksha)

– Die *Fangschlinge* (Skrt. Pasha), die das Ich einfängt, bindet, dann erdrosselt, entsprechend den Übungen in Disziplin, Meditation und Weisheit

– Die *Glocke* (Skrt. Ghanta), die das weibliche Prinzip der Transzendenten Weisheit (Skrt. Prajnaparamita) symbolisiert und deren unmaterieller Ton vom Klang der Leerheit aller Erscheinungen kündet.

Da Vajrabhairava auf diesem Thangka nicht in Yab-Yum-Umarmung mit seiner Weisheitsgefährtin dargestellt ist, wird er als »Ekavira« (Skrt. »Der Held allein«) bezeichnet.

Sanduhrtrommel

Elefantenstachelstab

Fangschlinge

Vajra-Axt

Kette aus abgetrennten
Menschenköpfen

Lanze des durchbohrten
Leichnams

Vajra-Hammer

Krummmesser

Vajra-Dolch

Viergesichtiges Haupt Brahmas

»Himmelswandlerinnen«: Dakinis als Meditationshelferinnen

In einem Wunschgebet, das dem Tibetischen Totenbuch, dem Bardo Thödol angehängt ist, werden neben den großen tantrischen Lehrern ausdrücklich die Dakinis als Inspirationshelferinnen angerufen:

»So ich ob Verblendung wandere im Samsara,
Auf unbeirrtem Lichtpfad von Lernen, Nachdenken und Meditation,
Mögen die Gurus der heiligen Linie mir vorausschreiten,
Ihre Gefährtinnen, die Heerscharen der Dakinis im Rücken;
Oh steht mir bei auf der gefährlichen Gratwanderung des Bardo,
Geleitet mich zur vollkommenen Buddhaschaft!«
(zit. n. Das Totenbuch der Tibeter, S. 148)

Als Inspirations- bzw. Initiationsgottheiten spielen die Dakinis in den Sadhanas eine wichtige Rolle. Bereits in den Viten der indischen tantrischen Meister (Skrt. Mahasiddha) rangieren die Dakinis, ausgestattet mit übernatürlichen Begabungen und Verwandlungsfähigkeiten, als Übermittlerinnen geheimen Wissens. Sehr wahrscheinlich ist ihre Herkunft in das kaschmirische Swattal, das ursprüngliche Königreich Uddyana, zu lokalisieren, die Heimat des Mahasiddha Padmasambhava (Skrt. »Der Lotusgeborene«), der im 8. Jh. den Buddhismus in Tibet begründet hat.

Der tibetische Name für Dakini ist Khadroma: ›kha‹ steht für den Himmel, die zum Bild gewordene Leerheit (Skrt. Shunyata), ›dro‹ für Gehen und Fortbewegung und ›ma‹ für das feminine Geschlecht. So ist die Dakini eine vermittelnde »Himmelswandlerin«, die sich im Bereich der Wahren Wirklichkeit bewegt.

Als Repräsentantinnen übernatürlicher Weisheit – sie wird symbolisiert durch das dritte Auge auf ihrer Stirn – kommt den Dakinis die Aufgabe zu, den Menschen zur Vollkommenheit zu verhelfen.

Mittlergöttinnen sind die Dakinis, weil sie das heilsentscheidende »Wissen« der Transzendenten Buddhas dem Sadhana Übenden (Skrt. Sadhaka) übermitteln.

Meistens sind die »Himmelswandlerinnen« nackt dargestellt, sinnbildlich für die Erkenntnis der unverhüllten Wahrheit. Fast immer erscheinen sie in tanzender Pose, die ihre Sprache jenseits der Worte und ihre transformatorische Energie symbolisiert.

Häufig zeigen die Dakinis einen grimmig-zornvollen, gar rasenden Ausdruck oder sie tragen Köpfe gefährlicher Tiere, um den dämonischen Feinden der Lehre – den äußeren wie inneren – wirkungsvoller entgegenzutreten.

Zeigt sich die Dakini als verführerische junge Frau, hat sie die Aufgabe, die sexuelle Phantasie und libidinöse Energie des Sadhaka in heilswirksame Kräfte umzuwandeln.

Aus der »Heerschar« der Dakinis ragen zwei eigenständige Gruppen hervor, jene, die Tierköpfe tragen und jene fünf, die den Transzendenten Buddhas zugeordnet werden. So gehört die Buddha-Dakini mit ihrem Attribut, dem Rad der Lehre, zu Vairocana im Zentrum, die Vajra-Dakini mit dem Vajra zu Akshobhya im Osten, die Ratna-Dakini mit dem Juwel zu Ratnasambhava im Süden, die Padma-Dakini mit dem Lotus zu Amitabha im Westen und die Vishva-Dakini mit dem Doppelvajra zu Amoghasiddhi im Norden.

Simhamukha-Dakini, Ost-Tibet, frühes 18. Jh.
Thangka, 53 × 33 cm
Sammlung Essen, Hamburg

Die Darstellung der Simhamukha, der Dakini mit dem weißen Löwengesicht, die als Anführerin der tierköpfigen Dakinis gilt, ist in eine hügelige Landschaft mit vereinzelten Bergformationen und einem dreieckigen See gesetzt.

Das Meditationsbild ist in aufsteigender Linie zu betrachten.

Im Vordergrund spielt sich am unteren Bildrand eine Leichenackerszene ab. Unterhalb des weißen Chörten kommt ein Leichenträger heran, einen verschnürten Verstorbenen auf dem Rücken schleppend. Ein Wolf eilt ihm voraus zur Leichenstätte auf einem Felsplateau, wo sich ein Geierpaar an einem Toten zu schaffen macht. Daneben bläst ein Mönch in eine Knochentrompete. Darüber tanzt ein Skelett, einen Menschenkopf haltend. Die Felsformation links entpuppt sich als

Wolf, der den Kopf einer weiteren Leiche verschlingt. Im alten Tibet galten Leichen-äcker als sehr geeignete Meditationsplät-ze. Die Leichenfeldbetrachtung vergegen-wärtigt die Vergänglichkeit des Körpers, die Bedingtheit und Nicht-Wesenhaftig-keit aller Erscheinungen und trägt dazu bei, die Vorstellung eines einheitlichen Selbst schwinden zu lassen.

Auf dem Thangka »antwortet« der weiße Stupa (tib. Chörten) als Sinnbild des Erkenntnisweges und der Vollendung auf den Leichen fressenden Wolf, das steiner-ne Mahnmal der Vergänglichkeit.

Der See, über dem die Dakini schwebt, ist von einem Dreieck eingefasst, dessen Spit-ze nach unten zeigt; es symbolisiert die Yoni (Skrt. »Schoß«), das feminine Geschlecht und weibliche Prinzip. So ist hier das dreieckig umrandete, aufgewühl-te Wasser ein Bild für den unstet bewegten Kreislauf der Wiedergeburten.

Auf der Lotusplattform darüber liegen, leblos hingestreckt, ein Mann und eine Frau, wie ein Liebespaar; darauf tritt die tanzende Dakini mit ihrem Standbein. Damit wird der Sieg der Dakini – der Ver-mittlerin der Weisheit – über die mensch-lichen Leidenschaften und Begierden ver-anschaulicht, die den Verbleib im Samsara bedingen. Sieg bedeuten auch ihre Schä-delkrone und -kette, sowie die Schädel-schale (Skrt. Kapala) in ihrer linken Hand, nämlich über die feindlichen Dämonen – die äußeren wie inneren –, die dem Erleuchtung Suchenden Hindernisse in den Weg legen; ihrem dritten Auge ent-geht nichts, was der Lehre und ihren Bekennern schaden könnte.

Ihre wilden Haare, die lodernden Flam-men ihrer Feueraureole sind Ausdruck des Unwissenheit verbrennenden Zorns der Simhamukha. In ihrer linken Armbeuge hält sie das mit einer Siegesfahne geschmückte tantrische Zepter (Skrt. Khatvanga), Zeichen ihrer übernatürli-chen Fähigkeiten. Mit dem gebogenen Hackmesser mit dem Vajra-Griff (Skrt. Kartrika) in ihrer rechten Hand zerstü-ckelt die Dakini nicht nur die Feinde der Lehre, sondern sie durchtrennt auch mit der scharfen Klinge der Weisheit die Fes-seln an die phänomenale Welt und an den Kreislauf der Wiedergeburten.

Durch ihre Nacktheit verkörpert die Sim-hamukha die unverhüllte Wahrheit; ihre dunkelblaue Farbe verweist dabei symbo-lisch auf die Höchste Wahrheit der Leer-heit aller Erscheinungen.

Diese übermittelt die Dakini dem Medi-tanden von dem blauen Transzendenten Buddha Akshobhya, dem »Unerschütterli-chen«, der, über ihrem Kopf klein abgebil-det, in der Flammenaureole erscheint.

Akshobhya symbolisiert die Überwin-dung der Leidenschaften, die Überlegen-heit über die Vergänglichkeit, und in seiner dualitätsfreien spiegelgleichen Weisheit vertritt er die Erkenntnis der Leerheit aller Erscheinungen.

Indem sich der Sadhaka mit der Simha-mukha identifiziert, mit ihrer zornvollen Energie und mit ihren inspiratorischen weiblichen Weisheitskräften, kann er in sich Leidenschaften und Unwissenheit vernichten und Erleuchtung erfahren. Davon kündet auch visionär die Vajra-Dakini, die »Himmelswandlerin«, die bevorzugten Zugang zu Akshobhya hat und die am oberen Rand des Meditations-bildes erscheint, wo sich der Horizont über den weißen Spitzbergen in der Leere verliert. Sie wird eingerahmt von einem lotusblütenförmigen Regenbogen, der als Brücke die spirituelle Initiationsreise ver-sinnbildlicht. Als Vorbilder präsentieren sich vor dem Horizont zwei hohe Lamas, jeweils mit den Gesten der Lehrdarlegung.

Das Tibetische Totenbuch:
Schlüssel zum Pantheon des Tibetischen Buddhismus

Ikonographisch ist das Tibetische Totenbuch, dessen Originaltitel Bardo Thödol lautet, ein Schlüsselwerk zum Pantheon des Tibetischen Buddhismus. Auf ihm basieren die Darstellungen von 42 friedvollen und 58 zornvollen Heilsgestalten, die im zweiten Abschnitt des Buchs beschrieben werden. Außerdem steht die im Tibetischen Buddhismus weit verbreitete Verbildlichung des Kreislaufs der Existenzen (Skrt. Samsara) als Bhavachakra (Skrt. »Rad des Lebens«, vgl. S. 238 ff.) in engem Zusammenhang mit dem Totenbuch.

Bardo Thödol ist der bekannteste Text der sogenannten Terma-Literatur des Tibetischen Buddhismus. Diese »Schatz«-Schriften wurden während der Ersten Verbreitung des Buddhismus im 8. Jh. an geheimen Orten verborgen, in der Absicht, dass sie erst zu gegebener Zeit von einer qualifizierten Person wiederentdeckt werden sollten. Dies geschah vor allem im 14./15. Jh. durch sogenannte Tertöns, die vornehmlich der Nyingmapa-Tradition angehörten und die sich durch Visionen und Traumerlebnisse zur erfolgreichen Suche nach den Schatztexten berufen sahen.

Als Autor der wichtigsten Termas gilt Padmasambhava (als Mitarbeiterin seine Gefährtin Yeshe Tsogyel), so auch des Bardo Thödol. Der Text wurde von dem Tertön Karma Lingpa im 14. Jh. bei den Gampo-Hügeln in Zentraltibet gefunden und später von der Kagyüpa zu einem Lehrsystem ausgearbeitet.

Bardo Thödol heißt »Befreiung durch Hören im Zwischenzustand«; gemeint ist damit die Befreiung von der Wiedergeburt durch Hören der in diesem Schatz-Text dargelegten Meditations- und Verhaltensanweisungen im Zwischenzustand nach dem Tod.

Die Unterweisungen werden dem Sterbenden von einem Lama oder Mönch ins Ohr geflüstert bzw. in der Nähe des Toten verlesen, damit er sich auf dem ihm bevorstehenden Weg durch das Zwischenreich (Bardo) noch ein letztes Mal vorbereiten kann.

Das Totenbuch ist auch Grundlage von Meditationsübungen zu Lebzeiten: Es ist »äußerst wichtig, den Geist in dieser Befreiung durch Hören im Bardo zu üben, vor allem zu Lebzeiten«, lautet die Empfehlung am Schluss des Buchs (zit. n. – auch im Folgenden – Das Totenbuch der Tibeter, S. 111).

So stehen die drei Phasen des Bardo etwa auch in engem Zusammenhang mit den letzten drei der »Sechs Lehren des Naropa«; Naro Chödrug ist der meditative Hauptweg der Kagyüpa (vgl. S. 196 f.), wird aber ebenfalls von allen tibetischen Schulen praktiziert.

Die visionäre Welt von Erscheinungen, denen der Verstorbene als Projektionen seines Bewusstseins auf seinem Weg durch das Zwischenreich begegnet, wird im Totenbuch genau und systematisch vor Augen gestellt. Der Text umfasst einen Zeitraum von 49 Tagen, in denen sich das künftige Schicksal des Verstorbenen entscheidet: gelingt es ihm in dieser Zeit, Befreiung von der Wiedergeburt zu erlangen, oder muss er in einen der sechs Daseinsbereiche – wie sie im Bhavachakra dargestellt sind – zurückkehren?

Bardo Thödol gliedert sich in drei Phasen, die mit der Lehre der drei Körper des Buddha, Trikaya, korrespondieren.

1. Der »Bardo im Augenblick des Todes« entspricht dem Dharmakaya, dem »Körper der Großen Ordnung«, der identisch ist mit dem Absoluten, der transzendenten Wahren Wirklichkeit.

In diesem Zwischenzustand wird sich der Verstorbene allmählich (in vier Tagen) seines Todes bewusst, während sich die fünf Daseinskonstituenten (Skrt. Skandha, vgl. S. 80) auflösen. Der Dharmakaya erscheint als gleißendes weißes Licht, Ausstrahlung des Ur-Buddha (nach der Nyingmapa-Tradition) Samantabhadra und seines Weisheitsaspekts, des weiblichen Buddha Samantabhadri. Als Lichterscheinung verkörpern die beiden den Ursprung der fünf Buddhafamilien (Skrt. Buddhakula, vgl. S. 237), die aus ihnen ausstrahlen (und später auf der Sambhogakaya-Stufe erscheinen). Im Augenblick des Todes ist der Geisteszustand des Betreffenden »reine Leere (…), nicht die Leere des Nichts, er ist ungehindert, funkelnd, klar und vibrierend (…), ist untrennbar Glanz und Leere in der Form einer Überfülle von Licht«, gleich dem Licht des Dharmakaya (S. 66). Gelingt es dem Verstorbenen, sich mit dem Licht des Dharmakaya zu identifizieren, hat er bereits jetzt Befreiung von der Wiedergeburt erreicht. Wenn nicht, kommt es zur Bildung eines »Bewusstseinskörpers«, mit dem er in den zweiten Bardo eintritt.

2. Der »Bardo der Höchsten Wirklichkeit« entspricht dem Sambhogakaya, dem »Körper des Entzückens« der Fünf Transzendenten Buddhas, in denen sich der Ur-Buddha manifestiert. Auf der Sambhogakaya-Ebene rangieren auch die zornvollen Erscheinungsformen dieser Buddhas.

Sie treten in diesem ereignisreichen Bardo von zweimal sieben Tagen auf, »rein und klar und doch schwer erkennbar (…), von erschreckender Helle«. Doch der Verstorbene »soll sich nicht beirren« lassen, »Furcht und Schrecken aufgeben« und »alles, was erscheint, als seine Projektion erkennen« (S. 70).

In dieser Phase sieht sich der Betreffende mit seinen früheren Tatabsichten und Taten konfrontiert. Nacheinander erscheinen vor ihm die Fünf Buddhas in den gleißenden fünf Lichtfarben des Sambhogakaya, um die Auswirkungen der fünf Grundübel Unwissenheit, Gier, Hass, Stolz und Neid zu tilgen und in Weisheitsaspekte zu verwandeln. In Konkurrenz zu den erschreckend strahlenden Lichterscheinungen der Buddhas treten hier die angenehm milden, anziehenderen, doch unreinen Lichter, die die sechs Existenzbereiche aussenden. Der Verstorbene wird immer wieder ermahnt, diesen Verlockungen nicht nachzugeben und sie als Hindernisse zu erkennen, die den Weg zur Befreiung von der Wiedergeburt versperren.

Zuerst zeigt sich Vairocana. »Sein Körper ist von weißer Farbe, er sitzt auf einem Löwenthron, hält ein achtspeichiges Rad in der Hand und umarmt seine Gefährtin, die Königin des Vajra-Raumes. Das blaue Licht des Skandha des Bewusstseins in seiner grundlegenden Reinheit, glänzend, klar, blendend und funkelnd, wird dir aus dem Herzen von Vairocana und seiner Gefährtin entgegenkommen und dich durchbohren, so dass deine Augen den Anblick kaum ertragen können. Zugleich wird auch das milde weiße Licht der Götter dir entgegenkommen und dich durchdringen.(…) Unter dem Einfluss des schlechten Karma, wird die Weisheit (des Vairocana) mit ihrem gleißenden blauen Licht dich erschrecken, so dass du es fliehen möchtest, aber zu dem milden weißen Licht der Götter wirst du Zuneigung empfinden (…).Wirst du angezogen davon, so wirst du abirren in den Bereich der Götter und kreisen durch die sechs Arten der Existenz« (S. 71 f.).

Auf Vairocana folgen die Buddhas Akshobhya, Ratnasambhava, Amitabha und Amoghasiddhi – jeder in seiner charakteristischen Körperfarbe, auf seinem spezifischen Thron, mit dem kennzeichnenden Attribut, in Umarmung mit seiner Weisheitsgefährtin und begleitet von je zwei männlichen und zwei weiblichen Bodhisattvas.

In Konkurrenz zu den jeweils spezifischen, gleißend grellen Lichtern, die sie ausstrahlen, treten die unreinen Lichter der Daseinsbereiche: »das milde, rauchige Licht der Höllenwesen (…) unter dem Einfluss der Aggression« (S. 74), »das milde blaue Licht der Menschenwesen (…) unter dem Einfluss des Stolzes« (S. 75 f.), »das milde gelbe Licht der Hungrigen Geister (…), entstanden aus Begierde und Geiz« (S. 78 f.) und »das milde rote Licht der Eifersüchtigen Götter, verursacht vom Neid« (S. 82).

Am sechsten Tag erscheinen alle Fünf Transzendenten Buddhas mit Gefolge und umstrahlt von ihren gleißenden Weisheitslichtern im Mandala. Dazu treten vier Torhüter und vier Torhüterinnen, sowie die »sechs Weisen«, »Erhabenen« auf, die über die sechs Daseinsbereiche wachen. »Und auch Samantabhadra und Samantabhadri, Allguter Vater und Allgute Mutter aller Buddhas« erscheinen. Diese zweiundvierzig Heilsgestalten des Sambhogakaya werden aus deinem eigenen Herzen hervortreten und vor dir erscheinen; sie sind die reine Form deiner Projektionen, darum erkenne sie! (…) Jene Bilder sind (…) vollkommen proportioniert. Jedes hat seinen eigenen Schmuck, sein Gewand, seine Farbe, seine Haltung, seinen Thron und sein Emblem. (…) Erkenne sie, denn sie sind deine Yidams« (S. 86).

Am siebten Tag kommen »aus dem Reinen Reich des Raumes die Vidhyadhras« – die fünf »Wissenshalter« aus den Paradiesreichen – und zugleich auch wird der Verstorbene vom milden grünen Licht der Tiere empfangen (S. 89).

Wie die Buddhas zeigen sich ihre Wissenshalter in klarem Licht, in Vereinigung mit ihren Weisheitspartnerinnen und in entsprechender Farbsymbolik. Lässt sich der Verstorbene von den Vidhyadaras, den Mittlern zwischen sich und den Buddhas, erschrecken, so bleiben ihm deren Reine Länder verschlossen.

Dann tritt der Verstorbene am achten Tag in den Bardo der 58 rasenden Gottheiten ein und muss die »bluttrinkenden« Schreckensgestalten »als seine Yidams erkennen, sobald er sie sieht, so, als begegne er guten Freunden.(…) Das Geheimnis ist, dass er in der menschlichen Welt sich ihre Formen bildlich vorgestellt und verehrt hat, und hat er ihre Bilder angesehen, so wie sie in Gemälden oder dreidimensionalen Statuen dargestellt werden, wird er die Formen, die hier erscheinen, erkennen und Befreiung erlangen« (S. 94 f.).

Zunächst tauchen in derselben Reihenfolge wie zuvor die Buddhas die fünf geflügelten Herukas auf, deren zornvolle Erscheinungsformen sie sind. Umlodert vom Feuer der Weisheit, sollen sie ebenfalls die fünf Grundhindernisse beseitigen, die die Befreiung aus dem Samsara versperren. Dreiköpfig, sechsarmig und vierbeinig, in Umarmung mit ihren Weisheitsgefährtinnen, den jeweiligen »Krodishvaris«, treten die wüsten Gestalten unter grauenerregenden Geräuschen als »Formen deines eigenen Geistes hervor« (S. 98). Kann sich der Verstorbene aufgrund seiner karmischen Verdunkelung nicht mit den Herukas identifizieren, »treten die acht rasenden Gauris und die Pishacis mit den verschiedensten Köpfen aus seinem eigenen Gehirn hervor« (S. 103). Sie sind die jeweils acht zornvollen Erscheinungsformen der jeweils acht friedvollen Bodhisattvas aus dem Mandala der friedvollen Heilsgestalten.

Am letzten Tag dieses Bardo erscheinen schließlich die vier tierköpfigen Torhüterinnen und die 28 tierköpfigen Dakinis, um das Bewusstsein des Verstorbenen zu reinigen. Erkennt er sie nicht als seine Yidams, tauchen »all die friedlichen Gottheiten in der Form des Mahakala und all die rasenden Gottheiten in der Form des Herrn des Todes (Yama)« auf, die er als erstanden aus seinem »eigenen strahlenden Geist« erkennen muss, als substanzlos – und »Leere kann der Leere nichts anhaben« (S. 107f.).

Wenn sich der Verstorbene mit keiner der befreienden Erscheinungen im Bardo der Höchsten Wirklichkeit identifizieren kann, tritt er in die letzte Phase ein, den

3. »Bardo des Werdens«, der 28 Tage umfasst und dem Nirmanakaya, dem »Körper der Verwandlung« entspricht.

Umgeben von »einem grauen Schleier, der dem Licht eines grauen Herbsttages gleicht« (S. 116), durchlebt das Bewusstsein des Verstorbenen seine früheren Taten.

»So ich Leid erfahre ob der Macht des üblen Karma, / Möge mein Yidam alles Leid ausräumen / (…) / So ich meinem Karma folge, ohne Zuflucht, / Möge der Herr des Großen Erbarmens (Avalokiteshvara) mir Zuflucht sein, / So ich das Karma unbewusster Neigungen erleide, / Möge mir der Samadhi von Glanz und Glückseligkeit aufgehen« (S. 123).

Verpasst der Verstorbene, die in diesem Bardo immerhin noch gegebene Möglichkeit, Befreiung von der Wiedergeburt zu erlangen, tritt er dem »Herrn des Todes« Yama gegenüber und wählt sodann, getrieben von seinem Karma, seine Wiedergeburt in einem des sechs Existenzbereiche, wie sie im Bhavachakra, dem »Rad des Lebens« dargestellt sind: »Die sechs Lichter der sechs Seinsbereiche werden leuchten und derjenige, in dem du deinem Karma gemäß wiedergeboren wirst, wird am hellsten leuchten« (S. 124).

Mandala der friedvollen Heilsgestalten nach dem Tibetischen Totenbuch

Das Mandala (Abb. S. 233) bezieht sich auf den siebten Tag der Wanderung des Verstorbenen durch den »Bardo der Höchsten Wirklichkeit«. Es vermittelt symbolisch die visionären Erscheinungen, denen er nach seinem Tod als Projektionen seines Bewusstseins an diesem Tag begegnet.

Im obersten Thangkasegment sind zwei der fünf Vidyadharas (Skrt. »Wissensträger«) zu sehen. Mit Schädelkronen auf dem Kopf und je einer blutgefüllten Schädelschale in der Hand tanzen die Wächter der tantrischen Lehren in Umarmung mit ihren Weisheitspartnerinnen: rechts der »Lotusherr des Tanzes« in Yab-Yum mit seiner »Roten Dakini« und »zum Himmel aufblickend«, links der weiße »Auf allen Stufen Bewährte« in Yab-Yum mit seiner

Schlüssel zum Mandala der friedvollen Heilsge-
stalten des Bardo der Höchsten Wirklichkeit

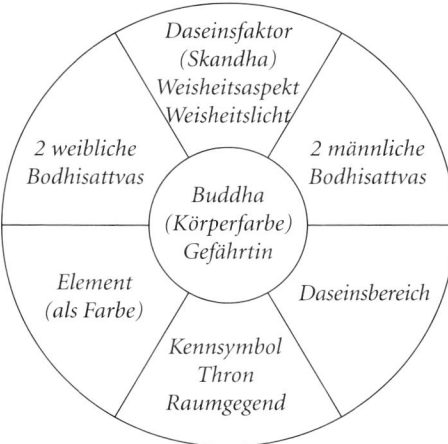

Daseinsfaktor
(Skandha)
Weisheitsaspekt
Weisheitslicht

2 weibliche
Bodhisattvas

2 männliche
Bodhisattvas

Buddha
(Körperfarbe)
Gefährtin

Element
(als Farbe)

Daseinsbereich

Kennsymbol
Thron
Raumgegend

Schema zum Mandala der friedvollen Heilsge-
stalten des Bardo der Höchsten Wirklichkeit

Wahrnehmung
Unterscheidende
Weisheit
Gleißendes Rot

Gita
Aloka

Avalokiteshvara
Manjushri

Amitabha
Rot
Pandaravasini

Feuer
Rot

Hungrige Geister
Mildes Gelbes
Licht

Lotus
Pfauenthron
Westen

Empfindung
Wesensgleiche Weisheit
Gleißendes Gelb

Mila
Dhupa

Akashagarbha
Samantabhadra

Ratnasambhava
Gelb
Mamaki

Erde
Gelb

Menschen
Mildes Blaues
Licht

Wunscherfüllen-
des Juwel
Pferdethron
Süden

Bewusstsein
Höchste Weisheit
Gleißendes Blau

Vairocana
Weiß
Königin des
Vajra-Raumes

Raum/Äther
Blau

Götter
Mildes Weißes
Licht

8speichiges Rad
Löwenthron
Zentrum

Geistesregung
Alles Vollendende
Weisheit
Gleißendes Grün

Gandha
Naivedya

Vajrapani
Sarvanivarana-
naviskambhin

Amoghasiddhi
Grün
Samayatara

Luft
Grün

Eifersüchtige
Götter
Mildes Rotes
Licht

Doppelvajra
Gerudathron
Norden

Form
Spiegelgleiche Weisheit
Gleißendes Weiß

Lasya
Pushpa

Kshitigarbha
Maitreya

Akshobhya
Blau
Buddha-Locana

Wasser
Weiß

Höllen
Mildes
Rauchiges
Licht

Vajra
Elefantenthron
Osten

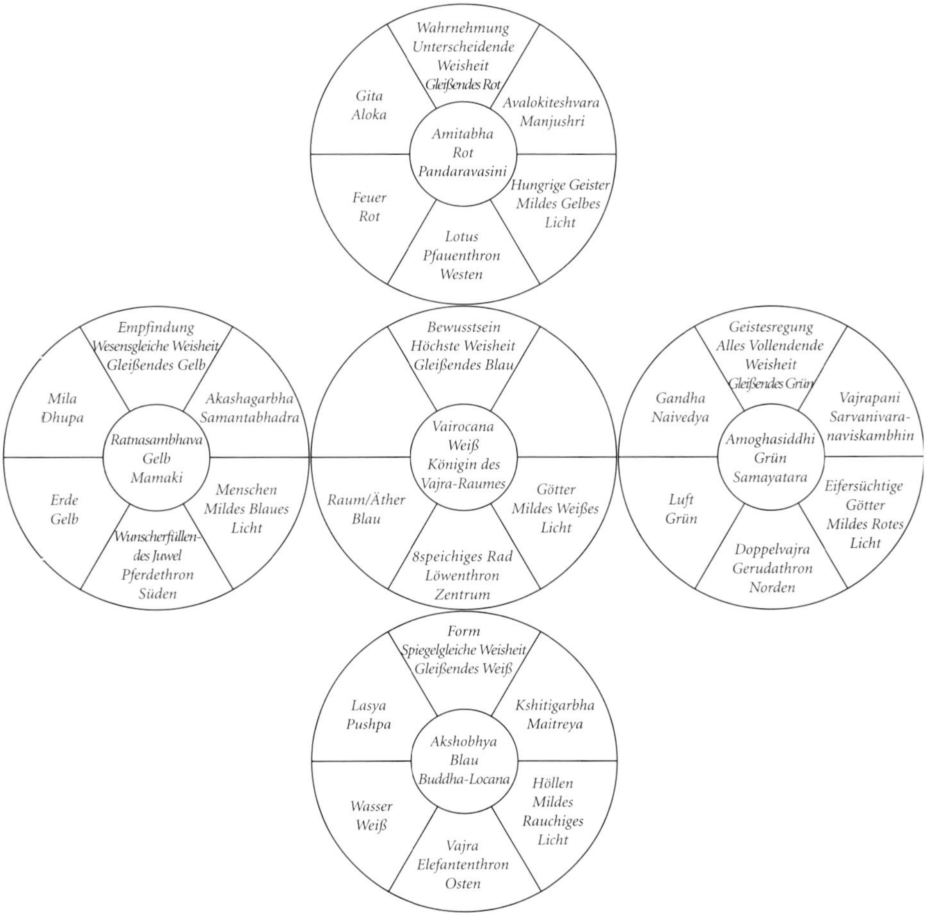

»weißen Dakini, mit strahlend lächelndem Gesicht« (Totenbuch, S. 89f.). Der Lotusherr des Tanzes gehört der Buddhafamilie des weißen Buddha Vairocana, des »Sonnengleichen« an, der im Zentrum des Mandalas in Umarmung mit seiner Weisheitsgefährtin, der »Königin des Vajra« sitzt.

Der »Auf allen Stufen Bewährte« zählt zur Familie des blauen Buddha Akshobhya, des »Unerschütterlichen«, der in Yab-Yum mit seiner Weisheitspartnerin Buddha-Locana den östlichen Platz unten im Mandala einnimmt. Akshobhya, der Herr über das Reine Land Abhirati, »das Freudige« genannte Paradies, erscheint noch einmal auf Wolken zwischen den beiden Vidyadharas. Über ihm ist der Adi-Buddha Samantabhadra in Yab-Yum mit Samantabhadri in der blauen Farbe der Leerheit zu erkennen; diese beiden werden im Totenbuch als »Allguter Vater und Allgute Mutter aller Buddhas« bezeichnet (S. 85f.).

Aus dem Dharmakaya des Ur-Buddhapaars (das noch einmal im Mandalazentrum über Vairocana auftaucht) manifestieren sich im regenbogenfarbenen Licht des Sambhogakaya die Fünf Transzendenten Buddhas im himmlischen Palast des Mandalas. Als durchsichtig zu visualisieren, ruht der Palast auf dem unerschütterlichen Fundament eines Kreuzvajra, der durch die flammenden Halbkränze vor den Chörten-Symbolen verbildlicht ist. Die Eingänge werden von »rasenden Torhütern« bewacht:

Im Osten (unten) steht »Vijaya, der Siegreiche«, im Süden (links) »Yamantaka, der Bezwinger des Todes«, im Westen (oben) »Hayagriva, der mit dem Pferdekopf« und im Norden (rechts) »Amritakundali, der Wirbel des Elexiers« (S. 85).

Der Mandala-Palast erhebt sich über dem durch rote Wellenlinien angedeuteten, kreisförmigen Ozean des Leidens, dem Sinnbild des irdischen Daseins. Ihn hat der Verstorbene hinter sich gelassen – endgültig jedoch nur, wenn er sich auf seiner nachtodlichen Wanderung mit einer der Heilsgestalten des Bardo identifizieren und sich dadurch von der Wiedergeburt in einem der sechs Existenzbereiche befreien kann.

Die sechs Daseinsbereiche, die jeweils anziehend milde, doch unreine Lichtfarben aussenden, sind durch positive Personifikationen, durch die »Sechs Weisen« dargestellt (S. 85). Diese Buddhas der sechs Welten der Wiedergeburt sind Emanationen des Ur-Buddha Samantabhadra. Sie sollen den Verstorbenen davon abhalten, sich von den trüben Lichterscheinungen anziehen zu lassen. Zwei der Sechs Weisen stehen im Mandalazentrum neben Samantabhadra und Vairocana, links der weiße »Indra, der Weise der Götter« und rechts der grüne »Druvasinha, der Weise der Tiere«. Die übrigen vier dieser Buddhas stehen zwischen den Mandalakreisen: »Dharmaraja, der Weise der Höllenwesen« (dessen schwarze Farbe das rußige Licht aus diesem Bereich symbolisiert), der gelbe »Jvalamukha, der Weise der Hungrigen Geister«, der blaue »Löwe der Shakyas, der Weise der Menschenwesen« und der rote »Vemalcitra, der Weise der Eifersüchtigen Götter« (S. 89ff.).

Mandala der friedvollen Heilsgestalten nach dem Tibetischen Totenbuch Bardo Thödol, Tibet, 19. Jh.
Thangka, 65 × 43,4 cm
Sammlung Essen, Hamburg

Im Zentrum des Mandalas strahlt der weiße Buddha Vairocana das gleißende blaue Licht seiner Allumfassenden Weisheit aus; es soll die Verblendung des Verstorbenen tilgen, damit er Befreiung aus dem Samsara erlangt.

Der blaue Akshobhya im Osten (der wie die übrigen drei Transzendenten Buddhas von zwei weiblichen und zwei männlichen Bodhisattvas als Erlösungshelfern begleitet ist) sendet das gleißend weiße Licht seiner Spiegelgleichen Weisheit aus, um in dem Verstorbenen allen Hass zu vernichten, damit er nicht im Höllenreich wiedergeboren wird.

Der gelbe Ratnasambhava im Süden ist von dem gleißend gelben Licht seiner Wesensgleichen Weisheit umstrahlt; es soll den Stolz und die Ich-Sucht im Wanderer durch den Bardo verbrennen und ihn so vor einer Wiedergeburt in der Menschenwelt bewahren.

Der rote Amitabha sendet das gleißende rote Licht seiner Unterscheidenden Weisheit aus, das alle Leidenschaften und Begierden in dem Verstorbenen auslöschen soll, um ihn von der Wiedergeburt im Reich der Hungrigen Geister zu befreien.

Der grüne Amoghasiddhi im Norden strahlt das gleißende grüne Licht seiner Alles Vollendenden Weisheit aus, das in dem Wanderer durch das Zwischenreich allen Neid tilgen soll, damit er nicht im Reich der Eifersüchtigen Götter wiedergeboren wird.

In der unteren Bildmitte sind acht Juwelen in den Regenbogenfarben zu bemerken. Sie symbolisieren die auch im Totenbuch thematisierten Zufluchtnahmen: die oberen drei die Zuflucht zu den drei Juwelen des Buddhismus allgemein, zu Buddha, Dharma und Sangha; die unteren fünf die erweiterte Version des Zufluchtnehmens im Tibetischen Buddhismus, die auch zu Beginn der Sadhanas (vgl. S. 214) rezitiert wird, die Zuflucht zu Buddha, Dharma, Sangha, Lama und Yidam. (Oft gilt auch die sechsfache Zufluchtnahme, d. h. zusätzlich zu den Dakinis.)

Der gekrönte Buddha unten links im Bild assoziiert den Buddha als Chakravartin, spirituellen Weltenherrscher (vgl. S. 131 ff.). Rechts unten ist ein Wunscherfüllender Baum (Skrt. Parijata) mit Korallenblüten zu sehen, der auf tibetischen Kosmosdarstellungen auf dem Gipfel des Weltenbergs Meru gezeigt wird. Hier erhebt er sich über dem von Padmasambhava im 8. Jh. gegründeten Kloster Samye. Somit wird dem Mutterkloster der Nyingmapa, aus deren Tradition der Bardo Thödol stammt, kosmologische Symbolik zugedacht.

Mandala der zornvollen Heilsgestalten nach dem Tibetischen Totenbuch

Das Mandala (Abb. S. 236) knüpft direkt an das vorhergehende der friedvollen Heilsgestalten an und stellt die Fortsetzung der visionären Erscheinungen dar, die dem Verstorbenen vom 7. bis zum 14. Tag im »Bardo der Höchsten Wirklichkeit« als Projektionen seines Bewusstseins begegnen.

Im obersten Bildsegment tanzen, ausgestattet mit Hackmessern, Schädelkronen und -schalen, in farbigen, strahlenden Lichtkreisen drei der fünf Vidyadharas in Yab-Yum mit ihren Weisheitspartnerinnen: links der gelbe »Herr des Lebens« mit der Gelben Dakini, in der Mitte der rote »Vidyadhara des Großen Symbols« mit der Roten Dakini und rechts der grüne »Spontan Entstandene Vidyadhara« mit der Grünen Dakini (vgl. Totenbuch, S.

90). Sie gehören jeweils zu den Familien der Buddhas Ratnasambhava, Amitabha und Amoghasiddhi.

Vom 8. bis zum 12. Tag treten die zornvollen Manifestationen der Fünf Transzendenten Buddhas und des Ur-Buddha Samantabhadra im Licht des Sambhogakaya auf, um den Verstorbenen zur Befreiung zu führen. Es sind dies die sechs rasenden, geflügelten Herukas, alle dreiköpfig, sechsarmig und vierbeinig, die in Vereinigung mit ihren Weisheitspartnerinnen, den Krodishvaris (Skrt. Krodha, »zornig«), im Mandala vor sechs farbigen Dreiecken erscheinen. Im Zentrumskreis ist oben der »Heruka der Höchsten Wirklichkeit«, darunter der »Buddha-Heruka« zu sehen; auf sie folgt im Osten der dunkelblaue »Vajra-Heruka«, im Süden der gelbe »Ratna-Heruka«, im Westen der rote »Padma-Heruka« und im Norden der grüne »Karma-Heruka«. Diese »Bluttrinker« sind umhüllt von den Flammen der Weisheit, deren Hitze die fünf Grundübel vernichten sollen.

Repräsentierten die friedvollen Heilsgestalten den Aspekt der Leerheit, so stehen diese rasenden Gottheiten – wie auch die noch folgenden – für den Aspekt der Klarheit.

Ist der Verstorbene aufgrund der karmischen Verdunkelung seines Bewusstseins nicht fähig, das wahre Wesen der Herukas zu erkennen und sich mit ihnen zu identifizieren, so »werden die acht rasenden Gauris und die Pishacis aus seinem eigenen Gehirn hervortreten und vor ihm erscheinen« (S. 103). Diese mit grausigen Attributen ausgestatteten, auch Leichenteile fressenden Schreckensgestalten sind Emanationen der 16 friedvollen Bodhisattvas und stehen im inneren Kreis des Mandalas. »Auch die vier Gottheiten der Tore werden aus dem Inneren seines

Gehirns hervortreten (…): Aus dem östlichen Viertel seines Gehirns wird die weiße Ankusha, tigerköpfig, einen Sporn und einen blutgefüllten Schädelbecher haltend, hervortreten und vor ihm erscheinen; aus dem Süden Pasha, gelb, sauköpfig, eine Schlinge haltend; aus dem Westen Shrinkala, rot, löwenköpfig, eine eiserne Kette haltend; und aus dem Norden Ghanta, grün, schlangenköpfig, eine Glocke haltend« (S. 103 f.).

Um dem Verstorbenen zu seiner »eigenen strahlenden Einsicht« zu verhelfen, erscheinen am 14. Tag dieses Bardo schließlich 28 tierköpfige Dakinis, Inspirationsgöttinnen (vgl. Dakini, S. 223 ff.), um den Verstorbenen zu befreien. Sie tanzen auf dem äußeren, flammenumloderten Mandalakreis.

In der Mitte des unteren Thangkasegments ragen aus den acht Juwelen zwei Elefantenstoßzähne hervor. Sie symbolisieren den Kostbaren Elefanten, eine der sieben Kostbarkeiten des Chakravartin, des Buddha als Universalherrscher (vgl. dazu S. 137).

Als Symbole für das Nirvana sind zwei Stupas abgebildet; realiter handelt es sich um zwei berühmte Pilgerstätten in Kathmandu: rechts der Stupa von Svayabunath, links der Stupa von Bodnath.

S. 236:
Mandala der zornvollen Heilsgestalten nach dem Tibetischen Totenbuch Bardo Thödol, Tibet, 19. Jh.
Thangka, 65 × 44 cm
Sammlung Essen, Hamburg

Die »Fünf Buddhafamilien« (Skrt. Buddhakula – Tabelle der Zuordnungen nach dem Tibetischen Totenbuch

Buddha	Akshobhya	Ratnasambhava	Amitabha	Amoghasiddhi	Vairocana
Bedeutung des Namens	Der Unbewegliche oder Unerschütterliche	Der Juwel-Geborene oder Juwelen-Hervorbringende	Unendliches Licht	Ungehindertes Gelingen	Der Sonnengleiche
Farbe	Tiefblau	Gelb	Rot	Grün	Weiß
Himmelsrichtung	Osten	Süden	Westen	Norden	Zentrum
Tageszeit	Morgendämmerung	Mittag	Sonnenuntergang	Mitternacht	–
Wahrzeichen	Vajra	Juwel (Ratna)	Lotus (Padma)	Doppel-Vajra oder Schwert	goldenes Dharma-chakra
Familie oder Kula	Vajra	Ratna	Padma	Karma	Buddha oder Thatagata
Familien-Beschützer	Vajrapani	Ratnapani	Avalokiteshvara	Visvapani	Manjushri
Tier	Elefant	Pferd	Pfau	Garuda oder Vogelmensch	Löwe
Mudra	Erdberührung (Bhumisparsa)	Höchstes Geben (Varada)	Meditation (Dhyana)	Furchtlosigkeit (Abhaya)	Drehen des Dharma-Rades (Dharmachakra-pravatana)
Keimsilbe	HUM	TRAM	HRIH	AH	OM
Mantra	om vajra aksobhya	om ratnasambhava	om amideva hrih	om amoghasiddhi ah hum	om vairocana hum
Weisheit (Jnana)	Spiegelgleiche Weisheit	Weisheit der Wesensgleichheit	Unterscheidende Weisheit	Allesvollendende Weisheit	Dharmadhatu-Weisheit
Geistesgift	Hass	Stolz	Gier	Neid	Nicht-Wissen
Skandha	Form (Rupa)	Gefühlsempfindung (Vedana)	Wahrnehmung (Samjna)	Wille (Samskara)	Bewusstsein (Vijnana)
Element (entsprechende!Form)	Wasser (Kreis)	Erde (Quadrat)	Feuer (Dreieck)	Luft (Halbkreis)	Raum (Tropfen)
Reines Land	Abhirati (das Freudige)	Prabhavati (das Glorreiche)	Sukhavati (das Glückliche Land)	Uttarukuru (vollendete gute Handlungen)	Allesdurchdringender Kreis
Gefährtin	Locana	Mamaki	Pandaravasini	Samaya-Tara	Akasadhatisvari
Zornige Form	Vajra-Heruka	Ratna-Heruka	Padma-Heruka	Karma-Heruka	Buddha-Heruka
Begleitende Boddhisattvas	Kshitigarbha, Maitreya	Akasagarbha, Samantabhadra	Avalokiteshvara, Manjushri	Vajrapani, Sarvaniva-ranaviskambhin	–
Begleitende Göttinen	Lasya, Puspa	Mila, Dhupa	Gita, Aloka	Gangha, Naiveda	–
Beschützer der Tore	Vijaya	Yamantaka	Hayagriva	Amrtakundalin	–
Vidyadhara (Wisseashalter)	Auf allen Stufen Bewährter	Herr des Lebens	Großes Symbol	Spontan Entstehender	Lotus-Herr des Tanzes
Andere Mitglieder dieser Familie	die meisten zornigen Yidams	Jambhala, Vasundhara, Windpferd	Shakyamuni, Kurukulla, Padmasambhava, Padmanartesvara	Grüne Tara	–
Tag im Bardo	zweiter	dritter	vierter	fünfter	erster
Zugeordnetes Chakra	Herz	Nabel	Hals	Sexualorgane	Scheitel
Daseinsbereich	Höllen	Menschen	Hungrige Geister (pretas)	Asuras oder Titanen (Eifersüchtige Götter)	Götter (devas)
Magische Funktion	Zerstören	Vermehren, bereichern, Erntemagie	Attraktion, Faszination	Befrieden oder alle Funktionen	Befrieden

»Das Rad des Lebens«:
die bildliche Darstellung des Kreislaufs der Existenzen und der »Entstehung in Abhängigkeit«

Die Darstellung des Kreislaufs der Existenzen (Skrt. Samsara) ist im Tibetischen Buddhismus weit verbreitet und findet sich vor allem im Eingangsbereich der Klöster. Wie im Totenbuch Bardo Thödol thematisiert, werden unerlöste Wesen aufgrund ihrer karmischen Disposition in einem der sechs als weltlich aufgefassten Daseinsbereiche wiedergeboren.

Das Rad des Lebens (Skrt. Bhavachakra) veranschaulicht die Existenzbereiche in sechs Segmenten: im oberen Teil die drei »höheren« Existenzweisen (Skrt. Gati) der Götter (Skrt. Deva), der Eifersüchtigen Götter oder Titanen (Skrt. Asura) und der Menschen (Skrt. Manushya), im unteren Teil die »niederen« Daseinsformen der Tiere (Skrt. Tiryagyoni), der Hungrigen Geister (Skrt. Preta) und der Höllenbewohner (Skrt. Naraka).

Allen Bereichen gemeinsam ist die Erfahrung von Leid und Tod, so dass zwischen ihnen kein essentieller, sondern nur ein gradueller, durch vorangegangene Tatabsichten und Taten des Wiedergeborenen bedingter Unterschied besteht.

Der Tod wird durch den schädelbekrönten Yama, den Herrn des Todes symbolisiert, der das Lebensrad fest in seinen Klauen hält. Das Weisheitsauge auf der Stirn weist Yama als Totenrichter aus, der entsprechend der Qualität des Karma eines jeden darüber entscheidet, in welchen Daseinsbereich er wiedergeboren wird.

Den Kreislauf des Leidens repräsentieren drei auf der Radnabe kreisende Tiere; der Hahn versinbildlicht Gier, die Schlange Hass, das Schwein Unwissenheit und Verblendung. Dies sind die drei grundlegenden Triebkräfte, die den Verbleib im Samsara bewirken.

Auf dem äußeren Radkreis sind die 12 Begriffe des »Bedingten Entstehens« oder der »Entstehung in Abhängigkeit« (Skrt. Pratitya-Samutpada) bildlich dargestellt. Sie bieten die philosophische Deutung der Verstrickung der Lebewesen in den Wiedergeburtenkreislauf.

Im Tibetischen Totenbuch werden die sechs Daseinsbereiche als konkrete Existenzformen aufgefasst. So der Verstorbene im Bardo keine Befreiung von der Wiedergeburt erlangt, erhält er Unterweisungen, eine Wiedergeburt in höheren Bereichen herbeizuführen und eine in den niederen zu vermeiden. Im übertragenen Sinn können die Daseinsbereiche aber auch auf psychologischer Ebene gedeutet und als Persönlichkeitstypen oder Lebenssituationen verstanden werden, die durch einen bestimmten Bewusstseinszustand charakterisiert sind.

Zur Ikonographie des Bhavachakra gehört der Hinweis auf die Möglichkeit der Erlösung.

In einfachster Form erinnert ein weißer Vollmond außerhalb des Lebensrades neben Yamas Kopf an die Erleuchtung des Buddha in einer Vollmondnacht. Ebenfalls außerhalb des Rades kann der Buddha selbst mit Wunschgewährungs- oder Furchtlosigkeitsgeste dargestellt sein, gemeinsam mit dem Erlösungshelfer Avalokiteshvara, dem Bodhisattva des Mitleids. Innerhalb des Rades kann in jedem der sechs Segmente Avalokiteshvara in Buddhagestalt als Wegweiser zur Erlösung innerhalb der jeweiligen Szenerie auftreten.

Die Daseinsbereiche

1. Das Reich der Götter oder des Genusses. Das genussreiche Leben verführt die Götter zu Leichtsinn, Stolz und der irrigen Auffassung, ihr Dasein als Reiche und Mächtige währe für immer. So häufen sie ungutes Karma an, das einen Absturz in niedere Daseinsbereiche hervorrufen kann.

(So Avalokiteshvara in Buddhagestalt abgebildet ist, trägt er den Göttern, zur Laute singend, Belehrung vor.)

2. Das Reich der Eifersüchtigen Götter oder Titanen bzw. des Streites und Kampfes. Statt sittliches Verhalten an den Tag zu legen, kämpfen die Halbgötter mit ihren Kriegern um den Besitz der Früchte des Wunschbaumes, der in der Götterstadt Sudharshana steht. Die Geistesgifte heißen hier Neid und Ehrgeiz.

(Avalokiteshvara will ihnen mit dem Schwert Einhalt gebieten und empfiehlt den Pfad der Tugend.)

3. Das Reich der Menschen oder des Stolzes. Hier sollten Leidenschaften, Ich-Sucht und Stolz durch Willensstärke bezähmt werden, um einen Abstieg in einen niederen Daseinsbereich zu vermeiden. Obwohl Alter, Krankheit und Tod unterworfen, ist dieser Wiedergeburtsbereich der günstigste, weil es Menschen am ehesten möglich ist, die Buddhalehre zu hören. Die Chance, hier Erlösung zu erlangen, ist im Vergleich mit anderen Daseinsformen am höchsten.

(Avalokiteshvara mit Bettelstab und Almosenschale deutet die Möglichkeit an, Mönch zu werden und verkündet die Tugend der Willensstärke.)

4. Das Reich der Tiere oder der Furcht und Verwirrung. Die Bewohner dieser Region leiden an Unwissenheit und an Ausbeutung und Quälerei durch die Menschen.

(Avalokiteshvara erscheint mit dem Buch der Weisheit, um den Weg zum Wissen aufzuzeigen.)

5. Das Reich der Hungrigen Geister oder der Gier und der zwanghaften Gedanken. Durch Habgier und Geiz karmisch bedingt, leiden die Geister schreckliche Qualen an Hunger und Durst. Ihre haardünnen Hälse machen das Essen und Trinken fast unmöglich und ihre Bäuche sind von Ödemen aufgetrieben. Alles Trinkbare verwandelt sich vor ihnen in Feuer und auch das Schlafen ist ihnen verwehrt.

(Avalokiteshvara, eine Wasserschale in der Hand, legt den Tugendpfad der Freigebigkeit dar.)

6. Das Reich der Höllenwesen oder der Wahnzustände. Bedingt durch Hass und Zorn, sind die Wesen in glühend heißen und eiskalten Höllen entsetzlicher, unaufhörlicher Pein ausgesetzt, bis sich ihr unheilvolles Karma erschöpft hat.

(Avalokiteshvara, aus dessen Händen Wasser zum Löschen des Feuers und Feuer zum Schmelzen des Eises hervorschießt, lehrt den gequälten Höllenwesen Geduld.)

Die bildliche Darstellung der
»Entstehung in Abhängigkeit«
(Skrt. Pratitya-Samutpada)

Die Lehre vom »Bedingten Entstehen«, oft auch Konditionalnexus genannt, bildet zusammen mit der Anatman-Doktrin, die die Existenz eines selbständigen Ich negiert (vgl. S. 80), eine Kernlehre aller buddhistischen Schulrichtungen.
Sie wird auf dem äußeren Radkreis des Bhavachakra bildlich dargestellt.
Im Mittelpunkt steht die Frage, wie Wiedergeburt zustande kommt. Während der Hinduismus die Vorstellung vertritt, eine

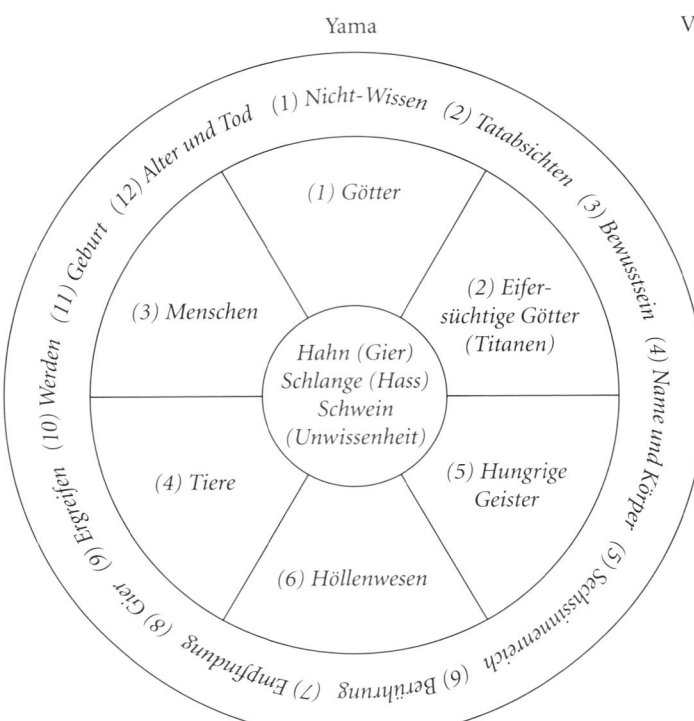

Die Bilder für die 12 Ursachen des Bedingten Entstehens sind:

(1) Nicht-Wissen: Alte blinde Frau

(2) Tatabsichten: Töpfer, der seine Gefäße formt

(3) Bewusstsein: Auf einen Früchte tragenden Baum springender Affe

(4) Name und Form: Mensch in einem Boot, das im Lebensstrom treibt

(5) Sechssinnenreich: Haus mit – meistens sechs – Fenstern

(6) Berührung: Liebespaar

(7) Empfindungen: Pfeil, der das Auge eines Menschen durchbohrt

(8) Gier/Lebensdurst: Trinker

(9) Ergreifen: Früchtesammler

(10) Werden: Schwangere Frau

(11) Geburt: Gebärende

(12) Alter und Tod: Leichenträger

unsterbliche Seele wandere von einer Existenzform zur anderen über – gleich einem Seidenfaden, der sich durch eine endlose Perlenkette zieht – lehrt der Buddhismus demgegenüber die Wiedergeburt ohne Seelenwanderung und erklärt sie als einen Prozess der Entstehung aller Phänomene in Abhängigkeit voneinander. Auf der einfachst möglichen Erklärungsebene ist das Bedingte Entstehen in der Sanskrit-Formel zusammengefasst: »Idam sati ayam bhavati« – »wenn dieses existiert, entsteht jenes«; d. h., wenn die Bedingung A existiert, entsteht daraus die Folge B, oder umgekehrt, wenn die Voraussetzung A nicht existiert, entsteht die Konsequenz B nicht.

Bhavachakra – Das Rad des Lebens
Wandmalerei im Kloster Tiktse bei Leh, Ladakh,
wahrscheinlich 15. Jh.

Alle Individuen und Erscheinungen sind dem Werden (Skrt. Bhava) und Vergehen (Skrt. Vibhava) unterworfen, nicht »selbst«, nicht »wesentlich«, ohne beständige Eigennatur, in ständigem Wandel begriffen. Deshalb können sie sich nicht gewissermaßen aus eigener, selbständiger Kraft erschaffen, sondern nur in gegenseitiger Wechselwirkung.

Das Sterben bedeutet nicht das Ende dieses Prozesses, sondern eine Station darin. Hinter dieser Station beginnt ein neuer Abschnitt, in den das Individuum, bedingt durch das alte Karma, das es im vorhergehenden Abschnitt eingesammelt hat, eintritt. Mit anderen Worten: Tatabsichten und Taten der Existenzform A bedingen die Wieder- oder Neugeburt im Daseinsbereich B.

Die dynamische Kette des Entstehens in Abhängigkeit besteht aus 12 Gliedern oder Ursachen (Skrt. Nidana) und deren Folgen.

Aus der Voraussetzung (1) Nicht-Wissen/Unwissenheit (Skrt. Avidya) um die Leidensnatur des Daseins, aus der Nicht-Kenntnis der Vier Edlen Wahrheiten entstehen Gestaltungskräfte, (2) Tatabsichten (Skrt. Samskara), die körperlichen, sprachlichen oder geistigen Taten vorausgehen. Die guten oder schlechten Taten erzeugen einen spezifischen Bewusstseinszustand. Dieses (3) Bewusstsein (Skrt. Vijnana) geht nach dem Tod eines unerlösten Wesens wieder in einen Mutterschoß ein und setzt dort die Entstehung eines neuen empirischen Wesens in Gang. Diese nächste Existenzform wird als (4) Name und Körper (Skrt. Namarupa) bezeichnet; sie wird von den fünf Gruppen der Daseinsfaktoren (Skrt. Skandha) gebildet, nämlich vom Körper (Rupa) und den sich darin vollziehenden psychisch-geistigen Vorgängen (Nama). Der Begriff Nama umfasst Empfindungen, Wahrnehmung, Gestaltungskräfte und Bewusstsein.

In Abhängigkeit von Namarupa entstehen (5) die »Sechs Grundlagen« (Skrt. Shadayatana).

Ausgestattet mit den sechs Sinnen Sehen, Hören, Riechen, Schmecken, Tasten und Denken, bietet sich dem Individuum die Umwelt als »Sechssinnenreich« dar.

Aus der Sinnentätigkeit entwickelt sich die (6) Berührung (Skrt. Sparsha), der Kontakt mit der Umwelt. Die Berührung ruft (7) Empfindungen und Gefühle (Skrt. Vedana) hervor.

Aufgrund seiner fortdauernden Unwissenheit geneigt, unangenehme Empfindungen zu verdrängen und sich von angenehmen Gefühlen verführen zu lassen, entwickelt der Mensch (8) Gier, Lebensdurst, Begehren (Skrt. Trishna). Dieses karmisch beschwerte Anhaften fesselt ihn an den Wiedergeburtenkreislauf und führt ihn nach der Station des Todes zu einem neuerlichen (9) Ergreifen (Skrt. Upadana) eines Mutterschoßes, wo neues (10) Werden (Skrt. Bhava) in Gang kommt, gefolgt von einer neuen (11) Geburt (Skrt. Jati) in ein wiederum leidvolles Dasein, das (12) Alter und Tod (Skrt. Jaramarana) in sich birgt.

Der Kreislauf setzt sich endlos fort, solange er nicht durch befreiende Erkenntnis und erlösende Weisheit ein Ende findet.

Der tibetische Stupa: der Chörten und seine Symbolik

Der Chörten (tib. Chö, »Lehre«, und rten, »Stütze«) ist das architektonische Hauptsymbol des Tibetischen Buddhismus. Seine Gestaltung, seine Proportionen sind in Texten des Tengyur, dem Kommentarteil des tibetischen buddhistischen Kanons, festgelegt. Die Errichtung eines Chörten, die für den Stifter karmisches Verdienst bedeutet, wird von Ritualen begleitet. Gläubige umrunden den Chörten, der als heilig angesehen wird, mit der rechten Schulter ihm zugewandt. In den Himalaya-Ländern verbreitet, finden sich Chörten nicht nur in Klosterbezirken, sondern auch an Orten, die als gefahrvoll gelten, etwa bei Brücken oder auf Bergpässen, wo ihnen Schutzfunktion zugedacht wird.

In den Proportionen stereotyp, sind Chörten von verschiedener Größe, meistens aber relativ klein, zwischen 1,5 und 3 m hoch. Miniaturformen aus Holz oder Metall dienen als Ritualgegenstände und Votivchörten.

Im Chörten hat der ursprüngliche indische Stupa den Höhepunkt komplexer religiöser Symbolik erreicht. Die folgende Darlegung konzentriert sich auf die wesentlichen Aspekte.

Symbolik des Chörten

Als transformiertes Bild der Lehre und als Meditationsobjekt ist der Chörten allgemein ein Symbol für den Stufenweg zur Erleuchtung, im Besonderen ein Sinnbild für den aktiven Weg des Bodhisattva.

Das Zentrum des Chörten bildet die Kuppel, hier Kolben (tib. Bumpa) genannt, der die ursprüngliche Funktion des Reliquienbehälters beibehält. Er birgt die Asche hoher Lamas.

Der Chörtenkörper enthält außerdem Tsa-Tsas, kleine tönerne Kultplastiken mit Darstellungen des Buddha oder anderer Heilsgestalten und Abschnitte heiliger Schriften. Religiöse Artefakte können auch in Nischen des Kolbens platziert sein.

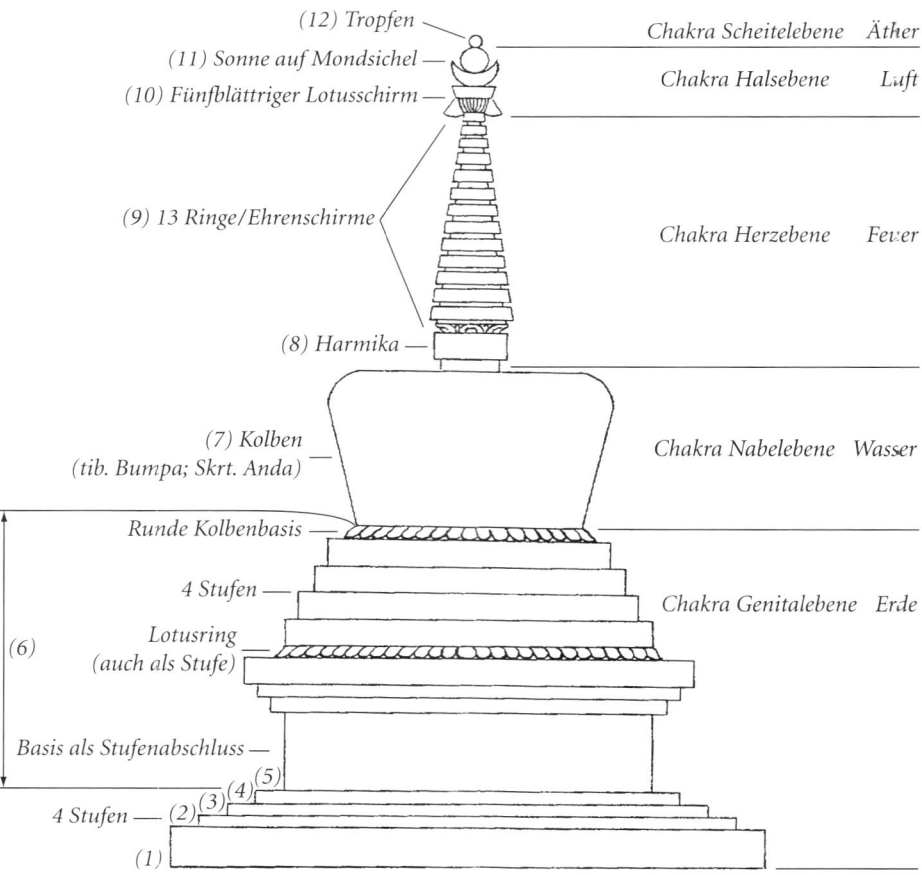

Symbolik des Chörten

Erleuchtungsweg — *Energiezentren des menschlichen Körpers* — *Elemente*

(12) Tropfen — *Chakra Scheitelebene* — *Äther*
(11) Sonne auf Mondsichel — *Chakra Halsebene* — *Luft*
(10) Fünfblättriger Lotusschirm —
(9) 13 Ringe/Ehrenschirme — *Chakra Herzebene* — *Feuer*
(8) Harmika —
(7) Kolben (tib. Bumpa; Skrt. Anda) — *Chakra Nabelebene* — *Wasser*
Runde Kolbenbasis —
4 Stufen — *Chakra Genitalebene* — *Erde*
Lotusring (auch als Stufe) —
(6)
Basis als Stufenabschluss —
(5)(4)(3)(2)
4 Stufen —
(1)

244

Stufenweg zur Erleuchtung

(1) »Vier Erweckungen der Achtsamkeit« (Pali: Satipatthana)
Satipatthana ist eine der ältesten und wichtigsten Meditationspraktiken des Buddhismus. Die Methode ist im Satipatthana Sutra ausführlich beschrieben, wo sie – nach den hier dem Buddha in den Mund gelegten Worten – als »der einzige Weg zur Verwirklichung des Nirvana« bezeichnet wird. Satipatthana besteht im Wesentlichen darin, die Achtsamkeit der Reihe nach auf den Körper, die Empfindungen, den Geist und das Geistobjekt (z. B. einen Gegenstand) zu richten. Wichtig ist dabei die Befreiung von den »Anhaftungen«. Im Mahayana sollen die »Erweckungen der Achtsamkeit« zur Erkenntnis der Leerheit (Skrt. Shunyata) von Körper, Empfindungen, Geist und Geistobjekt führen.

(2) »Vier Vollkomene Anstrengungen« (Pali: Samma-Padhana; Skrt. Samyak-Prahanani)
Die vom Buddha Shakyamuni empfohlene Meditationsübung hat zum Ziel, Unheilsames zu vermeiden oder zu beseitigen und Heilsames zu bewirken. Die Vier Anstrengungen sind: Zügelung und Überwindung unheilsamer Dinge, Entfaltung und Erhaltung heilsamer Dinge.

(3) »Vier Machtfährten« (Pali: Iddhipada; Skrt. Riddhipada)
Mit den vier Machtfährten sind vier Versenkungsstufen gemeint, die Samadhi, die gegenstandslose Tiefenmeditation, erfordert: Konzentration der Absicht, der Energie, des Geistes und des Erforschens/Erwägens.

(4) »Fünf geistige Wurzeln« (Pali/ Skrt. Panca-Indriya) sind fünf psychische und physische Fähigkeiten: Glaube, Energie, Wachsamkeit, innere Sammlung und Weisheit. Diese Wurzeln sind Voraussetzung für die Entwicklung der »Fünf Kräfte«.

(5) »Fünf Kräfte« (Pali/Skrt. Panca-Bala) sind fünf geistige Kräfte, die zur Erleuchtung führen können: 1. Kraft des Vertrauens, die allen Irrglauben ausschaltet. 2. Kraft der Energie, die durch die Übung der Vier Vollkommenen Anstrengungen zur Überwindung alles Unheilsamen führt. 3. Kraft der Wachsamkeit, die durch die Übung der Vier Erweckungen der Achtsamkeit zur Vollkommenen Wachsamkeit wird. 4. Kraft der Versenkung, die durch Mediation erreicht wird und zur Überwindung aller Leidenschaft führt. 5. Kraft der Weisheit, die auf der Einsicht in die Vier Edlen Wahrheiten beruht und zur erlösenden Erkenntnis führt.

(6) »Zehn-Stufen-Weg« (Skrt. Dashabhumi) der Ausbildung eines Bodhisattva (Nach dem Dashabhumika-Sutra des Mahayana)
1. Pramudita Bhumi, »Stufe der Freude«
Der Bodhisattva, der den Erleuchtungsgedanken entwickelt und als Gelübde den Vorsatz gefasst hat, selbst Erleuchtung zu erlangen und andere Wesen zur Erlösung zu führen, ist voller Freude, seinen Weg deutlich vor sich zu sehen. Er pflegt die Tugend der Freigebigkeit (Skrt. Dana) und ist frei von Egoismus.
2. Vimala Bhumi, »Stufe der Makellosigkeit«
Der Bodhisattva vervollkommnet seine Disziplin (Skrt. Shila), verwirklicht den Edlen Achtfachen Pfad und wird dadurch makellos. Er ist gelassen, frei von Begier-

den, wachsam und anderen Wesen Freund und Beschützer.

3. *Prabhakari Bhumi,* »Stufe des Strahlens«

Durch intensives Sutra-Studium wird der Bodhisattva zu einer Leuchte der Lehre. Er gewinnt die Einsicht in die Vergänglichkeit des Daseins, pflegt die Tugend der Geduld und strahlt Mitleid, Güte, Mitfreude und gleichmütige Gelassenheit aus.

4. *Archismati Bhumi,* »Stufe des Flammens«

In einer feurigen Vision begreift der Bodhisattva die Bedeutung der Erlösung. Er erkennt Anatman, das Nicht-Selbst, das heißt er löst sich von den letzten, noch verbliebenen falschen Vorstellungen des Ich-Bewusstseins. Er entwickelt zunehmend Virya, die Energie, derer die unermüdliche Anstrengung bedarf, Heilsames entstehen zu lassen und Unheilsames zu vermeiden.

5. *Sudurjaya Bhumi,* »Die schwer zu erringende Stufe«

Der Bodhisattva erfasst Satyadvaya, die »Doppelte« bzw. »Zweistufige Wahrheit«, die sich aus der Wahrheit der vordergründigen Verschiedenheit von Wesen und Dingen und der Höchsten Wahrheit zusammensetzt. Er erkennt Shunyata, die Leerheit und Gleichheit aller Phänomene und er vervollkommnet sich in Meditationspraktiken.

6. *Abhimukhi Bhumi,* »Die im Anblick der Weisheit stehende Stufe«

Der Bodhisattva erlangt Prajnaparamita, die nicht intellektuell bestimmte, sondern unmittelbar erfahrene, intuitive Weisheit in ihrer Vollkommenheit, die ihn die Identität von Samsara und Nirvana erkennen lässt.

7. *Durangama Bhumi,* »Die in die Ferne reichende Stufe«

Im Besitz der erlösenden, vollkommenen intuitiven Weisheit, wäre es dem Bodhisattva möglich, ins Parinirvana einzugehen, also im Tod endgültig zu verlöschen. Doch er hat gelobt, mitfühlend jenen zu helfen, die sich noch im Kreislauf der Existenzen befinden. So entscheidet sich der Bodhisattva für das Aktive Nirvana, verbleibt als Erlöster in der Welt, tritt aber in eine andere Daseinsweise über: Er wird zum Transzendenten Bodhisattva. Auf der siebten Vollendungsstufe verfügt der Bodhisattva über zwei wichtige Fähigkeiten der Erlösungshilfe. Zum einen kennt er für jedes Wesen die richtigen Kunstgriffe und Tricks, um es auf den Heilsweg zu führen, er wendet die »Geschicklichkeit in der Methode« (Skrt. Upaya) an. Zum anderen kann er sein eigenes, durch gute Taten erworbenes religiöses Verdienst auf andere übertragen (Skrt. Parinamana), um ihren Erlösungsweg zu beschleunigen. Durch die »Verdienstübertragung« baut der Bodhisattva sein eigenes karmisches Guthaben nicht ab, weil das Geschenk dem Geber zugleich Verdienst einträgt. Durch stetes altruistisches Handeln ist das Verdienstguthaben des Bodhisattva unerschöpflich.

8. *Achala Bhumi,* »Stufe der Unbewegtheit«

Nichts kann den Bodhisattva bewegen, vom Gelübde seines Einsatzes für andere abzusehen. Er erwirbt die Fähigkeit, jegliche Erscheinungsform anzunehmen, um den Erlösungsbedürftigen zu helfen. Dazu ein Beispiel aus dem Vimalakirtinirdesha-Sutra, den »Lehrreden des Vimalakirti«: »Wohlüberlegt, werden sie – die Bodhisattvas – zu Hetären, um die Männer an sich zu ziehen. Nachdem sie sie mit dem Haken der Begierde herangelockt haben, errichten sie – in den Männern – das Buddhawissen.«

9. Sadhumati Bhumi, »Stufe des frommen Denkens«

Der Bodhisattva verfügt über allumfassendes Verständnis der Lehre und legt sie dar. Er vervollkommnet seine Kraft. Dazu gehören übernatürliche Kräfte bzw. Fähigkeiten, beispielsweise die Wahrnehmung der Gedanken anderer Wesen. Er ist sich der Vier Gewissheiten (Skrt. Vaisharadya) sicher, die einen Buddha auszeichnen. Er ist sich seiner Vollkommenen Erleuchtung gewiss. Er hat alle Hindernisse überwunden und den Weg aus dem Kreislauf der Wiedergeburten verkündet. Außerdem gibt er Dharanis, magische Schutzformeln, in deren Silben die Essenz der Lehre komprimiert ist, als Talismane an Erlösungssuchende.

10. Dharmamegha Bhumi, »Stufe der Wolke der Lehre«

Auf der Stufe der vollkommenen Tugenden und des höchsten Wissens sitzt der Bodhisattva auf einem großen Lotus im Tushita-Himmel. Er leuchtet und kann, gleich einer Wolke, aus der es regnet, von seinem Körper Strahlen aussenden. Wird er noch einmal geboren, dann als Buddha, wie der Bodhisattva Maitreya, der gegenwärtige Buddha der Zukunft, der ebenfalls im Tushita-Himmel weilt.

(7) a. »Auf Erleuchtung gerichtetes Denken«, »Erleuchtungsgeist« (Skrt. Bodhichitta).

Das aktive Streben nach Erleuchtung hat im Tibetischen Buddhismus zwei Aspekte: Zum einen bezeichnet Bodhichitta – dem Bodhisattva-Ideal entsprechend – den Vorsatz, Erleuchtung zu erlangen, um sie für das Wohl aller Lebewesen einzusetzen. Zum anderen wird der Erleuchtungsgeist als Einsicht in die Leerheit aller Erscheinungen (Skrt. Shunyata) verstanden.

b. »Erleuchtungsglieder« (Skrt. Bodhyanga) sind sieben Faktoren, die zur Erleuchtung führen: Achtsamkeit, Ergründung der buddhistischen Lehre, Energie und Anstrengung in der Praxis, Freude über das Verständnis der Lehre, Friede durch Überwindung der Leidenschaften und gelassener Gleichmut, der dualistisches Denken überwunden hat.

(8) Der Edle Achtfache Pfad (Skrt. Ashtangika-Marga), der der Vierten Edlen Wahrheit entspricht und zur Erlösung vom Leiden führt (vgl. S. 37 f.).

(9) »Dreizehn Kräfte eines Buddha«
Damit sind die »Zehn Kräfte« (Skrt. Dasha-Bala) gemeint, die ihm im Anguttara-Nikaya des Pali-Kanons zugeschrieben werden (siehe Symbolik der Shwedagon Pagode, S. 53 ff.) und zusätzlich drei, die im Tengyur des tibetischen Kanons angeführt sind; sie betreffen die besondere Achtsamkeit der Buddhas.

(10) Fünf »Buddhafamilien« (Skrt. Buddhakula, vgl. Tabelle, S. 237), die durch ihre Oberhäupter, die Fünf Transzendenten Buddhas und ihre Weisheitsaspekte vertreten werden.

(11) Wie beim »Zeichen der Zehn Mächtigen« (vgl. S. 181 f.) symbolisiert die Einheit von Sonne und Mond die Verschmelzung von Weisheit (Skrt. Prajna) und Methode (Skrt. Upaya) – wobei die Methode auch für das Mitgefühl (Skrt. Karuna) steht – und im umfassenden Sinn die Aufhebung aller Dualismen in der Höchsten Wahrheit der Leerheit aller Phänomene.

(12) Vollkommene Erleuchtung

Das lebende Symbol der Erleuchtung

Der Pappelfeigenbaum (*Ficus religiosa*) auf dem Areal der Mahavihara, des »Großen Klosters« in der alten Königsstadt Anuradhapura auf Sri Lanka ist mit über 2200 Jahren der älteste dokumentierte Baum der Welt. Er stellt den heiligsten Ort der Insel dar, denn er ist der einzige überlebende Ableger des Bodhibaums, unter dem Shakyamuni Erleuchtung erlangte und damit zum Buddha, »Erwachten« wurde. Der Bodhibaum im heutigen Bodh-Gaya stammt seinerseits von diesem in Anuradhapura ab.

Der Überlieferung nach soll der Ableger von Prinzessin Sangamitta, einer Tochter des Kaisers Ashoka, nach Sri Lanka gebracht worden sein.

Anhang

Handgesten und Haltungen

Handgesten (Skrt. Mudra, wörtl. »Siegel«; »Zeichen«, »Eindruck«)

Der Ursprung symbolischer Handgesten ist auf das altindische religiöse Tanzdrama zurückzuführen. In vedischen Riten wurden den Bewegungen der Hände zusammen mit der Rezitation von mystischen Silben magische Kräfte zugedacht.

In esoterischen Schulen des Buddhismus begleiten symbolische Handgesten und die Rezitation von Mantras Riten und kultische Handlungen. Außerdem dienen die zahlreichen Mudras, mit denen nur Eingeweihte vertraut sind, als Hilfsmittel in der Meditation, indem der Praktizierende mit Hilfe von Mudras und Mantras die mystische Verbindung mit der visualisierten Heilsgestalt aufnimmt.

In der Bildsprache des Buddhismus haben die stilisierten, jeweils typologisch definierten Handgesten, mit denen Buddhas, Bodhisattvas und andere Heilsgestalten dargestellt werden, eine wichtige Funktion. Sie sind Erkennungszeichen für die betreffende Heilsfigur und symbolische Träger bestimmter Aussagewerte. Die Mudras drücken Handlungen, innere Haltungen und philosophische Aspekte aus, die von den dargestellten Figuren verkörpert werden und vermitteln Lehrinhalte des Buddhismus.

Die Anzahl der für alle buddhistischen Schulen gemeinsam geltenden Handgesten ist überschaubar. Sie leiten sich im Wesentlichen ab aus den bedeutenden Lebenssituationen des historischen Buddha Shakyamuni und seiner Lehre.

Es sind dies sechs typische Mudras:

1. Meditation (Skrt. Dhyana),
2. Erdberührung (Skrt. Bhumisparsha),
3. In-Gang-Setzen des Rades der Lehre (Skrt. Dharmachakra),
4. Darlegung der Lehre/Argumentation (Skrt. Vitarka),
5. Furchtlosigkeit/Schutzgewährung/ Ermutigung (Skrt. Abhaya),
6. Wunschgewährung/Geben (Skrt. Varada).

In der Bildsprache der verschiedenen buddhistischen Schulen können diese Handgesten im Detail variiert dargestellt sein und somit auch eine erweiterte Detailbedeutung erhalten, doch bleibt die Grundsymbolik und der Erkennungswert gleich.

Meditationsgeste (Skrt. Dhyana-Mudra)

Die rechte Hand ruht auf der Handfläche der linken Hand. Im Allgemeinen symbolisiert die Rechte Erleuchtung, die Linke die Welt der Erscheinungen; somit verbildlicht die Meditationsgeste die Überwindung der phänomenalen Welt im Zustand des erleuchteten Bewusstseins. Im Mahayana/Vajrayana bedeutet die rechte Hand auf der linken auch, dass die Vollkommenheit der Methode (Skrt. Upaya, rechte Hand) von der Vollkommenheit der Weisheit (Skrt. Prajna, linke Hand) gestützt wird. Berühren sich bei der Geste die Daumenkuppen, verbildlicht dies die vereinte Energie von Methode und Weisheit.

Ruht nur die linke Hand im Schoß, bedeutet sie die Stabilität des meditativen Gleichgewichts; die rechte Hand kann dann jede andere Geste zeigen oder ein Attribut halten.

Die Dhyana-Mudra steht für die herausragende Wichtigkeit der Meditation und der Konzentrationstechniken im Buddhismus.

Geste der Erdberührung
(Skrt. Bhumisparsha-Mudra)

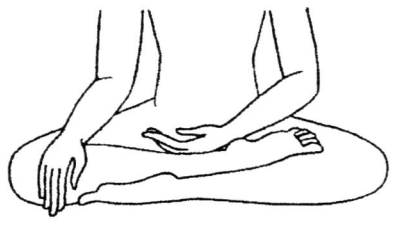

Die ausgestreckten Finger der rechten Hand des sitzenden Buddha weisen zur Erde, um sie als Zeugin für die Wahrheit seiner Worte und seiner Unerschütterlichkeit in der Meditation anzurufen. Die sehr häufig dargestellte Geste basiert auf »Maras Angriff« auf Buddha Shakyamuni (vgl. S. 74 ff.). Kennzeichnend ist sie auch für den Transzendenten Buddha Akshobhya, den »Unerschütterlichen«.

Geste des In-Gang-Setzens des Rades der Lehre
(Skrt. Dharmachakra-Pravatana-Mudra, kurz: Dharmachakra-Mudra)

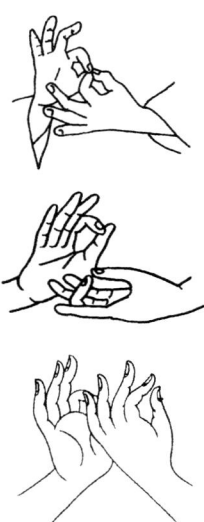

Daumen und Zeigefinger der auf Herzhöhe gehaltenen Hände formen das Rad. Die Geste erscheint in vielen Varianten; häufig setzt der Mittelfinger der linken Hand das von der Rechten geformte Rad in Bewegung (vgl. S. 79/81). Die rechte Handfläche zeigt nach außen, symbolisiert damit die Weitergabe der Lehre an die Menschen. Die linke Handfläche ist nach innen abgewandt, verweist damit auf die innere Verwirklichung der Lehre durch den Heilssuchenden.

Abweichungen davon beruhen auf detaillierteren Lehren einzelner Schulrichtungen.

Die Geste wird außer von Buddha Shakyamuni auch von Vorzeit-Buddhas, dem Zukunfts-Buddha Maitreya, dem Transzendenten Buddha Vairocana und von der Personifikation der Vollkommenen Weisheit, Prajnaparamita, gezeigt, sowie von großen Lehrern und Meistern, etwa Nagarjuna oder Tsongkhapa.

Geste der Lehrdarlegung / Argumentation
(Skrt. Vitarka-Mudra)

Geste der Furchtlosigkeit / Schutzgewäh-
rung / Ermutigung
(Skrt. Abhaya-Mudra)

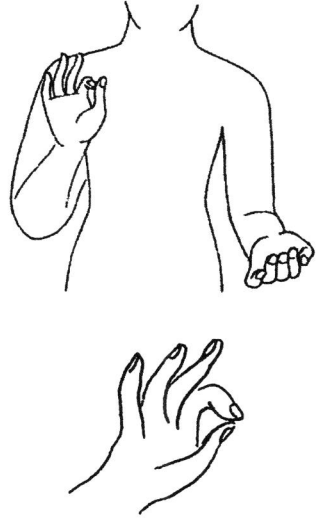

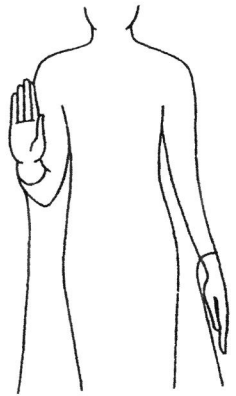

Daumen und Zeigefinger der rechten Hand formen das Rad der Lehre.

Die Geste kann auch (selten) beidhändig ausgeführt sein und bedeutet dann bei Buddha Shakyamuni, dass er die Lehre sowohl Menschen als auch Göttern darlegt.

Bei sitzenden Figuren ist die Vitarka-Mudra oft mit der Meditationsgeste kombiniert, was den Gedanken der Befriedung durch die Darlegung und Aufnahme der Lehre nahe legt.

Bei stehenden Figuren kann die linke Hand einen Zipfel des Mönchsgewands halten oder auf Hüfthöhe mit der Handfläche nach oben gehalten werden – beide Gesten verweisen auf die Weisheit bzw. das Opfer der Entsagung. Hält der stehende oder schreitende Buddha Shakyamuni in der linken Hand eine Almosenschale, charakterisiert sie ihn als lehrenden Wandermönch und Ordensoberhaupt.

Die mit gestreckten Fingern und nach vorne geöffneter Handfläche ausgeführte Geste der rechten Hand hat ihren Ursprung in einer lebensbedrohlichen Situation des Buddha Shakyamuni (s. S. 87 ff.). Sie symbolisiert die Ermutigung zur Annäherung an den allwissenden Vollendeten und seinen Schutz vor allen Ängsten des Daseinskreislaufs.

Die Abhaya-Mudra ist auch charakteristisch für den Transzendenten Buddha Amoghasiddhi und wird häufig von Bodhisattvas gezeigt.

Geste der Wunschgewährung
(Skrt. Varada-Mudra)

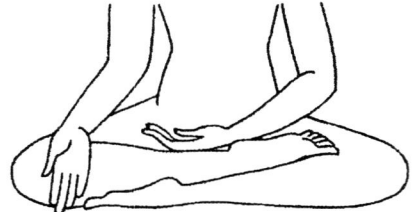

Geste der Polaritätenvereinigung
(Skrt. Vajrahumkara-Mudra; wörtl. nicht übersetzbar)

Bei der meistens rechtshändig ausgeführten Mudra ist die Hand nach unten gerichtet und mit der Fläche nach vorne gewandt. Buddha Shakyamuni gewährt mit ihr den Wunsch nach der Befreiung von irdischen Anhaftungen dank der von ihm verkündeten Erlösungslehre.

Als Geste der Freigebigkeit (Skrt. Dana) und des Mitgefühls (Skrt. Karuna) wird die Varada-Mudra oft von Bodhisattvas gezeigt. Der Transzendente Buddha Amoghasiddhi ist durch sie typisiert.

Zur Symbolik der Mudra siehe Ur-Buddha Vajradhara, dem sie hauptsächlich zugeordnet wird (S. 183). Die Bildsprache des Vajrayana stellt auch andere Heilsgestalten, so Tantra-Personifikationen wie Guhyasamaja oder Kalachakra, die im Sadhana visualisiert werden, mit dieser Geste dar. Geläufig ist die Form der über der Brust gekreuzten Hände, wobei die rechte, männliche »Methodenhand« den Vajra, das »Diamantzepter«, hält und die linke, weibliche »Weisheitshand« die Glocke (vgl. S. 172 f., Vajra und Glocke).

Kombinierte Geste der Ermutigung und Wunschgewährung
(Skrt. Abhaya-Varada-Mudra)

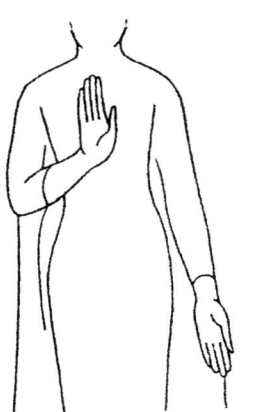

Geste der Höchsten Weisheit
(Skrt. Bodhyagri-Mudra)

Mit dieser in Varianten erscheinenden Mudra stellen esoterische Schulen des Buddhismus – vor allem Shingon in Japan – den Transzendenten Buddha Vairocana dar, der für sie von größter Bedeutung ist (vgl. S. 118 f.)

Gruß- und Verehrungsgeste
(Skrt. Anjali-Mudra)

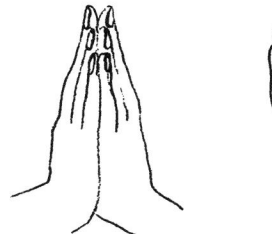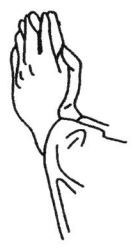

Bei der respektvollen Mudra sind die Handflächen auf Herzhöhe zusammengelegt.

Diese Geste wird nie von Buddhas gezeigt, da sie selbst als Vollendete gelten. Sie kennzeichnet ihre Adoranten, zu denen auch hinduistische Götter gehören. Außerdem wird die Anjali-Mudra einigen Erscheinungsformen des Bodhisattva Avalokiteshvara zugeordnet (vgl. S. 150).

Geste des Juwel-Haltens
(Skrt. Manidhara-Mudra)

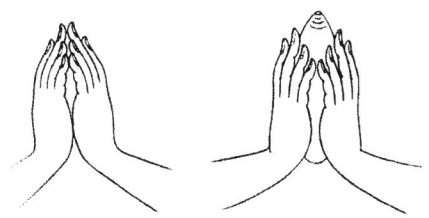

Die Hände umschließen das – meistens unsichtbare – Juwel, das die kostbare Buddhalehre symbolisiert.

Bannungsgeste (Skrt. Karana-Mudra)

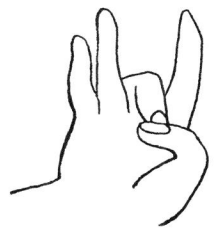

Die Geste, die auch zwei eingebogene Finger aufweisen kann, bannt Feinde der Lehre und äußere und innere Dämonen. Sie gehört zur Ikonographie des Vajrayana und wird gerne von zornvollen Heilsgestalten gezeigt, so auch von Dakinis, den »Himmelswandlerinnen« und Meditationshelferinnen.

Drohgeste (Skrt. Tarjani-Mudra)

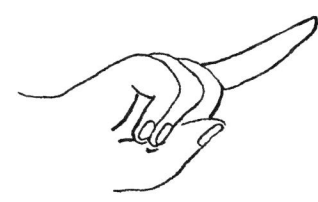

Die Geste richtet sich wie die Bannungsgeste gegen heilsfeindliche Kräfte und eignet vielen zornvollen Gestalten des Vajrayana.

Haltungen (Skrt. Asana)

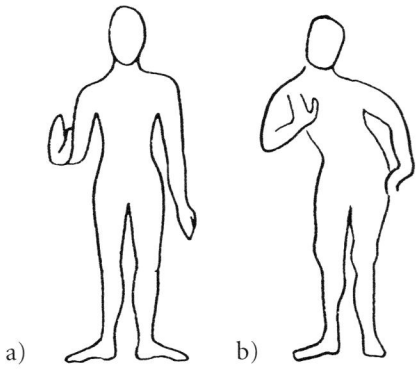

a) »*Stand auf gleichen Beinen*« (Skrt. Samapada)
Die Figur steht gerade und aufrecht mit gleichmäßig belasteten Beinen.
b) »*Dreibruch*« (Skrt. Tribhanga)
Die Figur steht in der Hüfte eingeknickt, der Hals ist in die Gegenrichtung abgewinkelt. Das Standbein trägt das Gewicht, das Spielbein ist seitlich oder nach vorn versetzt.

a) »*Ausfallschritt*« (nach links Skrt. Alidha; nach rechts Skrt. Pratyalidha)
b) »*Pfeil- und Bogenstellung*« (Skrt. Capastanha)
Der angewinkelte Unterschenkel des rechten Beins bildet den Pfeil, das linke geknickte Bein den Bogen (oder umgekehrt). Die Pose deutet häufig das Fliegen

oder Tanzen an. Diese Haltungen sind häufig bei zornvollen Heilsgestalten des Vajrayana zu sehen.

a) *Spielsitz* (Skrt. Lilasana)
Der rechte Fuß ist auf die Sitzebene aufgesetzt, das Knie hochgestellt, das linke Bein an den Körper gezogen.

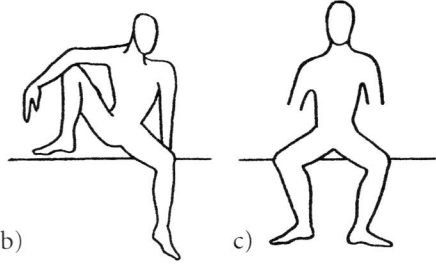

b) *Königlicher Spielsitz* (Skrt. Rajalilasana)
Der rechte Fuß ist auf die Sitzebene aufgesetzt, das Knie hochgestellt, der linke Unterschenkel hängt herab.
c) *Glückssitz oder Europäische Sitzhaltung* (Skrt. Bhadrasana)
Sonderform: Gekreuzte Unterschenkel

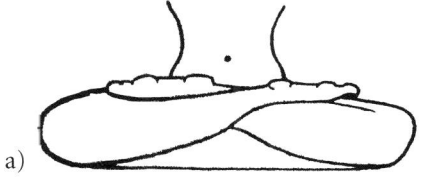

a)

a) *Lotus- oder Diamantsitz* (Skrt. Padma-sana oder Vajrasana)
Beide Fußsohlen weisen nach oben, der rechte Unterschenkel liegt oben.

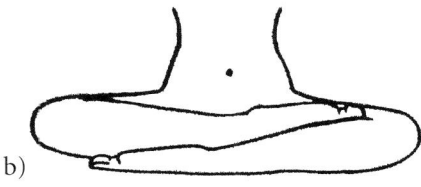

b)

b) *Um den Schoß herum* (Skrt. Paryanka)
Die Unterschenkel liegen unverschränkt, doch geschlossen übereinander, der rechte oben.

Nur Buddha Shakyamuni wird in liegender Haltung dargestellt.

a)

a) Der sterbende Buddha in »Löwenhaltung«
Er liegt auf der rechten Körperseite, auf den rechten Arm gestützt. Die Augen sind geöffnet, denn »er ist klaren Geistes«.

b)

b) Der verstorbene Buddha
Er liegt auf der rechten Körperseite, den Kopf auf die rechte Hand und ein Kissen gebettet. Die Augen sind geschlossen. Die übereinander liegenden Füße sind leicht verschoben.

Yab-Yum (tib. »Vater und Mutter«)

In der Bildsprache des tantrischen Buddhismus drückt Yab-Yum, die sexuelle Vereinigung von Buddhas und anderer Heilsgestalten mit ihren entsprechenden Partnerinnen, die Erfahrung des »Großen Glücks« (Skrt. Mahasukha) aus. In der tibetischen Kunst erscheint diese Darstellungsform häufig. Sie symbolisiert die Vereinigung des männlichen Prinzips der Methode (Skrt. Upaya) – dem auch das Mitgefühl (Skrt. Karuna) und das auf Erleuchtung gerichtete Denken (Skrt. Bodhichitta) zugeordnet wird – mit dem weiblichen Prinzip der intuitiven Weisheit (Skrt. Prajna).

Register

Zeittafel China

206 v. Chr.–222 n. Chr.	Han-Dynastie
200–265	Zeit der Drei Reiche
265–581	Sechs Dynastien
581–618	Sui-Dynastie
618–906	T'ang-Dynastie
907–960	Fünf Dynastien
960–1278	Song-Dynastie
1278–1368	Yüan-Dynastie
1368–1644	Ming-Dynastie
1644–1911	Qing-Dynastie
!912–1949	Republik China (seit 1949 auf Taiwaan)
1949	Volksrepublik China

Zeittafel Japan

552–645 n. Chr.	Asuka-Zeit
645–710	Hakuho-Zeit
710–794	Nara-Zeit
794–1185	Heian-Zeit
1185–1336	Kamakura-Zeit
1336–1573	Muromachi-Zeit
1573–1603	Momoyama-Zeit
1603–1868	Edo-Zeit
1868–1912	Meiji-Zeit
1912–1926	Taisho-Zeit
	Showa-Zeit

Im Text zitierte Literatur

Baker, Ian A.: *Der geheime Tempel von Tibet.* Eine mystische Reise in die Welt des Tantra, München 2000

Bechert, Heinz: *Buddhismus I.* Der indische Buddhismus und seine Verzweigungen, Stuttgart, Berlin 2000

Bonn, Gisela: *Angkor.* Toleranz in Stein, Köln 1996

Brück Michael von: *Weisheit der Leere.* Sutra-Texte des indischen Mahayana-Buddhismus, Zürich 1989

Brück, Michael von: *Buddhismus.* Grundlagen, Geschichte, Praxis, Gütersloh 1998

Buddhas Wandel (= Ashvagosha, Buddhacarita), übers. v. C. Capeller, Jena 1922

Das Totenbuch der Tibeter, hrsg. v. Francesca Fremantle u. Chögyam Trungpa, übers. v. Stephan Schumacher, Kreuzlingen - München 2002

Die Vier Edlen Wahrheiten. Texte des ursprünglichen Buddhismus, hrsg. v. Klaus Mylius, Leipzig 1988

Dowman, Keith: *Die Meister des Mahamudra,* München 1991

Eliade, Mircea: *Geschichte der religiösen Ideen. Quellentexte,* übers. u. hrsg. v. Günter Lanczkowski, Freiburg - Basel - Wien 1981

Lamotte, Etienne: Der Buddhismus, seine Lehre und seine Gemeinde, in: Die Welt des Buddhismus, hrsg. v. Heinz Bechert u. Richard Gombrich, München 1984, S. 41-58

Lexikon der indischen Mythologie. Mythen, Sagen und Legenden, hrsg., übers. u. bearb. v. Michael Görden u. Hans Christian Meiser, München 1984

Lotus-Sutra. Das große Erleuchtungsbuch des Buddhismus. Nach dem chinesischen Text v. Kumarajiva ins Deutsche übers. u. eingel. v. Margareta von Borsig, 3. Aufl., Freiburg, Basel, Wien 2003

Olschak, Christine (Hrsg.): *Perlen alttibetischer Literatur,* Zürich 1987

Reden des Buddha, a. d. Pali-Kanon übers. v. Ilse-Lore Gunsser, Stuttgart 1957 u. 2001

Schumann, Hans Wolfgang: *Handbuch des Buddhismus.* Die zentralen Lehren: Ursprung und Gegenwart, Kreuzlingen - München 2000

Schumann, Hans Wolfgang: *Buddhismus. Stifter, Schulen und Systeme,* Kreuzlingen-München 2001

Schumann, Hans Wolfgang: *Buddhabildnisse.* Ihre Symbolik und Geschichte, Heidelberg 2003

Suttanipata. Frühbuddhistische Lehrdichtung, übers. v. Nyanaponika, Konstanz 1955

Vessantara: Das weise Herz der Buddhas, Essen 1999

Zimmer, Heinrich: *Indische Mythen und Symbole.* Vishnu, Shiva und das Rad der Wiedergeburten, München 1981 u. 1993

Bildnachweis

3, 81 (u.), 156 (o.), 167 Versunkene Königreiche Indonesiens, Ausst. Kat. Roemer- und Pelizaeus-Museum Hildesheim 13.8.–26.11.1995, Nr. 31, Nr. 19, Nr. 95), Nr. 15

16 Aus: Tom Lowenstein, Buddhismus. Philosophie und Meditation. Der Weg zur Erleuchtung. Heilige Stätten, Köln 2001, S. 59.

17, 28 (u.), 64, 81 (o.), 88, 89 (r.), 128 (r.), 129 Enzyklopädie der Weltkunst, Bd. 9: Hugo Münsterberg, Die Kunst Asiens, Weinheim o. J., S. 4369, 4370, 4378, 4398, 4397, 4553, 4230, 4224

18, 54, 132 (r.) Brigitte Mele

19, 118 (r.), 179 Aus: Hans Wolfgang Schumann, Handbuch Buddhismus. Die zentralen Lehren: Ursprung und Gegenwart, Kreuzlingen-München 2000, S. 72, S. 243, S. 249

21, 26, 28 (o.), 30, 36 (o.), 43, 47, 55 (o.), 149, 181 (r.), 182 (r.) Marianne Liebenau

22 (o.), 41 K. M. Srivastarta, The Marvels of Sanchi, in: Arts of Asia, vol. 27, nr. 2, 1997, S. 102-116, hier S. 108, S. 113

22 (r./u.), 38, 50 (u.), 51 (r.), 52 (o.), 55 (u.), 76, 77 (u.), 78, 87, 89 (l.), 96 (o./u.), 112 (r.), 148 (o.), 160, 248 Mareike Hehl

25, 68, 70, 71 (o.), 85, 152 (l.), 164, 182 (l.) Aus: Heinz Bechert, Richard Gombrich (Hrsg.), Die Welt des Buddhismus, München 1984, S. 18 (Josephine Powell), S. 18 Abb 9, S. 19 Abb. 10, S. 21, S. 17, 184, S. 63 (Brian Brake/John Hillelson Agency), nach S. 229 Abb. 21

32 (o.) Aus: Anil de Silva-Vigier, Das Leben des Buddha. Nach den alten Legenden und im Spiegel der Kunst, London 1956, Abb. 103.

32 (u.), 42 Stella Kramrisch, Indische Kunst. Traditionen in Skulptur, Malerei und Architektur, London 1955, T. 18, T. 21

33, 35, 36 (u.), 45, 71 (u.), 73, 75, 92, 98, 102 Aus: Magische Götterwelten. Werke aus dem Museum für Indische Kunst Berlin, hrsg. v. Marianne Yaldiz (u.a.), Berlin o. J. (Fotos: Wolfgang Ihl, Jürgen Liepe, Georg Niedermeier, Iris Papadopoulos, Kurt Sandmair, Christian Schulz, Gang Art (Wien)) S. 181 Nr. 268 b, S. 17 Nr. 14, S. 34 Nr. 50, S. 35 Nr. 52, S. 30 Nr. 42, S. 20 Nr. 22, S. 31 Nr.44, S. 33 Nr. 48, S. 34 Nr. 51, S. 135 Nr. 204

40, 162 Aus: Dietrich Seckel, Kunst des Buddhismus. Werden, Wanderung und Wandlung (= Kunst der Welt. Ihre geschichtlichen, soziologischen und religiösen Grundlagen, Die außereuropäischen Kulturen), Baden-Baden 1962, S. 149, S. 127

49, 52(u.) Aus: Johanna Dittmar, Thailand und Burma. Tempelanlagen und Königsstädte zwischen Mekong und Indischem Ozean, Köln 1981, S. 57, Abb. 24,

50 (o.) Aus: Jochen Siemens, Sri Lanka, Köln ⁴2002, S. 54.

51(r.) Aus: Lama Anagarika Govinda, Solar und Lunar Symbolism in tthe Development of stupa Architecture, in: Marg vol. 4, Nr. 1, Bombay 1957, S. 9-20, hier S. 13.

53 Aus: Brigitte Blume, Myanmar, Birma, Burma, Bielefeld ⁶1999, S. 226.

57 (o.) Aus: Dietrich Seckel, Buddhistische Kunst Ostasiens, Stuttgart 1957, S. 110.

57 (u.) Weltatlas der Archäologie, hrsg. v. Chris Scarre, München 1990, S. 260.

58 (o.) Aus: Oliver Fülling, China, o. O. ⁴2005, S. 135. (Hans-Peter Braunger, Freiburg)

58 (u.), 59 (u.) Aus: Henri Stierlein, Encyclopedia of World Architecture, 2 Bde, Lausanne 1979, Bd. 2, S. 110, S. 330

59 (o.) Aus: Martin Collcutt, Marius Jansen, Isao Kumakara, Weltatlas der Kulturen. Japan Geschichte, Kunst, Lebensformen, München 1989, S. 56.

63 (o.), 63 (u.), 147 Aus: Kunst an der Seidenstraße. Faszination Buddha. Ausst. Kat. Bucerius Kunst Forum, Hamburg 17. 8.–12. 10. 2003, S. 27 (Museum für Kunst und Gewerbe Hamburg); S. 45, S. 47 (Museum für Indische Kunst Berlin/ Iris Papadopoulos, Roman März, Jürgen Liepe)

66 (o.), 101 Aus: Alexander Grishwold, Chewon Kim, Pieter H. Pott, Burma, Korea, Tibet (= Reihe Kunst der Welt. Ihre geschichtlichen, soziologischen und religiösen Grundlagen), Baden-Baden 1976, S. 194, S. 49

66 (u.), 77 (o.), 91 Aus: Die Rückkehr des Buddha. Chinesische Skulpturen des 6. Jahrhunderts. Der Tempelfund von Qingzhou, hrsg. v. Lukas Nickel, Museum Rietberg, Zürich (Ausstellung 2002), S. 24, 37, S. 163

90, 93, 94, 97, 100, 123 (u. l.), 125, 127, 128 (l.), 144, 146, 148 (u.), 150 (r.), 249ff. Kunst des Buddhismus entlang der Seidenstraße, Ausst. der Stadt Rosenheim und des Staatlichen Museums für Völkerkunde, München 1992, S. 226, S. 127 Nr. 43, S. 156, S. 271, S. 65 Nr. 7, S. 287, S. 269, S. 289, S. 292, S. 283, S. 236, S. 233, S. 275, S. 314f.

110 (r.), 112 (l.), 199, 241 Aus: Charles Genoud, Takoa Inoue (Fotos), Buddhist Wall-Painting of Ladakh, Genf 1982, Nr. 41, Nr. 13, Nr. 1, Nr. 10

114, 211 Aus: Anneliese Keilhauer, Buddhismus. Wesen, Werden, Symbolik, Ikonographie (=Die Religionen Indiens, Bd. 2), Stuttgart ⁴1994, S. 69, S. 65

117, 132 (l.), 183 Aus: Tibet. Buddhas, Götter, Heilige. Museum der Kulturen Basel, hrsg. v. Clara B. Wilpert, München-London-New York 2001, S. 63, S. 429, Abb. 16

118 (l.) Aus: Pratapaditya Pal, Lionel Fournier, A Buddhist Paradise. The Murals of Alchi, Vaduz–Basel–New Delhi 2000, Abb. D 5 (Lionel Fournier)

119 Aus: Kunstschätze aus Japan. Ausst. Kat. Kunsthaus Zürich 30. 8 –19. 10. 1969, S. 95 Abb. 43

123 (o.), 123 (u. r.), 154 Aus: Louis Frederic, Buddhismus. Götter, Bilder und Skulpturen, Paris 2003, S. 127, S. 121, S. 185

124, 177 Aus: Werner Trutwin, Wege zum Licht. Die Weltreligionen, Düsseldorf 1996, S. 419, S. 431 (Peter Nebel)

126 Aus: Gabriele Greve, Buddhastatuen. Who is who.

Ein Wegweiser zur Ikonographie von japanischen Buddhastatuen, Kamakura ²1994, S. 20

133-135; 172-173 (l.); 205, 213 Aus: Robert Beer, Die Symbole des Tibetischen Buddhismus, Kreuzlingen-München 2003, S. 16-32; S. 132, S. 133, S. 135, S. 138, S. 142; S. 349, 152

136, 150 (l.), 155 (r.), 175, 189, 191, 192, 215, 219, 225, 233, 236   Aus: Gerd-Wolfgang Essen, Tsering Tashi Thingo, Die Götter des Himalaya. Buddhistische Kunst Tibets. Die Sammlung Essen, Tafelband, Ausst. Deichtorhallen Hamburg 19.4.–2.6.1991 (Fotos: Hans Meyer-Veden), S. 255, S. 39, S. 71, S. 109, S. 181, S. 123, S. 129, S. 183, S. 169, S. 177, S. 195, S. 196

138 Aus: Ursula Gräfe, Buddha. Leben, Werk, Wirkung, Frankfurt/M. 2005, S. 77 (Fine Arts)

139 (l.),139 (r.), 140, 141 Aus: Claude Jacques, Suzanne Held (Fotos), Angkor, München 1997, S. 245, Abb. 133, Abb. 110, Abb. 85

142, 152 (r.), 184, 243 Aus: Geheimnisvolle Welt Tibet, Ausst. Kat. Rosenheim 22.2.–11.8.2002, S. 140 Abb. 10.7 (G. W. Schuster), S. 199 Abb. 12.20 (Alexander Laurenzo), S 192 Abb. 12.13 (G. W. Schuster), S. 239 (G. W. Schuster)

153, 155 (o.), 161, 195 Aus: Dschinghis Khan und seine Erben. Das Weltreich der Mongolen, Ausst. Kat. Staatliches Museum für Völkerkunde, München, 26.1.–29.1.2006, S. 368, S. 367, S. 367, S. 395

156 (u.) Aus: Robert E. Fisher, Buddhist Art and Architecture, London 1993, S. 203

158 Aus: Meher McArthur, Reading Buddhist Art. An Illustrated Guide to Buddhist Signs and Symbols, London 2002, S. 54

159 Aus: Museum Rietberg, Zürich, Museumsführer, S. 59

165 (l.) Aus: Daigoro Chihara, Zur Bedeutung des Borobudur. In: Beiträge zur Allgemeinen und Vergleichenden Architektur, Bd. 4 (1982), S. 125-146, hier S. 136

165 (r. o./u.) Jutta Spangenberg

176, 185, 212 Aus: Denise Patry Leidy, Robert A. F. Thurman, Mandala. The Architecture of Enlightenment. Asia Society Galleries, New York, September 24, 1997 – January 4, 1998, Abb. Nr. 26, Abb. Nr. 29, Abb. Nr. 38 (John Bigelow Taylor)

181 (l.) Laurie Boston

188, 203; 206-207; 210 Aus: Ian A. Baker, Der geheime Tempel von Tibet. Eine mystische Reise in die Welt des Tantras, München 2000 (Fotos: Thomas Laird), S. 191, S. 178; S. 74, S. 86, S. 87, S. 100, S. 156; S. 23

237 Nach Vessantara, Das weise Herz der Buddhas, Essen 1999, 106 f.